W. SCHNEEMELCHER

BIBLIOGRAPHIA PATRISTICA

PATRISTISCHE KOMMISSION
DER AKADEMIEN DER WISSENSCHAFTEN ZU
GÖTTINGEN, HEIDELBERG, MAINZ
UND MÜNCHEN

BIBLIOGRAPHIA PATRISTICA

XI

WALTER DE GRUYTER · BERLIN · NEW YORK

1971

BIBLIOGRAPHIA PATRISTICA

INTERNATIONALE PATRISTISCHE BIBLIOGRAPHIE

unter Mitarbeit von

K. Aland – Münster · H. D. Altendorf – Tübingen · J. Bauer – Graz
M. Bellis – Torino · L. Bieler – Dublin · J. Coman – Bukarest · O. Cull-
mann – Basel · I. Dack – Jerusalem · J. Daniélou – Paris · E. Dekkers –
Steenbrugge · M. C. Díaz y Díaz – Santiago de Compostela · J. C. Fré-
douille – Toulouse · G. Garitte – Louvain · W. Gastpary – Łódź
J. Kirchmeyer(†) – Chantilly · G. Mayeda – Tokyo · B. M. Metzger –
Princeton · A. Molnár – Praha · G. Morize – Paris · E. F. Osborn –
Victoria · L. Pákozdy – Debrecen · I. N. Parijskij – Leningrad · M. Pelle-
grino – Torino · H. Riesenfeld – Uppsala · M. A. Siotis – Athen
J. Szymusiak – Warszawa · W. C. van Unnik – Utrecht · I. Zonewski –
Sofija

herausgegeben von

W. Schneemelcher

Bonn

XI

Die Erscheinungen des Jahres
1966

WALTER DE GRUYTER · BERLIN · NEW YORK

1971

ISBN 3 11 003531 6

©

1971 by Walter de Gruyter & Co., vormals G. J. Göschen'sche Verlagshandlung —
J. Guttentag, Verlagsbuchhandlung — Georg Reimer — Karl J. Trübner — Veit & Comp., Berlin 30
Printed in Germany

Satz und Druck: Walter de Gruyter & Co.. Berlin 30

VORWORT

Der vorliegende Band XI der Bibliographia Patristica, der die Erscheinungen des Jahres 1966 erfaßt, kann erst jetzt vorgelegt werden. Verschiedene Gründe sind für dieses späte Erscheinen anzuführen. Einerseits hat die Arbeitsstelle Bonn der Patristischen Kommission mit personellen Schwierigkeiten zu kämpfen gehabt, die auch noch nicht behoben sind. Ein vielfacher Wechsel der Mitarbeiter bekommt aber einem Unternehmen wie dieser Bibliographie nicht sehr gut. Andererseits hat auch die internationale Berichterstattung nicht mehr so gut funktioniert wie früher, so daß hier in Bonn ein Teil der Arbeit, der früher von auswärtigen Kollegen geleistet wurde, übernommen werden mußte. Das war nur dadurch möglich, daß die Universitätsbibliothek Bonn und besonders Herr Bibliotheksdirektor Prof. Dr. Wenig uns jederzeit Hilfe zuteil werden ließen, wofür herzlich gedankt sei. Wir sind zur Zeit dabei, für den weiteren Weg der BP neue Methoden zu erproben und hoffen, daß es uns gelingt, das weithin so freundlich anerkannte Unternehmen allen Schwierigkeiten zum Trotz durchzuhalten.

Dank gebührt den Helfern an diesem Band: Herr cand. theol. Riwotzki hat das Manuskript hergestellt und wurde dabei von Herrn stud. theol. Friedrich unterstützt. Herr Dr. de Santos hat wie bei den früheren Bänden so auch bei diesem seinen Rat und seine Hilfe zur Verfügung gestellt. Das Register wurde von Herrn stud. theol. Permantié erstellt.

Der nächste Band soll die Berichtsjahre 1967 und 1968 umfassen, um den zeitlichen Abstand zu verringern.

Bad Honnef, den 11. Juni 1971   Wilhelm Schneemelcher
Böckingstr. 1

HINWEISE FÜR DEN BENUTZER

1. **Zeitraum.** Die obere zeitliche Grenze ist für den Osten das 2. Nicänische Konzil (787), für den Westen Ildefons von Toledo († 667).

2. **Die Aufnahme der Titel** erfolgt nach den im Bibliothekswesen üblichen Normen. Slawischen, rumänischen und ungarischen Titeln ist eine Übersetzung beigefügt.

3. **Die Verfasservornamen** sind im allgemeinen so angeführt, wie sie bei den Veröffentlichungen angegeben sind. Lediglich in Abschnitt IX (Recensiones) und im Register werden grundsätzlich nur die Anfangsbuchstaben genannt.

4. **In Abschnitt III 2,** der die Kirchenschriftsteller in alphabetischer Reihenfolge aufführt, finden sich alle Arbeiten, die sich mit einzelnen Kirchenschriftstellern befassen, einschließlich der Textausgaben.

5. **Verweise.** Kommt ein Titel für mehrere Abschnitte in Frage, so ist er lediglich unter einem Abschnitt vollständig angegeben, während sich unter den anderen nur der Autorenname findet und in eckigen Klammern auf die Nummer verwiesen wird, unter welcher der vollständige Titel zu suchen ist.
   Bei Verweisen nach Abschnitt I 10 b ist das Wort und bei Verweisen nach III 2 oder III 3 b der Kirchenschriftsteller bzw. Heilige angegeben, unter dem der entsprechende Titel zu finden ist.

6. **Bei Rezensionen** ist stets auf den Jahrgang unserer Bibliographie und die Nummer des rezensierten Werkes verwiesen. Kurze Buchanzeigen bleiben unberücksichtigt, ebenso Rezensionen von Büchern, die vor 1956 erschienen sind.

INHALTSVERZEICHNIS

ABKÜRZUNGSVERZEICHNIS

AAPh	=	Arctos. Acta philologica Fennica. Nova series. Helsinki
AASOR	=	Annual of the American School of Oriental Research in Jerusalem. New Haven
AAug	=	Analecta Augustiniana. Roma
AB	=	Analecta Bollandiana. Bruxelles
ABourg	=	Annales de Bourgogne. Dijon
ABR	=	American Benedictine Review. St. John's Abbey, Collegeville, Minnesota
ABret	=	Annales de Bretagne. Faculté des lettres de l'université de Rennes. Rennes
AcAbo	=	Acta academica Aboensis Humaniora
AcAnt	=	Acta Antiqua Academiae Scientiarum Hungaricae. Budapest
ACCV	=	Anales del Centro de Cultura valenciana. Valencia
AcIt	=	Accademie e Biblioteche d'Italia. Roma
ACl	=	L'antiquité classique, Bruxelles
ACLass	=	Acta Classica. Verhandelinge van die klassicke vereniging van Suid-Africa. Cape Town
Acme	=	Acme. Università di Stato di Milano. Milano
AcOK	=	Acta Orientalia. København
ACW		Ancient Christian Writers
ADA	=	Arquivo do Distrito de Aveiro. Aveiro (Portugal)
ADSSW	=	Archiv für Diplomatik, Schriftgeschichte, Siegel- und Wappenkunde. Münster, Köln
AE	=	Annales de l'Est. Faculté des lettres de l'université de Nancy. Nancy
AEAls	=	Archives de l'église d'Alsace. Strasbourg
Aeg	=	Aegyptus. Rivista Italiana di Egittologia e di Papirologia. Milano
AEHESHP	=	Annuaire de l'École pratique des Hautes Études, IVe section, Sciences historiques et philologiques. Paris
AEHESR	=	Annuaire de l'École pratique des Hautes Études, Ve section, Sciences religieuses. Paris
AEKD	=	Archeion Ekkles. kai Kanon. Dikaiu
AEM	=	Anuario de Estudios medievales. Barcelona
AER	=	The American Ecclesiastical Review. Washington
Aevum	=	Aevum. Rassegna di Scienze Storiche, Linguistiche e Filologiche· Milano
AFH	=	Archivum Franciscanum Historicum. Ad Claras Aquas (Florentiae)
AFLF	=	Annali della Facoltà di Lettere e Filosofia. Napoli
AFLP	=	Annali Facoltà di lettere e filosofia. Perugia
AfO	=	Archiv für Orientforschung. Graz
AFP	=	Archivum Fratrum Praedicatorum. Roma

AFUM   = Annali della Facoltà di Filosofia e Lettere della Università Statale di Milano. Milano

AGF-G   = Veröffentlichungen der Arbeitsgemeinschaft für Forschung des Landes NRW — Geisteswissenschaften

AHAMed   = Anales de Historia antigua y medieval. Facultad de Filosofía. Universidad de Buenos Aires. Buenos Aires

AHD   = Archives d'histoire doctrinale et littéraire du moyen âge. Paris

AHDE   = Anuario de Historia del Derecho español. Madrid

AHP   = Archivum historiae pontificiae. Roma

AHR   = American Historical Review. New York

AHSJ   = Archivum historicum Societatis Jesu. Roma

AIA   = Archivo Ibero-americano. Madrid

AIHS   = Archives internationales d'histoire des sciences. Nouvelle série d'Archeion. Paris

AION   = Annali dell'Istituto Orientale di Napoli, Sez. ling. Roma

AIPh   = Annuaire de l'Institut de Philologie et d'Histoire Orientales et Slaves. Bruxelles

AJPh   = American Journal of Philology, Baltimore

AKG   = Archiv für Kulturgeschichte. Münster, Köln

AKK   = Archiv für katholisches Kirchenrecht. Mainz

AktAthen   = Aktines. Athen

Al-A   = Al-Andalus. Revista de las Escuelas de Estudios árabes de Madrid y Granada. Madrid

Al-M   = Al-Machriq. Beyrouth

ALMA   = Archivum latinitatis medii aevi. Bruxelles

Altamira   = Altamira. Santander (España)

Altt   = Das Altertum. Berlin

Alvernia   = Alvernia. Calpan (México)

ALW   = Archiv für Liturgiewissenschaft. Regensburg

AM   = Annales du Midi. Revue archéologique, historique et philologique de la France méridionale. Toulouse

Amand   = L'Amandier Fleuri. Paris

Ambr   = Ambrosius. Milano

Ampurias   = Ampurias. Revista de Arqueología, Prehistoria y Etnologia. Barcelona

AmSlav   = The American Slavic and East European Review. New York

AMSM   = Atti e Memorie della Deputazione di Storia Patria per le Marche. Ancona

AMSPR   = Atti e Memorie della Regia Deputazione di Storia Patria per l'Emilia e la Romagna. Bologna

AnAcBel   = Annuaire de l'Académie Royale de Belgique. Bruxelles

AnAmHist   = Annual Report of the American Historical Association. Washington

AnAnk   = Annales de l'Université d'Ankara. Ankara

AnaplAthen   = Anaplasis. Athen

AnBodl   = Annual Report of the Curators of the Bodleian Library. Oxford

AnCan   = L'année canonique, Paris

AnColFr   = Annuaire du Collège de France. Paris

AnDomingo   = Anales de la Universidad de Santo Domingo. Ciudad Trujillo

AnEg	=	Annual Egyptological Bibliography. Leiden
AnEtHist	=	Annuaire de l'école pratique des hautes études. Section des sciences historiques et philologiques. Paris
AnEtRel	=	Annuaire de l'école pratique des hautes études. Section des sciences religieuses. Paris
AnFen	=	Annales Academiae Scientiarum Fennicae. Helsinki
Ang	=	Angelicum. Roma
AnGer	=	Anales del Instituto de Estudios Gerundenses. Gerona (España)
AnHisp	=	Anales de la Universidad Hispalense. Sevilla
Anima	=	Anima. Freiburg (Schweiz)
AnMont	=	Analecta Montserratensia. Montserrat (Barcelona)
AnMurcia	=	Anales de la Universidad de Murcia. Murcia
AnMus	=	Anuario musocal. Barcelona
AnParis	=	Annales de l'Université de Paris. Paris
AnSaar	=	Annales Universitatis Saraviensis. Saarbrücken
AnSan	=	Anales de la Facultad de Teologia. Santiago de Chile
AnSVal	=	Anales del Seminaria de Valencia. Valencia
Ant	=	Antonianum. Roma
AntAb	=	Antike und Abendland. Berlin
Anthol	=	Anthologica annua. Roma-Madrid
Anthr	=	Anthropos. Freiburg (Schweiz)
AntRev	=	The Antioch Review. Yellow Springs (Ohio)
AnVal	=	Annales valaisannes. Monthey (Schweiz)
AnzAlt	=	Anzeiger für die Altertumswissenschaft. Innsbruck
AOAW	=	Anzeiger der österreichischen Akademie der Wissenschaften in Wien. Philos.-hist. Klasse. Wien
AP	=	Archeion Pontu. Athen
ApBar	=	Apostolos Barnabas. Cypern
APh	=	Archives de philosophie. Paris
Apollinaris	=	Apollinaris. Commentarium juridico-canonicum. Roma
APQ	=	American Philosophical Quarterly
APraem	=	Analecta. Praemonstratensia. Abdij Tongerloo (Prov. Antwerpen)
Arabica	=	Arabica. Revue des études arabes. Leiden
ArAg	=	Archivo agustianol Madrid
ARBB	=	Académie Royale de Belgique. Bulletin de la classe des lettres et des sciences morales et politiques. Bruxelles
ÅrBergen	=	Universitetet i Bergen. Årbok, historisk-antikvarisk rekke. Bergen
ArBiBe	=	Archives et Bibliothèques de Belgique — Archief- en Bibliotheekwezen in Belgie. Bruxelles-Brussel
Arbor	=	Arbor. Revista general de Investigación y Cultura. Madrid
Arch	=	Der Archivar. Düsseldorf
Archivum	=	Archivum. Revue internationale des archives. Paris
ArchPal	=	Archivio Paleografico Italiano. Roma
ArCreus	=	Archivo bibliográfico de Santes Creus. Santes Creus (Tarragona)
Arctos	=	Arctos. Acta Philologica Fennica. Helsinki
ArDroitOr	=	Archives d'histoire du droit oriental — Revue internationale de droits de l'antiquité. Bruxelles
ArEArq	=	Archivo español de Arqueología. Madrid

ArEArt	=	Archivo español de Arte. Madrid
Argensola	=	Argensola. Huesca (España)
ArGran	=	Archivo teológico granadino. Granada
ArHisp	=	Archivo hispalense. Sevilla
ÅrKob	=	Årbog for Københavns universitet. København
ArLeón	=	Archivos leoneses. Leôn
ArLing	=	Archivum linguisticum. London
ArOr	=	Archiv Orientálni. Praha
ArOviedo	=	Archivum. Oviedo
ArPh	=	Archiv für Philosophie. Stuttgart
ArR	=	Archeologické rozhledy. Praha
ARSP	=	Archiv für Rechts- und Sozialphilosophie. Meisenheim (Glan)
ArSR	=	Archives de sociologie des religions. Paris
ArSS	=	Archivio Storico Siciliano. Palermo
ArSSO	=	Archivio Storico per la Silicia Orientale. Catania
ArStoria	=	Archivio della Società Romana di Storia Patria. Roma
ArTeoAg	=	Archivo Teológico Agustiniano. Valladolid
AS	=	Archaeologica Slovaca. Bratislava
ASCL	=	Archivio Storico per la Calabria e la Lucania. Roma
ASD	=	Annali di Storia del Diritto. Milano
ASI	=	Archivio Storico Italiano. Firenze
ASL	=	Archivio Storico Lombardo. Milano
ASNSP	=	Annali della Scuola Normale Superiore di Pisa. Lettere, Storia e Filosofia. Firenze
ASNU	=	Acta Seminarii Neotestamentici Upsaliensis. Uppsala
ASOC	=	Analecta Sacri Ordinis Cisterciensis. Roma
ASPN	=	Archivio Storico per le Provincie Napoletane. Napoli
ASPP	=	Archivio Storico per le Provincie Parmensi. Parma
Asprenas	=	Asprenas. Napoli
AST	=	Analecta Sacra Tarraconensia. Barcelona
ASTI	=	Annual of the Swedish Theological Institute in Jerusalem. Leiden
ASUA	=	Academia Regia Scientiarum Upsaliensis. Acta. Uppsala
ASUAn	=	Academia Regia Scientiarum Upsaliensis. Annaies. Uppsala
AT	=	Apostolos Titos. Herakleion
AteRo	=	Atene e Roma. Firenze
AThD	=	Acta Theologica Danica. Kopenhagen
Athena	=	Athena. Athen
AThGlThAthen	=	Archeion tu Thrakiku Laografiku kai Glossiku Thesauru. Athen
AThR	=	Anglican Theological Review. Evanston (Ill.)
AtPavia	=	Athenaeum. Studi Periodici di Letteratura e Storia dell'Antichità. Pavia
AtTor	=	Atti dell' Accademia delle Scienze di Torino. Torino
AtVen	=	Atti dell'Istituto Veneto di Scienze e Lettere. Venezia
AUC	=	Acta Universitatis Carolinae. Series a): iuridica, philologica, philosophica, historica. Praha
AUG	=	Acta Universitatis Gotoburgensis. Göteborg
AugR	=	Augustinianum. Rom

Augustiniana	=	Augustiniana. Tijdschrift voor de studie van Sint Augustinus en de Augustijnenorde. Heverle-Leuven
Augustinus	=	Augustinus. Madrid
Ausa	=	Ausa. Publicada por el Patronato de Estudios Ausonenses. Vich (Barcelona)
AusBR	=	Australian Biblical Review. Melbourne
AusCRec	=	Australasian Catholic Record. Sidney
AUSS	=	Andrews University Seminary Studies. Berrien Springs (Michigan)
AUU	=	Acta Universitatis Upsaliensis. Uppsala
AvOslo	=	Avhandlinger utgitt av det Norske Videnskaps-Akademi i Oslo. Oslo
AZ	=	Archivalische Zeitschrift. München
BAC	=	Biblioteca de Autores Cristianos
Bages	=	Bages. Manresa (Barcelona)
BAL	=	Berichte über die Verhandlungen der sächsischen Akademie der Wissenschaften. Philol.-hist. Klasse. Leipzig
BaptQ	=	Baptist Quarterly. London
BASOR	=	Bulletin of the American Schools of Oriental Research. New Haven (Conn.)
BBB	=	Bonner biblische Beiträge
BBGG	=	Bollettino della Badia Greca di Grottaferrata. Grottaferrata (Roma)
BBMP	=	Boletín de la Biblioteca Menéndez Pelayo. Madrid
BBR	=	Bulletin de l'Institut Historique Belge de Rome. Bruxelles
BCRH	=	Bulletin de la Commission Royale d'Histoire. Bruxelles
BEC	=	Bibliothèque de l'école des chartes. Paris
BEP	=	Bulletin des études portugaises et de l'Institut Français au Portugal. Coimbre
Berceo	=	Berceo. Logroño (España)
BEU	=	Bibliotheca Ekmaniana Universitatis Regiae Upsaliensis. Uppsala
BFS	=	Bulletin de la Faculté des Lettres de Strasbourg. Strasbourg
BGDST	=	Beiträge zur Geschichte der deutschen Sprache und Literatur. Tübingen
BGEHA	=	Bibliografía general española e hispano-americana. Madrid
BH	=	Bibliografía hispánica. Madrid
BHisp	=	Bulletin. hispanique Bordeaux
BibArch	=	Biblical Archaeologist. New Haven (Conn.)
BibbOr	=	Bibbia e Oriente. Milano
BibHR	=	Bibliothèque d'humanisme et renaissance. Genève
Bibl	=	Biblica. Roma
BiblBelg	=	Bibliographie de Belgique. Bruxelles
BiblFrance	=	Bibliographie de la France. Paris
BiblHisp	=	Bibliotheca hispana. Revista de Información y Orientación bibliográficas. Sección promera y tercera. Madrid
Bibliofilia	=	Bibliofilia. Rivista di Storia del Libro e delle Arti Grafiche. Firenze
BiblOr	=	Bibliotheca Orientalis. Leiden
Biblos	=	Biblos. Coimbra
BiblSacr	=	Bibliotheca sacra. Dallas (Texas)

BiblSup   = Biblioteca Superiore. La Nuova Italia. Firenze
BIFAO   = Bulletin de l'Institut Français d'Archéologie Orientale. Le Caire
BIFG   = Boletín de la Institución Fernán González. Burgos (España)
BIHR   = Bulletin of the Institute of Historical Research. London
BIIRHT   = Bulletin d'information de l'Institut de recherche et d'histoire des textes. Paris
BijPhTh   = Bijdragen. Tijdschrift voor philosophie en theologie. Nijmegen-Brugge
BiKi   = Bibel und Kirche. Stuttgart-Bad Cannstadt
BIMT   = Bulletin de l'Institut des Maniscrits de Tiflis. Tiflis
BISIAM   = Bollettino dell'Istituto Storico Intaliano per il Medio Evo e Archivio Muratoriano. Roma
BiTransl   = The Bible Translator. London
BiViChret   = Bible et vie chrétienne. Abbaye de Maredsous (Belgique)
BiZ   = Biblische Zeitschrift (N. F.). Paderborn
BJRL   = Bulletin of the John Rylands Library Manchester. Manchester
BK   = Bedi Kartlisa (Revue de Kartvélologie). Paris
BL   = Bibel und Liturgie. Wien
BLE   = Bulletin de littérature ecclésiastique. Toulouse
BLSCR   = Bollettino Ligustico per la Storia e la Cultura Regionale. Genova
BMAPO   = Boletín del Museo arqueológici provincial de Orense. Orense
BMGelre   = Bijdragen en mededelingen uitgegeven door de Verenigung Gelre. Arnhem
BMHG   = Bijdragen en mededelingen van het historisch genootschap te Utrecht. Utrecht
BMm   = Bulletin monumental. Paris
BMRAH   = Bulletin des musées royales d'art et d'histoire. Bruxelles
BNJ   = Byzantinisch-Neugriechische Jahrbücher. Athen
BNYPL   = Bulletin of the New York Public Library. New York
BodlR   = Bodleian Library Record. Oxford
Boek   = Het Boek. Den Haag
Bogoslovl'e   = Bogoslovl'e. Beograd
BolArchPal   = Bollettino dell'Archivio paleografico italiano. Roma
BolArq   = Boletín arqueológico. Tarragona
BolAst   = Boletín del Instituto de Estudios Asturianos. Oviedo (España)
BolBarc   = Boletín de la Real Academia de Buenas Letras de Barcelona. Barcelona
BolBogotá   = Boletín del Instituto Caro y Cuervo. Bogotá
BolClass   = Bollettino del Comitato per la Preparazione dell'Edizione Nazionale dei Classici Greci e Latini. Roma
BolComp   = Boletín de la Universidad Compostelana. Santiago de Compostela
BolCórd   = Boletín de la Real Academia de Córdoba de Ciencias, Bellas Letras y Nobles. Córdoba
BolDE   = Boletín de Dialectología española. Barcelona
BolFilChile   = Boletín de Filología. Universidad de Chile. Santiago de Chile
BolFilLisb   = Boletín de Filología. Lisboa
BolGien   = Boletín del Instituto de Estudios Giennenses. Jaén (España)
BolGranada   = Boletín de la Universidad de Granada. Granada

BolItSt	=	Bollettino delle Pubblicazioni Italiane Ricevute per Diritto di Stampa. Firenze
BolOrense	=	Boletín de la Comisión de Monumentos históricos y artísticos de Orense. Orense
BolPaís	=	Boletín de la Real Sociedad Vascongada de Amigos del País. San Sebastián
BolPiacentino	=	Bollettino Storico Piacentino. Piacenza
BOR	=	Biserica Ortodoxă Romînă. Bucureşti
BPHP	=	Bulletin philologique et historique du Comité des Travaux Histotiques et Scientifiques. Paris
BracAug	=	Bracara Augusta. Braga
BRAE	=	Boletín de la Real Academia española. Madrid
BRAH	=	Boletín de la Real Academia de la Historia. Madrid
BrethLife	=	Brethren Life and Thought. Chicago (Ill.)
Bridge	=	The Bridge. A Yearbook od Judaeo-Christian Studies. New York
BrinkBoeken	=	Brinkman's cumulatieve catalogus van boeken
BrNBibl	=	The British National Bibliography
Brotéria	=	Brotéria. Lisboa
BSAL	=	Boletín de la Sociedad Arqueológica Luliana. Palma de Mallorca (España)
BSAO	=	Bulletin de la Société des Antiquaires de l'Ouest et des Musées de Poitiers. Poitiers
BSCC	=	Boletín de la Sociedad Castellonense de Cultura. Castellón de la Plana (España)
BSEPC	=	Bulletin de la Société d'Études de la Province de Cambrai. Lille
BSNAF	=	Bulletin de la Société Nationale des Antiquaires de France. Paris
BSOAS	=	Bulletin of the School of Oriental and African Studies. London
BSSAA	=	Bollettino degli Studi Storici, Artistici e Archeologici della Provincia di Cuneo. Cuneo
BT	=	Benedictijns Tijdschrift. Bergen, Abdij Egmond
BTAM	=	Bulletin de théologie ancienne et médiévale. Louvain
BThom	=	Bulletin Thomiste. Toulouse
BTSAAM	=	Bulletin trimestriel de la Société Académique des Antiquaires de la Morinie. Saint-Omer (France)
BulArchCopte	=	Bulletin de la Société d'Archéologie Copte. Le Caire
BulBudé	=	Bulletin de l'association Guillaume Budé. Paris
BulClLo	=	Bulletin of the Institute of Classical Studies of the University of London. London
BulHel	=	Bulletin de correspondance hellénique. Paris
BulOr	=	Bulletin d'études orientales. Paris
BulSiena	=	Bollettino Senese di Storia Patria. Siena
Burgense	=	Burgense. Seminario metropolitano. Burgos
BurlM	=	Burlington Magazine for Connoisseurs. London
ByFo	=	Byzantinische Forschungen. Internationale Zeitschrift für Byzantinistik. Amsterdam
Byslav	=	Byzantinoslavica. Praha
ByZ	=	Byzantinische Zeitschrift. München

Byzan   = Byzantion. Bruxelles
BZG   = Basler Zeitschrift für Geschichte und Altertumskunde. Basel

CaAr   = Cahiers archéologiques. Paris
CaHist   = Cahiers d'histoire. Lyon
CaHM   = Cahiers d'histoire mondiale. Neuchâtel
CaJos   = Cahiers de Joséphologie. Montréal
CanHR   = Canadian Historical Review. Toronto
CanJTh   = Canadian Journal of Theology. Toronto
CarkV   = Cărkoven vestnik. Sofija
Carmelus   = Carmelus. Commentarii ab Instituto Carmelitano editi. Roma
Cath   = Catholica. Jahrbuch für Kontroverstheologie. Münster
CathEd   = Catholic Educational Review. Washington
CathMind   = Catholic Mind. New York
CBQ   = The Catholic Biblical Quarterly. Washington
CC   = La Civiltà Cattolica. Roma
CCH   = Československý časopis historický. Praha
CChr   = Corpus Christianorum
CCM   = Cahiers de civilisation médiévale. Poitiers
CD   = La Ciudad de Dios. Madrid
Celtiberia   = Celtiberia. Soria
Celtica   = Celtica. Dublin
Centaurus   = Centaurus. København
CF   = Collectanea Franciscana. Roma
CFH   = Classical Folia. Studies in the Christian Perpetuation of the
                 Classics. Huntington (N. Y.)
CH   = Church History. Hartford (Conn.), Chicago
CHE   = Cuadernos de Historia de España. Buenos Aires
ChQR   = Church Quarterly Review. London
CHR   = The Catholic Historical Review. Washington
ChrCris   = Christianity and Crisis. New York
ChronEg   = Chronique d'Égypte. Bruxelles
ChrToday   = Christianity Today. Washington
CiCult   = Ciencia y Cultura. Caracas
Ciencias   = Las Ciencias. Madrid
CiFe   = Ciencia y Fe. Buenos Aires
CitNed   = Cîteaux. Commentarii Cistercienses. Westmalle (België)
CJ   = Classical Journal. Chicago
Clair-Lieu   = Clair-Lieu. Tijdschrift gewijd aan de geschiedenis der Kruisheren.
                 Diest (Belgie)
ClassFolia   = Classical Folia. Worcester (Mass.)
ClBul   = Classical Bulletin. Chicago
Clergy   = The Clergy Review. London
ClPh   = Classical Philology. Chicago
CM   = Classica et mediaevalia. København
CN   = Conjectanea neotestamentica. Uppsala

COCR	=	Collectanea Ordinis Cisterciensium Reformatorum. Westmalle (Belgique)
COH	=	Het christelijk Oosten en hereniging. Nijmegen-Jeruzalem
ColBi	=	Collectanea Biblica. Madrid
ColBrugGand	=	Collationes Burgenses et Gandavenses. Brugge-Gent
ColMechl	=	Collectanea Mechliniensia. Mechelen
Commentary	=	Commentary. American Jewish Committee. New York
Compostelanum	=	Compostelanum. Instituto de Estudios Jacobeos. Santiago de Compostela
Concilium	=	Concilium. Internationale Zeitschrift für Theologie. Mainz, Einsiedeln-Zürich, Wien
Concilium T	=	Concilium. Revue international de théologie. Tours
Concord	=	Concordia Theological Monthly. St. Louis (Miss.)
CNM	=	Časopis národního musea. Praha
CongQ	=	Congregational Quarterly. London
ConsJud	=	Conservative Judaism. New York
Convivium Barc	=	Convivium. Seminario de Filosofía. Universidad de Barcelona
Convivium Tor	=	Convivium. Torino
CQ	=	The Classical Quarterly. Oxford
CR	=	Classical Review (N. S.) .Oxford
CRAI	=	Comptes rendus des séances de l'académie des inscriptions et belles-lettres. Paris
Crisis	=	Crisis. Revista española de Filosofía. Madrid
Cross	=	Cross Currents. New York
CSCO	=	Corpus scriptorum Christianorum orientalium
CSEL	=	Corpus scriptorum ecclesiasticorum latinorum
CT	=	La Ciencia Tomista. Salamanca
CuadGal	=	Cuadernos de Estudios gallegos. Santiago de Compostela
CuadManch	=	Cuadernos de Estudios manchegos. Ciudad Real
CUAPS	=	Catholic University of America Pratistic Studies
CUC	=	Cahiers universitaires catholiques. Paris
CultNeolat	=	Cultura neolatina. Modena
CumBook	=	The Cumulative Book Index. New York
CV	=	Communio viatorum. Praha
CW	=	Classical World. New York
DA	=	Deutsches Archiv für Erforschung des Mittelalters. Köln-Graz
DanskBog	=	Dansk bogfortegnelse. København
DaTIndex	=	Dansk tidsskrift-index. København
Davar	=	Davar. Buenos Aires
DC	=	Doctor Communis. Roma
DChrArHet	=	Deltion tes Christianikes Archaiologikes Hetaireias. Athen
DE	=	Diritto Ecclesiastico. Milano
Diakonia	=	Diakonia. Zeitschrift für Seelsorge. Olten
DipOrthAth	=	Diptycha Orthodoxias. Athen
DissAbstr	=	Dissertation Abstracts. A Guide to Dissertations and Monographs available in Mikrofilm. Ann Arbor (Michigan)
Divinitas	=	Divinitas. Roma

DLZ   = Deutsche Literaturzeitung für Kritik der internationalen Wissen-
                 schaft. Berlin
DuchPast   = Duchovní pastýř. Praha
Dom   = Dominicana. Washington
DR   = Downside Review. Downside Abbey (Bath)
DtBibl   = Deutsche Bibliographie. Wöchentliches Verzeichnis. Frank-
                 furt a. M.
DThP   = Divus Thomas. Commentarium de Philosophia et Theologia.
                 Piacenza (Italia)
DtNBibl   = Deutsche Nationalbibliographie. Leipzig
DtPfrBl   = Deutsches Pfarrerblatt. Essen
DTT   = Dansk teologisk tidsskrift. København
DublinRe   = Dublin Review. London
DocLife   = Doctrine and Life. Dublin
DuchKult   = Duchovna Kultura. Sofija
DumPap   = Dumbarton Oaks Papers. Washington
DurhamUni   = The Durham University Journal. Durham
DVSHFM   = Det kgl. danske Videnskapernes selskab. Hist.-Filol. Medd.
                 København
DZPh   = Deutsche Zeitschrift für Philosophie. Berlin

EA   = Erbe und Auftrag. Beuron
EAbul   = Estudios Abulenses. Avila
EBib   = Estudios Bíblicos. Madrid
EC   = Études classiques. Namur
Eca   = Eca. San Salvador
ECallao   = Estudios. Callao (Argentina)
ECarm   = Ephemerides carmeliticae. Roma
Eckart   = Eckart. Witten
ECl   = Estudios Clásicos. Madrid
EcXaver   = Ecclesiastica Xaveriana. Bogotá
EDeusto   = Estudios de Deusto. Deusto (España)
Edjmiatsin   = Edjmiatsin. Erevan
EE   = Estudios Eclesiásticos. Salamanca, Madrid
EEBS   = Epeteris tes Hetaireias Byzantinon Spudon. Athen
EF   = Estudios Franciscanos. Barcelona
EFil   = Estudios Filosóficos. Caldas de Besaya (España)
EHR   = English Historical Review. London
Eidos   = Eidos. Madrid
EJC   = Ephemerides iuris canonici. Roma
EJos   = Estudios Josefinos. Valladolid
EkklAthen   = Ekklesia. Athen
EL   = Ephemerides liturgicae. Roma
ELKZ   = Evangelisch-Lutherische Kirchenzeitung. Berlin
ELul   = Estudios Lulianos. Palma de Mallorca (España)
EMaria   = Estudios marianos. Madrid
EMerced   = Estudios. Estudios, Notas y Bibliografía especialmente sobre la
                 Orden de la Merced en España y América. Madrid

Emerita	=	Emerita. Boletín de Lingüística y Filología clásica. Madrid
EMSlVD	=	Editiones Monumentorum Slavicorum Veteris Dialecti
EMZ	=	Evangelische Missionszeitschrift. Stuttgart
Enc	=	Encounter. Indianapolis
EpAth	=	Epistemoniki Epeteris tes Philosophikes Scholes tu Panepistemiu. Athen
EPh	=	Ekklesiastikos Pharos. Alexandria
EphMariol	=	Ephemerides mariologicae. Madrid
EpThAth	=	Epistemoniki Epeteris tes Theologikes Scholes tu Panepistemiu Athenon. Athen
EpThes	=	Epistemoniki Epeteris tes Philosophikes Scholes tu Panepistemiu Thessalonikes. Thessaloniki
EpThThes	=	Epistemoniki Epeteris tes Theologikes Scholes tu Panepistemiu Thessalonikes. Thessaloniki
Eranos	=	Eranos. Acta philologica Suecana. Uppsala
Erasmus	=	Erasmus. Speculum scientiarum. Darmstadt, Aarau
ErJb	=	Eranos-Jahrbuch. Zürich
ESeg	=	Estudios Segovianos. Segovia (España)
Espíritu	=	Espíritu, Conocimiento, Actualidad. Barcelona
EstRo	=	Estudis románics. Barcelona
Et	=	Études. Paris
EtF	=	Études franciscaines. Paris
EtGreg	=	Études grégoriennes. Solesmes
EThL	=	Ephemerides theologicae Lovanienses. Louvain
EtPh	=	Les Études Philosophiques. Paris
EtRoussil	=	Études roussillonnaises. Perpignan
EtThR	=	Études théologiques et religieuses. Montpellier
EuntDoc	=	Euntes docete. Roma
Euphorion	=	Euphorion. Zeitschrift für Literaturgeschichte. Heidelberg
EvQ	=	Evangelical Quarterly. London
EvTh	=	Evangelische Theologie. München
ExpR	=	Expository and Homiletic Review. Cleveland (Ohio)
ExpT	=	The Expository Times. Edinburgh
FaCh	=	Fathers of the Church
FDA	=	Freiburger Diozesan-Archiv. Freiburg i. Br.
FC	=	Filosofický časopis. Praha
FCB	=	Slovenský Filozofický časopis. Bratislava
FilBuenosA	=	Filología. Buenos Aires
FilLet	=	Filologia e Letteratura. Napoli
Filos	=	Filosofia. Torino
FilRo	=	Filologia Romanza. Torino
FilVit	=	Filosofia e Vita. Torino
FLisboa	=	Filosofia. Lisboa
FoFo	=	Forschungen und Fortschritte. Berlin
Foi	=	Foi et vie. Paris
ForumTheol	=	Forum theologicum. Härnösand

Franc   = Franciscana. Sint-Truiden (Belgique)
FrSt   = French Studies. Oxford
FS   = Franziskanische Studien. Werl
FSt   = Franciscan Studies. St. Bonaventure, New York
FUAmst   = Free University Quarterly. Amsterdam
FZPT   = Freiburger Zeitschrift für Philosophie und Theologie. Freiburg

GBA   = Gazette des beaux arts. New York, Paris
GCFI   = Giornale Critico della Filosofia Italiana. Firenze
GCS   = Die griechischen christlichen Schriftsteller der ersten Jahrhunderte
GDA   = Godišnik na duchovnata akademija. Sofija
GeiLeb   = Geist und Leben. Zeitschrift für Askese und Mystik. Würzburg
Genava   = Genava. Genf
GGA   = Göttingische gelehrte Anzeigen. Göttingen
GiorFil   = Giornale Italiano di Filologia. Napoli
Glotta   = Glotta. Göttingen
Gn   = Gnomon. München
GP   = Gulden Passer. Antwerpen
Greg   = Gregorianum. Roma
GregPalThes   = Gregorios ho Palamas. Thessaloniki
GrOrthThR   = The Greek Orthodox Theological Review. Brookline (Mass.)
GrRoBySt   = Greek, Roman and Byzantine Studies. San Antonio (Texas)
GTT   = Gereformeerd theologisch tijdschrift. Aalten
Gy   = Gymnasium. Zeitschrift für Kultur der Antike und humanistische
                   Bildung. Heidelberg

HA   = Handes Amsorya. Monatsschrift für armenische Philologie. Wien
Ha   = Hermathena. A Series of Papers on Literature, Science and
                   Philosophy. Dublin
HarvAsia   = Harvard Journal of Asiatic Studies. Cambridge (Mass.)
HarvClassPhil   = Harvard Studies in Classical Philology. Cambridge (Mass.)
HarvDS   = Harvard Divinity School. Bulletin. Cambridge (Mass.)
HC   = Historický časopis. Bratislava
Helikon   = Helikon. Rivista di tradizione e cultura classica. Messina
Hell   = Hellenika. Saloniki
HellAgAthen   = Hellenochristianike Agoge. Athen
Helmántica   = Helmántica. Universidad Pontificia. Salamanca
Her   = Hermes. Zeitschrift für klassische Philologie. Wiesbaden
HervTSt   = Hervormde teologiese studies. Pretoria
Hesp   = Hesperia. Journal of the American School of Classical Studies at
                   Athens. Athen
Hespéris   = Hespéris-Tamuda. Paris
HFSKob   = Historisk-filologiske skrifter. Det kgl. danske videnskabernes
                   Selskap. København
HibJ   = The Hibbert Journal. London
Hispania   = Hispania. Revista española de Historia. Madrid

HistJ	=	Historical Journal. Cambridge
HistJud	=	Historia Judaica. New York
Historia	=	Historia. Zeitschrift für alte Geschichte. Wiesbaden
History	=	History. London
HistoryT	=	History Today. London
HistRel	=	Histoire des religions. Paris
HJ	=	Historisches Jahrbuch. München, Freiburg
HlasPrav	=	Hlas pravoslaví. Praha
HLD	=	Heiliger Dienst. Salzburg
HKZMTL	=	Handelingen der Koninklijke Zuidnederlands Maatschappij voor Taal- en Letterkunde. Brussel
Ho	=	Hochland. München
HR	=	Hispanic Review. Philadelphia
HS	=	Hispania Sacra. Madrid
HSHT	=	Historica. Les sciences historiques en Tchécoslovaquie. Praha
HSt	=	Historické štúdie. Bratislava
HThR	=	Harvard Theological Review. Cambridge (Mass.)
HTK	=	Historisk tidsskrift. København
HUCA	=	Hebrew Union College Annual. Cincinnati (Ohio)
Humanidades	=	Humanidades. Salamanca
Humanitas	=	Humanitas. Revista de la Facultad de Filosofía y Letras. Tucumán (Argentina)
HumanitasBr	=	Humanitas. Brescia (Italia)
HVF	=	Handelingen van de Vlaams Filologencongressen. Gent
HVSLA	=	Humanistiska vetenskapssamfundet i Lund. Årsberättelse. Lund
HVSUA	=	Humanistiska vetenskapssamfundet i Uppsala. Årsbok. Uppsala
HZ	=	Historische Zeitschrift. München
IER	=	Irish Ecclesiastical Record. Dublin
IH	=	Information historique. Paris
IHS	=	Irish Historical Studies. Dublin
IKZ	=	Internationale kirchliche Zeitschrift. Bern
Ilerda	=	Ilerda. Lérida
IM	=	Imago mundi. Leiden
IMU	=	Italia medioevale e umanistica. Padova
IndCultEsp	=	Indice cultural español. Madrid
IndHistEsp	=	Indice histórico español. Barcelona
Interpr	=	Interpretation. Richmond (Virg.)
IntZErz	=	Internationale Zeitschrift für Erziehungswissenschaft. 's-Gravenhage
IPhQ	=	International Philosophical Quarterly. New York
Iraq	=	Iraq. London
Irénikon	=	Irénikon. Chevetogne (Belgique)
IRSH	=	International Review of Social History. Assen
Isis	=	Isis. Cambridge (Mass.)
Islam	=	Der Islam. Straßburg, Berlin
Istina	=	Istina. Boulogne (Seine)
Itinerarium	=	Itinerarium. Braga (Portugal)

ITQ   = The Irish Theological Quarterly. Maynooth (Ireland)
Iura   = Iura. Rivista Internazionale di Diritto Romano e Antico. Napoli
IZBG   = Internationale Zeitschriftenschau für Bibelwissenschaft und
                 Grenzgebiete. Stuttgart

JA   = Journal asiatique. Paris
JAC   = Jahrbuch für Antike und Christentum. Münster
JAOS   = Journal of the American Oriental Society. Baltimore
JbBerlin   = Jahrbuch der deutschen Akademie der Wissenschaften zu Berlin.
                 Berlin
JbGö   = Jahrbuch der Akademie der Wissenschaften in Göttingen.
JbKönigsberg   = Jahrbuch der Albertus-Universität zu Königsberg (Pr.). Über-
                 lingen
JBL   = Journal of Biblical Literature. Philadelphia
JbMainz   = Akademie der Wissenschaften und der Literatur. Jahrbuch. Mainz
JBR   = The Journal of Bible and Religion. Brattleboro (Vermont)
JbrMarbg   = Jahresbericht. Westdeutsche Bibliothek. Marburg
JCeltSt   = Journal of Celtic Studies. Philadelphia
JDAI   = Jahrbuch des deutschen archäologischen Instituts. Berlin
JEcclH   = Journal of Ecclesiastical History. London
JEOL   = Jaarbericht van het Vooraziatisch-Egyptisch Genootschap „Ex
                 Oriente Lux". Leiden
JES   = Journal of Ecumenical Studies. Pittsburgh
JGO   = Jahrbücher für die Geschichte Osteuropas. München
JHI   = Journal of the History of Ideas. Lancaster (Pa.)
JHS   = Journal of Hellenic Studies. London
JHSCW   = Journal of the Historical Society of the Church in Wales. Cardiff
JJur   = The Journal of Juristic Papyrology. New York
JKGV   = Jahrbuch des Kölnischen Geschichtsvereins. Köln
JLH   = Jahrbuch für Liturgik und Hymnologie. Kassel
JNES   = Journal of Near Eastern Studies. Chicago
JOBG   = Jahrbuch der Österreichischen Byzantinischen Gesellschaft.
                 Graz—Köln
JPastCare   = Journal of Pastoral Care. Kutztown (Pa.)
JPh   = Journal of Philosophy. New York
JQR   = The Jewish Quarterly Review. Philadelphia
JR   = The Journal of Religion. Chicago
JRAS   = Journal of the Royal Asiatic Society of Great Britain and
                 Ireland. London
JRH   = The Journal of religious history. Sydney
JRS   = Journal of Roman Studies. London
JRTh   = Journal of Religious Thought. Washington
JS   = Journal des savants. Paris
JSb   = Jazykovedný sborník. Bratislava
JSS   = Journal of Semitic Studies. Manchester
JSSR   = Journal for the Scientific Study of Religion. New-Haven (Conn.)
JThS   = Journal of Theological Studies. Oxford
Jud   = Judaism. New York

JuFi = Južnoslovenski Filolog. Beograd
JVictoria = Journal of Transactions of the Victoria Institute. London
JWCI = Journal of the Warburg and Courtauld Institutes. London

KÅ = Kyrkohistorisk årsskrift. Uppsala, Stockholm
Kairos = Kairos. Zeitschrift für Religionswissenschaft und Theologie. Salzburg
KE = Kerk en eredienst. 's-Gravenhage
Kêmi = Kêmi. Paris
KlT = Kleine Texte für Vorlesungen und Übungen. Begründet von H. Lietzmann
Kriterium = Kriterium. Belo Horizonte (Brasil)
KřR = Křest'anská revue. Praha
KT = Kerk en theologie. Wageningen
KuD = Kerygma und Dogma. Göttingen
Kyrios = Kyrios. Vierteljahrsschrift für Kirchen- und Geistesgeschichte Osteuropas. Berlin

Labeo = Labeo. Napoli
Language = Language. Journal of the Linguistic Society of America. Baltimore
Latinitas = Latinitas. Roma
Latomus = Latomus. Revue d'études latines. Bruxelles
Lau = Laurentianum. Roma
Laval = Laval théologique et philosophique. Quebec
LCC = The Library of Christian Classics
Lecároz = Lecároz. Navarra
Leodium = Leodium. Liège
LFilol = Listy filologické. Praha
Libr = Librije. Bibliographisch Bulletijn voor Godsdienst, Kunst en Kultuur. Uitgegeven door de St.-Pietersabdij van Steenbrugge
LibriRiv = Libri e Riviste. Roma
Liturgia = Liturgia. Monasterio de Sto. Domingo. Silos (Burgos)
LJ = Liturgisches Jahrbuch. Münster
LMyt = Lesbiaka. Deltion tes Hetaireias Lesbiakon Meleton. En Mytilene
LnQ = The Lutheran Quarterly. Gettysburg (Pa.)
LR = Lettres romanes. Louvain
LSD = Litteraria. Štúdie a dokumenty. Bratislava
LUÅ = Lunds universitets årsskrift. Lund
Lum = Lumen. Lisboa
Lumen = Lumen. Seminario diocesano. Vitoria
Lumen vitae = Lumen vitae. Revue internationale de la formation religieuse. Bruxelles
LumK = Lumen. Katolsk teologisk tidsskrift. København
LumVi = Lumière et vie. St. Alban-Leysse
LusSac = Lusitania sacra. Lisboa
Lustrum = Lustrum. Internationale Forschungsberichte aus dem Bereich des klassischen Altertums. Göttingen
LuthRund = Lutherische Rundschau. Hamburg

LuthRundbl   = Lutherischer Rundblick. Wiesbaden
Lychnos   = Lychnos. Uppsala

MA   = Moyen-âge. Bruxelles
MAAL   = Mededelingen der Koninklijke Nederlandse Akademie van Weten-
                schappen. Afdeling Letterkunde. Amsterdam
MAev   = Medium aevum. Oxford
MAH   = Mélanges d'archéologie et d'histoire. École Française de Rome.
                Paris
Maia   = Maia. Firenze
MaisonDieu   = La Maison-Dieu. Paris
MakThes   = Makedonika. Syngramma periodikon tes Hetaireias Makedonikon
                Spoudon Thessalonikes
Manresa   = Manresa. Revista de Información e Investigación ascética y
                mística. Madrid
Manuscripta   = Manuscripta. St.-Louis (Missouri)
Marianum   = Marianum. Roma
MarSt   = Marian Studies
MCom   = Miscelánea Comillas. Comillas (Santander)
MDOG   = Mitteilungen der Deutschen Orient-Gesellschaft zu Berlin. Berlin
MDom   = Memorie Domenicane. Firenze
MelitaTh   = Melita theologica. Malta
MennQR   = Mennonite Quarterly Review. Goshen (Ind.)
MenorahJ   = The Menorah Journal. New York
MEPRC   = Messager de l'Exarchat du Patriarche russe en Europe Centrale.
                Paris
MEPRO   = Messager de l'Exarchat du Patriarche russe en Europe Occiden-
                tale. Paris
MF   = Miscellanea franciscana. Roma
MFSHA   = Paris et Ile de France. Paris
MGH   = Monumenta Germaniae historica
MHisp   = Missionalia Hispanica. Madrid
MHum   = Medievalia et Humanistica. Boulder (Colorado)
MIÖGF   = Mitteilungen des Instituts für österreichische Geschichtsforschung.
                Graz
MIOr   = Mitteilungen des Instituts für Orientforschung. Berlin
MitrArd   = Mitropolia Ardealului. Sibiu
MitrBan   = Mitropolia Banatului. Timizoara
MitrOlt   = Mitropolia Olteniei. Craiova
MlDEO   = Mélanges de l'Institut Dominicain d'Études Orientales du Caire.
                Dar Al-Maaref
MmFor   = Memorie Storiche Forogiuliesi. Udine
Mn   = Mnemosyne. Bibliotheca classica Batava. Leiden
MNHIR   = Mededelingen van het Nederlands Historisch Instituut te Rome.
                's-Gravenhage
ModCh   = Modern Churchman. London
ModS   = The Modern Schoolman. St. Louis (Mo.)
Month   = The Month. London

MPLJ	=	Mélanges de philosophie et de littérature juives. Paris
MPTh	=	Monatsschrift für Pastoraltheologie. Göttingen
MRSt	=	Mediaeval and Renaissance Studies. London
MS	=	Mediaeval Studies. Toronto
MSAHC	=	Mémoires de la société archéologique et historique de la Charente. Angoulème
MSHDI	=	Mémoires de la société pour l'histoire du droit et des institutions des anciens pays bourguignons, comtois et romands. Dijon
MSLC	=	Miscellanea di studi di letteratura cristiana antica. Catania
MSR	=	Mélanges de science religieuse. Lille
MThZ	=	Münchener theologische Zeitschrift. München
Mu	=	Le Muséon. Revue d'études orientales. Louvain
MuHelv	=	Museum Helveticum. Basel
MusCan	=	Museo canario. Madrid
Museum	=	Museum. Maandblad voor philologie en geschiedenis. Leiden
MUSJ	=	Mélanges de l'Université Saint-Joseph. Beyrouth
Musl	=	The Muslim World. Hartford (Conn.)
MusPont	=	Museo de Pontevedra
MüStSpr	=	Münchener Studien zur Sprachwissenschaft. München
MVVEG	=	Mededelingen en verhandelingen van het Vooraziatisch-Egyptisch Genootschap ,,Ex Oriente Lux''. Leiden
MystTh	=	Mystische Theologie. Jahrbuch. Klosterneuburg
NábR	=	Náboženská revue církve československé. Praha
NAG	=	Nachrichten der Akademie der Wissenschaften in Göttingen. Göttingen
NAKG	=	Nederlands archief voor kerkgeschiedenis. 's-Gravenhage
Namurcum	=	Namurcum. Namur
NatGrac	=	Naturaleza y Gracia. Salamanca
NBA	=	Norsk bokfortegnelse. Årskatalog. Oslo
NC	=	La Nouvelle Clio. Bruxelles
NDid	=	Nuovo Didaskaleion. Catania (Italia)
NedKath	=	Nederlandse katholieke stemmen
NedThT	=	Nederlands theologisch tijdschrift. Wageningen
NiceHist	=	Nice historique. Nice
NMS	=	Nottingham Medieval Studies. Nottingham
NotesRead	=	Notes and Queries for Readers and Writers. London
NovaVet	=	Nova et vetera. Freiburg (Schweiz)
NovTest	=	Novum Testamentum. Leiden
NRiSt	=	Nuova Rivista Storica
NRTh	=	Nouvelle revue théologique. Tournai
NS	=	The New Scholasticism. Baltimore. Washington
NSJer	=	Nea Sion. Jerusalem
NTS	=	New Testament Studies. Cambridge
NTT	=	Norsk teologisk tidsskrift. Oslo
Numen	=	Numen. International Review for the History of Religions. Leiden
NVA	=	Det norske videnskaps-akademi. Avhandlinger, Hist.-filos. klasse. Oslo

NyKT   = Ny kyrklig tidskrift. Uppsala
NZMW   = Neue Zeitschrift für Missionswissenschaft. Schöneck-Beckenried
NZSTh   = Neue Zeitschrift für systematische Theologie. Berlin

ÖAKR   = Österreichisches Archiv für Kirchenrecht, Wien
ÖAW   = Österreichische Akademie der Wissenschaften. Philos.-hist. Klasse.
                Kleine Denkschriften
OCA   = Orientalia Christiana Analecta. Roma
OGE   = Ons geestelijk erf. Tielt (Belgie)
OiC   = One in Christ. Catholic Ecumenical Review. London
Oikkoz   = Oikodome. Epeteris Ekklesiastike kai Philologike Hieras Metro-
                poleos Kozanes
OLZ   = Orientalistische Literaturzeitung. Berlin
OP   = Opuscula Patrum
OrAc   = L'orient ancien illustré. Paris
OrCath   = Orbis catholicus. Barcelona
OrChr   = Oriens Christianus. Wiesbaden
OrChrP   = Orientalia Christiana Periodica. Roma
OrhPBl   = Oberrheinisches Pastoralblatt. Karlsruhe
Oriens   = Oriens. Journal of the International Society for Oriental Research.
                Leiden
Orientalia   = Orientalia. Roma
Oriente   = Oriente. Madrid
Orpheus   = Orpheus. Catania (Italia)
OrSuec   = Orientalia suecana. Uppsala
OrSyr   = L'orient syrien. Paris
OrtBuc   = Ortodoxia. Bucureşti
OrthIst   = Orthodoxia. Istanbul
OrthSkAthen   = Orthodoxos Skepsis. Athen
OrthVer   = Orthodoxy. Mt. Vernon, New York
OS(Athen)   = Orthodoxos Skepsis. Athen
ÖstBibl   = Österreichische Bibliographie. Wien
OstkiSt   = Ostkirchliche Studien. Würzburg
OTS   = Oudtestamentische studiën. Leiden

PA   = Památky archeologické. Praha
Paid   = Paideuma. Mitteilungen zur Kulturkunde. Frankfurt a. M.
Paideia   = Paideia. Genova
Pal   = Palestra del Clero. Rovigo (Italia)
PalExQ   = Palestine Exploration Quarterly. London
Pallas   = Pallas. Fasc. 3 des Annales, publiées par la Faculté des Lettres
                de Toulouse. Toulouse
PalLat   = Palaestra latina. Barbastro (España)
Par   = La Parola del Passato. Rivista di Studi Classici. Napoli
ParLit   = Paroisse et Liturgie. Brugge
Past   = Past and Present. London
Pastbl   = Pastoralblätter. Stuttgart
Pazmaveb   = Pazmaveb. Venezia

PBrSchRome	=	Papers of the British School at Rome. London
PeI	=	Le Parole e le idee. Napoli
Pelop	=	Peloponnesiaka. Athen
Pensamiento	=	Pensamiento. Madrid
Perficit	=	Perficit. Salamanca
Personalist	=	The Personalist. An International Review of Philosophy, Religion and Literature. Los Angeles
Phil	=	Philologus. Zeitschrift für das klassische Altertum. Berlin, Wiesbaden
Philol	=	Philologica Pragensia. Praha
Philosophy	=	Philosophy. The Journal of the Royal Institut of Philosophy. London
PhJb	=	Philosophisches Jahrbuch der Görresgesellschaft. München
PhLit	=	Philosophischer Literaturanzeiger. München, Basel
PhMendoza	=	Philosophia. Universidad nacional de Cuyo. Mendoza
PhNat	=	Philosophia naturalis. Meisenheim/Glan
Phoibos	=	Phoibos. Bruxelles
PhPhenRes	=	Philosophy and Phenomenological Research. Buffalo
PhRef	=	Philosophia reformata. Kampen
Phronesis	=	Phronesis. A Journal for Ancient Philosophy. Assen
PhRu	=	Philosophische Rundschau. Tübingen
PierLomb	=	Pier Lombardo. Novara (Italia)
Pirineos	=	Pirineos. Zaragoza (España)
Platon	=	Platon. Deltion tes Hetaireias Hellenon Philologon. Athenai
PMLA	=	Publications of the Modern Language Association of America. New York
PO	=	Patrologia Orientalis
PQ	=	Philological Quarterly. Iowa City
PR	=	The Philosophical Review. Ithaca (N.Y.)
PravM	=	Pravoslavnaja Mysl'. Praha
PravS	=	Pravoslavný sborník. Praha
PrincBul	=	The Princeton Seminary Bulletin. Princeton (N.J.)
ProcAmJewish	=	Proceedings of the American Academy for Jewish Research. New York
ProcAmPhS	=	Proceedings of the American Philosophical Society. Philadelphia
ProcBritAc	=	Proceedings of the British Academy. London
ProcIrAc	=	Proceedings of the Royal Irish Academy. Dublin
PrOrChr	=	Proche orient chrétien. Jerusalem
Protest	=	Protestantesimo. Roma
ProvHist	=	Provence historique. Marseille
Proyección	=	Proyección. Granada
PrViana	=	Príncipe de Viana. Pamplona
PSIL	=	Publications de la section historique de l'Institut Grand-Ducal de Luxembourg. Luxembourg
PTS	=	Patristische Texte und Studien
PublCopt	=	Publications de l'Institut Français d'Archéologie Orientale. Bibliothèque d'études coptes. Cairo
PublMen	=	Publicaciones del Instituto Tello Téllez de Meneses. Palencia

QFIAB	=	Quellen und Forschungen aus italienischen Archiven und Bibliotheken. Tübingen
QIFG	=	Quaderni dell'Istituto greca, Università Cagliari. Cagliari
QLP	=	Les Questions liturgiques et paroisséales. Mont-César (Belg.)
QUCC	=	Quaderni Urbinati di Cultura Classica. Urbino
RA	=	Revue archéologique. Paris
RAAN	=	Rendiconti dell'Academia di Archeologia, Lettere e Belle Arti di Napoli. Napoli
RaBi	=	Revista bíblica con Sección litúrgica: Buenos Aires
RABM	=	Revista de Archivos, Bibliotecas y Museos. Madrid
RaBol	=	Revista de la Sociedad Bolivariana de Venezuela. Caracas
RaBrFilol	=	Revista brasileira de Filología. São Paolo
RaBrFilos	=	Revista brasileira de Filosofía. São Paolo
RaBuenosA	=	Revista de la Universidad de Buenos Aires. Buenos Aires
RaCal	=	Revista calasancia. Madrid
RaCórdoba	=	Revista de la Universidad nacional de Córdoba. Córdoba (Argentina)
RaCuzco	=	Revista universitaria. Universidad de Cuzco
RaDFilos	=	Revista dominicana de Filosofía. Ciudad Trujillo
RaEduc	=	Revista de Educación. Madrid
RaExtr	=	Revista de Estudios extremeños. Badajoz (España)
RAgEsp	=	Revista agustiniana de Espiritualidad. Calahorra (Logroño)
RaHist	=	Revista de Historia. São Paolo
RaInd	=	Revista de Indias. Madrid
RaInteram	=	Revista interamericana de Bibliografía. Interamerican Review of Bibliography. Washington
RAL	=	Rendiconti della Reale Accademia Nazionale dei Lincei. Classe di Scienze Morali, Storiche e Filologiche. Roma
RaLit	=	Revista de Literatura. Madrid
RAM	=	Revue d'ascétique et de mystique. Toulouse
RaMadrid	=	Revista de la Universidad de Madrid. Madrid
RaNCult	=	Revista nacional de Cultura. Caracas
RaOviedo	=	Revista de la Universidad de Oviedo. Oviedo
RaPlata	=	Revista de Teología. La Plata (Argentina)
RaPol	=	Revista de Estudios políticos. Madrid
RaPortFilog	=	Revista portuguesa de Filología. Coimbra
RaPortFilos	=	Revista portuguesa de Filosofía. Braga (Portugal)
RaPortHist	=	Revista portuguesa de Historia. Coimbra
RAS	=	Rassegna degli Archivi di Stato. Roma
RaScienFilos	=	Rassegna di Scienze Filosofiche. Bari (Italia)
RasF	=	Rassegna di Filosofia. Roma
RasIsr	=	Rassegna Mensile di Israel. Roma
RBAM	=	Revista de la Biblioteca. Archivo y Museo. Madrid
RBen	=	Revue bénédictine. Abbaye de Maredsous (Belgique)
RBi	=	Revue biblique. Paris
RBPh	=	Revue belge de philologie et d'histoire. Bruxelles
RC	=	Religión y Cultura. Madrid

RCA	=	Rozpravy Československé akademie věd. Praha
RCCM	=	Rivista di Cultura Classica e Medioevale. Roma
RDC	=	Revue de droit canonique. Strasbourg
REA	=	Revue des études augustiniennes. Paris
Reality	=	Reality. Dubuque (Iowa)
REAnc	=	Revue des études anciennes. Bordeaux
REB	=	Revue des études byzantines. Paris
REBras	=	Revista eclesiástica brasileira. Petropolis
REC	=	Revista de Estudios Clásicos. Mendoza
RecAug	=	Recherches augustiniennes. Paris (Supplément à REA)
REccDoc	=	Rerum ecclesiasticarum documenta
RecHist	=	Recusant History. Bognor Regis (Sussex)
RechSR	=	Recherches de science religieuse. Paris
REDC	=	Revista española de Derecho canónico. Madrid
REDI	=	Revista española de Derecho internacional. Madrid
ReEg	=	Revue d'égyptologie. Paris
ReExp	=	Review and Expositor. Louisville (Kentucky)
REG	=	Revue des études grecques. Paris
Regn	=	Regnum Dei. Collectanea. Roma
RegnRo	=	Regnum Dei. Roma
REI	=	Revue des études islamiques. Paris
REL	=	Revue des études latines. Paris
ReLiège	=	Revue ecclésiastique de Liège. Liège
RelLife	=	Religion in Life. New York
ReMet	=	The Review of Metaphysics. New Haven
ReNamur	=	Revue diocésaine de Namur. Gembloux
RenBib	=	Rencontres bibliques. Lille
REP	=	Revista española de Pedagogía. Madrid
RESE	=	Revue des Études sud-est européennes. Bucureşti
REspir	=	Revista de Espiritualidad. Madrid
ReSR	=	Revue des sciences religieuses. Strasbourg
Resurrexit	=	Resurrexit. Madrid
RET	=	Revista española de Teología. Madrid
ReTournai	=	Revue diocésaine de Tournai. Tournai
RF	=	Razón y Fe. Madrid
RFacDMadrid	=	Revista de la Facultad de Derecho de la Universidad de Madrid
RFC	=	Rivista di Filologia e d'Istruzione Classica. Torino
RFE	=	Revista de Filología española. Madrid
RFFH	=	Revista de la Facultad de Filosofía y Humanidades. Córdoba (Argentina)
RFFLMadrid	=	Revista de la Facultad de Filosofía y Letras. Madrid
RFFLMedellín	=	Revista de la Facultad de Filosofía. Medellín
RFil	=	Revista de Filosofía. Madrid
RFN	=	Rivista di Filosofia Neoscolastica. Milano
RGuimerães	=	Revista de Guimerães. Guimerães
RH	=	Revue historique. Paris
RHDFE	=	Revue historique de droit français et étranger. Paris
RHE	=	Revue d'histoire ecclésiastique. Louvain

RHEF   = Revue d'histoire de l'église de France. Paris
RHLag   = Revista de Historia (canaria). La Laguna (Canarias)
RhM   = Rheinisches Museum für Philologie. Frankfurt a. M.
RHPhR   = Revue d'histoire et de philosophie religieuses. Paris
RHR   = Revue de l'histoire des religions. Paris
RHS   = Revue d'histoire des sciences et de leurs applications. Paris
RhV   = Rheinische Vierteljahrsblätter. Bonn
RiAC   = Rivista di Archeologia Cristina. Roma
RiAsc   = Rivista di Ascetica e Mistica. Firenze
RiBi   = Rivista Biblica. Brescia
RiceInst   = Rice Institut Pamphlet. Houston (Texas)
RicLing   = Ricerche Linguistiche. Roma
RIDA   = Revue internationale des droits de l'antiquité. Gembloux
RIDC   = Revista del Instituto de Derecho comparado. Barcelona
RIE   = Revista de Ideas estéticas. Madrid
RiEst   = Rivista di Estetica. Torino
RIFD   = Rivista internazionale di filosofia del diritto. Milano
RiFil   = Rivista di Filosofia. Torino
RiFilRel   = Rivista di Studi Filosofici e Religiosi. Roma
RiLit   = Rivista Liturgica. Finalpia
RILSL   = Rendiconti. Istituto Lombardo di Scienze e Lettere. Classe di
                Lettere e Scienze Morali e Storiche. Milano
Rinascimento = Rinascimento. Firenze
RIP   = Revue internationale de philosophie. Bruxelles
RIS   = Revista internacional de Sociología. Madrid
RiStCl   = Rivista di Studi Classici. Torino
RiStor   = Rivista di Storia, Arte, Archeologia. Alessandria
RivRos   = Rivista Rosminiana di filosofia e di cultura. Stresa
RiVSp   = Rivista di Vita Spirituale. Roma
RJAZIU   = Rad Jugoslavenske Akademije Znanosti i Umjetnosti. Zagreb
RJC   = Revista jurídica de Cataláña. Barcelona
RKZ   = Reformierte Kirchenzeitung. Neukirchen (Kr. Mörs)
RLC   = Revue de littérature comparée. Paris
RM   = Revue Mabillon. Ligugé
RMM   = Revue de métaphysique et de morale. Paris
RN   = Revue du nord. Lille
ROB   = Religion och Bibel. Nathan Söderblom-sällskapets årsbok. Lund
RoczTK   = Roczniki Teologiczno-Kanoniczne. Lublin
RoczTor   = Rocznik towarzystwa naukowego w Toruniu. Torún
RöHM   = Römische Historische Mitteilungen. Graz—Köln
ROIELA   = Revue de l'Organisation internationale pour l'étude des langues
                anciennes par ordinateur. Liège
RPAA   = Rendiconti della Pontificia Accademia di Archeologia. Roma
RPFE   = Revue philosophique de la France et de l'étranger. Paris
RPh   = Revue de philologie, de littérature et d'histoire anciennes. Paris
RPL   = Revue philosophique de Louvain. Louvain
RQ   = Römische Quartalschrift für christliche Altertumskunde und
                Kirchengeschichte. Freiburg i. Br.

RQS	=	Revue des questions scientifiques. Louvain
RQu	=	Revue de Qumran. Paris
RR	=	Review of Religion. New York
RRel	=	Review for Religious. St. Mary's (Kansas)
RS	=	Revue de synthèse. Paris
RSB	=	Rivista di Studi Bizantini e Neoellenici. Roma
RSCI	=	Rivista di Storia della Chiesa in Italia. Roma
RSF	=	Rivista Critica di Storia della Filosofia. Milano
RSH	=	Revue des sciences humaines. Lille
RSI	=	Rivista Storica Italiana. Napoli
RSLR	=	Revista di storia e letteratura religiosa. Firenze
RSO	=	Rivista degli Studi Orientali. Roma
RSPhTh	=	Revue des sciences philosophiques et théologiques. Paris
RSR	=	Ricerche di Storia Religiosa. Roma
RThAM	=	Recherches de théologie ancienne et médiévale. Abbaye du Mont César. Louvain
RThom	=	Revue thomiste. Paris
RThPh	=	Revue de théologie et de philosophie. Lausanne
RThR	=	The Reformed Theological Review. (Australia)
RUO	=	Revue de l'université d'Ottawa. Ottawa
SABPh	=	Sitzungsberichte der deutschen Akademie der Wissenschaften zu Berlin. Klasse für Philosophie, Geschichte, Staats-, Rechts- und Wirtschaftswissenschaft. Berlin
SABSp	=	Sitzungsberichte der deutschen Akademie der Wissenschaften zu Berlin. Klasse für Sprachen, Literatur und Kunst. Berlin
SacD	=	Sacra Doctrina
Saeculum	=	Saeculum. Jahrbuch für Universalgeschichte. München, Freiburg i. Br.
SAH	=	Sitzungsberichte der Heidelberger Akademie der Wissenschaften. Philos.-hist. Klasse. Heidelberg
SAL	=	Sitzungsberichte der sächsischen Akademie der Wissenschaften zu Leipzig, Philologisch-historische Klasse
Salesianum	=	Salesianum. Torino
Salmant	=	Salmanticensis. Salamanca
SalTerrae	=	Sal Terrae. Santander
SAM	=	Sitzungsberichte der bayrischen Akademie der Wissenschaften in München. Philosoph.-philol. und hist. Klasse. München
SAP	=	Sborník archivních prací. Praha
Sapientia	=	Sapientia. Buenos Aires
Sapienza	=	Sapienza. Rivista di Filosofia e di Teologia. Milano
SAW	=	Sitzungsberichte der österreichischen Akademie in Wien. Phil.-hist. Klasse. Wien
SBAG	=	Schweizer Beiträge zur allgemeinen Geschichte. Bern
SBR	=	Sociedad brasileira de Romanistas. Rio de Janeiro
SC	=	Sources chrétiennes
Sc	=	Scriptorium. Revue internationale des Études relatives aux manuscrits. Anvers et Bruxelles

ScCat   = La Scuola Cattolica. Milano
ScEc   = Sciences ecclésiastiques. Montréal
Schild   = Het Schild. Apologisch tijdschrift. Leiden

SchwBu   = Das Schweizer Buch. Zürich
SchwRu   = Schweizer Rundschau. Basel
SchwThU   = Schweizerische theologische Umschau. Bern
ScPaed   = Scientia paedagogica. Anvers
Scripture   = Scripture. London
SD   = Scripta et documenta
SDHI   = Studia et documenta historiae et iuris. Roma
SE   = Sacris erudiri. Brugge, 's-Gravenhage
SEÅ   = Svensk exegetisk årsbok. Uppsala

Seanchas   = Seanchas Ardmhacha. Journal of the Armagh Diocesan Historical
                 Society. Maynooth (Ireland)
SEF   = Semanas españolas de Filosofía. Madrid
Sefarad   = Sefarad. Revista de la Escuela de Estudios hebraicos. Madrid
Seminarios   = Seminarios. Estudios y Documentos sobre Temas sacerdotales.
                 Salamanca
Seminarium   = Seminarium. Città del Vaticano
Semitica   = Semitica. Institut d'Études Sémitiques de l'Université de Paris.
                 Paris
SG   = Siculorum gymnasium. Facoltà di Lettere e Filosofia dell' Uni-
                 versità. Catania (Sicilia)
ShaneQ   = The Shane Quarterly. Indianapolis
SHCSR   = Spicilegium historicum congregationis SSmi. Redemptoris. Roma
SHE   = Studia hiatorico-ecclesiastica. Uppsala
SHR   = Scottish Historical Review. Edinburgh
SHVL   = Skrifter utgivna av kungl. humanistiska vetenskapssamfundet i
                 Lund. Lund
SHVSU   = Skrifter utgivna av humanistika vetenskapssamfundet i Uppsala.
                 Uppsala
SIF   = Studi Italiani di Filologia Classica. Girenze
SJTh   = Scottish Journal of Theology. Edinburgh
SKZ   = Schweizerische Kirchenzeitung. Luzern
Slavia   = Slavia. Praha
SLH   = Scriptores Latini Hiberniae
SlRu   = Slavische Rundschau. München
SM   = Studien und Mitteilungen zur Geschichte des Benediktinerordens
                 und seiner Zweige. München
SMLV   = Studi Mediolatini e Volgari. Bologna
SMR   = Studia Montis Regii. Montreal
SMSR   = Studi e Materiali di Storia delle Religioni. Bologna
SNMP   = Sborník Národního Musea v Praze (Acta Musaei Nationalis
                 Pragae). Praha
SNVAO   = Skrifter utgitt av det norske videnskapsakademi i Olso. Oslo
SO   = Symbolae Osloenses. Oslo
So   = Sophia. Rivista Internazionale di Filosofia e Storia della Filosofia.
                 Padova

Sob	=	Sobornost. London
SOCC	=	Studia orientalia christiana, Collectanea. Kairo
Sp	=	Speculum. A Journal of Mediaeval Studies. Cambridge (Mass.)
SPFFBU	=	Sborník prací filosofické fakulty brněnské university. Brno
SPh	=	Studies in Philology. University of North Carolina. Chapel Hill
Spic	=	Spicilegium sacrum Lovaniense
Spiritus	=	Spiritus. Cahiers de spiritualité missionaire. Paris
SQS	=	Sammlung ausgewählter kirchen- und dogmengeschichtlicher Quellenschriften
SSF	=	Societas scientiarum Fennica. Commentationes humanarum litterarum. Helsinki
ST	=	Studi e Testi
StAcOr	=	Studia et acta orientalia. Bucureşti
StAns	=	Studia Anselmiana. Roma
StBibF	=	Studii Biblici Franciscani Liber Annus. Jerusalem
StBiz	=	Studi Bizantini e Neoellenici. Roma
StBuc	=	Studii teologice. Bucureşti
StC	=	Studia catholica. Nijmegen
StClOr	=	Studi Classici e Orientali. Pisa
StFr	=	Studi Francescani. Firenze
StFrancesi	=	Studi Francesi. Torino
StGen	=	Studium generale. Berlin-Heidelberg-New York
STI	=	Svensk tidskriftsindex. Stockholm
StIr	=	Studies. An Irish Quarterly Review. Dublin
StLeg	=	Studium legionense. Léon
StLit	=	Studia Liturgica. Rotterdam
StMe	=	Studi medievali. Spoleto
StMiss	=	Studia missionalia. Roma
StMon	=	Studia Monastica. Abadía de Montserrat. Barcelona
StMor	=	Studia Moralia. Roma-Paris-Tournai-New York
StOr	=	Studia orientalia. Helsinki
StPad	=	Studia Patavina. Padova
StPap	=	Studia papyrologica. San Cugat del Vallés (Barcelona)
StPh	=	Studia philosophica. Basel
Streven	=	Streven. Maandblad voor geestesleven en cultuur. Brussel
StRo	=	Studi Romani. Roma
StrPat	=	Stromata patristica et mediaevalia
StTh	=	Studia theologica. Oslo
StudIs	=	Studia Islamica. Paris
Studium	=	Studium. Roma
StudiumAv	=	Studium. Avila
StUrbino	=	Studi Urbinati di Storia, Filosofia e Letteratura. Urbino
SU	=	Schriften des Urchristentums
SvBok	=	Svensk Bokförteckning. Stockholm
SVict	=	Scriptorium Victoriense. Seminario diocesano. Vitoria
SVSL	=	Skrifter utgivna av vetenskaps-societeten i Lund. Lund
SrTK	=	Svensk teologisk kvartalskrift. Lund
SyBU	=	Symbolae biblicae Upsalienses. (Supplementhäften till SEÅ)

SyllAthen   = Syllabos Byzantinon Meleton kai Keimenon. Athen
Syria   = Syria. Paris
SZ   = Stimmen der Zeit. Freiburg i. Br.
SZG   = Schweizerische Zeitschrift für Geschichte. Zürich

TabR   = La Table Ronde. Paris
TAik   = Teologinen Aikakauskirja. Helsinki
Teruel   = Teruel (Literatura, Arte, Ciencia, Actividades culturales). Teruel
TEsp   = Teología espiritual. Valencia
TG   = Tijdschrift voor geschiedenis. Groningen
TGL   = Tijdschrift voor geestelijk leven. Amsterdam
ThAthen   = Theologia. Athen
ThBraga   = Theologica. Braga
Theologian   = The Theologian
Theology   = Theology. London
Theoria   = Theoria. Lund
ThFen   = Theologia Fennica. Helsinki
ThGl   = Theologie und Glaube. Paderborn
ThLZ   = Theologische Literaturzeitung. Berlin
Thom   = The Thomist. Washington
ThPh   = Theologie und Philosophie. Freiburg i. Br.
ThQ   = Theologische Quartalschrift. Stuttgart
ThRe   = Theologische Revue. Münster
ThRu   = Theologische Rundschau. Tübingen
ThSt   = Theological Studies. Woodstock (Md.)
ThT   = Theology Today. Princeton (N. J.)
ThViat   = Theologia viatorum. Berlin
ThZ   = Theologische Zeitschrift. Basel
TPAPA   = Transactions and Proceedings of the American Philological
                Association. Baltimore (Md.)
TPh   = Tijdschrift voor philosophie. Leuven, Utrecht
TPQS   = Theologisch-praktische Quartalschrift. Linz a. D.
Tr   = Traditio. Studies in Ancient and Medieval History, Thought and
                Religion. New York
TrArmPhilos   = Transactions of the American Philosophical Society. Philadel-
                phia
TrConnec   = Transactions of the Connecticut Academy of Arts and Sciences.
                New Haven
TRG   = Tijdschrift voor rechtsgeschiedenis. Groningen, Brussel, Den Haag
TRHS   = Transactions of the Royal Historical Society. London
TrPhilol   = Transactions of the Philological Society. Oxford
TS   = La Terra Santa. Gerusaleme - Giordania
TTh   = Tijdschrift voor Theologie. Brugge—Utrecht
TTK   = Tidsskrift for teologi og kirke. Oslo
TTZ   = Trierer theologische Zeitschrift. Trier
TU   = Texte und Untersuchungen zur Geschichte der altchristlichen
                Literatur
TWK   = Tydskrift vir wetenschap en kuns. Bloemfontain (Suid-Africa)

UBHJ	=	University of Birmingham Historical Journal. Birmingham
UBTübJb	=	Universitätsbibliothek Tübingen. Jahresbericht. Tübingen
UCalifClass	=	University of California Publications in Classical Philology. Berkeley
UCalifSem	=	University of California Publications in Semitic Philology. Berkeley
UHabana	=	Universidad de La Habana. La Habana
UMéxico	=	Universidad de México. México
UnitasInt	=	Unitas. Revue internationale. Paris
UnitasManila	=	Unitas. Manila
UnivAnt	=	Universidad de Antioquía. Antioquía (Colombia)
Universitas	=	Universitas. Stuttgart
UnivTor	=	Università di Torino. Pubblicazioni della Facoltà di Lettere e Filosofia. Torino
USa	=	Una Sancta. Rundbriefe für interkonfessionale Begegnung. Meitingen b. Augsburg
USaFe	=	Universidad. Santa Fe
USaR	=	Una Sancta. Roosevelt, L. J., N. Y.
UToronto	=	University of Toronto Quarterly. Toronto
UZaragoza	=	Universidad. Zaragoza

VAA	=	Verhandelingen der Koninklijke Nederlandse Akademie van Wetenschappen. Afdeling letterkunde. Amsterdam
VbSal	=	Verbum salutis. Paris
VCaro	=	Verbum Caro. Neuchâtel
VD	=	Verbum Domini. Roma
VDI	=	Vestnik drevnej istorii. Moskva
VdP	=	Vocez de Petropolis. Petropolis
VerC	=	Veritatem in caritate. 's-Gravenhage, Brussel
Veritas	=	Veritas. Río Grande (Brasil)
VetChr	=	Vetera Christianorum. Bari
VF	=	Verkündigung und Forschung. München
VigChr	=	Vigiliae Christianae. Amsterdam
ViLetras	=	Virtud y Letras. Manizales (Colombia)
VitaMon	=	Vita monastica. Camaldoli
Vivarium	=	Vivarium. Assen
ViVrem	=	Vizantijskij Vremennik. Leningrad
VladQ	=	St. Vladimir's Seminary Quarterly. New York
VoprJaz	=	Voprosy jazykoznanija. L'vov
VoxTh	=	Vox theologica. Assen
VS	=	La vie spirituelle. Paris
VSen	=	Verba seniorum
VSLA	=	Vetenskaps-societeten i Lund. Årsbok. Lund
VSob	=	Vida sobrenatural. Salamanca
VSSuppl	=	La vie spirituelle. Supplément. Paris
VyV	=	Verdad y Vida. Madrid

Wending	=	Wending. 's-Gravenhage
WestThJ	=	Westminster Theological Jorunal. Philadelphia

WiWh   = Wissenschaft und Weisheit. Düsseldorf
Word   = Word. Journal of the Linguistic Circle of New York. New York
WSlJb   = Wiener slawistisches Jahrbuch. Wien
WSt   = Wiener Studien. Zeitschrift für klassische Philologie. Wien
WuD   = Wort und Dienst. Jahrbuch der theologischen Schule Bethel.
                  Bielefeld
WuW   = Wort und Wahrheit. Monatsschrift für Religion und Kultur. Wien
WZBerlin   = Wissenschaftliche Zeitschrift der Humboldt-Universität. Gesell-
                  schafts- und sprachwissenschaftliche Reihe. Berlin
WZGreifswald   = Wissenschaftliche Zeitschrift der Universität Greifswald. Gesell-
                  schafts- und sprachwissenschaftliche Reihe. Greifswald
WZHalle   = Wissenschaftliche Zeitschrift der M.-Luther-Universität Halle-
                  Wittenberg. Halle a. S.
WZJena   = Wissenschaftliche Zeitschrift der Fr.-Schiller-Universität Jena.
                  Gesellschafts- und sprachwissenschaftliche Reihe. Jena
WZKM   = Wiener Zeitschrift für die Kunde des Morgenlandes. Wien
WZLeipzig   = Wissenschaftliche Zeitschrift der K.-Marx-Universität Leipzig.
                  Gesellschafts- und sprachwissenschaftliche Reihe. Leipzig
WZRostock   = Wissenschaftliche Zeitschrift der E.-M.-Arndt-Universität Ro-
                  stock. Gesellschafts- und sprachwissenschaftliche Reihe. Rostock

YClSt   = Yale Classical Studies. New Haven
Yermo   = Yermo. El Paular. Madrid
YJS   = Yale Judaica Series. New Haven
YLS   = Yearbook of Liturgical Studies. Collegeville (Min.)

ŽA   = Živa antika. Skopje
ZAGV   = Zeitschrift des Aachener Geschichtsvereins. Aachen
ZÄA   = Zeitschrift für ägyptische Sprachen und Altertumskunde. Berlin
ZAW   = Zeitschrift für die alttestamentliche Wissenschaft. Berlin
ZB   = Zeitschrift für Balkanologie. Wiesbaden
ZBB   = Zeitschrift für Bibliothekswesen und Bibliographie. Frankfurt a. M.
ZBW   = Zentralblatt für Bibliothekswesen. Leipzig
ZDMG   = Zeitschrift der Deutschen Morgenländischen Gesellschaft. Wies-
                  baden
ZDPV   = Zeitschrift des deutschen Palästinavereins. Stuttgart
ZEE   = Zeitschrift für evangelische Ethik. Gütersloh
ZEvKR   = Zeitschrift für evangelisches Kirchenrecht. Tübingen
ZGesch   = Zeitschrift für Geschichtswissenschaft. Berlin
ZKG   = Zeitschrift für Kirchengeschichte. Stuttgart
ZKTh   = Zeitschrift für katholische Theologie. Wien
ZMRW   = Zeitschrift für Missionswissenschaft und Religionswissenschaft.
                  Münster
ZNKUL   = Zeszyty Naukowe Katolickiego Uniwersytetu Lubelskiego.
                  Lublin
ZNW   = Zeitschrift für die neutestamentliche Wissenschaft und die Kunde
                  der älteren Kirche. Berlin

ZPhF	=	Zeitschrift für philosophische Forschung. Reutlingen
ZRGG	=	Zeitschrift für Religions- und Geistesgeschichte. Köln
ZRPh	=	Zeitschrift für Romanische Philologie. Tübingen
ZRVI	=	Zbornik Radova Vizantološkog Instituta. Beograd
ZSavG	=	Zeitschrift der Savigny-Stiftung für Rechtsgeschichte. Germanistische Abteilung. Weimar
ZSavK	=	Zeitschrift der Savigny-Stiftung für Rechtsgeschichte. Kanonistische Abteilung. Weimar
ZSavR	=	Zeitschrift der Savigny-Stiftung für Rechtsgeschichte. Romanistische Abteilung. Weimar
ZSKG	=	Zeitschrift für schweizerische Kirchengeschichte. Freiburg (Schweiz)
ZSl	=	Zeitschrift für Slawistik. Berlin
ZSP	=	Zeitschrift für slavische Philologie. Heidelberg
ZThK	=	Zeitschrift für Theologie und Kirche. Tübingen
ŽurMP	=	Žurnal Moskovskoj Patriarchii. Moskau
	=	Zeitschrift für vergleichende Sprachforschung auf dem Gebiete der indogermanischen Sprache. Göttingen

I. Generalia

I. HISTORIA PATROLOGIAE

1 BOLGIANI, FRANCO *Dalla teologia liberale alla escatologia apocalittica: il pensiero e l'opera di Erik Peterson* — RSLR 1 (1965) 1—58

2 CAPPS, WALTHER H. *Harnack and the Ecumenical Discussion* — JES 3 (1966) 486—502

3 DAOUST, JOSEPH *Un mauriste érudit dans les monastères du nord de la France au début du XVIIIe siècle*, [*Dom E. Martène*]. In: *Littérature et religion* (cf. 1966, 126) 191—200

4 FRUTAZ, AIMÉ-PIERRE *Kirsch (Jean-Pierre)*. In: *Catholicisme*, t. 6 (cf. 1966, 176) 1446—1448

5 GRUMEL, VENANCE *Kérameus (Papadopoulos-K., Athanase)*. In: *Catholicisme*, t. 6 (cf. 1966, 176) 1406—1407

6 HÄRING, NIKOLAUS *Eine Zwettler Abkürzung der Vätersammlung Adhemars von Saint-Ruf (Valence)* — ThPh 41 (1966) 30—53

7 HANSLIK, R. *To the Hundreth Anniversary of C. S. E. L.* In: *Studia Patristica VII* (cf. 1966, 148) 71—74

8 HOLL, KARL *Antrittsrede in der Kgl. Preuß. Akademie der Wissenschaften am 1. Juli 1915.* In: *Kleine Schriften* (1966, 119) 1—2.

9 HOLL, KARL *Briefwechsel mit Adolf von Harnack.* Hersgg. von HEINRICH KARPP. Tübingen: Mohr 1966. VIII, 94 pp.

[2488] HOPE, C. L. A. R.

10 I. B. *In memoriam P. Severiani Salaville (1881—1965)* — EL 80 (1966) 226—228

11 IGNATIEV, A. *K Pamjati prof. N. N. Glubokovskogo* (Zum Gedächtnis an Prof. N. N. Glubokovskij) — ŽurMP (1966) fasc. 8, 57—77

12 IRIGOIN, JEAN *Alphonse Dain (1896—1964)* — AnEtRel (1965—1966) 49—59

13 IRMSCHER, JOHANNES *Die Entwicklung der koptologischen Studien an der Martin-Luther-Universität.* In: *Koptologische Studien in der DDR* (cf. 1966, 122) 6—29

14 IRMSCHER, J. *10 Jahre Institut für griechisch-römische Altertumskunde.* In: *Spektrum.* Mitteilungsblatt für die Mitarbeiter der Deutschen Akademie der Wissenschaften zu Berlin 12 (1966) 3—11

15 JAEGER, WERNER *Introduction to Scripta Minora: „An Intellectual Autobiography".* In: *Five Essays* (cf. 1966, 120) 25—44

16 LOIDL, FRANZ *Patrologie an der Wiener katholisch-theologischen Fakultät ab 1775.* In: *Dienst an der Lehre* (cf. 1966, 114) 167—185

17 Lorna Kendall, E. *Teaching the Fathers in Colleges and Schools.* In: *Studia Patristica IX* (cf. 1966, 150) 566—569

18 Marti, Paul *Martin Werner zum Gedenken* — SchwThU 36 (1966) 31—35

19 Muradyan, P. *Le Prof. Levon Melik 'set'-Bek (pour son 75e anniversaire)* (en arménien) — Edjmiatsin 23 (1966) fasc. 4, 55—60

20 Peters, R. *The Use of the Fathers in the Reformation Handbook Unio Dissidentium.* In: *Studia Patristica IX* (cf. 1966, 150) 570—577

[1272] Petitmengin, Pierre: Augustinus

[1284] Röttges, Ernst H.: Augustinus

21 Rouse, Richard H. *Bostonus Buriensis and the Author of the Catalogus Scriptorum Ecclesiae* — Sp 41 (1966) 471—499

[1756] Rozemond, Keetje: Iohannes Damascenus

22 Sladden, J. C. *The Appeal to the Fathers in John Jewel, Bishop of Salisbury, 1560—1571.* In: *Studia Patristica IX* (cf. 1966, 150) 594—599

23 Stiernon, D. *Jugie (Etienne, en religion Martin).* In: *Catholicisme*, t. 6 (cf. 1966, 176) 1190—1193 coll.

[175] Wichelhaus, M.

2. OPERA AD PATROLOGIAM UNIVERSALEM PERTINENTIA

24 Altaner, Berthold — Stuiber, Alfred *Patrologie. Leben, Schriften und Lehre der Kirchenväter* [7., völlig neubearbeitete Auflage]. Freiburg-Basel-Wien: Herder 1966. XXIII, 544 pp.

25 Bardenhewer, Otto *Geschichte der altkirchlichen Literatur.* 5 Bände [Reprographischer Nachdruck der Ausgabe Freiburg/Br. 1913—32]. Darmstadt: Wissenschaftliche Buchgesellschaft 1962. LVII, 3136pp.

26 Belu, D. *La prédication post-apostolique* — MitrArd 11 (1966) 367—393

27 Bieler, Ludwig *History of Roman Literature.* Condensed and adapted from the German by J. Wilson. London: Macmillan 1966. 209 pp.

[791] Buytaert, E. M.

28 Campenhausen, Hans von *Lateinische Kirchenväter.* 2. durchgesehene Auflage. Stuttgart: Kohlhammer 1965. 255 pp.

[812] Fontaine, Jacques

29 Goodspeed, Edgar J. *A History of Early Christian Literature.* New edition, rev. and enlarged by R. M. Grant. Chicago: University of Chicago Pr. 1966. IX, 214 pp.

[821] Gorce, Denys

30 Hadot, Pierre *Patristique latine* — AEHESR 1966—1967, t. 74 (1966) 153—158

[2552] Holl, Karl

[298] HUNGER, HERBERT

31 IMNAIŠVILI, I. *Livre de lecture en ancien géorgien* [Travaux de la Chaire d'ancien géorgien, 10] (en géorgien). Tiflis 1966. VIII, 238 pp.

32 KRAFT, HEINRICH *Die Kirchenväter bis zum Konzil von Nicäa* [Sammlung Dietrich, 312]. Bremen: Schünemann 1966. XV, 471 pp.

33 KRAFT, HEINRICH *Kirchenväter-Lexikon*. München: Kösel 1966 509 pp.

34 KRAFT, HEINRICH *Texte der Kirchenväter*. Bd. V: *Kirchenväterlexikon und Register*. München: Kösel 1966. 766 pp.

35 LACROIX, BENOÎT *Histoire générale et sens des faits dans l'antiquité chrétienne* — ScEc 17 (1965) 513—516

36 ORTIZ DE URBINA, IGNATIUS *Patrologia Syriaca*. 2a editio. Roma: Pont. Institutum Orientalium Studiorum 1965

37 OTTO, S. *Patristique*. In: *Encyclopédie de la foi*, t. 3 (cf. 1966, 183) 334—343

38 OVERBECK, FRANZ *Über die Anfänge der patristischen Literatur* [Libelli, 15]. Darmstadt: Wissenschaftliche Buchgesellschaft 1965. 72 pp.

39 RONCAGLIA, MARTINIANO *Littérature copte et patristique (Ier et IIe s.)* — al-Mašriq (Beyrouth) 58 (1964) 607—618

[188] ROSE, H. J.

40 ROSTAGNI, AUGUSTO *Storia della letteratura Latina*. 3ª edizione riveduta e augm. da L. LANA. 3 Volls. Torino: Unione Tipografica-Edizione Torinese 1964. Vol. I: IX, 595 pp.; Vol. II: VIII, 595 pp.; Vol. III: VIII, 641 pp.

41 SARKISSIAN, KARÉKINE *Introduction à la littérature arménienne chrétienne* — Le monde non-chrétienne 69 (1964) 9—55

42 SINEUX, RAPHAËL *Les Docteurs de l'Église. Leur vie, leur enseignement*. Montpellier: Imprimerie de la Charité 1964. 420 pp.

[879] WILES, MAURICE

3. BIBLIOGRAPHICA

43 ARATÓ, PAULUS *Bibliographia historiae pontificiae* 1965/1966 — AHP 4 (1966) 401—669

[1002] ARMAS, G. — CAPÁNAGA, V. — OROZ RETA, J. — MASINO, V.

44 BECK, H.-G. et alii *Bibliographische Notizen und Mitteilungen* — ByZ 59 (1966) 168—272; 397—517

45 *Bibliografia* — RSCI 20 (1966) 219—305; 529—623

46 *Bibliografie řeckých a latinských studií v Československu za léta 1951—1960* [Bibliographia studiorum Graecorum et latinorum in Bohemoslovenia MCMLI—MCMLX], sestavil LADISLAV VIDMAN. Praha: Státní knihovna ČSSR 1966. 146 pp.

1*

47 *Bibliografie Československé Byzantologie, Sv. I—II* (Bibliographie de la Byzantinologie Tchécoslovaque, t. I—II) [Bibliografické Příručky, Sv. 1—2]. Praha: Československá Akademie Věd 1966. X, 367 pp.

48 *Bibliographia Patristica.* Internationale Patristische Bibliographie. Hrsg. von W. Schneemelcher. Vol. VIII: *Die Erscheinungen des Jahres 1963.* Berlin: De Gruyter 1966. XXXIV, 120 pp.

49 *Bibliographie* — Byslav 27 (1966) 201—287; 449—516

50 *Bibliographie française de spiritualité pour l'année 1964* — RAM 41 (1965) 163—190

51 *Bibliographie française de spiritualité pour l'année 1965* — RAM 42 (1966) 321—358

52 *Bibliotheca Classica Orientalis.* Dokumentation der altertumswissenschaftlichen Literatur sozialistischer Länder hrsg. von Johannes Irmscher. 11. Jahrgang. Berlin: Akademie Verlag 1966. 384 pp. Registerheft zu den Jahrgängen 1—10/1956—1965 zusammengestellt von Burkhard Böttger. 40 pp.

53 Bloch, Herbert *Bibliography of Werner Jaeger.* In: *Five Essays* (cf. 1966, 120) 143—165

[1627] Bloch, Herbert: Gregorius Nyssenus

54 Bogaert, M. *Bulletin d'ancienne littérature chrétienne latine, T. V.* — RBen 76 (1966) [73]—[112]

[1769] Bori, Pier Cesare: Irenaeus

[790] Braun, Herbert

[1475] Braun, Herbert: Ps.-Clemens Romanus

55 Brou, L. *Ediciones de textos, investigaciones y estudios de los últimos treinta años.* In: *Estudios sobre la liturgia mozárabe* (cf. 1966, 115) 1—31

56 *Bulletin analytique d'histoire romaine, Tome II (Année 1963).* Publié par l'Association pour l'Étude de la Civilisation Romaine. Strasbourg: Imprimerie à la Faculté des Lettres et Sciences Humaines 1966. 201 pp.

[566] *Bulletin codicologique*

57 *Bulletin de publications hagiographiques* — AB 84 (1966) 261—298; 500—542

58 *Bulletin de théologie ancienne et médiévale. Tome IX: N°ˢ 1996—2364; Tables* — BTAM 9 (1965) 677—930

59 *Bulletin de théologie ancienne et médiévale. Tome X: N°ˢ 1—774* — BTAM 10 (1966) 236 pp.

[2422] Camelot, P.-Th.

[1050] Capánaga, Victorino — Masino, Victor — Rodríguez, José: Augustinus

60 *Catalogue des thèses de doctorat soutenues devant les universités françaises. Nouv. série 1964.* Paris: Cercle de la librairie 1965. 496 pp.

61 CHADWICK, O. *The History of the Church. A select bibliography.* 2nd edition. London: Historical Association 1966. 52 pp.

[2590] CHARIN. G.

62 COPPENS, J. et alii *Elenchus Bibliographicus* — EThL 42 (1966) 463 pp.

63 DANIÉLOU, JEAN *Bulletin d'histoire des origines chrétiennes* — Rech-SR 54 (1966) 272—332

64 DESANGES, JEAN — LANCEL, SERGE *Bibliographie analytique de l'Afrique antique (1960—1962)* — Bulletin d'archéologie algérienne 1 (1962—1965) 277—301

65 *Disertace pražeské universitety 1882—1953* (Dissertationen der Universität Prag von 1882 bis 1953). 2 vols. Praha: Universita Karlova 1965. 479; 229 pp.

[701] DUPLACY, J.

66 GAIFFIER, BAUDOUIN DE *Hispana et Lusitana III* (cf. 1962, 35) — AB 84 (1966) 457—499

67 *Gesamtregister der Abhandlungen, Sitzungsberichte, Jahrbücher, Vorträge und Schriften der Preußischen Akademie der Wissenschaften 1900—1945.* Hgg. von der Hauptbibliothek der Dtsch. Akademie der Wissenschaften zu Berlin. Berlin: Akademie-Verlag 1966. XXII, 314 pp.

68 GHALI, MIRRIT B. *Jean Simon s. j. Bibliographie* — BulArchCopte 18 (1965—1966) 2—4

69 GIAMBERARDINI, G. *Bibliografia copta 1963* — SOCC 9 (1964) 377 —439

70 GIAMBERARDINI, G. *Bibliografia copta 1964* — SOCC 10 (1965) 509—577

71 GIAMBERARDINI, G. *Bibliografia copta, greca e armenica 1965* — SOCC 11 (1966) 529—662

72 GOTENBERG, ERWIN *Theologische Bibliographie* — ThRe 62 (1966) 53—68; 125—140; 193—208; 273—288; 341—356; 413—428

[1869] GRILLMEIER, ALOIS: Nestorius

73 HANSSENS, S. *Bibliographie* — RHE 61 (1966) 758* pp.

74 *Historical research for university degrees in the United Kingdom. Theses completed 1965* — BIHR 27 (1966) Theses suppl., IV, 22 pp.

[603] HOMBERT, MARCEL

[11] IGNATIEV, A.

75 *International Bibliography of historical sciences. Vol. 32: 1963, including some publications of the previous years.* Ed. by M. FRANÇOIS and N. TOLU. [International Committee of historical sciences, Lausanne] Paris: A. Colin 1966. XXVII, 491 pp.

76 *International Bibliography of the History of Religions. Bibliographie internationale de l'histoire des religions. 1963.* Red. par SALIH ALICH sous la direction de C. J. BLEEKER. Leyden: Brill 1966. XII, 88 pp.

77 *Internationale Zeitschriftenschau für Bibelwissenschaft und Grenz-gebiete, XI (1964/65).* Hersgg. von FRIDOLIN STIER u. a. Düsseldorf: Patmos-Verlag 1965. XIII, 251 pp.

78 *Internationale Zeitschriftenschau für Bibelwissenschaft und Grenz-gebiete, XII (1965/66).* Herausgegeben von FRIDOLIN STIER. Düssel-dorf: Patmos-Verlag 1966. XVI, 338 pp.

[837] JAEGER, WERNER — BLOCH, HERBERT

78a JANIN, R. *Bibliographie du R. P. Venance Grumel* — REB 24 (1966) VIII—XXXVII

79 ΚΑΡΜΙΡΗ, ΙΩΑΝΝΟΥ Ν. Βιβλιογραφικὸν Δελτίον — ThAthen 37 (1966) 642—651

80 KUTTNER, ST. *Select bibliography 1965—1966* — Tr 22 (1966) 482—499

81 *L'année philologique.* Bibliographie critique et analytique de l'anti-quité gréco-latine. Fondée par J. MAROUZEAU, publiée par JULIETTE ERNST. Tome XXXV: *Bibliographie de l'année 1964 et complément d'années antérieures.* Paris: Les Belles Lettres 1966. XXVII, 662 pp.

[2496] LECLER, JOSEPH

[1184] LIBRATORE, IDA: Augustinus

[1365] MAZAL, OTTO: Barlaam et Ioasaph

82 METZGER, BRUCE M. *Index to the Periodical Literature on Christ and the Gospels* [New Testament Tools and Studies, 6]. Leiden: Brill 1966. XXIII, 602 pp.

[1402] MISONNE, D.: Benedictus Nursinus

83 ΜΙΧΑΙΛΙΔΟΥ, ΕΥΓΕΝΙΟΥ Μ. Βιβλιογραφία τῶν ῾Ελλήνων Αἰγυ-πτιωτῶν 1853—1966 [῎Εκδοσις ,,Κέντρου ῾Ελληνικῶν Σπουδῶν'', 15]. ᾿Αλεξανδρεία 1965—1966. σελ. 400

[1277] MORA ONTALBA, JOSÉ MARIA

[1224] MORÁN, JOSÉ — ESTRADA, LUIS: Augustinus

84 MOREAU, JACQUES *Bibliographie der Veröffentlichungen von Jacques Moreau.* In: *Scripta Minora* (cf. 1966, 137) 306—312

85 NOBER, PETRUS S. *Elenchus Bibliographicus Biblicus* XLVI—1965 [= Biblica 46 (1965) 1*—530*]. Romae: Pontif. Inst. Bibl. 1965. XII, 530 pp.

86 NOBER, PETRUS S. *Elenchus Bibliographicus Biblicus* XLVII—1966 [= Biblica 47 (1966) 1*—390*]. Romae: Pontif. Inst. Bibl. 1966. XII, 390 pp.

87 NOBER, P. *Elenchus Suppletorius ad Elenchum bibliographicum biblicum 47 (1966)* — VD 44 (1966) 1*—88*

88 NORDEN, EDUARD *Bibliographie der Veröffentlichungen Eduard Nor-dens.* In: *Kleine Schriften zum klassischen Altertum* (cf. 1966, 139) 683—688

89 OROZ RETA, JOSÉ *Instrumenta studiorum. Los trabajos patrísticos en la actualidad* — RET 25 (1965) 115—152

[1249] OROZ RETA, JOSÉ: Augustinus

90 PACAUT, M. *Histoire de l'Église au moyen âge, Ve — XIIIe s.* — RH 236 (1966) 135—178

91 PLACES, ÉDOUARD DES *Patristica* — Bibl.47 (1966) 586—593

92 *Récension des revues* — RSPhTh 50 (1966) 119—143; 329—358; 546—570; 750—777

93 ROBERT, JEANNE — ROBERT, LOUIS *Bulletin épigraphique* — REG 78 (1965) 70—204; 79 (1966) 335—449

[1284] RÖTTGES, ERNST H.: Augustinus

[188] ROSE, H. J.

[2193] ROUILLARD, PH.

94 SANTOS HERNÁNDEZ, ANGEL *Iglesias de Oriente*. Vol. II: *Repertorio bibliográfico* [Bibliotheca Comillensis]. Santander: Editorial Sal Terrae 1963. 747 pp.

[1708] SERRAZANETTI, PAOLO: Ignatius Antiochenus

95 SERROELS, J. — DEKKERS, E. *Overzicht van Nederlands vertalingen van patristische en middeleeuwse geschriften* — Libr 1 (1965) 2—27

[863] SEUMOIS, ANDRÉ

96 SEVERUS, EMMANUEL VON *Die Liturgie in der Spiritualität und in der Frömmigkeit* (Literaturbericht) — ALW 9 (1965/1966) 480—526

97 SIMON, JEAN *Bibliographie copte 17 (1964)* — Orientalia 34 (1965) 215*—252*

98 SIMON, JEAN *Bibliographie copte 18 (1965)* — Orientalia 35 (1966) 139*—171*

99 ΣΤΑΥΡΙΔΟΥ, ΒΑΣΙΛΕΙΟΥ Θ. Βιβλιογραφία ἐκκλησιαστικῆς ῾Ιστορίας (1453—1960) — ThAthen 35 (1964) 654—663; 36 (1965) 327—332; 493—499; 664—671; 37 (1966) 128—173; 329—333

[1425] TERRANEO, GIUSEPPE: Caesarius Arelatensis

100 *Thèses présentées pour l'obtention du grade de licencié ou de docteur dans les Facultés de philosophie et lettres belges.* Années académiques 1962/63, 1963/64, 1964/65 — RBPh 43 (1965) 206—220; 1417—1433; 44 (1966) 1081—1096

[1321] THONNARD, F.-J.: Augustinus

101 TREU, KURT *Bericht über die Arbeiten der Kommission für spätantike Religionsgeschichte 1963—1966* — ThLZ 91 (1966) 391—392

102 VOLLMAR, E. R. *Writings on the history of religion in the United States 1965* — Manuscripta 10 (1966) 85—93

[413] WARMINGTON, B. N.

103 WIRTH, PETER *Franz-Dölger-Bibliographie 1919—1966.* In: *Polychronion* (cf. 1966, 143) 13—33 (Arbeiten von Schülern: 31—33)

[556] ZUCKER, FRIEDRICH

4. SERIES EDITIONUM ET VERSIONUM

BIBLIOTECA DE AUTORES CRISTIANOS (BAC)
[968] Vol. 246: Augustinus
[969] Vol. 255: Augustinus
[882] Vol. 257: Ambrosius

CORPUS CHRISTIANORUM (CChr)
[1952] Vol. 126: Prudentius

CORPUS SCRIPTORUM CHRISTIANORUM ORIENTALIUM (CSCO)
[1842] Vol. 252: Martyrius (Sahdona)
[1843] Vol. 253: Martyrius (Sahdona)
[1844] Vol. 254: Martyrius (Sahdona)
[1845] Vol. 255: Martyrius (Sahdona)
[929] Vol. 257: Athanasius
[930] Vol. 258: Athanasius
[1682] Vol. 263: Hippolytus Romanus
[1683] Vol. 264: Hippolytus Romanus
[2450] Vol. 266: History of the School of Nisibis
[2010] Vol. 268: Theodosius Alexandrinus
[2011] Vol. 269: Theodosius Alexandrinus
[1543] Vol. 270: Ephraem Syrus
[1544] Vol. 271: Ephraem Syrus

CORPUS SCRIPTORUM ECCLESIASTICORUM LATINORUM (CSEL)
[904] Vol. 81/1: Ambrosiaster

EDITIONES MONUMENTORUM SLAVICORUM VETERIS DIALECTI (EMSlVD)
[554] Vol. 3/fasc. 4: Basilius Magnus, Severianus Gabalorum (Versio palaeoslav. Iohannis Exarchae s. IX/X)

PATROLOGIA ORIENTALIS (PO)
[1369] Vol. 31, 3: Barsanuphius et Ioannes
[1681] Vol. 31/32: Hippolytus
[2325] Vol. 33: Officium divinum aethiopicum
[2326] Vol. 34/1—2: Idem

SOURCES CHRETIENNES (SC)
[1514] Vol. 5 ter.: Diadochus Photicensis
[2688] Vol. 24 bis: Ptolemaeus Gnosticus
[1883] Vol. 37 bis: Origenes
[953] Vol. 116: Augustinus

[1717] Vol. 117: Iohannes Chrysostomus
[1625] Vol. 119: Gregorius Nyssenus
[1884] Vol. 120: Origenes
[1545] Vol. 121: Ephraem Syrus
[1853] Vol. 123: Melito Sardensis
 [260] Vol. 124: Expositio totius mundi
[1718] Vol. 125: Iohannes Chrysostomus
[1511] Vol. 126: Cyrillus Hierosolymitanus

STUDIA ET TESTIMONIA ANTIQUA (StTA)
[1969] Vol. 1: Rufinus Aquileiensis

STUDI E TESTI (ST)
[2281] Vol. 215: Initia Hymnorum

TEXTE UND UNTERSUCHUNGEN (TU)
[2750] Vol. 89: Catenae

THE FATHERS OF THE CHURCH (FaCh)
 [976] Vol. 56: Augustinus
[1660] Vol. 57: Hieronymus

5. COLLECTANEA ET MISCELLANEA

104 ADONTZ, NICOLAS *Études arméno-byzantines*. Préface par G. GARITTE
[Bibliothèque arménienne de la Fondation C. Gulbenkian]. Lisbon-
ne: Bertrand 1965. 440 pp.

105 *Atti dell' XI Congresso Internazionale di Papirologia Milano 2—8
settembre 1965*. Milano: Istituto Lombardo di Scienze e Lettere 1966.
XXV, 599 pp.

106 *Atti del I Congresso Nazionale Ravenna, 23—25 maggio 1965* — RSB
n. s. 2—3 [12—13] (1965—1966) 330 pp.

107 BAINTON, ROLAND H. *The Collected Papers in Church History of
Roland Bainton*. Series I: *Early and Medieval Christianity*. London:
Hodder and Stoughton 1965. IX, 261 pp.

108 BAKHUIZEN VAN DEN BRINK, J. N. *Ecclesia II. Een bundel opstellen*.
's-Gravenhage: Nijhoff 1966. XII, 340 pp.

109 BARNARD, L. W. *Studies in the Apostolic Fathers and their Background*. Oxford: Blackwell 1966. IX, 177 pp.

110 BISCHOFF, BERNHARD *Mittelalterliche Studien. Ausgewählte Aufsätze
zur Schriftkunde und Literaturgeschichte*. Band I. Stuttgart: Anton
Hiersemann 1966. VII, 325 pp.

111 CULLMANN, OSCAR *Vorträge und Aufsätze 1925—1962*. Hrsgg. von
KARLFRIED FRÖHLICH. Tübingen: Mohr; Zürich: Zwingli Verlag
1966. 723 pp.

112 *Das diakonische Amt der Kirche.* Hrsgg. von HERBERT KRIMM. 2. überarbeitete Auflage. Stuttgart: Evangelische Verlagsanstalt 1965. 606 pp.

113 DELHAYE, HIPPOLYTE *Mélanges d'hagiographie grecque et latine* [Subsidia Hagiographica, 42]. Bruxelles: Société des Bollandistes 1966. 440 pp.

114 *Dienst an der Lehre. Studien zur heutigen Philosophie und Theologie* (Franz Kardinal König zum 60. Geburtstag). Hrsgg. von der kath.-theol. Fakultät der Universität Wien [Wiener Beiträge zur Theologie, 10]. Wien: Herder 1965. XI, 442 pp.

115 *Estudios sobre la liturgia mozárabe* [Publicaciones del Instituto provincial de investigaciones y estudios toledanos, III/1]. Toledo: Diputación provincial 1965. XIII, 195 pp.

116 *Festschrift Percy Ernst Schramm zu seinem siebzigsten Geburtstag von Schülern und Freunden zugeeignet.* Hrsgg. von PETER CLASSEN und PETER SCHEIBERT. Band I. Wiesbaden: Franz Steiner 1964. VIII, 504 pp.

117 HAENCHEN, ERNST *Gott und Mensch.* Gesammelte Aufsätze. Tübingen: Mohr 1966. 488 pp.

118 HOLL, KARL *Gesammelte Aufsätze zur Kirchengeschichte.* Band II: *Der Osten* [Reprographischer Nachdruck der Ausgabe Tübingen 1928]. Darmstadt: Wissenschaftliche Buchgesellschaft 1964. XI, 464 pp.

119 HOLL, KARL *Kleine Schriften.* Hrsgg. von ROBERT STUPPERICH. Tübingen: Mohr 1966. VII, 133 pp.

120 JAEGER, WERNER *Five Essays.* Translated by ADELE M. FISKE. With a Bibliography of Werner Jaeger prepared by HERBERT BLOCH. Montreal: Mario Casalini 1966. XI, 171 pp.

121 *Kongreß für Klassische Philologie. Congress of Classical Studies. Congrès des Études Classiques. S'ezd klassičeskoj filologii.* Zusammenfassung der Vorträge. Summaries of papers. Résumés des conférences. Tezisy dokladov. Budapest 1965. 181 pp.

122 *Koptologische Studien in der DDR.* Zusammengestellt und Herausgegeben vom Institut für Byzantinistik der Martin-Luther-Universität Halle-Wittenberg. Halle 1965. 264 pp. [= WZHalle 1965, Sonderheft]

123 *Le culte en esprit et en vérité.* Sous la direction de L. SHEPPARD. Paris: Desclée & Cie. 1966. 159 pp.

124 *Le diacre dans l'Église et le monde d'aujourd'hui.* Préface de JEAN MOUISSET, ouvrage publié sous la direction de P. WINNINGER et Y. CONGAR [Unam Sanctam, 59]. Paris: Du Cerf 1966. 320 pp.

125 *Les écrivains célèbres.* Vol. I: *Antiquité, chrétienté médiévale, Orient.* Sous la diréction de R. QUENEAU. 3e édition. Paris: Éditions d'Art L. Mazenod 1966. 496 pp.

126 *Littérature et religion.* Mélanges offerts à Joseph Coppin à l'occasion de son quatre-vingtième anniversaire [MSR, 23, tome supplémentaire]. Lille: Facultés catholiques 1966. VII, 357 pp.

127 *Liturgica 3* [Scripta et documenta, 17]. Montserrat: Abadía de Montserrat 1966. 334 pp.

128 *Liturgie. Gestalt und Vollzug.* Joseph Pascher zur Vollendung seines 70. Lebensjahres von Schülern und Freunden gewidmet. Hersgg. von WALTER DÜRIG. München: Max Hueber Verlag 1963. XI, 365 pp.

129 *L'Oriente cristiano nella storia della civiltà.* Atti del Convegno internazionale Roma 31 marzo—3 aprile 1963; Firenze 4 aprile 1963 [Problemi attuali di scienza e di cultura, 62]. Roma: Accademia nazionale dei Lincei 1964. 780 pp.

130 *Mélanges offerts à René Crozet à l'occasion de son soixante-dixième anniversaire.* Édités par PIERRE GALLAIS et YVES-JEAN RIOU. Poitiers: Société d'Études médiévales 1966. 2 vols. XXXI, 1417 pp.

131 *Mélanges d'archéologie, d'épigraphie et d'histoire offerts à Jérôme Carcopino.* Paris: Hachette 1966. XVI, 993 pp.

132 *Mélanges d'archéologie et d'histoire offerts à André Piganiol.* Édités par RAYMOND CHEVALLIER. Paris: S. E. V. P. E. N. 1966. 3 vols. 1772 pp.

133 *Miscellanea Carlo Figni.* A cura di G. COLOMBO, A. RIMOLDI, A. VALSECCHI [Hildephonsia, 6]. Venegono Inferiore (Varese): Seminario arcivescovile 1964. XIV, 786 pp.

134 *Miscellanea critica.* Aus Anlaß des 150 jährigen Bestehens der Verlagsgesellschaft und des Graphischen Betriebes B. G. Teubner, Leipzig, hrsgg. von den Mitgliedern der Redaktion der Bibliotheca Teubneriana JOHANNES IRMSCHER, BRUNO DOER, REIMAR MÜLLER, URSULA PETERS. 2 Bde. Bd. I: Leipzig: B. G. Teubner 1964. 390 pp.; Bd. II: Leipzig: B. G. Teubner 1965. 369 pp.

135 *Miscelánea en memoria de Dom Mario Férotin, 1914—1964.* Madrid-Barcelona: Consejo superior de investigaciones científicas 1966. VIII, 568 pp.

136 *Miscellanea liturgica in onore di sua Eminenza il Cardinale Giacomo Lercaro.* Vol. I. Roma — Paris — Tournai — New York: Desclée & C. — Editori Pontifici 1966. 735 pp.

137 MOREAU, JACQUES *Scripta Minora.* Hersgg. von WALTER SCHMITT-HENNER. Heidelberg: Carl Winter 1964. 312 pp.

138 *Neue Beiträge zur Geschichte der Alten Welt.* Band II: *Römisches Reich.* Hrsgg. von ELISABETH CHARLOTTE WELSKOPF [II. Internationale Tagung der Fachgruppe Alte Geschichte der Deutschen Historiker-Gesellschaft vom 4. bis 8. September 1962 in Stralsund]. Berlin: Akademie-Verlag 1965. XV, 400 pp.

139 NORDEN, EDUARD *Kleine Schriften zum klassischen Altertum.* Hrsgg. von BERNHARD KYTZLER. Berlin: De Gruyter 1966. XV, 706 pp.

140 *Old Ireland.* Ed. by ROBERT MCNALLY. Dublin: Gill and Son 1965.
     XI, 252 pp.

141 *Orbis scriptus.* Dmitrij Tschiževskij zum 70. Geburtstag. Hrsgg.
     von DIETRICH GERHARDT, WIKTOR WEINTRAUB und HANS-JÜRGEN
     ZUM WINKEL. München: Wilhelm Fink Verlag 1966. 987 pp.

142 *Polychordia.* Festschrift Franz Dölger zum 75 Geburtstag. Besorgt
     von PETER WIRTH. Band I [ByFo, 1]. Amsterdam: A. M. Hakkert
     1966. 406 pp.

143 *Polychronion.* Festschrift Franz Dölger zum 75. Geburtstag. Hrsgg.
     von PETER WIRTH [Corpus der griechischen Urkunden des Mittel-
     alters und der neueren Zeit, Reihe D: Beihefte, 1]. Heidelberg: Carl
     Winter 1966. 538 pp.

144 *Porphyre.* Huit exposés suivis de discussion [Entretiens sur
     l'antiquité, 12]. Genève: Fondation Hardt 1966. 320 pp.

145 SCHELKLE, KARL HERMANN *Wort und Schrift. Beiträge zur Auslegung
     und Auslegungsgeschichte des Neuen Testaments* [Kommentare und
     Beiträge zum Alten und Neuen Testament]. Düsseldorf: Patmos
     1966. 322 pp.

146 *Speculum historiale. Geschichte im Spiegel von Geschichtsschreibung
     und Geschichtsdeutung.* Johannes Spörl aus Anlaß seines sechzigsten
     Geburtstages dargebracht von Weggenossen, Freunden und Schü-
     lern. Hrsgg. CLEMENS BAUER, LAETITIA BOEHM, MAX MÜLLER.
     Freiburg/Br. — München: Karl Alber 1965. XVI, 783 pp.

147 *Staat und Kirche im Wandel der Jahrhunderte.* Hrsgg. von WAL-
     THER PETER FUCHS. Stuttgart-Berlin-Köln-Mainz: W. Kohlhammer
     1966. 219 pp.

148 *Studia Patristica, Vol. VII.* Papers presented to the Fourth Inter-
     national Conference on Patristic Studies held at Christ Church, Ox-
     ford, 1963. Part I: *Editiones, Critica, Philologica, Biblica.* Ed. by
     F. L. CROSS [TU, 92]. Berlin: Akademie-Verlag 1966. XI,
     579 pp.

149 *Studia Patristica, Vol. VIII.* Papers presented to the Fourth Inter-
     national Conference on Patristic Studies held at Christ Church, Ox-
     ford, 1963. Part II: *Patres Apostolici, Historica, Liturgica, Ascetica
     et Monastica.* Ed. by F. L. CROSS [TU, 93]. Berlin: Akademie-Verlag
     1966. IX, 467 pp.

150 *Studia Patristica, Vol. IX.* Papers presented to the Fourth Inter-
     national Conference on Patristic Studies held at Christ Church, Ox-
     ford, 1963. Part III: *Classica, Philosophica et Ethica, Theologica, Au-
     gustiniana, Post-Patristica.* Ed. by F. L. CROSS [TU, 94]. Berlin:
     Akademie-Verlag 1966. IX, 611 pp.

151 *Studies in Luke-Acts.* Essays presented in honor of Paul Schubert.
     Ed. by L. E. KECK and J. L. MARTYN. Nashville (Tenn.) — New
     York: Abingdon Press 1966, 316 pp.

152 *Studies of Western Medieval Thoughts.* Essays in Honor of Prof. Ken Ishihara. Tokyo 1965 (in Japanese)

153 *The Bible in Modern Scholarship.* Papers Read at the 100th Meeting of the Society of Biblical Literature, December 28—30, 1964. Ed. by JAMES PHILIP HYATT. Nashville and New York: Abingdon Pr. 1965; London: Carey Kingsgate Pr. 1966. 400 pp.

154 *The Classical Tradition. Literary and historical studies in honor of Harry Caplan.* Ed. by LUITPOLD WALLACH. Ithaca (N. Y.): Cornell University Press 1966. XVI, 606 pp.

155 *The Orthodox Ethos.* Essays in honour of the Centenary of the Greek Orthodox Archdiocese of North and South America, ed. A. J. PHILIPPOU. Oxford: Holywell Press 1966

156 THEILER, WILLY *Forschungen zum Neuplatonismus.* Berlin: De Gruyter 1966. IX, 336 pp.

157 *The Transformation of the Roman World. Gibbon's Problem of Two Centuries.* Edited by LYNN WHITE jr. Berkeley and Los Angeles: University of California 1966. VIII, 321 pp.

158 *Tortulae. Studien zu altchristlichen und byzantinischen Monumenten.* Hrsgg. von WALTER NIKOLAUS SCHUMACHER [Supplementheft der Römischen Quartalschrift für christliche Altertumskunde und Kirchengeschichte, 30]. Rom-Freiburg/Br.-Wien: Herder 1966. 344 pp.

159 USENER, HERMANN *Kleine Schriften.* Bd. IV: *Arbeiten zur Religionsgeschichte* [Neudruck der Ausgabe Leipzig 1912—1913]. Osnabrück: Otto Zeller 1965. VII, 516 pp.

160 VAGAGGINI, C., PENCO, G. e collaboratori *La preghiera nella Bibbia e nella tradizione patristica e monastica* [Biblioteca di cultura religiosa, seconda serie, 78]. Roma: Edizioni Paoline 1964. 1014 pp.

6. METHODOLOGICA

161 ALEXE, ŞTEFAN C. *Studiile patristice într-o perspectivă ecumenică* (Les études patristiques en perspective oecuménique) — OrtBuc 18 (1966) 485—490

162 BIELER, LUDWIG *The Grammarian's Craft. An Introduction to Textual Criticism* [ClassFolia]. Worcester (Mass.): Holy Cross Coll. Classical Folia [1965]. 47 pp.

163 CHIOCCHETTA, PIETRO *Church Theology and Method to Study Church History* — EuntDoc 19 (1966) 302—337

[2707] CROUZEL, HENRI

164 GIET, S. *Traductions et methodes. A propos d'un livre de M. Jean Pepin* (cf. 1964, 424) — ReSR 40 (1966) 158—177

165 IRMSCHER, JOHANNES *Patristik und klassische Philologie.* In: *Neue Beiträge zur Geschichte der Alten Welt, II* (cf. 1966, 138) 315—325

[13] IRMSCHER, JOHANNES

[14] IRMSCHER, JOHANNES

[436a] IRMSCHER, J.

166 JOLY, ROBERT *Patristique et libre examen* — Revue de l'Université de Bruxelles (Bruxelles) 18 (1966) 218—237

167 KÖPSTEIN, A. *Konferenz zu Problemen der Spätantike* — ZGesch 14 (1966) 281—285

168 LAMBRECHTS, P. *Van Oudheid naar Middeleeuwen. Continuiteit of discontinuiteit*? — Handelingen der Maatschapij voor geschiedenis en oudheidkunde te Gent 19 (1965) 3—29

[1997] MEHLMANN, JOHANNES: Tertullianus

[635] MERKELBACH, R. — THIEL, H. VAN

[640] MONTEVECCHI, ORSOLINA

169 MORAVCSIK, GY. *Klassizismus in der byzantinischen Geschichtsschreibung.* In: *Polychronion* (cf. 1966, 143) 366—377

[349] MOREAU, JACQUES

170 MORENZ, SIEGFRIED *Akute Anliegen der Koptologie.* In: *Koptologische Studien in der DDR* (cf. 1966, 122) 259—264

171 OKÁL, MILOSLAV *Vvod do textovej kritiky* (Einführung in die Textkritik). Bratislava: SLPN 1966. 81 pp.

[38] OVERBECK, FRANZ

[1564] OVERBECK, FRANZ

172 PALANQUE, JEAN-REMY *Antiquité et Christianisme.* In: *XIIe Congrès International des Sciences Historiques.* Rapports Vol. IV: *Méthodologie et histoire contemporaine* (Wien: Ferdinand Berger & Söhne/ Horn 1965) 93—101

[2443] RAHNER, KARL — LEHMANN, KARL

[2444] RATZINGER, JOSEPH

173 ROCHOW, ILSE *Fachtagung „Probleme der Spätantike" in der Deutschen Akademie der Wissenschaften zu Berlin vom 30. 11. — 2. 12. 1965* — Byslav 27 (1966) 441—448

173a SEYFARTH, W. *Um die Problematik der Spätantike* — FoFo 40 (1966) 177—180

174 SMITH, J. P. *The Limits of the Patristic Period.* In: *Studia Patristica IX* (cf. 1966, 150) 600—601

[398] STOCKMEIER, PETER

[866] STUDER, BASIL

175 WICHELHAUS, M. *Kirchengeschichtsschreibung und Soziologie im XIX. Jahrhundert und bei Ernst Troeltsch* [Heidelberger Forschungen, 9]. Heidelberg: C. Winter 1965. 202 pp.

[2383] ZABOLOTSKIJ, N.

7. SUBSIDIA

[2030] *Bibliotheca Sanctorum*

[475] BLAISE, ALBERT

176 *Catholicisme, hier aujourd'hui demain.* Encyclopédie publiée sous la direction de G. JAQUEMET. Fasc. 26: *Judée-La Bouillerie* [= t. 6, coll. 1153—1563]. Paris: Letouzey & Ané 1966. 192 pp.

177 *Der kleine Pauly.* Lexikon der Antike auf der Grundlage von Pauly's Realencyclopädie der classischen Altertumswissenschaft. Unter Mitwirkung zahlreicher Fachgelehrter bearbeitet und hersgg. von KONRAT ZIEGLER und WALTHER SONTHEIMER. Lieferungen 8—12: *Dicta Catonis — Hypocaustum* [= Band II, 1—1280 coll.]. Stuttgart: A. Druckenmüller 1965/1966. 640 pp.

178 *Dictionnaire de spiritualité ascétique et mystique, doctrine et histoire.* Fondé par M. VILLAR, continué par ANDRÉ RAYEZ et CHARLES BAUMGARTNER. Fasc. 41: *Godet des Marais — Grecque (Église)* [= t. 6, coll. 561—816]. Paris: Beauchesne 1966. 128 pp.

179 *Dictionnaire d'histoire et de géographie ecclésiastique.* Sous la direction de R. AUBERT. Fasc. 92: *Fare — Favre*; fasc. 93: *Favre — Ferdinand* [= t. 16, coll. 513—1024]. Paris: Letouzey & Ané 1966. 256 pp.

180 *Die Religion in Geschichte und Gegenwart. Handwörterbuch für Theologie und Religionswissenschaft.* Registerband. 3. Aufl. Tübingen: Mohr 1965. 1112 cols.

181 *Dizionario di Teologia biblica (Vocabulaire de Théologie biblique]* a cura di XAVIER LÉON-DUFOUR. Edizione Italiana a cura di GIOVANNI VIOLA. Torino: Marietti 1965. XXVI, 1283 pp.

182 *Dizionario storico religioso.* Diretto da PIETRO CHIOCHETTA. Roma: Editrice Studium 1966. IX, 1169 pp.

183 *Encyclopédie de la foi.* Sous la direction de H. FRIES. Tome 3: *Mal — Puissance.* Paris: Du Cerf 1966. 559 pp.

183a KITTEL, G. — FRIEDRICH, G. *Grande lessico del Nuovo Testamento.* Edizione Italiana integrale a cura di F. MONTAGNINI, G. SCARPAT ed O. SOFFRITTI. *Vol. I e II.* Brescia: Paideia 1965/1966. 62 pp. 1368/1580 coll.

[325] KÜHNER, HANS

[495] LAGARDE, PAUL DE

184 *Lexikon der Alten Welt.* Hrsgg. von CARL ANDRESEN, HARTMUT ERBSE, OLOF GIGON, KARL SCHEFOLD, KARL FRIEDRICH STROHEKER, ERNST ZINN. Redaktion: KLAUS BARTELS und LUDWIG HUBER. Zürich-Stuttgart: Artemis 1965. XV pp. 3524 coll.

[2172] *Liturgisch Woordenboek*

185 *Realencyclopädie für protestantische Theologie und Kirche.* Begründet von J. J. HERZOG. 24 Bde. [Nachdruck der 3. Auflage 1896—1913]. Graz: Akademische Druck- und Verlagsanstalt 1966. 19344 pp.

186 *Reallexikon für Antike und Christentum.* Hrsg. von THEODOR KLAUSER. Liefrg. 48: *Evangelium (Fortsetzg.) — Exitus illustrium virorum* [= Bd. 6, coll. 1121—1276]. Stuttgart: A. Hiersemann 1966. 78 pp.

187 *Reallexikon für Antike und Christentum.* Hrsg. von THEODOR KLAUSER. Liefrg. 49—50: *Exkommunikation — Familie I* [= Bd. 7, coll. 1—358]. Stuttgart: A. Hiersemann 1966. 179 pp.

188 ROSE, H. J. *A Handbook of Latin Literature. From the Earliest Times to the Death of St. Augustine.* 3rd edition reprinted with a suppl. bibliography by E. COURTNEY. London: Methuen 1966. IX, 582 pp.

189 *Supplément au Dictionnaire de la Bible.* Sous la direction de H. CAZELLES et A. FEUILLET. Fasc. 41: *Philistins — Pirot* [= t. 7, coll. 1249—1466]. Paris: Letouzey & Ané 1966. 110 pp.

190 THOMSEN, PETER *Loca Sancta. Verzeichnis der im 1.—6. Jahrh. n. Chr. erwähnten Ortschaften Palästinas mit besonderer Berücksichtigung der Lokalisierung der biblischen Stätten* [Nachdruck der Ausgabe Leipzig 1907]. Hildesheim: Olms 1966. XVI, 143 pp.

191 *Theologisches Wörterbuch zum Neuen Testament.* Begründet von GERHARD KITTEL, hrsg. von GERHARD FRIEDRICH. Bd. 8, Liefrg. 3—5: ὕδωρ — τέρας. Stuttgart: W. Kohlhammer 1966. 121—320 pp.

192 *Theological Dictionary of the New Testament.* Edited by GERHARD KITTEL, translated by GEOFFREY W. BROMILEY. Vol. II and III. Grand Rapids (Mich.): B. Eerdmans 1964/1966. 955; XII, 1104 pp.

193 Θρησκευτικὴ καὶ 'Ηθικὴ 'Εγκυκλοπαιδεία. "Εκδοσις Α΄. 'Αθῆναι: Μαρτίνου. 20ς τόμ.: 'Αλ — 'Απροσδιοριστία. 1963. στ. 1246; 30ς τόμ.: 'Απροσωποληψία — Βυζάντιον. 1963. στ. 1242; 40ς τόμ.: Βυζάντιον — Διοκλῆς. 1964. στ. 1246; 50ς τόμ.: Διοκλητιανός — Ζῶτος. 1964. στ. 1256; 60ς τόμ.: "Ηβη — 'Ιωάννης. 1965. στ. 1248; 70ς τόμ.: 'Ιωάννης — Κωνσταντῖνος. 1965. στ. 1248; 80ς τόμ.: Κωνσταντῖνος — Μόζαρτ. 1966. στ. 1246; 90ς τόμ.: Μοῖρα — Πάπας. 1966. στ. 1246

194 *Wordenboek der Oudheid.* Encyclopedisch overzicht van het Oude Egypte, het Oude Nabije Oosten, de Grieks-Romeinse wereld en het vroege Christendom. Samengesteld onder redactie van G. BARTELINK, M. A. BECK, A. VAN DEN BORN, G. BOUWMAN, J. NUCHELMANS en J. VERGOTE. Afl. 1—2: *Aalmoes — Avondmaals.* Roermond — Maaseik: J. J. Romen en Zonen 1965/1966. 1—416 coll.

8. OPERA AD HISTORIAM ECCLESIASTICAM SIVE SAECULAREM SPECTANTIA

195 AFRICA, T. W. *Rome of the Caesars.* London: John Wiley 1966. 254 pp.

196 AHERNE, CONSUELO MARIA *Late Visigothic Bishops, their Schools and the Transmission of Culture* — Tr 22 (1966) 435—444

197 AKELEY, T. C. *Christian Initiation in Spain c. 300—1100.* London: Darton, Longman and Todd 1966. 176 pp.

198 ANASTOS, M. V. *Iconoclasm and Imperial Rule 712—842.* In: *The Cambridge Medieval History.* Vol. IV: *The Byzantium Empire.* Part I: *Byzantium and its Neighbours* (Cambridge: University Pr. 1966) 61—104

199 ANASTOS, M. V. *Justinian's Despotic Control over the Church as Illustrated by His Edicts of the Theopaschite Formula and His Letter to Pope John II in 533* — ZRVI (= Mélanges Ostrogorsky II) 8/2 (1964) 1—11

200 *A New Eusebius. Documents illustrative of the History of the Church to A. D. 337.* Edited by J. STEVENSON. Based upon the collection edited by the late B. J. KIDD. London: S. P. C. K. 1963. 427 pp.

201 ΑΡΒΑΝΙΤΗ, Α. Ἡ Κοπτικὴ Ἐκκλησία. Ἀθῆναι 1966. σ. 14

202 ARIAS, MAXIMINO *Los monasterios de benedictinos de Galicia. Status quaestionis* — StMon 8 (1966) 35—69

203 AYROUT, HENRY HABIB *Regards sur le christianisme en Égypte hier et aujourd 'hui* — PrOrChr 15 (1965) 3—42

204 BAGATTI, BELLARMINO *L'Église de la Circoncision.* Traduction d' A. STORME d'après le manuscrit italien. Jerusalem: Franciscan Printing Press 1965. 286 pp.

205 BARKER, JOHN W. *Justinian and the Later Roman Empire.* Madison— London: Wisconsin University Pr. 1966. XVIII, 318 pp.

206 BARNARD, L. W. *Hadrian and Christianity.* In: *Studies in the Apostolic Fathers* (cf. 1966, 109) 137—150

207 BARNARD, L. W. *Judaism in Egypt A. D. 70—135.* In: *Studies in the Apostolic Fathers* (1966, 109) 41—55

[1462] BARNARD, L. W.: Clemens Romanus

[2130] BARNARD, L. W.

208 BAUR, F. CH. *Apollonius von Tyana und Christus. Ein Beitrag zur Religionsgeschichte der ersten Jahrhunderte nach Christus.* Neu hrsgg. von EDUARD ZELLER [Reprograph. Nachdruck der Ausgabe Leipzig 1876]. Hildesheim: Olms 1966. 227 pp.

209 BECK, HANS-GEORG *Bildung und Theologie im frühmittelalterlichen Byzanz.* In: *Polychronion* (cf. 1966, 143) 69—81

[2551] BECK, HANS-GEORG

210 BENOÎT, F. *Le martyrium de l'abbaye Saint-Victor* — ProvHist 16 (1966) 259—296

211 BERNAND, ANDRÉ *Alexandrie la Grande* [Coll. Signes des temps, 19]. Paris: Arthaud 1966. 383 pp.

212 BIASUTTI, GUGLIELMO *Alessandrinità della chiesa aquileiese primitiva* — Iucunda laudatio (1965) fasc. 3—4, 246—262

213 BOLGIANI, FRANCO *Storia del Cristianesimo* [Corsi universitari]. Torino: Giappichelli 1966. 193 pp.

214 BONNARDIÈRE, ANNE-MARIE LA *Donne cristiane dei primi secoli*. Milano: Vita e pensiero 1962. 168 pp.

215 BOURGUET, P. DU *Fayoum*. In: *Dictionnaire d'histoire et de géographie ecclésiastique*, t. 16 (cf. 1966, 179) 775—780

[524] BRAVO LOZANO, MILLÁN

216 BREZZI, PAOLO *Sulle relazioni fra le Chiese d'Occidente e d'Oriente nel primo millenio* — Cultura e scuola 3 (1964) fasc. 9, 106—113

217 BRUIN, PAUL — GIEGEL, PHILIP *Petrus der Fels. Die Anfänge des Christentums*. Zürich-Stuttgart: Artemis 1964. 208 pp.

218 BRUUN, PATRICK M. *Constantine and Licinius A. D. 313—337* [The Roman Imperial Coinage, 7]. London: Spink & Son 1966. 778 pp.

219 BURY, J. B. *A History of the Later Roman Empire from Arcadius to Irene (395 A. D. to 800 A. D.)*. 2 vols. [Reprint of the edition London 1889]. Amsterdam: Hakkert 1966. XXXII, 482; XXIV, 579 pp.

220 CAMERON, AVERIL and ALAN *The Cycle of Agathias* — JHS 86 (1966) 6—25

221 CAMPEAU, L. *Le catalogue libérien* — ScEc 18 (1966) 187—206

222 CARCOPINO, JÉRÔME *Pierre (Fouilles de Saint-)*. In: *Supplément au Dictionnaire de la Bible*, t. 7 (cf. 1966, 189) 1375—1415 coll.

223 CASTELLA, G. *Papstgeschichte*. Bd. I: *Von Petrus bis zur Wiedervereinigung der Katholischen Kirche*. 2. erweiterte Auflg. Zürich: Stauffacher 1965. 524 pp.

224 ČEŠKA, JOSEF *Das Christentum und die Sklavenhalterordnung im IV. Jh. u. Z.* — SPEFFBU 15 (1966) 103—114

225 ΧΑΡΑΛΑΜΠΙΔΗ, ΚΩΝΣΤ. Διόσκορος, Μονοφυσίτης πατριάρχης Ἀλεξανδρείας. In: Θρησκευτικὴ καὶ Ἠθικὴ Ἐγκυκλοπαιδεία, τ. 3 (cf. 1966, 193) 96—99

[1064] CHARLES-PICARD, GILBERT: Augustinus

226 CHASTAGNOL, ANDRÉ *Les consulaires de Numidie*. In: *Mélanges d'archéologie, d'épigraphie et d'histoire offerts à Jérôme Carcopino* (cf. 1966, 131) 215—228

227 *La Chiesa cattolica nella storia dell' umanità*. Sotto la dir. di PAOLO BREZZI. T. I: *Dalle origini a S. Benedetto*. T. II: *Da Gregorio Magno a Innocenzo III*. Fossano: Ediz. „Esperienze" 1963/1964. 522/507 pp.

[2366] CHRYSOS, EVANGELOS

228 CIPROTTI, PIO *Postille sui cristiani di Pompei e di Ercolano*. In: *Miscellanea Antonio Piolanti, II* ([Lateranum, 30] Roma: Fac. theol. Pont. Univ. Lateranense 1964) 205—221

229 CLARKE, G. W. *Some victims of the persecution of Maximinus Thrax* — Historia 15 (1966) 445—453

230 CLEMENTE, G. *Due note sulla storia della Diocesi Italiciana nel IV secolo* — AtPav 43 (1965) 355—368

231 COLEMAN-NORTON, P. R. *Roman State and Christian Church: A Collection of Legal Documents to A. D. 535.* 3 vols. London: S. P. C. K.; Naperville (Ill.): A. R. Allenson 1966. 1358 pp.

232 COLIN, JEAN *Les inscriptions païennes et l'histoire des persécutions —* Pallas 13 (1966) 139—166

[2034] COLIN, JEAN

[2352] COLIN, JEAN

233 CONZELMANN, HANS *The First Christian Century. A Christian History.* In: *The Bible in Modern Scholarship* (cf. 1966, 153) 217—226

234 CORTE, MATTEO DELLA *Case ed abitanti di Pompei.* 3ª edizione curata da PIETRO SOPRANO. Napoli: Fiorentino 1965. XXXII, 515 pp.

235 COURTOIS, CHRISTIAN *Les Vandales et l'Afrique* [Réimpression de l'édition 1955]. Aalen: Scientia 1964. 455 pp.

236 *Creeds, Councils and Controversies. Documents illustrative of the history of the Church A. D. 337—461.* Edited by J. STEVENSON. Based upon the collection edited by the late B. J. KIDD. London: S. P. C. K. 1966. XX, 392 pp.

237 CRESCENTI, GIOVANNI *La condanna allo stupro delle vergini cristiane durante le persecuzioni dell' Impero Romano.* Palermo: Flaccovio 1966. 154 pp.

[2595] CRESCENTI, GIOVANNI

[1646] CROZET, RENÉ: Gregorius Turonensis

238 CULLMANN, OSCAR *Samarien und die Anfänge der christlichen Mission. Wer sind die „'ΑΛΛΟI" von Joh 4,38?* In: *Vorträge und Aufsätze* (cf. 1966, 111) 232—240

239 CULLMANN, OSCAR *San Pietro Discepolo — Apostolo — Martire.* In: *Il primato di Pietro nel pensiero contemporaneo* (Bologna: Molino 1965) 1—349

240 CULLMANN, OSCAR *The Early Church: Studies in Early Christian History and Theology.* Ed. by A. J. B. HIGGINS. Philadelphia: The Westminster Press 1966. 162 pp.

241 CULLMANN, OSCAR *The Early Church.* Translated by STANLEY GODMAN and A. J. B. HIGGINS [S. C. M. Cheap Edition]. London: S. C. M. Press 1966. 146 pp. (paper)

242 DAVIES, J. G. *La chiesa delle origini.* Traduzione di FRANC. MEI [Il portolano, 16]. Milano: Il Saggiatore 1966. 509 pp.

243 DÉAUT, R. LE *La symbolique judéo-chrétienne —* Bibl 47 (1966) 283—289

244 DELEHAYE, HIPPOLYTE *La persécution dans l'armée sous Dioclétien.* In: *Mélanges d'hagiographie grecque et latine* (cf. 1966, 113) 256—268

245 DELEHAYE, HIPPOLYTE *Le refus de servir et l'Église primitive.* In: *Mélanges d'hagiographie grecque et latine* (cf. 1966, 113) 379—383

246 DIESNER, HANS-JOACHIM *Das Vandalenreich. Aufstieg und Untergang.* [Urban-Bücher, 95]. Leipzig: Koehler und Amelang 1966. 186 pp.; Stuttgart: Kohlhammer 1966. 167 pp.

247 DIESNER, HANS-JOACHIM *Der Untergang der römischen Herrschaft in Nordafrika.* Weimar: Böhlau 1964. XVI, 208 pp.

248 DIESNER, HANS-JOACHIM *Spätantike und Völkerwanderung* [Wissenschaftliche Beiträge der Martin-Luther-Universität Halle-Wittenberg, 17]. Halle 1966. 17 pp.

249 DIESNER, HANS-JOACHIM *Vandalen und Völkerwanderung* — ZGesch 12 (1964) 1406—1414

250 DIKIGOROPOULOS, A. I. *The Curch of Cyprus during the Period of the Arab Wars A. D. 649—965* — GrOrthThR 11 (1965/1966) 237—279

251 *Documents Illustrating the Principates of Nerva, Trajan and Hadrian.* Collected by E. MARY SMALLWOOD. Cambridge and New York: C. U. P. 1966. XII, 208 pp.

252 DÖLGER, FRANZ JOSEPH† *Beiträge zur Geschichte des Kreuzzeichens, VIII* — JAC 8/9 (1965/1966) 7—52

[2597] DÖRRIES, HERMANN

[1093] DOWNEY, G.: Augustinus

253 DUMMER, JÜRGEN *Bemerkungen zu einer Inschrift vom Mons Porphyrites.* In: *Neue Beiträge zur Geschichte der Alten Welt, II* (cf. 1966, 138) 293—303

254 DUNEAU, J.-F. *Quelques aspects de la pénétration de l'hellénisme dans l'Empire perse sassanide (IVe—VIIe siècles).* In: *Mélanges offerts à René Crozet I* (cf. 1966, 130) 13—22

[1095] DUVAL, YVES-MARIE: Augustinus

[1097] DUVAL, YVES-MARIE: Augustinus

255 DVORNIK, FRANCIS *Byzantium and the Roman Primacy.* English translation. New York: Fordham University Pr. 1966. 176 pp.

256 DVORNIK, FRANZ *Byzanz und der römische Primat.* Aus dem Französischen übertragen von KARLHERMANN BERGNER [Peter-Paul Bücherei]. Stuttgart: Schwabenverlag 1966. 213 pp.

257 DVORNIK, F. *Constantinople and Rome.* In: *The Cambridge Medieval History.* Vol. IV: *The Byzantine Empire.* Part 1: *Byzantium and its Neighbours* (Cambridge: University Pr. 1966) 431—472

258 EASTWOOD, B. S. *Causes of the Early Persecutions* — HistoryT 16 (1966) 555—563

259 EGGER, RUDOLF *Von Römern, Juden, Christen und Barbaren* [ÖAW, Sitzungsberichte, 247]. Graz-Wien-Köln: H. Böhlau's Nachf. 1966. 33 pp.

260 *Expositio totius mundi et gentium.* Introduction, texte critique, traduction et commentaire par JEAN ROUGÉ [SC, 124; Série annexe des textes non chrétiens]. Paris: Du Cerf 1966. 379 pp.

[1603] FERRUA, ANTONIO

261 FÉVRIER, PAUL-ALBERT *Fouilles de Sétif. Les basiliques chrétiennes du quartier nord-ouest.* Paris: C. N. R. S. 1965. 164 pp.

262 Février, Paul-Albert *Les basiliques chrétiennes de Sétif et leurs mosaïques* — BSNAF (1962) 84—87

263 Février, Paul-Albert *Martyrs, polémique et politique en Afrique (IVe—Ve siècles)* — Revue d'histoire et de civilisation du Maghreb 1 (1966) 8—18

264 Février, Paul-Albert *Toujours le Donatisme. A quand l'Afrique? (Remarques sur l'Afrique à la fin de l'antiquité, à propos du livre de E. Tengström)* — RSLR 2 (1966) 228—240

265 Folliet, Georges *L'épiscopat africain et la crise arienne au IVème siècle* — REB 24 (1966) 196—223

[893] Fontaine, Jacques

266 *Fontes minores Latini III: Római történeti forrásgyüjtemény* (Sammlung von Quellen zur römischen Geschichte). Zusammengestellt, besorgt und erklärt von Egon Maróti. Budapest: Tankönyriadò 1966. 166 pp.

[266 I] Ford, J. Massingberd

267 Fourrier, F. *La lettre de Pline à Trajan sur les chrétiens (X, 97)* — RThAM 31 (1964) 161—174

268 Frend, W. H. C. *The Early Church* [Knowing Christianity]. London: Hodder & Stoughton 1965; Philadelphia (Pa.): J. B. Lipincott Co. 1966. 288 pp. [paper]

[2369] Frivold, L.

[894] Galea, F.

[1872] Gentz, Günter — Winkelmann, Friedhelm: Nicephorus Callistus

269 *Geschichte der Kirche.* Hrsgg. von L. J. Rogier, R. Aubert und M. D. Knowles. Bd. I: *Von der Gründung der Kirche bis zu Gregor dem Großen.* Teil 1: Daniélou, J. *Von den Anfängen bis zum Konzil von Nicäa.* Teil 2: Marrou, H. J. *Von der Christenverfolgung Diokletians bis zum Tode Gregors des Großen.* Aus dem Französischem übersetzt von Paul Ferdinand Portmann. Einsiedeln-Zürich-Köln: Benziger 1963. 532 pp.

270 Getty, R. J. *Nero's Indictment of the Christians in A. D. 64: Tacitus' Annals 15. 44. 2—4.* In: *The Classical Tradition* (cf. 1966, 154) 285—292

271 Gigon, Olof *Die antike Kultur und das Christentum.* Gütersloh: G. Mohn 1966. 181 pp.

272 Giordano, Oronzo *I Cristiani del III secolo. L'Editto di Decio* [Biblioteca di Helicon, Testi e Studi, 3]. Messina: Università degli Studi 1966. 238 pp.

273 Giordano, Oronzo *La Mauretania tingitana e il cristianesimo primitivo* — NDid 15 (1965) 25—51

274 Goppelt, Leonhard *Die apostolische und nachapostolische Zeit.* Berlin: Evangelische Verlagsanstalt 1965. 157 pp.

275 GORDON, C. D. *The Age of Attila: Fifth Century Byzantium and the Barbarians.* Foreward by ARTHUR E. R. BOAK [Ann Arbor Paperbacks, 111]. Ann Arbor: University of Michigan press 1966. XX, 248 pp.

276 GRABAR, ANDRÉ *L'âge d'or de Justinien, de la mort de Théodose à l'Islam* [L'univers des formes, 10]. Paris: Gallimard 1966. 415 pp.

277 GRABAR, ANDRÉ *Le premier art chrétien (200—395)* [L'univers des formes, 9]. Paris: Gallimard 1966. 331 pp.

[2664] GRANT, ROBERT M.

278 GRIFFE, ÉLIE *La Gaule chrétienne à l'époque romaine.* Tome I: *Des origines chrétiennes à la fin du IVe siècle* [Nouvelle édition revue et augmentée]. Paris: Letouzey & Ané 1966. 428 pp.

279 GRIFFE, ÉLIE *La Gaule chrétienne à l'époque romaine.* Tome II: *L'Église des Gaules au Ve siècle: l'Église et les barbares, la hiérarchie ecclésiastique* [Nouvelle édition revue et augm.]. Paris: Letouzey & Ané 1966. 352 pp.

280 ΓΡΙΤΣΟΠΟΥΛΟΥ, Τ. Α. Κωνσταντῖνος ὁ Μέγας. In: Θρησκευτικὴ καὶ ᾿Ηθικὴ ᾿Εγκυκλοπαιδεία, τόμ. 8 (cf. 1966, 193) 11—19

281 ΓΡΙΤΣΟΠΟΥΛΟΥ, Τ. Α. Οἰκουμενικὸν Πατριαρχεῖον. ᾿Εκκλησ. ῾Ιστορία — Κατάλογος πατριαρχῶν. In: Θρησκευτικὴ καὶ ᾿Ηθικὴ ᾿Εγκυκλοπαιδεία, τόμ 9 (cf. 1966, 193) 715—745; 829—836

282 GROTZ, H. *Bemerkungen zu zwei neuen Handbüchern der Kirchengeschichte* — ZKTh 88 (1966) 411—422

283 GRUMEL, V. *La reposition de la vraie croix à Jérusalem par Héraclius. Le jour et l'année.* In: *Polychordia I* (cf. 1966, 142) 139—149

284 GUILLAND, R. *Etudes sur l'histoire administrative de l'empire byzantin. Les patrices byzantins des IVe et Ve siècles* — EEBS 34 (1965) 139—174

285 GUITTON, JEAN *Der geteilte Christus. Krisen und Konzilien der Kirche.* Deutsche Übersetzung von HEINRICH F. GOTTWALD. Würzburg: Arena-Verlag 1965. 230 pp.

286 GUITTON, JEAN *Great Heresies and Church Councils.* New York: Harper & Row 1965. 191 pp.

287 HAARDT, ROBERT *Zur Geschichte des christlich-koptischen Ägyptens* — Bustan (Wien) 7 (1966) 7—12

288 HAENDLER, GERT *Altkirchliche Konfessionskämpfe und Germanenmission* — EMZ 23 (1966) 15—24

289 HAGE, WOLFGANG *Die syrisch-jakobitische Kirche in frühislamischer Zeit nach orientalischen Quellen.* Wiesbaden: Harrassowitz 1966. IX, 144 pp.

289a HAHN, J. ῾Η ἐξέγερση τοῦ *390* στὴ Θεσσαλονίκη καὶ τὸ ἱστορικό της πλαίσιο — BNJ 19 (1966) 350—367 (367—372 deutsche Zusammenfassung)

[2054] HALKIN, FRANÇOIS

290 *Handbuch der Kirchengeschichte.* Hrsgg. von HUBERT JEDIN. Band
III: *Die mittelalterliche Kirche*, 1. Halbbd.: *Vom kirchlichen Früh-
mittelalter zur gregorianischen Reform* von FRIEDRICH KEMPF, HANS-
GEORG BECK, EUGEN EWIG und JOSEF ANDREAS JUNGMANN. Freiburg-Basel-Wien: Herder 1966. XXXIX, 568 pp.

291 HARNACK, ADOLF VON *Die Mission und Ausbreitung des Christentums in den ersten drei Jahrhunderten.* 2 Bde. [Unveränderter Nachdruck der 4. Auflage Leipzig 1924]. Leipzig: Zentralantiquariat der
DDR 1965. 1011 pp.

[436] HEMMERDINGER, BERTRAND: Philosophica

292 HERGENRÖTHER, JOSEF *Photius, Patriarch von Konstantinopel. Sein
Leben, seine Schriften und das griechische Schisma nach Handschriften
und gedruckten Quellen.* Bd. I [Reprograph. Nachdruck der Ausgabe
Regensburg 1867]. Darmstadt: Wissenschaftl. Buchgesellschaft 1966.
VIII, 719 pp.

293 HERVAL, RENÉ *Origines chrétiennes. De la II. Lyonnaise gallo-ro-
maine à la Normandie ducale (IV.—XI. siècles). Avec le texte complet
et la traduction intégrale du „De laude sanctorum" de saint Victrice
(396).* Rouen: Maugard; Paris: A. et J. Picard 1965. 157 pp.

294 HILGENFELD, ADOLF *Judentum und Judenchristentum. Eine Nach-
lese zur „Ketzergeschichte des Urchristentums"* [Nachdruck der Ausgabe Leipzig 1886]. Hildesheim: Olms 1966. 123 pp.

295 HILLGARTH, J. N. *Coins and Chronicles: Propaganda in sixth-century
Spain and the Byzantine Background* — Historia 15 (1966) 483—508

296 HILLGARTH, J. N. *Old Ireland and Visigothic Spain.* In: *Old Ireland*
(cf. 1966, 140) 200—227

297 HOLLISTER, C. WARREN *Twilight in the West.* In: *The Transformation of the Roman World* (cf. 1966, 157) 179—205

[2429] HOŠEK, RADISLAV

298 HUNGER, HERBERT *Byzantinische Geisteswelt von Konstantin dem
Großen bis zum Fall Konstantinopels* [Nachdruck der Ausgabe Ba-
den-Baden 1958]. Amsterdam: A. M. Hakkert 1966. 335 pp.

299 IRMSCHER, JOHANNES *Stosunki intelektualne za panowania cesarza
Justyniana* (Die geistige Situation im Zeitalter Justinians) —
Sprawozdania z prac naukowych wydziału nauk społecznych Pols-
kiej Akademii Nauk (1966) fasc. 2, 41—47

300 JARRY, J. *Hérésies et factions en Egypte byzantin* — BIFAO 62
(1964) 173—186

301 JARRY, J. *Le Gaïanisme, un ramassis d'hérésies* — BIFAO 63
(1965) 121—133

302 JARRY, J. *Les hérésies dualistes dans l'empire byzantin du Ve au VIIe
siècle* — BIFAO 63 (1965) 89—119

303 JARRY, J. *Une semi-hérésie syro-égyptienne: l'Audianisme* — BIFAO
63 (1965) 168—175

304 JEL'NICKIJ, L. A. *Kesarijskaja nadpis' Pontija Pilata i jejo istoričeskoe značenie* (Die Inschrift des Pontius Pilatus in Caesarea und ihre historische Bedeutung) — VD 3 [93] (1965) 149—154

305 JOHN, E. and WOODRUFF, D. *The Popes. A Concise Biographical History*. London: Burns and Oates 1964. 496 pp.

306 JONES, A. H. M. *The Later Roman Empire 284—602. A Social, Economic and Administrative Survey*. 2 vols. Norman (Oklahoma): University of Oklahoma Pr. 1964. XIV, VI, 1518 pp.

307 KAEGI, W. E. *The byzantine Armies and Iconoclasm* — Byslv 27 (1966) 48—70

308 KAEGI, W. E. *The Fifth-Century Twilight of Byzantine Paganism* — CM 27 (1966) 243—275

309 *Kaisertum und Papsttum bis zu Nikolaus I*. Ausgewählt und eingeleitet von GERT HAENDLER [Quellen, Ausgewählte Texte aus der Geschichte der christlichen Kirche, 18]. Berlin: Evangelische Verlagsanstalt 1964. 122 pp.

[843] ΚΑΝΕΛΛΟΠΟΥΛΟΥ, Π.

310 ΚΑΡΜΙΡΗ, ΙΩΑΝΝΟΥ Αἱ ἀρχαῖαι 'Αντιχαλκηδόνειοι 'Εκκλησίαι τῆς 'Ανατολῆς καὶ ἡ βάσις τῆς ἐπανενώσεως αὐτῶν μετὰ τῆς 'Ορθοδόξου Καθολικῆς 'Εκκλησίας — ThAthen 37 (1966) 14—31 (cf. 1964, 134) — idem separ.: Athen 1966. 190 pp.

[2371] ΚΑΡΜΙΡΗ, I. N.: Iuridica

311 KASHDAN, A. *Byzanz. Aufstieg und Untergang des oströmischen Reiches* [Lebendiges Altertum, 16]. Berlin: Akademie-Verlag 1964. 92 pp.

312 KAŽDAN, A. P. *Ot Christa k Konstantinu* (Von Christus zu Konstantin). Moskva 1965. 303 pp.

313 KAŽDAN, A. P. *Sud'by christianstva pri Konstantine* (Die Geschicke des Christentums unter Konstantin) — Voprosy istorii 5 (1965) 214—217

314 KHATCHATRIAN, A. *Les monuments funéraires arméniens des IVe —VIIe siècles et leurs analogies syriennes*. In: *Polychordia I* (cf. 1966, 142) 179—192

[1536] KHELLA, KARAM NAZIR: Dioskorus Alexandrinus

315 KIRSCHBAUM, ENGELBERT *Kontroversen um das Petrusgrab* — SZ178 (1966) 1—11

316 KIRWAN, LAWRENCE P. *Prelude to Nubian Christianity*. In: *Mélanges offerts à Kazimierz Michałowski* (Warszawa: Państwowe Wydawnictwo Naukowe 1966) 121—128

317 KLIJN, ALBERTUS FREDERIK JOHANNES *Edessa, die Stadt des Apostels Thomas. Das älteste Christentum in Syrien* [Neukirchener Studienbücher, 4]. Neukirchen-Vluyn: Neukirchener Verlag 1965. 151 pp.

318 KOTULA, TADEUSZ *Zgromadzenia prowincjonalne w rzymskiej Afryce w epoce późnego cesarstwa* (Les assemblées provinciales dans l'Afrique

romaine sous le Bas-Empire) [Travaux de la Societé des Sciences et des Lettres de Wrocław, série A, 108]. Wrocław: 1965. 190 pp. [résumé en français 171—179]

319 KOVALEV, S. I. *Osnovnye voprosy proischoždenija christianstva* (Grundfragen der Entstehung des Christentums). Moskau-Leningrad 1964. 257 pp.

320 KOZIK, P. Z. *Social'nye osnovy christianskogo sektanstva II—III vekov* (Die sozialen Grundlagen des christlichen Sektenwesens im 2.—3. Jahrhundert). Kazan' 1966. 344 pp.

321 KRAUS, JOHANNES *Ein hinterhältiges Rückzugsgefecht des spätantiken Heidentums* — NZMW 22 (1966) 81—88

322 KREILKAMP, HERMES DONALD *The Origin of the Patriarchate of Constantinople and the First Roman Recognition of its Patriarchal Jurisdiction* [Dissertation]. Ann Arbor (Michigan): University Microfilm Ltd. 1964. XI, 154 pp.

323 KREILKAMP, HERMES D. *The Origins of the Patriarchate of Constinople*. In: *Studies in Medieval Culture II* (Western Michigan University 1966) 9—18

324 KRUGLIKOVA, J. T. *Bospor III—IV vv. n. e. v svete novych archeologičeskich issledovanij* (Das bosporanische Reich im 3.—4. Jahrhundert u. Z. im Lichte der neuen archäologischen Untersuchungen) — Kratkie Soobščenija Instituta archeologii AN SSSR (Moskva) 103 (1965) 3—10

325 KÜHNER, HANS *Neues Papstlexikon. Von Petrus bis Paul VI*. [Fischer-Bücherei, 682]. Frankfurt/M.: Fischer-Verlag 1965. 184 pp.

326 KURBATOV, G. L. *Rannevizantijskij gorod. Antiochija IV—VI vv. i osnovnye problemy vnutrennego razvitija goroda* (Die frühbyzantinische Stadt. Antiochien vom IV. bis zum VI. Jhdt. und die wichtigsten Probleme der inneren Entwicklung einer Stadt) [Dissertation]. Leningrad: 1966. 39 pp.

327 LADNER, GERHART B. *The Impact of Christianity*. In: *The Transformation of the Roman World* (cf. 1966, 157) 59—91

328 LAEUCHLI, SAMUEL *The Serpent and the Dove. Five Essays on Early Christianity*. New York: Abingdon Pr. 1966. 256 pp.

329 LANCEL, S. *Originalité de la province ecclésiastique de Byzacène aux IVe et Ve siècles* — Les cahiers de Tunesie 12 (1964) 139—153

330 LEGLAY, MARCEL *Saturne Africain. Histoire* [Bibliothèque des Écoles Françaises d'Athènes et de Rome, 205]. Paris: De Boccard 1966. XVI, 522 pp.

331 LEIPOLDT, JOHANNES *Religionsgeschichtliches zur Entstehung des Christentums*. In: *Neue Beiträge zur Geschichte der Alten Welt, II* (cf. 1966, 138) 327—337

[2434] LEIPOLDT, JOHANNES

332 LICHTHEIM, MIRIAM *Autonomy Versus Unity in the Christian East.*
   In: *Transformation of the Roman World* (cf. 1966, 157) 119—178

[2016] LOF, L. J. VAN DER: Tyconius

333 MacMULLEN, RAMSAY *Nationalism in Roman Egypt* — Aeg 44 (1964)
   179—199

334 *Manual de historia de la Iglesia.* Vol. I: *Introducción a la historia de la
   Iglesia.* Por HUBERT JEDIN. *De la Iglesia primitiva a los comienzos de
   la gran Iglesia.* Por KARL BAUS. Versión de DANIEL RUIZ BUENO
   [Biblioteca Herder, Sección de historia, 76]. Barcelona: Herder 1966.
   631 pp.

[2374] MARGULL, HANS J. et alii: Iuridica

335 MARKUS, R. A. *Reflections on Religious Dissent in North Africa in
   the Byzantine Period.* In: *Studies in Church History,* Vol. III, ed. by
   G. J. CUMING. (Leiden: E. J. Brill 1966) 140—149

[1794] MARROU, H. I.: Isidorus Hispalensis

[2609] MARTIN, M.

336 MASAI, F. *L'Église et le christianisme* — Revue de l'Université de
   Bruxelles (Bruxelles) 18 (1966) 238—263

337 MATHEW, G. *The Christian Background.* In: *The Cambridge Medieval
   History.* Vol. IV: *The Byzantine Empire.* Part I: *Byzantium and its
   Neighbours* (Cambridge: University Pr. 1966) 43—60

[1637] MAY, GERHARD: Gregorius Nyssenus

338 MÉCÉRIAN, JEAN *Histoire et institutions de l'Église arménienne. Évolution nationale — spiritualité — monachisme* [Recherches publiées
   sous la direction de l'Institut de Lettres orientales de Beyrouth, 20].
   Beyrouth: Imprimerie catholique 1965. 386 pp.

339 MEINARDUS, OTTO F. A. *Christian Egypt. Ancient and Modern.* With
   preface by HENRY HABIB AYROUT. Cairo: Cahiers d'Histoire Égyp-
   tienne 1965. XIX, 518 pp.

340 MEINARDUS, OTTO F. A. *The Attitudes of the Orthodox Copts towards
   the Islamic State from 7th to the 12th Century* — OstkiSt 13 (1964)
   153—170

341 MÉNARD, J.-É. *Judéo-christianisme.* In: *Catholicisme,* t. 6 (cf. 1966,
   176) 1153—1157

342 MESLIN, MICHEL *Nationalisme, État et religions à la fin du IVe s.* —
   ArSR 18 (1964) 3—20

343 METZGER, B. M. *The Christianization of Nubia and the Old Nubian
   Version of the New Testament.* In: *Studia Patristica VII* (cf. 1966,
   148) 531—542

344 MICHAŁOWSKI, KAZIMIERZ *La Nubie chrétienne* — Africana Bulletin
   (Warszawa) 3 (1965) 9—26

345 MICHELFEIT, JOSEF *Das „Christenkapitel" des Tacitus* — Gy 73
   (1966) 514—540

346 MÖLLER, BERND *Geschichte des Christentums in Grundzügen.* Göttingen: Vandenhoeck & Ruprecht 1965. 492 pp.

347 MOMMSEN, THEODOR *Römische Geschichte.* 4. Band [Nachdruck des Privatdruckes von 1878]. Hildesheim: Olms 1966. 33 pp.

[1220] MONTÉLESCAUT, MARIE: Augustinus

348 MOREAU, JACQUES *A propos de la persécution de Domitien.* In: *Scripta Minora* (cf. 1966, 137) 15—21

349 MOREAU, JACQUES *Krise und Verfall. Das dritte Jahrhundert n. Chr. als historisches Problem.* In: *Scripta Minora* (cf. 1966, 137) 26—41

350 MOREAU, JACQUES *Les „Litterae Licinii".* In: *Scripta Minora* (cf. 1966, 137) 99—105

351 MOREAU, JACQUES *Notes d'histoire romaine.* In: *Scripta Minora* (cf. 1966, 137) 50—61

352 MOREAU, JACQUES *Pont Milvius ou Sax Rubra ?* In: *Scripta Minora* (cf. 1966, 137) 72—75

353 MOREAU, JACQUES *Zur Datierung des Kaisertreffens von Carnuntum.* In: *Scripta Minora* (cf. 1966, 137) 62—71

354 MOREAU, JACQUES *Zur Religionspolitik Konstantins des Großen.* In: *Scripta Minora* (cf. 1966, 137) 106—113

355 MOSLEY, A. W. *Historical reporting in the Ancient World* — NTS 12 (1965/1966) 11—26

356 MOSS, H. ST. L. B. *The Formation of the East Roman Empire 330—717.* In: *The Cambridge Medieval History.* Vol. IV: *The Byzantine Empire.* Part 1: *Byzantium and its Neighbours* (Cambridge: University Pr. 1966) 3—42

[2376] MOUNAYER, J.: Iuridica

[1574] NAUTIN, P.: Felix II Papa

[1575] NAUTIN, P.: Felix III Papa

[2378] NULAND, J. VAN

[1245] O'CONELL, ROBERT, J.: Augustinus

[1815] OSBORN, E. F.: Iustinus Martyr

357 OSTROGORSKY, G. *Geschichte des byzantinischen Staates.* München: C. H. Beck 1965. XII, 570 pp.

358 OSTROGORSKY, G. *Studien zur Geschichte des byzantinischen Bilderstreites* [Historische Untersuchungen, 5. Nachdruck der Ausgabe Breslau 1929]. Amsterdam: Hakkert 1965. VIII, 114 pp.

359 OVERBECK, FRANZ *Studien zur Geschichte der alten Kirche* [Reprographischer Nachdruck der Ausgabe 1. Heft 1875. Libelli, 155]. Darmstadt: Wissenschaftliche Buchgesellschaft 1965. XII, 230 pp.

360 PÄTSCH, G. *Die ideologische Entwicklung im georgischen Frühfeudalismus* — Alt 12 (1966) 233—241

361 PALLUMBO, P. F. *Il Cristianesimo e Roma* — RCCM 8 (1966) 252—257

362 ΠΑΠΑΔΟΠΟΥΛΟΥ, ΑΝΤΩΝΙΟΥ 'Απολλώνιος ὁ Τυανεύς. Ἡ διὰ τῆς προβολῆς του ἀπόπειρα ἐνισχύσεως τοῦ ἐθνισμοῦ καὶ τῆς καταπολεμήσεως τοῦ Χριστιανισμοῦ. Θεσσαλονίκη 1966. 126 σελ.

363 PARTNER, P. *Notes on the Lands of the Roman Church in the Early Middle Ages* — PBrSchRome 21 (1966) 68—78

364 PASCHOUD, FRANÇOISE *Réflexions sur l'idéal religieux de Symmaque* — Historia 14 (1965) 215—235

365 PAVAN, M. *I cristiani e il mondo ebraico nell' età di Teodosio ,,il grande"* — AFLP 3 (1965/66) 365—530

366 PEROWNE, STEWART *The End of the Roman World.* London: Hodder & Stoughton 1966. XX, 172 pp.

367 PICARD, G. CH. *La Carthage de S. Augustin.* Paris: Fayard 1965. 222 pp.

368 PIETRI, CHARLES *Le Sénat, le peuple chrétien et les partis du cirque à Rome sous le Pape Symmaque (498—514)* — MAH 78 (1966) 123—139

369 PINES, SHLOMO *The Jewish Christians of the Early Centuries of Christianity according to a New Source* [Proceedings of the Israel Academy of Sciences and Humanities, II/13]. Jerusalem: Central Press 1966. 74 pp.

370 PODIPARA, P. PLACID J. *Die Thomas Christen* [Das östliche Christentum, 18]. Würzburg: Augustinus-Verlag 1966. 201 pp.

371 POLVERINI, LEANDRO *Il cristianesimo e Roma* — Vita e pensiero 49 (1966) 995—999

372 PREUX, RENÉ *Réflexions sur l'histoire des communautés chrétiens de Lyon et Vienne au second siècle.* In: *Littérature et religion* (cf. 1966, 126) 1—6

[1457] POHLENZ, MAX: Clemens Alexandrinus

[1944] Procopius Caesariensis

[1945] Procopius Caesariensis

[1946] Procopius Caesariensis

[1947] Procopius Caesariensis

373 PUECH, HENRI-CHARLES *Histoire de l'Ancienne Église et Patristique* — AEHESR 1966—1967, t. 74 (1966) 128—137

374 RADDATZ, ALFRED *Weströmisches Kaisertum und römisches Bischofsamt. Ein Beitrag zur Frage der Entstehung des vormittelalterlichen Papsttums* [Theologische Habilitationsschrift]. Berlin: Humboldt-Universität 1963. L, 50 pp

[1552] RIGGI, C.: Epiphanius, Episc. Salaminae

375 ROME, ETIENNE *Premiers témoins du Christ.* Paris: Éditions ouvrières 1966. 88 pp.

376 RONCAGLIA, MARTINIANO *Der Ursprung der koptischen Kirche. Wirklicher und scheinbarer Monophysitismus der alexandrinischen Kirche* — Kyrios 6 (1966) 1—12

[377 RONCAGLIA, MARTINIANO *Histoire de l'Église copte.* Vol. I: *Les origenes du christianisme en Egypte: du judéochristianisme au christianisme hellénistique (Ier et IIème siècles).* Beyrouth: Dar Al-Kalima 1966. XXVIII, 313 pp.

2446] RONCAGLIA, MARTINIANO

378 ROTHE, RICHARD *Die Anfänge der christlichen Kirche und ihre Verfassung.* Band I: *Buch 1—3 nebst einer Beilage über die Echtheit der ignatianischen Briefe* [Nachdruck der Ausgabe Wittenberg 1837]. Frankfurt/M.: Minerva 1964. 800 pp.

379 ROUX, JEAN-MARIE *Les évêques provençaux du V. au VIII. siècle.* Aix-en-Provence: Faculté des Lettres et Sciences humaines, diplôme d'études supérieures 1966

380 RYCKMANS, JACQUES *Le christianisme en Arabie du Sud préislamique.* In: *L'oriente cristiano nella storia della civiltà* (cf. 1966, 129) 413—453

381 SABA, AGOSTINO — CASTIGLIONI, CARLO *Storia dei Papi.* Vol. I: *Da S. Pietro a Celestino V.* 3° edizione riveduta e aggiornata. Torino: UTET 1966. XII, 760 pp.

382 SALIA, NINO *La conversion de la Géorgie* — BK 20/21 (1966) 52—64

[1950] SAUCIUC—SĂVEANU, THEOPHIL: Procopius Caesariensis

383 SAUSER, EKKART *Revolution des Kreuzes. Das Frühchristentum* [Der Christ in der Welt, 11. Reihe: Die Geschichte der Kirche, 1]. Zürich: Christiana Verlag 1966. 155 pp.

384 SCHILLE, GOTTFRIED *Anfänge der Kirche. Erwägungen zur apostolischen Frühgeschichte.* München: Kaiser 1966. 238 pp.

385 SCHILLE, G. *Die Topologie und die christliche Gemeindebildung* — FoFo 40 (1966) 151—153

386 SCHNEIDER, CARL *Liebestätigkeit als Strafe. Bemerkungen zu einer Inschrift aus Sardes.* In: *Polychordia I* (cf. 1966, 142) 284—289

387 SCHOENEBECK, HANS VON *Beiträge zur Religionspolitik des Maxentius und Constantin* [Klio, Beiheft 43. Neudruck der Ausgabe 1939]. Aalen: Scientia 1962. VII, 165 pp.

[2417] SCHWARTZ, J.

388 SCIVOLETTO, NINO *Saeculum Gregorianum* — GiorFil 18 (1965) 41—70

389 SEECK, OTTO *Geschichte des Untergangs der antiken Welt I—VI.* 6 Bände [Reprographischer Nachdruck der Ausgabe Stuttgart 1921]. Stuttgart: J. B. Metzeler 1966. 615/623/584/530/619/504 pp.

390 SEECK, OTTO *Regesten der Kaiser und Päpste für die Jahre 311—476 n. Chr. Vorarbeiten zu einer Prosopographie der christlichen Kaiserzeit* [Nachdruck der Ausgabe Stuttgart 1919]. Frankfurt/M.: Minerva 1964. 600 pp.

391 SEPPELT, FRANZ XAVER — SCHWAIGER, GEORG *Geschichte der Päpste. Von den Anfängen bis zur Gegenwart.* München: Kösel 1964. 572 pp.

392 ȘESAN, MILAN *Biserica ortodoxă pîna în secolul al XI-lea* (Die orthodoxe Kirche bis zum 11. Jahrhundert) — MitrArd 8 (1963)
93—108

[504] ȘESAN, MILAN

393 SEYBERLICH, ROSE-MARIE *Beziehungen und Abhängigkeitsverhältnisse
zwischen der koptischen und äthiopischen Kirche.* In: *Koptologische
Studien in der DDR* (cf. 1966, 122) 253—258

[1566] SHEPHERD, M. H.: Eusebius Caesariensis

394 SHERIDAN, JAMES J. *The Altar of Victory — Paganism's Last
Battle* — ACl 35 (1966) 186—206

[2379] SIMONE, RAFFAELE DE

395 SKROBUCHA, HEINZ *Sinai.* Translated by GEOFFREY HUNT. London:
Oxford University Pr. 1966. VIII, 120 pp.

396 SMUTS, F. *Waarvan is die Cristene voor Plinius aangekla ?* — AClass
8 (1965) 71—85

397 SOURNIA, JEAN CHARLES et SOURNIA, MARIANNE *L'Orient des premiers chrétiens. Histoire et archéologie de la Syrie byzantine.* Paris:
Fayard 1966. 191 pp.

398 STOCKMEIER, PETER *Die alte Kirche — Leitbild der Erneuerung —*
ThQ 146 (1966) 385—408

399 ΣΤΡΑΤΟΥ, ΑΝΔΡΕΑ Ν. Τὸ Βυζάντιον στὸν ζ'αἰῶνα. 2 vols. Vol. I:
602—626. Vol. II: 626—634. Εἰσαγωγὴ ἀπὸ Δ. Α. ZAKYΘENOY.
'Αθῆναι: 'Εστία 1965/1966. XIV, 960 σελ.

400 STROHEKER, K. F. *Germanentum und Spätantike.* Zürich—Stuttgart:
Artemis 1965. 335 pp.

401 STROHMAIER, GOTTHARD *Galen als Vertreter der Gebildetenreligion
seiner Zeit.* In: *Neue Beiträge zur Geschichte der Alten Welt, II* (cv.
1966, 138) 375—379

402 SWIFT, L. J. *The anonymous encomium of Philip the Arab* —GrRo-
ByST 7 (1966) 267—289

403 THOMPSON, E. A. *The Visigoths in the Time of Ulfila.* Oxford:
Clarandon Pr. 1966. XXIII, 174 pp.

404 TRAVLOS, JOHN — FRANTZ, ALISON *The Church of St. Dionysios the
Areopagite and the Palace of the Archbishop of Athens in the 16th Century* — Hesp 34 (1965) 157—202

[1326] TROELTSCH, ERNST: Augustinus

405 TURCAN, ROBERT *L'abandon de Nisibe et l'opinion publique (363 ap.
J. C.).* In: *Mélanges d'archéologie et d'histoire offerts à André Piganiol
II* (cf. 1966) 875—890

406 *Umwelt des Urchristentums.* Bd. I: *Darstellung des neutestamentlichen
Zeitalters.* In Verbindung mit GÜNTHER HANSEN, GÜNTER HAUFE,
HARALD HEGERMANN, KARL MATTHIAE, HELMUT RISTOW, HANS-
MARTIN SCHENKE hrsgg. von JOHANNES LEIPOLDT und WALTER
GRUNDMANN. Berlin: Evangelische Verlagsanstalt 1965. 527 pp.

407 USENER, HERMANN *Das Verhältnis des römischen Senats zur Kirche in der Ostgotenzeit*. In: *Kleine Schriften, IV* (cf. 1966, 159) 143—154

407a VEER, ALBERT C. DE *Une mesure de tolérance de l'empereur Honorius* — REB 24 (1966) 189—195

[1335] VEER, ALBERT C. DE: Augustinus

408 VERBRAKEN, PATRICK *Naissance et essor de l'Église. Les premiers siècles chrétiens* [L'Église aux cent visages, 24]. Paris: Du Cerf 1966. 224 pp.

409 VITTINGHOFF, F. *Konstantin der Große und das ,,konstantinische" Zeitalter*. In: *Staat und Kirche* (cf. 1966, 147) 21—33

410 VOIGT, KARL *Staat und Kirche von Konstantin dem Gr. bis zum Ende der Karolinger Zeit* [Neudruck der Ausgabe Stuttgart 1936]. Aalen: Scientia 1965. X, 460 pp.

411 VRIES, WILHELM DE *Orthodoxie und Katholizismus* [Herder-Bücherei, 232]. Freiburg, Br.: Herder 1965. 143 pp.

412 VRIES, WILHELM DE *The Origin of the Eastern Patriarchates and their Relationship to the Power of the Pope. A Contribution to the Question of the Relationship of the Episcopacy to the Primacy* — OiC 2 (1966) 50—69; 130—142

[2382] WALLACH, LUITPOLD

[876] WARD, MAISIE

413 WARMINGTON, B. N. *The Later Roman Empire* — History 50 (1965) 54—60

414 WEISS, HANS-FRIEDRICH *Die Bedeutung neuer Textfunde für die Frühgeschichte des Christentums*. In: *Koptologische Studien in der DDR* (cf. 1996, 122) 220—235

[1592] WINKELMANN, F.: Gelasius Caesariensis

[1780] WUILLEUMIER, P.: Irenaeus

415 WZODARSKI, SZ. *Historia papiestwa* (Geschichte des Papsttums). Warszawa 1964. 341 pp.

416 YOUNGMAN, BERNARD R. *Into all the World. The Story of Christianity to 1066 A. D.* New York: St. Martin's Pr. 1965. 222 pp.

9. PHILOSOPHICA

[991] ABREU FREIRE, A. DE: Augustinus

[992] ACHILLES, HELMUT: Augustinus

[885] ALFONSI, LUIGI: Ambrosius

[995] ALLARD, GUY-H.: Augustinus

[1722] AMAND DE MENDIETA, E.: Iohannes Chrysostomus

417 ANASTOS, MILTON V. *Porphyry's attack on the Bible*. In: *The Classical Tradition* (cf. 1966, 154) 421—450

418 ARCHAMBAULT, PAUL *The Ages of Man and the Ages of the World. A Study of two Traditions* — REA 12 (1966) 193—228

419 BAINTON, ROLAND H. *Ideas of History in Patristic Christianity*. In: *The Collected Papers in Church History of Roland Bainton I* (cf. 1966, 107) 3—21

[1014] BARBOSA, PEDRO: Augustinus

[208] BAUR, F. CH.

[1988] BAUS, KARL: Tertullianus

420 BEIERWALTES, WERNER *Proklos. Grundzüge seiner Metaphysik* [Philosophische Abhandlungen, 24]. Frankfurt/M.: Klostermann 1965. IX, 436 pp.

421 BERNHART, JOSEPH *Die Kirche in der Auflösung der antiken Kultur* [Libelli, 97]. Darmstadt: Wissenschaftliche Buchgesellschaft 1964. 48 pp.

[1026] BEZANÇON, J.-N.: Augustinus

422 BIDEZ, JOSEPH *Vie de Porphyre, le philosophe néoplatonicien. Avec les fragments des traités* Περὶ ἀγαλμάτων *et De regressu animae* [Reprograph. Nachdruck der Ausgabe Gent 1913]. Hildesheim: Olms 1964. VIII, 166, 73* pp.

[1521] BINDER, GERHARD — LIESENBORGHS, LEO: Didymus Alexandrinus

423 BOEHM, LAETITIA *Der wissenschaftliche Ort der historia im frühen Mittelalter*. In: *Speculum historiale* (cf. 1966, 146) 663—693

[1040] BRACCI, GIUSEPPE: Augustinus

[1687] BROX, NORBERT: Hippolytus Romanus

[917] CADIOU, R.: Apollinarius Laodicensis

[1949] CAMERON, AVERIL M.: Procopius Caesariensis

[1049] CAMPO DEL POZO, FERNANDO: Augustinus

[1052] CAPÁNAGA, VICTORINO: Augustinus

[1053] CAPÁNAGA, VICTORINO: Augustinus

[1057] CASARES, TOMÁS D.: Augustinus

424 CASSIDY, J. R. *Logic and Determinism. A History of the Problem of Futur Contingent Propositions from Aristotle to Ockham* [Dissertation]. 219 pp. [dactyl.] — DissAbstr 26 (1965/1966) 6089—6099 [microfilm]

[1060] CATAUDELLA, QUINTINO: Augustinus

[1808] CHADWICK, HENRY: Iustinus Martyr

[1065] CHIKAYAMA, K.: Augustinus

[1066] CIGÜELA, J. M.: Augustinus

[1077] CORBÍ QUINOÑERO, LUIS: Augustinus

425 COURCELLE, PIERRE *Deux grands courants de pensée dans la littérature latine tardive: stoïcisme et néo-platonisme* — REL 42 (1964) 122—140

426 COURCELLE, PIERRE *Le corps-tombeau. Platon Gorgias 493 a, Cratyle 400 c, Phèdre 250 c* — REAnc 68 (1966) 101—122

427 COURCELLE, PIERRE *Parietes faciunt christianos?* In: *Mélanges d'archéologie, d'épigraphie et d'histoire offerts à Jérôme Carcopino* (cf. 1966, 131) 241—248

428 COURCELLE, PIERRE *Tradition néo-platonicienne et tradition chrétienne du vol de l'âme* (suite) — AnColFr 1964/1965 (1964) 392—404

[1081] COURTURIER, CHARLES: Augustinus

[1082] CROMBIE, A. C.: Augustinus

[801] CULLMANN, OSCAR

[1868] DALES, R. C.: Nemesius Emesiensis

429 DELCOR, M. *Philon (Pseudo-).* In: *Supplément au Dictionnaire de la Bible,* t. 7 (cf. 1966, 189) 1354—1375

[1085] DEGL'INNOCENTI, UMBERTO: Augustinus

[1087] DEL-NEGRO, WALTER VON: Augustinus

430 DODDS, ERIC ROBERTSON *Les Grecs et l'irrationel.* Traduit de l'angl. par M. GIBSON [La pensée grecque]. Paris: Aubier 1964. 208 pp; Paris: Ed. Montaigne 1965. 309 pp.

431 DÖRRIE, HEINRICH *Die Lehre von der Seele.* In: *Porphyre* (cf. 1966, 144) 167—189 (avec discussion 188—191)

432 DÖRRIE, HEINRICH *Die Schultradition im Mittelplatonismus und Porphyrius.* In: *Porphyre* (cf. 1966, 144) 3—25 (avec discussion 26—32)

[1094] DUCHROW, ULRICH: Augustinus

[254] DUNEAU, J.-F.

433 EISLER, ROBERT *Orphisch-dionysische Mysteriengedanken in der christlichen Antike* [Reprograph. Nachdruck der Ausgabe Leipzig/Berlin 1925]. Hildesheim: Olms 1966. XX, 424 pp.

[2569] EMMET, DOROTHY

[2354] FASSÒ, GUIDO: Iuridica

[1670] FISKE, ADELE M.: Hieronymus

[1788] FONTAINE, JACQUES: Isidorus Hispalensis

[1111] FOREST, AIMÉ: Augustinus

[815] FROOM, LE ROY EDWIN

[817] GANDILLAC, MAURICE DE

[818] GAWLICK, G.

[1416] GEGENSCHATZ, ERNST: Boethius

434 GIACON, CARLO *Interiorità e metafisica. Aristotele, Plotino, Agostino, Bonaventura, Tommaso, Rosmini.* Bologna: Zanichelli 1964. 374 pp.

[271] GIGON, OLOF

[1127] GIOVANNI, ALBERTO DI: Augustinus

[1128] GIOVANNI, ALBERTO DI: Augustinus

[1133] GÓMEZ DE CEA, CÉSAR: Augustinus

[1135] GRANDGEORGE, L.: Augustinus

[825] GRIMAL, PIERRE

435 HADOT, PIERRE *La métaphysique de Porphyre.* In: *Porphyre* (cf. 1966, 144) 127—157 (avec discussion 158—163)

[1522] HAGEDORN, DIETER — MERKELBACH, REINHOLD: Didymus Alexandrinus

[2624] HARNACK, ADOLF VON

[2427] HEICK, OTTO W.

436 HEMMERDINGER, BERTRAND *La culture grecque classique du VIIe au IXe siècle* — Byzan 34 (1964) 125—133

[1147] HOFFMANN, ERNST: Augustinus

[1150] HOLL, ADOLF: Augustinus

[1151] HOLLOWAY, A. J.: Augustinus

[298] HUNGER, HERBERT

[1813] HYLDAHL, NIELS: Iustinus Martyr

[1762] Iohannes Philoponus

[1157] IRIARTE, JOAQUÍN: Augustinus

[1158] IRIARTE, JOAQUÍN: Augustinus

436a IRMSCHER, J. *Über die Weltanschauung des Agathias. Methodische Vorfragen.* In: *Studia Patristica IX* (cf. 1966, 150) 63—68

[299] IRMSCHER, JOHANNES

437 IVÁNKA, E. VON *Platonisme et néoplatonisme.* In: *Encyclopédie de la foi*, t. 3 (cf. 1966, 183) 457—468

[837] JAEGER, WERNER

[838] JAEGER, WERNER

[839] JAEGER, WERNER

[1160] JASPERS, KARL: Augustinus

[841] JOSSA, GIORGIO

[2430] JOSSA, GIORGIO

[1792] JOUVET, JEAN: Isidorus Hispalensis

438 JUNGKUNTZ, RICHARD PAUL *Epicureanism and the Church Fathers* [Dissertation]. University of Wisconsin 1961. 179 pp. [dactyl.] — DissAbstr 21 (1961/1962) 3453—3454 [microfilm]

439 JUNGKUNTZ, RICHARD *Fathers, heretics and Epicureans* — JEcclH 17 (1966) 3—10

[1162] KANEKO, H.: Augustinus

440 ΚΑΡΑΒΙΔΟΠΟΥΛΟΥ, ΙΩΑΝΝΟΥ Δ. Ἡ περὶ Θεοῦ καὶ ἀνθρώπου διδασκαλία Φίλωνος τοῦ Ἀλεξανδρέως — ThAthen 37 (1966) 72—86; 244—261; 372—389

[1164] KATÔ, TAKESHI: Augustinus

[1165] KATÔ, TAKESHI: Augustinus

[1167] KEYES, G. L.: Augustinus

[1168] KÖNIG, HANS: Augustinus

[1635] KONSTANTINOU, EVANGELOS G.: Gregorius Nyssenus

[1173] KORGER, MATTHIAS E.: Augustinus

440a KREMER, KLAUS *Die neuplatonische Seinsphilosophie und ihre Wirkung auf Thomas von Aquin* [Studien zur Problemgeschichte der antiken und mittelalterlichen Philosophie]. Leiden: Brill 1966. XXI, 474 pp.

441 LAISTNER, M. L. W. *Thought and Letters in Western Europe A. D. 500 to 900*. New edition. Ithaka (N. Y.): Cornell University Pr. 1966. 414 pp. [Paperback]

[1819] LOI, VINCENZO: Lactantius

[1194] MANFREDINI, TINA: Augustinus

[1691] MARCOVICH, M.: Hippolytus Romanus

[1197] MARKUS, R. A.: Augustinus

[1198] MARKUS, R. A.: Augustinus

442 MAXIM, NICOLAE N. *Teoria antică despre ,,eterna revenire la ceea ce a fost" privită din punct de vedere creştin* (La théorie antique du ,,temps-cyclique infini", au point de vue chrétien) — OrtBuc 18 (1966) 552—560

[1208] MAXSEIN, ANTON: Augustinus

[1209] MAXSEIN, ANTON: Augustinus

[1210] MAXSEIN, ANTON: Augustinus

[1211] MAXSEIN, ANTON: Augustinus

443 MEAD, G. R. S. *Apollonius of Tyana*. New Hyde Park: University Books 1966. 168 pp.

444 MÉASSON, A. *Le ,,De sacrificiis Abelis et Caini" de Philon d'Alexandrie* — BulBudé 25 (1966) 309—316

[771a] MÉNARD, JACQUES-É.: Evangelium Veritatis

445 MONDOLFO, RODOLFO *Momenti del pensiero greco e cristiano* [Collana di Filosofia]. Napoli: Morano 1964. 160 pp.

[2438] MONDOLFO, R.

446 MONDÉSERT, C. — CADIOU, R. — MÉNARD, J.-É. — ARNALDEZ, R. — FEUILLET, A. *Philon d'Alexandrie*. In: *Supplément au Dictionnaire de la Bible*, t. 7 (cf. 1966, 189) 1288—1351

[1231] MOREAU, JOSEPH: Augustinus

[1232] MOSHER, DAVID LEWIS

[355] MOSLEY, A. W.

[1234] MOURANT, JOHN A.: Augustinus

[1638] MÜHLENBERG, EKKEHARD: Gregorius Nyssenus

[1235] MUNDLE, C. W. K.: Augustinus

[1238] MYERS, H. A.: Augustinus

[1239] NAGASAWA, NOBUHISA: Augustinus

[1240] NAGASAWA, NOBUHISA: Augustinus

[1241] NAKAGAWA, H.: Augustinus

[1242] NASH, RONALD HERMAN: Augustinus

[1243] NASH, RONALD HERMAN: Augustinus

[2457] NORRIS, RICHARD A.

[1247] O'NEILL, WILLIAM: Augustinus

[855] OPELT, ILONA

[362] ΠΑΠΑΔΟΠΟΥΛΟΥ, ΑΝΤΩΝΙΟΥ

447 PELLETIER, A. *Les Passions à l'assaut de l'âme d'après Philon* —
REG 78 (1965) 52—60

448 PÉPIN, JEAN *Textes et doctrines de la fin de l'Antiquité* — AEHESHP
1964/1965 t. 97 (1964) 195

449 [*Philo Alexandrinus*] *Les oeuvres de Philon d'Alexandrie.* 4: *De
sacrificiis Abelis et Caini.* Introduction, traduction et notes par
ANITA MÉASSON. Paris: Cerf 1966. 211 pp.

450 [*Philo Alexandrinus*] *Les oeuvres de Philon d'Alexandrie.* 15: *Quis
rerum divinarum heres sit.* Introduction, traduction et notes par MAR-
GUERITE HARL. Paris: Cerf 1966. 346 pp.

451 [*Philo Alexandrinus*] *Les oeuvres de Philon d'Alexandrie.* 20: *De
Abrahamo.* Introduction, traduction et notes par JEAN GOREZ. Paris:
Cerf 1966. 137 pp.

452 PLACES, É. DES *Un thème platonicien dans la tradition patristique: Le
juste crucifié* (Platon, République, 361e 4—362a2). In: *Studia
Patristica IX* (cf. 1966, 150) 30—40

453 PODSKALSKY, G. *Gott ist Licht* — *Zur Gotteserfahrung in der griechischen Theologie und Mystik* — GeiLeb 39 (1966) 201—214

454 RAHNER, HUGO *Griechische Mythen in christlicher Deutung.* 3. Aufl.
Zürich: Rhein-Verlag 1966. 396 pp.

[1280] RAOBADIA, C.: Augustinus

455 ROBLES, LAUREANO *Ambivalencias sobre el tema: Filosofía cristiana.
Reflexiones a partir de los Padres de la Iglesia* — EFil 11 (1962) 491—
504

[1532] SAFFREY, H. D.: Ps.-Dionysius Areopagita
[1296] SAN MIGUEL, JOSÉ RAMÓN: Augustinus
[1297] SCHMAUS, MICHAEL: Augustinus
[1822] SCHMIDT, PETER LEBRECHT: Lactantius
[1299] SCHÖPF, ALFRED: Augustinus
[1421] SCHRIMPF, GANGOLF: Boethius
[1301] SCHWARTE, KARL-HEINZ: Augustinus

456 SCHWARTZ, JACQUES *Biographie de Lucien de Samosate* [Latomus, 83].
Brüssel-Berchem: Latomus 1965. 160 pp.

[1302] SCIACCA, MICHELE FEDERICO: Augustinus

457 SEECK, OTTO *Die Briefe des Libanius* [TU, 15]. [Reprographischer
Nachdruck der Ausgabe Leipzig 1906]. Hildesheim: Olms 1966.
496 pp.

[1305] SHAPIRO, HERMAN: Augustinus
[1306] SHIBA, Y.: Augustinus
[1308] SHINN, ROGER LINCOLN: Augustinus

458 SODANO, ANGELO RAFFAELE *Porfirio commentatore di Platone.* In:
Porphyre (cf. 1966, 144) 195—223 (avec discussion 224—228)

459 SODANO, A. R. *Quid Macrobius de mundi aeternitate senserit quibusque fontibus usus sit* — ACl 32 (1963) 48—62

460 STEENBERGHEN, F. VAN *Histoire de la philosophie. Période chrétienne* [Cours publiés par l'Institut supérieur de philosophie]. Louvain: Publications Universitaires 1964. 196 pp.

460a STEIN, HEINRICH VON *Sieben Bücher zur Geschichte des Platonismus. Untersuchung über das System des Plato und sein Verhältnis zur späteren Theologie und Philosophie.* 3 Teile in 2 Bdn. [Nachdruck der Ausgabe Göttingen 1867—1875]. Frankfurt/M.: Minerva 1965. 1100 pp.

[867] STUDER, R.

[1422] SUŁOWSKI, J.: Boethius

[1317] SUTER, RONALD: Augustinus

461 SWEENEY, LEO *The Origin of Participant Perfections in Proclus' Elements of Theology.* In: *Wisdom in Depth.* Essays in Honor of Henri Renard (Milwaukee 1966) 235—255

462 SZNYCKER, M. *Philon de Byblos.* In: *Supplément au Dictionnaire de la Bible,* t. 7 (cf. 1966, 189) 1351—1354 coll.

463 THEILER, WILLY *Ammonios der Lehrer des Origenes.* In: *Forschungen zum Neuplatonismus* (cf. 1966, 156) 1—45

464 THEILER, WILLY *Ammonios und Porphyrios.* In: *Porphyre* (cf. 1966, 144) 87—119 (avec discussion 120—123)

465 THEILER, WILLY *Antike und christliche Rückkehr zu Gott.* In: *Forschungen zum Neuplatonismus* (cf. 1966, 156) 313—325

466 THEILER, WILLY *Die Sprache des Geistes in der Antike.* In: *Forschungen zum Neuplatonismus* (cf. 1966, 156) 302—312

467 THEILER, WILLY *Gott und Seele im kaiserzeitlichen Denken.* In: *Forschungen zum Neuplatonismus* (cf. 1966, 156) 104—123

468 THEILER, WILLY *Tacitus und die antike Schicksalslehre.* In: *Forschungen zum Neuplatonismus* (cf. 1966, 156) 46—103

[1319] THEILER, WILLY: Augustinus

[1984] THEILER, WILLY: Synesius Cyrenensis

[1322] THONNARD, FRANÇOISE-JOSEPH: Augustinus

[1323] THONNARD, F.-J.: Augustinus

[870] TOFFANIN, GIUSEPPE

[1327] TSCHOLL, JOSEPH: Augustinus

[1328] TSCHOLL, JOSEPH: Augustinus

[406] *Umwelt des Urchristentums*

[1333] VANDERLINDEN, PIERRE: Augustinus

[1341] WARNACH, VICTOR: Augustinus

469 WASZINK, JAN-HENDRIK *Porphyrios und Numenios.* In: *Porphyre* (cf. 1966, 144) 35—78 (avec dicussion 79—83)

[1342] WATANABE, M.: Augustinus

470 WEIER, WINFRIED *Zwischen Immanenz und Transzendenz. Zu Be-deutung und Wandel des antik-mittelalterlichen Teilhabegedankens im Denken der Neuzeit* — FZPT 12 (1965) 10—52

471 WOLFSON, HARRY A. *Plato's pre-existent matter in patristic philo-sophy.* In: *The Classical Tradition* (cf. 1966, 154) 409—420

[1460] WALTER, N.

[1461] WYTZES, J.

[1354] ZUIDEMA, S. U.: Augustinus

10. PHILOLOGIA PATRISTICA
(LEXICALIA ATQUE LINGUISTICA)

a) Generalia

472 AMALYAN, H. M. *Documents lexicographiques de l'Arménie médiévale (Ve—XVe s.)* (en arménien). Erevan: Matenadaran 1966. 242 pp.

473 ANDRÉ, JACQUES *Notes de lexicologie* — RPh 40 (1966) 46—58

474 BAKKER, W. F. *The Greek imperative. An investigation into the aspec-tual difference between the present and aorist imperatives in Greek prayer from Homer up to the present day.* Amsterdam: Hakkert 1966. 154 pp.

[2132] BERGER, RUPERT: Liturgica

[162] BIELER, LUDWIG

475 BLAISE, ALBERT *Le vocabulaire latin des principaux thèmes liturgi-ques.* Ouvrage revu par ANTOINE DUMAS. Turnhout: Brepols 1966. 639 pp.

476 BROCKELMANN, KARL *Lexikon Syriacum* [Nachdruck der 2. Auflage Halle 1928]. Hildesheim: Olms 1966. XVII, 930 pp.

477 CARREZ, M. *Grammaire grecque du Nouveau Testament.* Neuchâtel: Delachaux & Niestlé 1966. 186 pp.

[1760] CHRYSOS, EVANGELOS: Iohannes Malalas

477a COPPO, ANGELO *Una nuova raccolta di studi sul latino cristiano e li-turgico* — EL 80 (1966) 390—396

[1078] CORDOVANI, RINALDO: Augustinus

[2300] CRAMER, M.

478 DANIEL, SUZANNE *Recherches sur le vocabulaire du culte dans la Sep-tante* [Études et commentaires, 61]. Paris: Klincksieck 1966. 428 pp.

[2148] DÍAZ Y DÍAZ, MANUEL C.

479 DILWORTH, M. *The vocabulary of Christian Latin* — Clergy 51 (1966) 349—369; 429—447

480 DIMA, M. D. *Lucrări românești despre poezia religioasă bizantină* (Travaux roumains sur la poésie religieuse byzantine) — StBuc 18 (1966) 563—574

[1763] EGENOLFF, PETER: Iohannes Philoponus

481 EIDENEIER, HANS *Sogenannte christliche Tabuwörter im Griechischen* [Miscellanea Byzantina Monacensia, 5]. München: Institut für Byzantinistik und neugriechische Philologie der Universität 1966. VIII, 128 pp.

482 FERRUA, A. *I nomi degli antichi cristiani* — CC 3 (1966) 492—498

483 FORCELLINI, E. *Lexicon Totius Latinitatis.* 6 vols. [Reprint of the edition Padua 1864—1926]. Amsterdam: Hakkert 1965. 5816 pp.

484 GERMAIN, GABRIEL *Contemplation et interprétation du ,,carré magique"* — BulBudé 25 (1966) 124—132

485 GIRGIS, W. A. *Greek loan words in Coptic* — BulArchCopte 18 (1965/66) 71—96

[1397] HANSLIK, RUDOLF: Benedictus Nursinus

486 HEMMERDINGER, B. *Les lettres latines à Constantinople jusqu'à Justinien.* In: *Polychordia I* (cf. 1966, 142) 174—178

487 [*Hesychius Alexandrinus*] *Lexicon. Quaestiones Hesychianae. Indices.* 4 vols. Post J. ALBERTUM recensuit M. SCHMIDT [Nachdruck der Ausgabe Jena 1858—1866]. Amsterdam: Hakkert 1966. 556; 566; 439; 368, CXCII, 182 pp.

[832] HOFFMANN, MANFRED

488 JENSEN, HANS *Altarmenische Chrestomathie mit einem Glossar* [Indogermanische Bibliothek, 1. Rh.]. Heidelberg: Winter 1964. 202 pp.

489 KASSER, RODOLPHE *Compléments au Dictionnaire copte de Crum* [Publications de l'Institut français d'Archéologie orientale. Bibliothèque d'études coptes, 7]. Le Caire: Imprimerie de l'Institut français d'Archéologie orientale 1964. XVIII, 135 pp.

490 KASSER, RODOLPHE *Compléments morphologiques au dictionnaire* [*copte*] *de Crum* — BIFAO 64 (1966) 106—115

491 KASSER, RODOLPHE *La pénétration des mots grecs dans la langue copte* — WZHalle 15 (1966) 419—425

492 KOEP, L. *Fabel.* In: *Reallexikon für Antike und Christentum*, Bd. 7 (cf. 1966, 186) 129—154

493 KRAUSE, W. *Problemkreise der antiken Grammatik.* In: *Serta philologica Aenipontana* ([Innsbrucker Beiträge zur Kulturwissenschaft, 7/8] Innsbruck: Sprachwissenschaftliches Institut der Leopold-Franzens-Universität 1962) 215—237

494 KUJEV, K. M. *Zur Geschichte der ,,Dreisprachendoktrin"* — Byzantino-bulgarica 2 (1966) 53—65

495 LAGARDE, PAUL DE *Onomastica sacra* [Nachdruck der 2. Auflage Göttingen 1887]. Hildesheim: Olms 1966. X, 368 pp.

496 *Lexica Graeca Minora.* Selegit K. LATTE, disposuit et praefatus est H. ERBSE. Hildesheim: Olms 1965. XVII, 372 pp.

497 MacMullen, Ramsay *A note on sermo humilis* — JThS 17 (1966) 108—112

497a Marsili, Salvatore *La latinité chrétienne. Développement et introduction de la langue chrétienne* — MaisonDieu 86 (1966) 127—140

[2098] Masai, François: Marcellus Tingitanus

[850] McCloy, F. D.

[1671] Meershoek, G. Q. A.: Hieronymus

498 Miskgian, Ioannes *Manuale lexicon armeno-latinum ad usum scholarum* [Romae S. C. de Propaganda fide 1887. Réimpression anastatique]. Louvain: Institut Orientaliste 1966. XXVIII, 484 pp.

499 *Mittellateinisches Wörterbuch bis zum ausgehenden 13. Jahrhundert.* In Gemeinschaft mit den Akademien der Wissenschaften in Göttingen, Heidelberg, Leipzig, Mainz, Wien und der Schweizerischen Geisteswissenschaftlichen Gesellschaft herausgegeben von der Bayrischen Akademie der Wissenschaften und der Deutschen Akademie der Wissenschaften zu Berlin. I. Band, Lieferung 9: *authentisatusbeneficium* (Berlin: Akademie-Verlag 1966) coll. 1281—1440

[1217] Mohrmann, Christine: Augustinus

499a Molitor, Joseph *Glossarium Ibericum. Supplementum in Epistolas catholicas et Apocalypsin antiquioris versionis* [CSCO, 265; Subsidia, 25]: Louvain: Sécrétariat du CSCO 1965. II, 122 pp.

[1616] Mossay, J.: Gregorius Nazianzenus

500 Nagel, Peter *Der frühkoptische Dialekt von Theben.* In: *Koptologische Studien in der DDR* (cf. 1966, 122) 30—49

501 Norberg, Dag *A quelle époque a-t-on cessé de parler latin en Gaule ?* — Annales 21 (1966) 346—356

502 O'Brien, Richard J. *A Descriptive Grammar of Ecclesiastical Latin, based upon Modern Structural Analysis.* Chicago: Loyola University Pr. 1965. VIII, 273 pp.

[854] O'Callaghan, José

[2118] Recchia, Vincenzo: Sabinus Canusinus

[2062] Ricci, M. Lisa: Hagiographica

502a Riemschneider, Margarete *Stilentwicklung von Theodosius bis Justinian* — Klio 46 (1965) 389—417

[1282] Rispoli, M. Gioia: Augustinus

[1283] Rocklage, Mary Norma: Augustinus

502b Rose, André *L'influence des Septante sur la tradition chrétienne. I: Le vocabulaire* — QLP 46 (1965) 192—211

[2730] Rose, André: Patrum exegesis

[2734] Rose, André: Patrum exegesis

503 Sanders, Gabriel *Licht en duisternis in de christelijke grafschriften. Bijdrage tot de studie der latijnse metrische epigrafie van de vroegchristeliike tijd . 2 Vols. Vol. I: Aards leven en licht. Duisternis voor*

en na de dood. Vol. II: *Licht na de dood* [Verhandelingen van de Koninkl. Vlaamse Akademie voor wetenschapen, letteren en schone kunsten van België, Kl. der letteren, 56]. Brussel: Paleis der Akademien 1965. LXIII, 1058 pp.

[1533] SCAZZOSO, P.: Ps.-Dionysius Areopagita

504 ȘESAN, MILAN *In problema inițierii cirilicii românești* (Zum Problem der Entstehung der rumänischen Kyrillica) — MitrBan (1964) fasc. 4—6, 275—284

505 SOLÁ, FRANCISCO DE *El uso del artículo delante de las palabras* θεός *y* Κύριος *en las cartas cristianas griegas del siglo V.* In: *Atti dell'XI Congresso Internazionale di Papirologia* (cf. 1966, 105) 126—134

506 STOLZ, FRIEDRICH — DEBRUNNER, ALBERT — SCHMID, WOLFGANG P. *Geschichte der lateinischen Sprache* [Sammlung Göschen, 492/492a]. Berlin: De Gruyter 1966. 145 pp.

[1878a] STRING, MARTIN: Nonnus Panopolitanus

507 SWANSON, D. C. *A Formal Analysis of Egeria's (Silvia's) Vocabulary* — Glotta 44 (1966) 177—254

[1757] TANGHE, A.: Iohannes Damascenus

508 *Thesaurus linguae Latinae, IV,* fasc. 1—4: *con-cornix* [Unveränderter Nachdruck]. Leipzig: Teubner 1965. coll. 1—960

509 *Thesaurus linguae Latinae.* Vol. IV, fasc. 5—7: *Cornix-cyulus* [Unveränderter Nachdruck]. Leipzig: Teubner 1966. coll. 961—1594

510 *Thesaurus linguae Latinae.* Vol. VII/1, fasc. 15: *interpello-intervulvus.* Leipzig: Teubner 1964. coll. 2241—2304

511 *Thesaurus linguae Latinae.* Vol. VIII, fasc. 11: *multitudo-myzon.* Leipzig: Teubner 1966. coll. 1601—1764

512 TILL, WALTER C. *Beiträge zu W. E. Crums Coptic Dictionary* — BulArchCopte 17 (1963/64) 197—224

[1967] TRYPANIS, C. A.: Romanus Melodus

513 TSCHENKELI, KITA *Georgisch-Deutsches Wörterbuch.* Bearbeitet von YOLANDA MARCHEV. Fasc. 10 und 11. Zürich: Amirani Verlag 1966. coll. 827—1018

514 *Vocabularium codicis Iustiniani.* 2 vols. Editit ROBERTUS MAYR. Vol. I: *Pars Latina.* Vol. II: *Pars Graeca* (edita curis MARIANI SAN NICOLÒ) [Reprograph. Nachdruck der Ausgabe Prag 1923/1925]. Hildesheim: Olms 1965. 1286 pp.; 254 pp.

[1830] WATT, J. H. I.: Leontius Byzantinus

515 WEISE, FR. OSCAR *Die griechischen Wörter im Latein* [Preisschriften der Jablonowski'schen Gesellschaft zu Leipzig, 23. Unveränderter Nachdruck der Ausgabe Leipzig 1882]. Leipzig: Zentralantiquariat der DDR 1964. XIV, 546 pp.

516 WEISS, HANS-FRIEDRICH *Zum Problem der griechischen Fremd- und Lehnwörter in den Sprachen des christlichen Orients* — Helikon (Roma) 6 (1966) 183—209

516a WENTZEL, GEORG *Beiträge zur Geschichte der griechischen Lexiko-
graphen.* In: *Lexica Graeca Minora* (cf. 1966, 496) 1—11

[1474] WERNER, E.: Clemens Romanus

517 *Wörterbuch der griechischen Papyrusurkunden, mit Einschließung der
griechischen Inschriften, Aufschriften, Ostraka, Mumienschilder usw.
aus Ägypten.* Bearbeitet und hersgg. von ERWIN KIESSLING. Band
IV, Liefrg. 3: Δένδρον — Εἰρήνης ἐποίκιον. Marburg: Institut für
Papyrusforschung 1966. coll. 481—676

b) Voces

ἀγάπη
[1531] RIST, JOHN M.: Ps.-Dionysius Areopagita

αἵρεσις
[1550] MOUTSOULAS, E.: Epiphanius, Episc. Salaminae

ἀντίθεος
518 RUHBACH, G. *Zum Begriff* ἀντίθεος *in der alten Kirche.* In: *Studia
Patristica VII* (cf. 1966, 148) 372—384

ἄπλωμα κατὰ σάρκα
[2196] SPECK, P.

ἀράομαι
[522] CORLU, ANDRÉ

βαυκάλιον
[525a] LEROY-MOLINGHEN, ALICE

γνωστικοί
519 BROX, NORBERT Γνωστικοί *als häresiologischer Terminus* — ZNW 57
(1966) 105—114

δέησις
520 BOGYAY, THOMAS VON *Deesis.* In: *Reallexikon zur byzantinischen
Kunst,* Bd. 1 (Stuttgart: Hiersemann 1966) coll. 1178—1186

δόγμα
[1387] PRUCHE, B.: Basilius Magnus

ἐνδύτη
[2196] SPECK, P.

ἕνωσις
[1706] ROGGE, JOACHIM: Ignatius Antiochenus

ἔρος
[1531] RIST, JOHN M.: Ps. Dionysius Areopagita

εὐαγγέλιον

521 Michel, O. *Evangelium.* In: *Reallexikon für Antike und Christentum,* Bd. 6 (cf. 1966, 186) coll. 1107—1160

εὔχομαι

522 Corlu, André *Recherches sur les mots relatifs à l'idée de prière d'Homère aux tragiques* [Études et commentaires, 64]. Paris: C. Klincksieck 1966. 355 pp.

θεολογία, θεολογεῖν, θεολόγος

523 Kattenbusch, Ferdinand *Die Entstehung einer christlichen Theologie. Zur Geschichte der Ausdrücke* θεολογία, θεολογεῖν, θεολόγος [Libelli, 69]. Darmstadt: Wissenschaftliche Buchgesellschaft 1962. VI, 46 pp.

κατηγορία

524 Bravo Lozano, Millán *Un aspecto de la latinización de la terminología filosófica en Roma:* κατηγορία / *praedicamentum* — Emérita 33 (1965) 351—380

κήρυγμα

[1387] Pruche, B.: Basilius Magnus

κλῖμαξ

[2005] Sciuto, Franceso: Tertullianus

κόρος

[1896] Harl, Marguerite: Origenes

κουρίωσος

525 Triantaphyllopoulos, Jean ΚΟΥΡΙΩΣΟΣ *(P. Vindob. Sijpesteijn 22v).* In: *Atti dell' XI Congresso Internazionale di Papirologia* (cf. 1966, 105) 249—259

κυριακή

[2769] Stott, Wilfrid

κώθων

525a Leroy-Molinghen, Alice *Du* κώθων *au* βαυκάλιον — Byzan 35 (1965) 208—220

λίσσομαι

[522] Corlu, André

μιερεύς

526 Delehaye, Hippolyte Μιερεύς. *Note sur un terme hagiographique.* In: *Mélanges d'hagiographie grecque et latine* (cf. 1966, 113) 240—245

μοσχοποιεῖν
527 PELLETIER, A. *Une création de l'apologétique chrétienne:* μοσχοποιεῖν
(Actes 7, 14) — RechSR 54 (1966) 411—416

νηφάλιος μέθη
[1634] JOLY, R.

οἰκουμενικός
528 TUILIER, A. *Le sens de l'adjectif* οἰκουμενικός *dans la tradition patristique et dans la tradition byzantine.* In: *Studia Patristica VII* (cf.
1966, 148) 413—424

παιδεία
[1473] STOCKMEIER, P.: Clemens Romanus

παρθένος
529 FORD, J. MASSINGBERD *The meaning of ,Virgin'* — NTS 12 (1965/
1966) 293—299

παρρησία
[1634] JOLY, R.

πεῖρα
[1850] MIQUEL, P.: Maximus Confessor

συντριβή
[534] LOI, VINCENZO

σχολαστικός
530 CLAUS, AXEL 'Ο ΣΧΟΛΑΣΤΙΚΟΣ [Inaugural-Dissertation zur Erlangung der Doktorwürde einer Hohen Rechtswissenschaftlichen
Fakultät der Universität zu Köln]. Köln 1965. V, 187 pp.

σφήν
[1426] RIEDINGER, U.: Ps.-Caesarius

τραπεζόφορον
[2196] SPECK, P.

φιλόλογος
531 KUCH, HEINRICH Φιλόλογος. *Untersuchung eines Wortes von seinem
ersten Auftreten in der Tradition bis zur ersten überlieferten lexika-
lischen Festlegung* [Schriften der Sektion für Altertumswissenschaft
bei der Deutschen Akademie der Wissenschaft zu Berlin, 48]. Berlin:
Akademie Verlag 1965. VI, 143 pp.

χαρά
[2276] CAPIZZI, C.

ψυχή, ψυχικός
[2696] SIMONETTI, MANLIO

advocatio, advocatus
532 SCHNEIDER, JOHANNES *Das Fortleben der antiken Wortgruppe advocatus — advocatio im mittelalterlichen Latein des deutschen Raumes.*
In: *Neue Beiträge zur Geschichte der Alten Welt, II* (cf. 1966, 138)
113—117

alienatio
[1197] MARKUS, R. A.: Augustinus

amicitia
[1184] LIBRATORE, IDA: Augustinus

basilica
[536] AEBISCHER, PAUL

carcer
[2612] PENCO, GREGORIO

caritas
[899] OTTEN, R. T.: Ambrosius Mediolanensis
[1318] TAKEDA, S.: Augustinus

cathedra
[2411] MAZZARINO, SANTO

cognomen
[546] FERRUA, ANTONIO

communio
[1122] GESSEL, WILHELM: Augustinus

communio sanctorum
533 BENKO, STEPHEN *The Meaning of Sanctorum Communio* [Studies in
Historical Theology, 3]. Naperville (Ill.): Alec R. Allenson; London:
SCMPr. 1964. 152 pp.

concupiscentia
[1322] THONNARD, FRANÇOIS-JOSEPH: Augustinus

confessio
[1349] YAMAYADA, A.: Augustinus
[1350] YAMAYADA, A.: Augustinus

consolatio
[2166] HULTIN, N. C.

consuetudo
[2359] Schmiedel, Burckhard

contritio
534 Loi, Vincenzo *Influssi dell' esegesi biblica nello sviluppo del termine contritio* — VetChr 3 (1966) 69—83

cor
[1208] Maxsein, Anton: Augustinus
[1209] Maxsein, Anton: Augustinus
[1210] Maxsein, Anton: Augustinus

disciplina
[2310] Borella, Pietro: Liturgica

discretio
[1429] Appel, Regis: Cassianus

docere
535 Hus, Alain *Docere et les mots de la famille de docere, étude de semantique latine* [Publications de la Faculté des Lettres et Sciences humaines de Rennes]. Paris: P. U. F. 1965. XXII, 410 pp.

doctrina
[2440] Opelt, Ilona

dubia
[1342] Watanabe, M.: Augustinus

ecclesia
536 Aebischer, Paul *L'antécédence d'„ecclesia" sur „basilica" au sens de „bâtiment servant au culte chrétien" prouvée par les Evangiles ?* — RCCM 7 (1965) 6—12 (= *Studi in onore di Alfredo Schiaffini*, vol. I)

ecclesia mater
[890] Casagrande, Domenico

evocatio
537 Pfister, F. *Evocatio.* In: *Reallexikon für Antike und Christentum*, Bd. 6 (cf. 1966, 186) 1160—1165

exemplum
538 Lumpe, A. *Exemplum.* In: *Reallexikon für Antike und Christentum*, Bd. 6 (cf. 1966, 186) 1229—1257

exomologesis
[1996] LeSaint, W. P.: Tertullianus

fabula
[381] Koep, L.

frui
[1127] GIOVANNI, ALBERTO DI: Augustinus

gradatio
[2005] SCIUTO, FRANCESO: Tertullianus

gratia
[1001] ARIAS, ALOISIUS: Augustinus
[2559] BAUMGARTNER, CHARLES
  539 MOUSSY, CLAUDE *Gratia et sa famille* [Publications de la Faculté des Lettres et Sciences Humaines de l'Université de Clermont-Ferrand, IIème série, 25]. Paris: Presses Universitaires de France 1966. 502 pp.

harmonia
  540 HÜSCHEN, HEINRICH *Der Harmoniebegriff im Mittelalter* — StGen 19 (1966) 548—554

historia
 [423] BOEHM, LAETITIA

humilitas
[1012] BAKHUIZEN VAN DEN BRINK, J. N.: Augustinus

ignorantia
[2412] MERZBACHER, FRIEDRICH

illuminatio
[1040] BRACCI, GIUSEPPE: Augustinus

imago
[1199] MARKUS, R. A.: Augustinus

iustitia
[1817] LOI, VINCENZO: Lactantius

letum
  541 WASZINK, J.- H. *Letum* — Mn 19 (1966) 249—260

mel et lac
  542 USENER, HERMANN *Milch und Honig*. In: *Kleine Schriften, IV* (cf. 1966, 159) 398—417

malum
[1106] FEDELI, ANGELA: Augustinus

memoria
[1056] CASADO, FIDEL: Augustinus
[1228] MORÁN, JOSÉ: Augustinus

militia
[2624] HARNACK, ADOLF VON

ministerium
[2537] DIX, GREGORY

monasterium
[2612] PENCO, GREGORIO

mysterium
543 LOI, VINCENZO *Il termine „mysterium" nella letteratura latina cristiana prenicena, II* — VigChr 20 (1966) 25—44

natalis dies
544 TRAINA, A. *Primus dies natalis* — Maia 18 (1966) 279—280

natura
545 PELLICER, A. *Natura. Étude sémantique et historique du mot latin* [Thèse]. Paris: Presses Universitaires 1966. 524 pp.

nomen
546 FERRUA, ANTONIO *Antichità cristiana. I nomi degli antichi cristiani* — CC 117 (1966) 492—498

oboedientia
[1018] BAUER, RICHARD: Augustinus
[1331] VECA, CÉSAR: Augustinus

offerre pro
[2207] BERGER, RUPERT

paries
[426] COURCELLE, PIERRE

parisosis
[2000] MEMOLI, ACCURSIO FRANCESCO: Tertullianus

patientia
[1994] GEYER, GERBERT: Tertullianus
[1497] SPANNEUT, MICHEL: Cyprianus Carthaginensis

pax
[1331] VEGA, CÉSAR: Augustinus

peregrinatio
[1300] SCHULTZ, WERNER: Augustinus

persona
[1062] CAYRÉ, F.: Augustinus

plebs Dei
[547] Loi, Vincenzo

populus Dei
547 Loi, Vincenzo *Populus Dei-Plebs Dei. Studio storico-linguistico sulle denominazioni del „Popolo di Dio" nel latino paleo-cristiano —* Salesianum 27 (1965) 404—628

praedicamentum
[524] Bravo Lozano, Millán

praenomen
[546] Ferrua, Antonio

praescriptio
548 Schönbauer, E. Παραγραφή, διαμαρτυρία, *exceptio, praescriptio. Die antike Einrede der Unzulässigkeit des Streitverfahrens —* AOAW 101 (1964) 201—231

principari
[1777] Loi, Vincenzo: Irenaeus

pulchritudo
[1136] Grosso, Piero: Augustinus

redemptio
549 Jacota, Mihai *Les pactes de l'esclave en son nom propre —* RIDA 13 (1966) 205—230

scientia
[2412] Merzbacher, Friedrich

sigillum
[2275] Vossel, W. van: Liturgica

similitudo
[1199] Markus, R. A.: Augustinus

solitudo
[1027] Bierzychudek, Eduardo: Augustinus

tempus
[1007] Astrada, Carlos: Augustinus
[1497] Spanneut, Michel: Cyprianus Carthaginensis

traditio
550 Bakhuizen van den Brink, J. N. *Die Entwicklung des Traditions-begriffs in der Frühen Kirche und in ökumenischer Sicht.* In: *Ecclesia II* (cf. 1966, 108) 143—172

551 BAKHUIZEN VAN DEN BRINK, J. N. *Traditie.* In: *Ecclesia II* (cf. 1966, 108) 14—32

[2465] BAKHUIZEN VAN DEN BRINK, J. N.

[1996] LeSAINT, W. P.: Tertullianus

uti

[1127] GIOVANNI, ALBERTO DI: Augustinus

virgo

[416] FORD, J. MASSINGBERD

vivifacere

552 LOI, VINCENCO *Il verbo latino vivifacere* — AION 7 (1966) 105—117

II. PALAEOGRAPHICA ATQUE MANUSCRIPTA

553 *A Collection of Papyri, Egyptian, Greek, Coptic, Arabic, Showing the Development of Handwriting Mainly From the Second Century B. C. to the Eighth Century A. D.* Introduction by THEODORE C. PETERSEN. New York: Kraus 1964. IX, 91 pp. 52 tab.

554 AITZETMÜLLER, RUDOLF *Das Hexaemeron des Exarchen Johannes,* Bd. IV [EMSlVD, 3]. Graz: Akademische Druck- und Verlagsanstalt 1966. 623 pp. [versio palaeoslav. s. IX/X operum Basilii Magni et Severiani Gabal.]

[2027] ALAGI, GIOVANNI

[2028] ALAGI, GIOVANNI

[1749] ALDAMA, J.-A. DE: Pseudo-Chrysostomus

555 ANDRÉS, GREGORIO DE *Catálogo de los códices griegos de la Real Biblioteca de El Escorial.* T. II: *Códices 179—420.* Madrid 1965. XVI, 357 pp.

556 *Archiv für Papyrusforschung und verwandte Gebiete.* Hrsgg. von FRIEDRICH ZUCKER. Bd. 18. Leipzig: Teubner 1966. 122 pp.

[1440] AßFALG, JULIUS: Chronica Arbelae

557 ASTRUC, CHARLES *Un recueil de textes ascétiques (de l'abbé Isaïe, d'Isaac de Ninive et du Pseudo-Macaire): Le Parisinus graecus 915 —* RAM 42 (1966) 181—191

[1867] ASTRUC, CH.: Nemesius Emesiensis

558 BARBOUR, RUTH *Greek Paleography, 8th to 16th centuries A. D. —* Encyclopaedia Britannica XVII (1966) 123—127

[694] BARTINA, SEBASTIÁN

559 BECQUET, J. *Les établissements monastiques dans les manuscrits des nouvelles acquisitions latines à la Bibliothèque nationale de Paris —* RBen 76 (1966) 139—148

560 *Bibliotheca Ecclesiarum Italiae.* Vol. I: *L'Emilia-Romagna.* Parte I: *Comaccio-Cesena-Brescello.* A cura di PIETRO BURCHI. Roma: Editrice d'Arte e Scienze 1965. XXVIII, 279 pp.

561 BISCHOFF, BERNHARD *Die alten Namen der lateinischen Schriften.* In: *Mittelalterliche Studien I* (cf. 1966, 110) 1—3

562 BISCHOFF, BERNHARD *Die Kölner Nonnenhandschriften und das Scriptorium von Chelles.* In: *Mittelalterliche Studien I* (cf. 1966, 110) 16—34

563 BISCHOFF, BERNHARD *Ein wiedergefundener Papyrus und die ältesten Handschriften der Schule von Tours.* In: *Mittelalterliche Studien I* (cf. 1966, 110) 4—16

[1784] BISCHOFF, BERNHARD: Isidorus Hispalensis

564 BLAGOVA, E. *Gomilii Supral'skogo i Uspenskogo sbornikov* (Die Homilien in den Sammelbänden von Suprasl und Uspenskij). In: *Issledovanija istočnikov istorii russkogo jazyka i pismenosti* (Moskau 1966) 77—87

565 BROCK, SEBASTIAN *The Syriac Manuscripts in the National Library, Athens* — Mu 79 (1966) 165—185

566 *Bulletin codicologique* — Sc 20 (1966) 83—190; 288—345

[1645] BUTZMANN, HANS: Gregorius Turonensis

567 CANART, PAUL *Catalogue des manuscrits grecs de l'Archivio di San Pietro* [Studi e testi, 246]. Città del Vaticano: Biblioteca Apostolica Vaticana 1966. 89 pp.

568 CANART, PAUL *Deux autres mss. grecs dans le fonds Patetta de la Bibliothèque Vaticaine* — Sc 19 (1966) 293—296

[2032] CANART, P.

569 CARTER, R. E. *The greek manuscripts of Hamburg. Their present disposition* — Sc 20 (1966) 69—70

[2033] CARTER, ROBERT E.

570 *Catalogue général des manuscrits latins.* Tome V: *N° 3278 à 3535.* Paris: Bibliothèque Nationale 1966. XVI, 596 pp.

571 CAVALLO, G. *La συρμαιογραφία e l'origine della minuscola greca* — BolArchPal 2/3 (1963/1964) 105—108

572 CAVALLO, G. *Ricerche sulla maiuscola biblica.* 2 vols. [Studi e testi di papirologia editi dall' Istituto papirologico „G. Vitelli" di Firenze, 2]. Firenze: Le Monnier 1966. 152 pp. 115 tab.

[757] CERULLI, E.

[2485] CHAVASSE, ANTOINE:

573 CHELINI, J. *La bibliothèque de Saint-Victor au moyen-âge* — ProvHist 16 (1966) 520—527

574 CLEMONS, JAMES T. *A Checklist of Syriac manuscripts in the United States and Canada* — OrChrP 32 (1966) 224—251; 478—522

4*

575 *Codices Bibliothecae Publicae graeci.* Descripsit K. A. DE MEYIER adiuvante E. HULSHOFF POL [Codices manuscripti, 8]. Leyden: Bibliothèque de l'Université 1965. XIX, 225 pp.

576 *Codices latini antiquiores.* A Palaeographical Guide to Manuscripts prior to the Ninth Century. Part XI: *Hungary, Luxembourg, Poland, Russia, Spain, Sweden, The United States and Yugoslavia.* Edited by E. A. LOWE. Oxford: Univ. Pr. 1966. XII, 36 pp. 26 tab.

577 COENS, MAURICE *En fréquentant les manuscrits* — ARBB 50 (1964) 226—246

578 COLLURA, PAOLO *Studi paleografici. La precarolina e la carolina a Bobbio* [Fontes Ambrosiani, 22; Ristampa di edizione Milano 1943]. Firenze: Olschki 1965. 266 pp.

[700] COLWELL, ERNEST CADMAN

579 CVETLER, J. *Der XI. Internationale Kongreß der Papyrologen, 2.—8. 9. 1965* — Byslav 27 (1966) 439—441

580 DARROUZÈS, J. *Documents inédits d'ecclésiologie byzantine.* Textes édités, traduits et annotés [Archives de l'Orient Chrétien, 10]. Paris: Institut Français d'Et. Byz. 1966. 442 pp.

[1983] DELL' ERA, ANTONIO: Synesius Cyrenensis

582 DÍAZ Y DÍAZ, MANUEL C. *Los documentos hispano-visigóticos sobre pizarra* — StMe 7 (1966) 75—107

583 DITTEN, HANS *Die im Bonner Corpus enthaltenen Texte und neuere Ausgaben derselben.* In: *Miscellanea critica I* (cf. 1966, 134) 36—78

[702] DUPLACY, JEAN

586 EASTERLING, P. E. *Greek Manuscripts in Cambridge: Recent Acquisitions by College Libraries, the Fitzwilliam Museum, and private Collectors* — Transactions of the Cambridge Bibliographical Society 4 (1966) 171—191

587 EIZENHÖFER, LEO *Zu dem irischen Palimpsestsakramentar im Clm 14429* (cf. 1964, 242) — SE 17 (1966) 355—364

[703] EPP, ELDON JAY

588 ERBACHER, HERMANN *Schatzkammern des Wissens. Ein Beitrag zur Geschichte der kirchlichen Bibliotheken* [Veröffentlich. der Arbeitsgemeinschaft für das Archiv- und Bibliothekswesen in d. evang. Kirche, 5]. Neustadt/Aisch: Degener & Co 1966. VII, 124 pp.

[1436] ÉTAIX, R. — LEMARIÉ, J.: Chromatius Aquileiensis

589 FANTI, E. — LEONETTI, F. *Inventari dei manoscritti delle biblioteche d'Italia.* Vol. LXXXVI: *Bologna. Biblioteca comunale dell' Archiginnasio, Serie B.* Firenze: S. T. I. A. V. 1966. VII, 107 pp.

590 FECIORU, D. *Catalogul manuscriselor din Biblioteca Patriarhiei Române (XIX—XXIII)* (Le catalogue des manuscrits de la Bibliothèque du Patriarcat Roumain) — StBuc 17 (1965) 88—99; 254—260; 369—375; 488—497; 621—632

591 FERNÁNDEZ CATÓN, JOSÉ M. *Catálogo de los materiales codicológicos y Bibliográficos del legado científico del Prof. August Eduard Anspach.* León: Centro de estudios e investigación „San Isidoro" 1966. 130 pp. (cf. 1965, 263)

592 FERNÁNDEZ CATÓN, JOSÉ M. *Las „Etimologías" en la tradición manuscrita medieval estudiada por el Prof. Dr. Anspach.* León: Centro de estudios e investigación „San Isidoro" 1966. 291 pp. (cf. 1965, 262)

[1789] FONTAINE, JACQUES: Isidorus Hispalensis

593 GABRIEL, A. L. *The Ambrosiana microfilming project* [Folia Ambrosiana, 1]. Notre-Dame (Ind.): University of Notre Dame, The Medieval Institute 1965. 17 pp.

594 GAD, T. *Martyrologier i Det kongelige Bibliotek og martyrologiet fra Nysted* — Funf og forskning (København) 13 (1966) 7—28

595 GARAND, M.-C. — GASPARRI, F. *Compte rendu des travaux du deuxième colloque international de paléographie* (Paris, 25—27 mai 1966) — BIIRHT 14 (1966) 109—141

596 GASPARRI, FRANÇOISE *Le scriptorium de Corbie à la fin du VIIIe s. et le problème de l'écriture a—b* — Sc 20 (1966) 265—272

[1129] GLORIE, FR.: Augustinus

597 GONZATO, ADA *La preparazione del I volume degli „Analecta hymnica e codicibus eruta Italiae inferioris"* — RSB 2—3 (1965/66) 213—222

598 GRIBOMONT, J. *Un document monastique sur papyrus (P. Oxy. 162)?* — StMon 8 (1966) 335

599 GUARDUCCI, M. *Il femoneno orientale del simbolismo alfabetico e i suoi sviluppi nel mondo cristiano d'Occidente.* In: *L'Oriente cristiano nella storia della civiltà* (cf. 1966, 129) 467—497

[1138] GUARINI, ELENA: Augustinus

[1773] GUILLAUMIN, MARIE LOUISE: Irenaeus

600 GUTIÉRREZ, D. *La biblioteca di S. Giovanni a Carbonara di Napoli* — AAug 29 (1966) 59—212

[1139] GUTIÉRREZ, DAVID: Augustinus

601 HAELST, J. VAN *De nouvelles archives: Anastasia, propriétaire à Oxyrhynchus.* In: *Atti dell' XI Congresso Internazionale di Papirologia* (cf. 1966, 105) 586—590

602 HERRMANN, JOHANNES *Die Papyrussammlung von Pommersfelden.* In: *Atti dell' XI Congresso Internazionale di Papirologia* (cf. 1966, 105) 188—194

603 HOMBERT, MARCEL *Bulletin papyrologique XXVIII (1954 à 1959)* (2e partie) — REG 79 (1966) 99—278

604 HUGLO, M. *Liste complémentaire de manuscrits bénéventains* — Sc 18 (1964) 89—91

605 HUNT, R. W. *Greek Manuscripts in the Bodleian Library from the Collection of John Stojković of Ragusa.* In: *Studia Patristica VII* (cf. 1966, 148) 75—82

606 IBSCHER, ROLF *Mani und kein Ende.* In: *Atti dell' XI Congresso Internazionale di Papirologia* (cf. 1966, 105) 218—224

607 IBSCHER, ROLF *Über den Stand der Umkonservierung der Manipapyri.* In: *Koptologische Studien in der DDR* (cf. 1966, 122) 50—64

[2224] JACOB, A.

[2225] JACOB, A.

608 IRIGOIN, J. *Structure et évolution des écritures livresques de l'époque byzantine.* In: *Polychronion* (cf. 1966, 143) 253—265

609 JANINI, JOSÉ MARQUÉS, J.: *Facsímiles manuscritos litúrgicos visigóticos en los legajos de Burriel.* In: *Miscelánea Mario Férotin* (cf. 1966, 135) 555—566 (cf. 1965, 271)

610 JANINI, JOSÉ — RICOMÁ, J. *Fragmentos litúrgicos del archivo histórico diocesano de Tarragona* — AST 38 (1965) 217—230

611 JANINI, JOSÉ *Los fragmentos de sacramentarios existentes en Vich* — HS 18 (1965) 385—409

612 JANINI, J. — RICOMÁ, J. *Manuscritos latinos existentes en Poblet.* In: *Miscellanea Populetana* ([Scriptorium Populeti, 1] Abadía de Poblet 1966) 209—228

613 KAEPPELI, TOMMASO *Antiche biblioteche dominicane in Italia* — AFP 36 (1966) 5—80

[934] KANNENGIESSER, C.: Athanasius

614 *Katalog der Handschriften der Königlichen Bibliothek zu Bamberg.* Bearbeitet von FRIEDRICH LEITSCHUH und HANS FISCHER. Band I/ Abteilung 1: 1. *Bibelhandschriften (Msc. Bibl.)* [Revidierter Nachdruck der Ausgabe 1895]. Wiesbaden: Harrassowitz 1966. IX, 133 pp.

615 *Katalog der Handschriften der Königlichen Bibliothek zu Bamberg.* Bearbeitet von FRIEDRICH LEITSCHUH und HANS FISCHER. Band I/ Abteilung 1: 2. *Liturgische Handschriften* [Revidierter Nachdruck der Ausgabe 1898]. Wiesbaden: Harrassowitz 1966. VIII, 203 pp.

616 KER, N. R. *English Manuscripts in the Century after the Norman Conquest* [The Lyell Lectures 1952/1953]. Oxford: Clarendon Pr. 1960. XIV, 67 pp.

[2055] KHATER, ANTOINE

[2056] KHATER, ANTOINE

617 KHS-BURMESTER, O. H. E. *Fragment of a Homily from Scetis* — BulArchCopte 18 (1965—1966) 47—50

[922] KHS-BURMESTER, O. H. E.

[2315] KHS-BURMESTER, O. H. E.

618 KOMINIS, A. Ὁ νέος κατάλογος τῶν χειρογράφων τῆς ἐν Πάτμῳ ἱερᾶς μονῆς Ἰωάννου τοῦ Θεολόγου (Μέθοδος καὶ προβλήματα). In: Σύμμικτα Κέντρου Βυζαντινῶν Ἐρευνῶν, τ. Ι (Ἀθῆναι 1966) 17—34

619 KRJUGER, O. O. et BYSTRIKOVA, M. G. *Neizdannye papirusy i drugie teksty Gosudarstvennogo Ermitaža* (Unveröffentlichte Papyri und an-

dere Texte aus der staatlichen Eremitage) — VDI 2 (92) (1965) 103—106

620 KUBLANOV, M. *Chenoboskionskaja nachodka* (Der Fund aus Chenoboskion) — Zvezda 1 (1966) 178—184

[2094] LAMPSIDES, O.: Iohannes Calybita

621 LANTSCHOOT, ARNOLDUS VAN *Inventaire des manuscrits syriaques des fonds Vaticans (490—631), Barberini orientali e Neofiti* [Studi e testi, 243]. Città del Vaticano: Biblioteca Apostolica Vaticana 1965. V, 198 pp.

622 LECLERCQ, JEAN *Ancien sermon monastique dans le manuscrit Palat. lat. 295.* In: *Mélanges Eugène Tisserant VI* (cf. 1964, 65) 577—582

623 LECLERCQ, JEAN *Prières médiévales pour recevoir l'Eucharistie, pour saluer et pour bénir la Croix* — EL 79 (1965) 327—340

[1793] LECLERCQ, JEAN: Isidorus Hispalensis

624 LEHMANN, OSKAR *Die tachygraphischen Abkürzungen der griechischen Handschriften* [Reprograph. Nachdruck der Ausgabe Leipzig 1880]. Hildesheim: Olms 1965. VI, 111 pp.

625 LEMARIÉ, JOSEPH *Le bréviaire de Ripoll, Paris, B. N. lat. 742. Etude sur la composition et ses textes inédits* [Scripta et documenta, 14]. Abadía de Montserrat 1965. XIV, 232 pp.

626 LEMARIÉ, JOSEPH *Quatre Homiliaires du XIIe siècle de la région bolonaise.* In: *Miscellanea liturgica in onore Cardinale Lecaro*, I (cf. 1966, 136) 479—516

[1437] LEMARIÉ, J.: Chromatius Aquileiensis

[1438] LEMARIÉ, J.: Chromatius Aquileiensis

[2058] LEMARIÉ, JOSEPH

[1530] LILLA, S.: Ps.-Dionysius Areopagita

627 LOURDAUX, W. — PERSOONS, E. *De Bibliotheken en Scriptoria van de Zuidnederlandse Kloosters van het Kapittel van Windesheim. Een bibliografische indleidning* — Archief- en Bibliotheekwezen in België 36 (1965) 61—74

628 LOWE, ELIAS AVERY *Codices rescripti. A list of the Oldest Latin Palimpsests with Stray Observations on their Origin.* In: *Mélanges Eugène Tisserant V* (cf. 1964, 65) 67—81

629 LOWE, E. A. *The Ambrosiana of Milan and the experiences of a paleographer* [Folia Ambrosiana, 2]. Notre-Dame (Ind.): University of Notre Dame, The Medieval Institute 1965. 19 pp.

630 LÜLFING, H. *Einige Bemerkungen zur Erschließung von Handschriftensammlungen und zu Bandinis Graeca-Katalog* — Helikon 6 (1966) 310—324

[1741] MALINGREY, ANNE-MARIE: Iohannes Chrysostomus

631 MANNING, EUGÈNE *Recherches sur les manuscrits et les états de la Regula monasteriorum* — Sc 20 (1966) 193—214

[1400] MANNING, EUGÈNE: Benedictus Nursinus

56

632 *Manichäische Handschriften der Staatlichen Museen Berlin.* Band I:
Kephalaia 2. Hälfte (Lieferung 11/12, Seite 244—291) bearbeitet von
A. Böhlig. Stuttgart-Berlin-Köln-Mainz: W. Kohlhammer Verlag
1966

633 Marrou, H. I. *L'inscription des quatre fleuves du Paradis dans la
basilique d'Ostie* — BSNAF (1966) 160—165

[718] Martini, Carlo M.

634 Mazza, Antonia *L'inventario della „parva libraria" di Santo Spirito
e la biblioteca del Bocaccio* — IMU 9 (1966) 1—74

[2679] Ménard, Jacques-É.

635 Merkelbach, R. — Thiel, H. van *Griechisches Leseheft zur Einführung in Paläographie und Textkritik* [Studienhefte zur Altertumswissenschaft, 10]. Göttingen: Vandenhoeck & Ruprecht 1965.
XI, 111 pp.

636 Meyer, G. (†) — Burckhardt, M. *Die mittelalterlichen Handschriften der Universitätsbibliothek Basel. Beschreibendes Verzeichnis.* Abteilung B: *Theologische Pergamenthandschriften.* Bd. II: *Signaturen
B VIII 11 — B XI 26.* Basel: Verlag der Universitätsbibliothek
1966. XIII, 1098 pp.

[1418] Bravo Lozano, Millán.: Boethius

637 Miller, E. *Catalogue des Manuscrits grecques de la Bibliothèque de
l'Escurial* [Réimpression de l'édition Paris 1848]. Amsterdam: A. M.
Hakkert 1966. XXXI, 563 pp.

638 Mioni, Elpidio *Catalogo dei manoscritti greci esistenti nelle biblioteche
italiane.* 2 Vol. [Indici e cataloghi, 20]. Roma: Libreria dello Stato
1965. XVI, 610 pp.

639 Mioni, E. *La codicologia greco-bizantina in Italia* — RSB 2—3
(1965/66) 269—276

640 Montevecchi, Orsolina *Aspetti e problemi di organizzazione degli
studi papirologici.* In: *Atti dell' XI Congresso Internazionale di Papirologia* (cf. 1966, 105) 40—48

641 Moraux, Paul *Bibliothèque de la Société Turque d'Histoire. Catalogue des manuscrits grecs (Fonds du Syllogos)* [Türk Tarih Kurumu
Yayinlarindau, XII, 4]. Ankara 1964. XXIV, 267 pp.

642 Moraux, P. *Manuscrits de Trébizonde au musée archéologique d'Ankara* — Sc 19 (1965) 269—273

643 Morize, Gilberte *Rapport sur une mission en Grèce: Patmos-
Athènes (Août-Octobre 1964)* — BIIRHT 14 (1966) 25—42

[1233] Mountain, William J.: Augustinus

[1692] Müller, D.: Hippolytus Romanus

644 Müller, Wolfgang *Die koptischen Handschriften der Berliner Papyrussammlung.* In: *Koptologische Studien in der DDR* (cf. 1966, 122)
65—85

[2180] Mundó, Anscari

[2181] MUNDÓ, ANSCARI

645 MURJANOFF, MICHAEL *Eine patristische Mischhandschrift mit dem ersten Reklamantenbeleg* — SE 16 (1965) 465—469 (textus: 467—469)

645a MURJANOFF, MICHAEL *Handschriftliches aus der Bibliothek der Akademie der Wissenschaften der UdSSR* — EL 80 (1966) 193—204 (textus: 196—204)

[1236] MURJANOFF, MICHAEL: Augustinus

[1648] MURJANOFF, MICHAEL: Gregorius Turonensis

[2015] NALDINI, MARIO: Theonas Alexandrinus

646 NORTIER, GENEVIÈVE *Les Bibliothèques médiévales bénédictines de Normandie*. II: *Liste des Oeuvres ayant figuré dans les Bibliothèques étudiées*. Caen: Caron 1966. VIII, 252 pp.

647 *Nouvelles acquisitions latines et françaises du Département des manuscrits de la Bibliothèque Nationale pendant les années 1958—1964*— BEC 124 (1966) 137—272

648 *Nuovi papiri fiorentini* — ASNSP 35 (1966) 1—25

[2183] OLIVAR, ALEJANDRO

[2341] OZOLIN, N.

649 PACK, ROGER A. *The Greek and Latin literary texts from Greco-Roman Egypt*. 2nd rev. and enlarged edition. Ann Arbor: University of Michigan Press 1965. X, 165 pp. (152—155 pp.: Patristic Texts)

650 *Papyri russischer und georgischer Sammlungen (P. Russ. Georg.)*. Vol. III: *Spätrömische und byzantinische Texte*. Bearbeitet von G. ZERETELI und P. JERNŠTEDT [Nachdruck der Ausgabe Tiflis 1928]. Amsterdam: Hakkert 1966. IV, 300 pp.

[1480] PASCHKE, FRANZ: Ps.-Clemens Romanus

651 PETERS, URSULA *Übersicht über den Nachlaß Hugo Rabes zu den Rhetores Graeci*. In: *Miscellanea critica I* (cf. 1966, 134) 172—175

652 PETRUCCI, A. *Nuove osservazioni sulle origini della b minuscola nella scrittura romana* — BolArchPal 2/3 (1963/1964) 55—72

[2187] PINELL, JORGE M.

653 POŁAREAN (= BOGHARIAN), NORAYR *Grand catalogue des manuscrits de Saint-Jacques à Jérusalem* (en arménien). Vol. I [C. Gulbenkian Foundation Armenian Library]. Jerusalem: Armenian Convent 1966. XVI, 676 pp.

654 PREISENDANZ, KARL *Zur Überlieferung der griechischen Zauberpapyri*. In: *Miscellanea critica I* (cf. 1966, 134) 203—217

655 PRETE, SERAFINO *Two Catalogues of Manuscripts* — Tr 21 (1965) 469—475

[1358] PRETE, SESTO: Ausonius

[2235] QUECKE, HANS

[2236] QUECKE, HANS

[2285] RAASTED, JORGEN: Liturgica

[915] RAPISARDA, GRAZIA: Anonyma

[2192] RECKINGER, FRANÇOIS: Liturgica

656 RÉMONDON, ROGER *L'Egypte au 5e siècle de notre ère: les sources papyrologiques et leurs problèmes.* In: *Atti dell' XI Congresso Internazionale di Papirologia* (cf. 1966, 105) 135—148

[1796] REYDELLET, MARC: Isidorus Hispalensis

656a ROCA-PUIG, RAMÓN *Sui Papiri di Barcellona. Anafora greca secondo la liturgia di san Marco* — Aeg 446 (1966) 91—92

[2286] ROCA-PUIG, RAMÓN

[1420] ROCKAR, H. J.: Boethius

[1388] ROUILLARD, E.: Basilius Magnus

657 SANTIFALLER, LEO *Über späte Papyrusrollen und frühe Pergamentrollen.* In: *Speculum historiale* (cf. 1966, 146) 117—133

658 SARGISEAN, BARSEL et SARGSEAN, GRIGOR *Grand catalogue des manuscrits arméniens de la Bibliothèque des Méchitharistes de Venise* (en arménien). Vol. III [Biblithèque arménienne de la Fondation C. Gulbenkian]. Venise: Saint Lazare 1966. VIII pp., 728 coll., 8 pp.

[1711] SCHAPIRO, MEYER: Ildefonsus Toletanus

659 SCHIRÒ, GIUSEPPE *Per l'esumazione di alcuni testi agiografici siculo-italo greci.* In: *Byzantino-Sicula. Monumenti, omiletica, monachesimo, sigilli, umanesimo, agiografica, monete* (Palermo: Istituto Siciliano di Studi Bizantini e Neoellenici 1966 [Quaderni, 2]) 85—103

660 SEIDER, RICHARD *Die Universitäts-Papyrussammlung* [Heidelberg] — Heidelberger Jahrbücher (Berlin) 8 (1964) 142—203

[2195] SERDÁ, L.

661 ŠEVČENKO, IGOR *On some Sources of Prince Svjatoslav's „Izbornik" of the Year 1076.* In: *Orbis scriptus* (cf. 1966, 141) 723—738

662 SILVESTRE, H. *Précisions complémentaires sur d'anciens catalogues collectifs de manuscrits* — Sc 19 (1965) 90—96

[2289] *Specimen notationum antiquarum:* Liturgica

663 STOJANOV, M. — KODOV, CHR. *Beschreibung der slawischen Handschriften der Nationalbibliothek von Sofia* [Auf Bulgarisch]. Sofia 1964. XL, 499 pp.

664 TJÄDER, J.-O. *Le origini della scrittura curiale romana* — BolArchPal 2/3 (1963/1964) 7—54

665 TREU, KURT *Die griechischen Handschriften des Neuen Testaments in der UdSSR.* Eine systematische Auswertung der Texthandschriften in Leningrad, Moskau, Kiev, Odessa, Tblisi und Erevan [TU, 91]. Berlin: Akademie-Verlag 1966. XIV, 392 pp.

[1393] TREU, KURT: Basilius Magnus

[2007] TURCAN, MARIE: Tertullianus

666 UEBEL, FRITZ *Koptische und koptisierende Stücke der Jenaer Papyrussammlung.* In: *Koptologische Studien in der DDR* (cf. 1966, 122) 86—94

667 VANDONI, M. *Il congresso internazionale di Papirologia* — RCF 94 (1966) 120—123

668 VEZIN, JEAN *Un nouveau manuscrit autographe d'Adémar de Chabannes (Paris, Bibl. nat. lat. 7231)* — BSNAF (1965) 44—51

[2203] VEZIN, JEAN

[2272] VEZIN, JEAN: Liturgica

669 VOGEL, MARIE — GARDTHAUSEN, VICTOR *Die griechischen Schreiber des Mittelalters und der Renaissance* [Zentralblatt für das Bibliothekswesen, Beihefte, 3. Nachdruck der Ausgabe Leipzig 1909]. Hildesheim: Olms 1966. XIV, 508 pp.

670 WELKENHUYSEN, A. *Christelijke Geschriften in Nederlandse Vertaling* — Libr 2 (1966) H. 1, 1—17

671 WESSELY, CARL *Griechische und koptische Texte theologischen Inhalts, I—III.* 3 Bände [Studien zur Paleographie und Papyruskunde, 9/11/12. Unveränderter Nachdruck der Ausgabe Leipzig 1911—12]. Amsterdam: A. M. Hakkert 1966. 183/191/247 pp.

[2077] WESTERLINK, LEENDERT G.: Diomedes Nicaenus

672 WILLIAMS, RONALD J. *The Giessen Coptic Texts* [Kurzberichte aus den Gießener Papyrussammlungen, 23]. Gießen: Universitätsbibliothek 1966. 9 pp.

[2110] WINKELMANN, F.: Metrophanes et Alexander

673 WOLF, WALTHER *Funde in Ägypten. Geschichte ihrer Entdeckung.* Göttingen-Berlin-Frankfurt-Zürich: Musterschmidt 1966. 322 pp.

674 WORRELL, WILLIAM H. *The Coptic Manuscripts in the Freer Collection* [University of Michigan Studies. Humanistic Series, 10. Reprint of the edition New York-London 1923] New York: Johnson Reprint Corporation 1965. XXVI, 396 pp.

II. Novum Testamentum atque Apocrypha

1. NOVUM TESTAMENTUM

a) Editiones textus Novi Testamenti aut partium eius
aa) Editiones textus Graeci

675 O'CALLAGHAN, JOSÉ *Variantes lectiones papyrorum praetermissorum in neotestamentaria a Bover peracta editione* — StPap 5 (1966) 19—78

676 SANDOZ, J.-P. *Le plus ancien papyrus du Nouveau Testament* — Bible et Terre Sainte 87 (1966) 6—8

677 *The Greek New Testament.* Ed. by KURT ALAND, MATTHEW BLACK, BRUCE M. METZGER and ALLEN WIKGREN. New York: AmericanBible

Society; London: British and Foreign Bible Society; Edinbourgh:
National Bible Society of Scottland; Amsterdam: Netherlands Bible
Society; Stuttgart: Württemberg Bible Society 1966. 920 pp.

678 TREU, K. *Neue neutestamentliche Fragmente der Berliner Papyrussammlung* — ArPap 18 (1966) 23—38

[665] TREU, KURT

679 VANHOYE, ALBERT *Épître aux Hébreux. Text grec structuré* (Editions
polyglottes ,,Berardi" pour l'étude de l'écriture Sainte). Fano:
Typis Paulinis 1966. 39 pp.

680 WESTCOTT, BROOKE FOSS *The Epistles of John.* The Greek Text with
Notes. New Introduction by F. F. BRUCE. Appleford, Abingdom,
Berks (London): Marcham 1966. LXXV, 245 pp.

bb) Editiones versionum antiquarum

681 HUSSELMANN, ELINOR M. *The Gospel of John in Fayumic Coptic
(P. Mich. Inv. 3521)* [The University of Michigan. Kelsey Museum
of Archaeology. Studies, 2]. Ann Arbor: Kelsey Museum of Archaeology 1962. XI, 96 pp.

682 [LAGARDE, PAUL DE =] BOETTICHER, PAULUS *Epistulae Novi Testa-
menti coptice* (boh.) [Reproductio phototypica editionis 1852]. Osnabrück: Otto Zeller 1966. VI, 281 pp.

683 MOLITOR, JOSEPH *Die altgeorgische Version der katholischen Briefe ins
Lateinische übertragen* — OrChr 50 (1966) 37—45

684 MOLITOR, JOSEPH *Die georgische Version der Apokalypse ins Lateinische übertragen* — OrChr 50 (1966) 1—12

685 *Vetus Latina.* Die Reste der altlateinischen Bibel, nach Petrus Saba-
tier neu ges. und hrsgg. von der Erzabtei Beuron. Band 24/2:
Epistulae ad Philippenses et ad Colossenses. Hrsgg. von HERMANN
JOSEF FREDE, 1. Lieferung [Einleitung, Phil 1, 1—25]. Freiburg:
Herder 1966. 1—80 pp.

686 *Vetus Latina.* Die Reste der altlateinischen Bibel, nach Petrus Saba-
tier neu ges. und hrsgg. von der Erzabtei Beuron. Band 26/1:
Epistulae Catholicae. Hrsgg. von WALTER THIELE, 5. Lieferung
[I Ioh 3, 17—III Ioh 3]. Freiburg: Herder 1966. 321—400 pp.

b) Quaestiones et dissertationes ad textum eiusque traditionem
pertinentes

687 ALAND, KURT *Bemerkungen zu Probeseiten einer großen kritischen
Ausgabe des Neuen Testaments* — NTS 12 (1965/1966) 176—185

688 ALAND, KURT *Der heutige Text des griechischen Neuen Testaments.
Ein kritischer Bericht über seine modernen Ausgaben.* In: *Die Bibel*

in der Welt. Jahrbuch des Verbandes der Ev. Bibelgesellschaften in
Deutschland, Bd. 9 (Witten und Berlin: Luther Verlag 1966)

689 ALAND, KURT *Eine neue Ausgabe des griechischen Neuen Testaments*
— ZNW 57 (1966) 283—284

690 ALAND, KURT *Neue neutestamentliche Papyri* (II) — NTS 12 (1965/
1966) 193—210

691 ALAND, KURT *The Significance of the Papyri for Progress in the
New Testament Research.* In: *The Bible in Modern Scholarship* (cf.
1966, 153) 325—346

692 ANASYAN, H. S. *Le texte arménien de la Bible* (en arménien) — Edjmiatsin 23 (1966) fasc. 11—12, 71—97

[2462] ANDERSON, CHARLES P.

693 BANDMANN, GÜNTER *Beobachtungen zum Etschmiadzin-Evangeliar.*
In: *Tortulae* (cf. 1966, 158) 11—29

[2528] BARNIKOL, ERNST

694 BARTINA, SEBASTIÁN *Papiros y hermenéutica en el pasaje evangélico de
la piscina Probática (Jn 5, 1—47).* In: *Atti dell' XI Congresso Internazionale di Papirologia* (cf. 1966, 105) 499—507

695 BETZ, HANS DIETER *Zum Problem des religionsgeschichtlichen Verständnisses der Apokalyptik* — ZThK 63 (1966) 391—409

696 BISCHOFF, BERNHARD *Zur Rekonstruktion der ältesten Handschrift
der Vulgata-Evangelien und der Vorlage ihrer Marginalien.* In: *Mittelalterliche Studien I* (cf. 1966, 110) 101—111

696a BOISMARD, M.-É. *Les manuscrits évangéliques* — Bible et Terre
Sainte 87 (1966) 10—16

[756] BOISMARD, M.-É.

[1934] BORSE, UDO: Pelagius Hibernus

[1450] BROOKS, J. A.: Clemens Alexandrinus

[2469] CAMPENHAUSEN, HANS VON

[571a] CAVALLO, G.

[1668] CECCHETTI, IGINO: Hieronymus

697 CERFAUX, LUCIEN *Tradition et Écriture* — ReNamur 20 (1966)
159—170

698 CHAMPLIN, RUSSEL *Family E and its Allies in Matthew.* With colla-
tion of Codex 903 by JACOB GEERLINGS [Studies and Documents,
18]. Salt Lake City: University of Utah Press 1966. VIII, 200 pp.

699 CLARK, KENNETH W. *The Theological Relevance of Textual Variation
in Current Criticism of the Greek New Testament* — JBL 85 (1966)
1—16

700 COLWELL, ERNEST CADMAN *Scribal Habits in Early Papyri: A Study
in the Corruption of the Text.* In: *The Bible in Modern Scholarship*
(cf. 1966, 153) 370—389

[1659] CONOMIS, N. C.: Hesychius

701 DUPLACY, J. *Bulletin de critique textuelle du Nouveau Testament (2e partie)* — RechSR 54 (1966) 426—476

702 DUPLACY, JEAN *Histoire des manuscrits et histoire du texte du N. T.* — NTS 12 (1965/1966) 124—139

703 EPP, ELDON JAY *Coptic Manuscript G67 and the Rôle of Codex Bezae as a Western Witness in Acts* — JBL 85 (1966) 197—212

704 EPP, ELDON J. *The Theological Tendency of Codex Bezae Cantabrigensis in Acts* [SNTS Monograph Series, 3]. Cambridge: Cambridge University Press 1966. XVI, 211 pp.

[1798] FOUSKAS, C.: Isidorus Pelusiota

[814] FREEMANN, ANN

705 GIGINEIŠVILI, BAKʿAR et KIKVIDZE, CʿOTNE *Une traduction de la Bible du temps de Rusthaveli (la version de Gelathi)* (en géorgien) — Šotʿa Rustʿaveli. Recherches historico-philologiques, Tiflis: Institut des Manuscrits (1966) 149—159 [codd A 1108 et Q 1152 de Tiflis]

706 GLASSON, THOMAS FRANCIS *An Early Revision of the Gospel of Mark* — JBL 85 (1966) 231—233

707 GRANT, ROBERT M. *The Formation of the New Testament.* New York: Harper & Row 1966. 194 pp.

708 HAENCHEN, ERNST *Zum Text der Apostelgeschichte.* In: *Gott und Mensch* (cf. 1966, 117) 172—205

709 HANSON, R. P. C. *The Provenance of the Interpolator in the Western Text of Acts and of Acts Itself* — NTS 12 (1965/1966) 211—230

[2749] HILLMER, MELVYN RAYMOND: Patrum exegesis

710 KARPP, HEINRICH *Kanonische und apokryphe Überlieferung im Triumphbogen-Zyklus von S. Maria Maggiore zu Rom* — ZKG 77 (1966) 62—80

711 KASSER, RODOLPHE *L'Évangile selon saint Jean et les versions coptes de la Bible* [Bibliothèque théologique]. Neuchâtel: Delachaux & Niestlé 1966. 320 pp.

712 KASSER, RODOLPHE *L'évangile selon saint Jean et les versions coptes de la Bible* — AEHESR 1965—1966, t. 73 (1965) 186—189

[614] *Katalog der Handschriften der Königlichen Bibliothek zu Bamberg* I/1, 1

713 KHS-BURMESTER, O. H. E. *New Fragments from the Gospel of Saint John in Saʿidic Dialect* — SOCC 9 (1964) 205—221

713a KILPATRICK, G. D. *The Land of Egypt in the New Testament* — NTS 12 (1965/66) 70

714 KLIJN, A. F. J. *In Search of the Original Text of Acts.* In: *Studies in Luke-Acts* (cf. 1966, 151) 103—110

715 KʿOLANDJYAN, S. E. *La Bible d'Oskan* (en arménien) — Edjmiatsin 23 (1966) fasc. 11—12, 98—129 [cod. Erevan 180, de 1295]

716 KUBO, SAKAE *P 72 and the Codex Vaticanus* [Studies and Documents, 27]. Salt Lake City: University of Utah Pr. 1965. 196 pp.

716a KUNDEREWICZ, C. *Publikacja rękopisów z Biblioteki Bodmera* (Manuskriptpublikationen aus der Bibliotheca Bodmeriana) — Euhemer 9 (1965) 47—51

717 MARKHAM, R. P. *The Bible Societies' Greek Testament: The End of a Decade or Beginning of an Era ?* — BiTransl 17 (1966) 106—113

718 MARTINI, CARLO M. *Il problema della recensionalità del codice B alla luce del papiro Bodmer XIV* [Analecta Biblica, 26]. Roma: Pontificio Istituto Biblico 1966. XXIV, 192 pp.

719 MARTINI, CARLO M. *I papiri Bodmer e i nuovi orientamenti della critica testuale del NT.* In: *Atti della XVIII Settimana (dell') Associazione Biblica Italiana 1964* (Brescia: Paideia 1966) 357—367

720 MARTINI, CARLO M. *Problema recensionalitatis codicis B in luce papyri Bodmer XIV (P⁷⁵)* — VD 44 (1966) 192—193

721 MARTINI, CARLO M. *Studi sulla Bibbia Greca* — Bibl 47 (1966) 115—121

722 MATHÉ, ELEK *Ismerte-e Plutarchos az újszövetségi irodalmi hagyományt ?* (Hat Plutarch die literarische neutestamentliche Tradition gekannt ?) — Theologiai Szemle 8 (1965) 150—153

723 MATTʿEOSYAN, A. S. *Nouvelle interprétation du colophon d'un évangile manuscrit* (en arménien) — Edjmiatsin 23 (1966) fasc. 11—12, 205—209 [cod. Erevan 7739, de 1001]

[1671] MEERSHOEK, G. Q. A.: Hieronymus

724 MEES, MICHAEL *Matthäus 5, 1—26 in den altlateinischen Bibelübersetzungen. Emendare und traducere in ihrem Einfluß* — VetChr 3 (1966) 85—100

[1454] MEES, MICHAEL: Clemens Alexandrinus

725 MELKʿONYAN, H. *Sur l'histoire des traductions syriaque et arménienne de la Bible* (en arménien) — Edjmiatsin 23 (1966) fasc. 11—12, 10—50

726 METZGER, BRUCE M. *Der Text des Neuen Testaments. Eine Einführung in die neutestamentliche Textkritik.* Aus dem Englischen von WOLFRAM LOHSE. Stuttgart: Kohlhammer 1966. XI, 272 pp.

727 METZGER, BRUCE M. *Recent Contributions to the Ancient Versions of the New Testament.* In: *The Bible in Modern Scholarship* (cf. 1966, 153) 347—369

[343] METZGER, B. M.

[499a[MOLITOR, JOSEPH

728 MOLITOR, JOSEPH *Neuere Ergebnisse zur Textgeschichte des georgischen Neuen Testaments* — BK 21/22 (1966) 111—120

729 MURADYAN, P. *Sur l'Histoire des relations arméno-géorgiennes (la traduction des saintes Écritures)* (en arménien) — Edjmiatsin 23 (1966) fasc. 11—12, 51—58

730 NIEDERWIMMER, KURT *Bisher unedierte Fragmente biblischen Inhalts aus der Sammlung Erzherzog Rainer* — JOBG 14 (1965) 7—11

731 Pätsch, Gertrud *Linguistische Bemerkungen zur Textgeschichte der georgischen Bibel* — BK 21/22 (1966) 103—110

732 Reicke, Bo *Erasmus und die neutestamentliche Textgeschichte* — ThZ 22 (1966) 254—265

733 Roca-Puig, Ramón *Papiro del Evangelio de San Juan con „Hermeneia" (P. Barc. inv. n° 83 — Jo 3, 34)*. In: *Atti dell' XI Congresso Internazionale di Papirologia* (cf. 1966, 105) 225—236

733a Rust, George *„Facila tekstkritiko pri la nova testamento"* (In esperanto) — Biblia Revuo 6 (1966) 1—40

[1709] Smit Sibinga, J.: Ignatius Antiochenus

734 Thiele, Walther *Zur Vulgata des Neuen Testaments* — DtPfrBl 66 (1966) 383—384

735 Till, Walter C. *Rodolphe Kassers Editionen koptischer Bibelhandschriften aus der Sammlung Martin Bodmer, Cologny-Genève (Schweiz)* — BulArchCopte 17 (1963/1964) 273—277

736 Treu, Kurt *Griechisch-koptische Bilinguen des Neuen Testaments*. In: *Koptologische Studien in der DDR* (cf. 1966, 122) 95—123

[877] Weninger, Franz

[2721] Willis, G. G.

2. APOCRYPHA

a) Editiones textus originalis

737 Burchard, Christoph *Neues zur Überlieferung der Testamente der zwölf Patriarchen. Eine unbeachtete griechische Handschrift (Athos, Laura I 48) und eine unbekannte neugriechische Fassung (Bukarest, Biblio. Acad. 580 [341])* — NTS 12 (1965/1966) 245—258 (textus: 253—258)

738 Helmbold, Andrew *The Apocryphon of John*. A text edition, translation, and Biblical and Religious Commentary [Unpublished dissertation]. Philadelphia: Dropsie College for Hebrew 1961

739 *Protevangelo di Giacomo. La natività di Maria*. A cura di Alfonso M. di Nicola. Parma: Guanda 1966. 90 pp.

739a Schmidt, Carl *Acta Pauli. Aus der Heidelberger koptischen Papyrushandschrift Nr. 1* [Reprographischer Nachdruck der 2. Auflage von 1905]. Hildesheim: Olms 1965. LV, 240, 80* pp.; Tafelband: XII, 80 pp.

740 Tischendorf, Konstantin von *Apocalypses Apocryphae Mosis, Esdrae, Pauli, Ioannis, item Mariae dormitio. Additis Evangeliorum et actuum apocryphorum supplementis*. Maximam partem nunc primum edidit [Nachdruck der Ausgabe Leipzig 1866]. Hildesheim: Olms 1966. LXIV, 172 pp.

741 Tischendorf, Konstantin von *Evangelia Apocrypha adhibitis plurimis codicibus Graecis et Latinis maximam partem nunc primum con-*

sultis atque ineditorum copia insignibus edidit [Nachdruck der 2. Auflage Leipzig 1876]. Hildesheim: Olms 1966. XCV, 486 pp.

742 *Vangelo di Nicodemo.* Parte I: *Testo copto dai papiri di Torino.* A cura di MARIANGELA VANDONI e TITO ORLANDI. Parte II: *Traduzione dal copto e commentario.* A cura di TITO ORLANDI [Testi e Documenti, 15/15a; Istituto di Papirologia dell' Università degli Studi Milano, Studi copti, 1]. Milano-Varese: Istituto editoriale Cisalpino 1966. 59/131 pp.

b) Versiones modernae

743 BERTIN, GERALD A. — FOULET, ALFRED *The Acts of Andrew in Old French Verse: The Gardner Sage Library Fragment* — PMLA 81 (1966) 451—454

[737] BURCHARD, CHRISTOPH

744 FRID, BO *Filippusevangeliet.* Inledning och översättning fran koptiskan [SyBU, 17]. Lund: Gleerup 1966. 45 pp.

745 GIVERSEN, SØREN *Filipsevangeliet.* Inledning, studier, oversaettelse og noter. København: Gads Forlag 1966. 112 pp.

746 *Gli Apocrifi del Nuovo Testamento.* Vol. I: *Atti e leggende.* Versione e commento a cura di MARIO ERBETTA. Prefazione di SALVATORE GAROFALO. Torino: Marietti 1966. XI, 601 pp.

747 HENNECKE, EDGAR *New Testament Apocrypha.* Vol. II: *Writings relating to the Apostles, Apocalypses and related subjects.* Ed. by WILHELM SCHNEEMELCHER. Engl. transl. ed. by R. McL. WILSON. London: Lutterworth Press 1965; Philadelphia: Westminster Pr. 1966. 852 pp.

[710] KARPP, HEINRICH

748 KRAGERUD, ALV *Evangelium Veritatis. En oversettelse* — NTT 66 (1965) 177—193

749 KROPP, A. *Der Lobpreis des Erzengels Michael* (vormals P. Heidelberg Inv. Nr. 1686). Bruxelles: Fondation égyptologique Reine Elisabeth 1966. 111 pp.

750 SVENCICKAJA, I. S. *Zapreščennye jevangelija* (Verbotene Evangelien). Moskva 1965. 144 pp.

c) Quaestiones et dissertationes

751 BAKER, ALFRED *The „Gospel of Thomas" and the Syriac „Liber graduum"* — NTS 12 (1965—66) 49—55

752 BAUER, J. B. *Das Philippusevangelium* — BL 39 (1966) 136—139

[695] BETZ, HANS DIETER

753 BISCHOFF, BERNHARD *Die lateinischen Übersetzungen und Bearbeitungen aus den Oracula Sibyllina.* In: *Mittelalterliche Studien I* (cf. 1966, 110) 150—171

[2657] BÖHLIG, A.: Gnostica

754 BOISMARD, M.-É. *Évangile des Ébionites et problème synoptique* — RBi 73 (1966) 321—352

755 BURCHARD, CHRISTOPH *Untersuchungen zu Joseph und Aseneth. Überlieferung — Ortsbestimmung* [Wissenschaftliche Untersuchungen zum NT, 8]. Tübingen: Mohr 1965. VIII, 180 pp.

[737] BURCHARD, CHRISTOPH

[570] *Catalogue général des manuscrits latins*

756 CERULLI, E. *La légende de l'empereur Tibère et de Pilate dans deux nouveaux documents éthiopiens* — Byzan 36 (1966) 26—34

757 CHRISTENSEN, CLIFFORD R. *John's Christology and the ,,Gospel of Truth"* — Gordon Review (Beverly Farms, Mass.) 10 (1966) 23—31

758 CULLMANN, OSCAR *Das Thomasevangelium und die Frage nach dem Alter der in ihm enthaltenen Tradition.* In: *Vorträge und Aufsätze* (cf. 1966, 111) 566—588

759 DELEHAYE, HIPPOLYTE *Note sur la légende de la lettre du Christ tombée du ciel.* In: *Mélanges d'hagiographie grecque et latine* (cf. 1966, 113) 150—178

760 EMMI, B. *Tentativo d' interpretazione del dialogo tra Anna e la serva nel Protovangelo di Giacomo (3, 11—5, 5).* In: *Studia Patristica VII* (cf. 1966, 148) 184—193

761 GAMBER, KLAUS *Die Oden Salomos als frühchristliche Gesänge beim heiligen Mahl* — OstkiSt 15 (1966) 182—195

762 HADOT, JEAN *La datation de l'Apocalypse syriaque de Baruch* — Semitica 15 (1965) 79—95

[2666] HAENCHEN, ERNST

[1854] HALL, STUART G.: Melito Sardensis

763 HAMMAN, A. *,,Sitz im Leben" des actes apocryphes du Nouveau Testament.* In: *Studia Patristica VIII* (cf. 1966, 159) 62—69

764 HELMBOLD, ANDREW K. *The Apocryphon of John* — JNES 25 (1966) 259—272

[2668] JANSEN, H. LUDIN

[2669] JANSEN, H. LUDIN

765 JEREMIAS, JOACHIM *Gli agrapha di Gesù.* Traduzione di OMERO SOFFRITTI. Brescia: Paideia 1965. 166 pp.

[2671] KASSER, RODOLPHE

766 KOSNETTER, JOHANNES *Das Thomasevangelium und die Synoptiker.* In: *Wissenschaft im Dienste des Glaubens.* Festschrift für Hermann Peichl (Wien: Selbstverlag der katholischen Akademie 1966) 29—49

767 KRAGERUD, ALV *Apocryphon Johannis. En formanalyse* — NTT 66 (1965) 15—38

768 KROGMANN, WILLY *Heliand und Thomasevangelium* — VigChr 18 (1964) 65—73

769 MARSH-EDWARDS, J. C. *Our debt to the apokryphal Infancy Gospels* — IER 106 (1966) 365—371

770 MÉNARD, JACQUES-É. „*Kérygmes de Pierre (Les)*". In: *Catholicisme*, t. 6 (cf. 1966, 176) 1419—1421

771 MÉNARD, JACQUES-É. *L',,Évangile de Vérité" et le Dieu caché et invisible des littératures antiques* — SMR 8 (1965) 193—212

771a MÉNARD, JACQUES-É. *L' Évangile selon Thomas et le Nouveau Testament* — SMR 9 (1966) 147—153

772 NAGEL, PETER *Die Herkunft des Evangelium Veritatis in sprachlicher Sicht* — OLZ 61 (1966) 5—14

773 NORDEN, EDUARD *Die Petrusapokalypse und ihre antiken Vorbilder.* In: *Kleine Schriften zum klassischen Altertum* (cf. 1966, 139) 218—233

[2690] PUECH, HENRI-CHARLES: Evangelium Thomae

774 QUISPEL, G. ,*The Gospel of Thomas*' *and the* ,*Gospel of the Hebrews*' — NTS 12 (1965/1966) 371—382

775 ROSENSTIEHL, J.-M. *Un sobriquet essénien dans l'Apocalypse copte d' Elie* — Semitica 15 (1965) 97—99

776 RUBINSTEIN, A. *Observations on the Slavonic Book of Enoch* — The Journal of Jewish Studies 13 (1962) 1—21

777 RUSH, ALFRED C. *María en los evangelios apócrifos.* Traducción de MARÍA ANGELES C. CAREAGA. In: *Mariología* ([BAC, 242] Madrid: La Editorial Católica 1966) 156—181

778 SCHENKE, HANS-MARTIN *Die Arbeit am Philipper-Evangelium* — ThLZ 90 (1965) 321—332

[2695] SCHENKE, HANS-MARTIN

779 SEGELBERG, ERIC *The Antiochene Background of the Gospel of Philip* — BulArchCopte 18 (1965/1966) 205—224

779a SPEYER, WOLFGANG *Religiöse Pseudepigraphie und literarische Fälschung im Altertum* — JAC 8/9 (1965/1966) 88—125

779b SPIVEY, ROBERT ATWOOD *The Origin and Milieu of the Gospel According to Thomas.* Unpublished Dissertation of the Yale University [cf. Index to the American Doctoral Dissertations (Ann Arbor) 1961—1962 (1962) 201]

[750] SVENCICKAJA, I. S.

[2699] UNNIK, W. C. VAN

780 USENER, HERMANN *Eine Spur des Petrusevangeliums.* In: *Kleine Schriften, IV* (cf. 1966, 159) 417—421

[2702] WERINGHA, JUW FON

[673] WOLF, WALTHER

[2705] ZANDEE, JAN

III. Auctores
(editiones, quaestiones, dissertationes, commentarii)

1. GENERALIA

781 ADAMI, F. E. *Precisazioni in tema di consenso matrimoniale nel pensiero patristico* — DE 76 (1965) 206—241

[2129] ASHWORTH, H.

[2419] BARR, ROBERT

[2329] BARTOLOMEI, T. M.: Liturgica

[2559] BAUMGARTNER, CHARLES

782 BEKKER, IMMANUEL *Anecdota Graeca I—III*. 3 vols. [Unveränderter Nachdruck der 1814—1821 in Berlin erschienenen Ausgabe]. Graz: Akadem. Druck und Verlagsanstalt 1965. 1466 pp.

783 BENOÎT, ANDRÉ — PRIGENT, PIERRE *Les citations de l' Écriture chez les Pères* — RHPhR 46 (1966) 161—168

784 BERTHOLD, H. *Der jüngere Cato bei den Kirchenvätern*. In: *Studia Patristica IX* (cf. 1966, 150) 3—19

785 BERTRAND, GUY-M. *Saint Joseph dans les écrits des Pères, de saint Justin à saint Pierre Chrysologue. Analyse des textes et synthèse doctrinale*. Montréal — Paris: Éd. Fides 1966. 204 pp.

786 BERTRAND, GUY-M. *Saint Joseph dans les écrits des pères. De Saint Justin à Saint Pierre Chrysologue: analyse des textes et synthèse doctrinale* — CaJos 14 (1966) 10—198

787 BLUMENBERG, HANS *„Contemplator Caeli"*. In: *Orbis scriptus* (cf. 1966, 141) 113—124

788 BOBER, ANDRZEJ *Antologia patrystyczna* (Patristische Anthologie). Kraków 1966. 648 pp.

[54] BOGAERT, M.

789 BOUYER, LOUIS *La spiritualité du Nouveau Testament et des Pères*. Nouvelle édition revisée et augmentée [Histoire de la Spiritualité chrétienne, 1]. Paris: Aubier 1966. 647 pp.

790 BRAUN, HERBERT *Die Alte Kirche*. In: *Qumran und das Neue Testament II* (Tübingen: Mohr 1966) 184—211

[2567] BROX, NORBERT

[2493] BSTEH, ANDREAS

791 BUYTAERT, E. M. *The Greek Fathers in Abelard's „Sic et non"* — Ant 41 (1966) 413—453

792 CAPELLE, B. *Marian Typology in the Fathers and the Liturgy*. Translated by W. FACKOVEC [Marian Library Studies, 124]. Dayton: Marian Library 1966. 13 pp.

[23] CAMPENHAUSEN, HANS VON

[2491] CARMODY, JAMES M. — CLARKE, THOMAS E.

793 CASPARI, CHARLES-PAUL *Briefe, Abhandlungen und Predigten aus den zwei letzten Jahrhunderten des Kirchlichen Alterthums und dem Anfang des Mittelalters* [Reprint of the edition 1890]. Bruxelles: Éditions Culture et Civilisation, G. Lebon 1964. VIII, 474 pp.

794 CASPARI, CHARLES-PAUL *Kirchenhistorische Anecdota nebst neuen Ausgaben patristischer und kirchlichmittelalterlicher Schriften* [Reprint of the edition Christiania 1883]. Bruxelles: Éditions Culture et Civilisation, G. Lebon 1964. XXVIII, 360 pp.

795 CASSIDY, FRANK P. *Molders of the Medieval Mind. The Influence of the Church on the Medieval Schoolmen.* Port Washington: Kennikat Press 1966. VIII, 194 pp.

796 CIGNELLI, LINO MARIA *Nuova Eva nella Patristica greca (sec. II—V)* [Collectio Assisiensis, 3]. Assisi: Studio Teologico Porziuncola 1966. XX, 268 pp.

[2351] COHEN, BOAZ

[2352] COLIN, JEAN

797 COMAN, J. *Le rôle des pères dans l'élaboration de l'oecouménisme chrétien.* In: *Studia Patristica IX* (cf. 1966, 150) 151—171

[2486] COMAN, IOAN G.

[425] COURCELLE, PIERRE

[428] COURCELLE, PIERRE

[2560] COURCELLE, PIERRE

798 CROCCO RUGGINI, L. C. *Sulla cristianizzazione della cultura pagana: il mito greco e latino di Alessandro dall'età antoniana al medio evo —* AtPav 43 (1965) 3—80

799 CROUZEL, HENRI *Séparation ou remariage selon les Pères anciens —* Greg 47 (1966) 472—494

800 CROUZEL, HENRI *Separazione o nuove nozze secondo gli antichi Padri — CC* 3 (1966) 137—157

[2707] CROUZEL, HENRI

801 CULLMANN, OSCAR *Das Urchristentum und die Kultur.* In: *Vorträge und Aufsätze* (cf. 1966, 111) 485—501

[2638] CULLMANN, OSCAR

802 DANIÉLOU, J. *Les Pères de l'Eglise et l'Unité des Chrétiens.* In: *Studia Patristica VII* (cf. 1966, 148) 23—32

[2708] DANIÉLOU, JEAN

[2727] DANIÉLOU, JEAN

[2737] DANIÉLOU, JEAN

803 DOZOIS, CAMILLE *Sources patristiques chez saint Thomas d'Aquin —* RUO 33 (1963) 28*—48*; 145*—167*; 34 (1964) 231*—241*; 35 (1965) 73*—90*

804 DUMEIGE, GERVASIUS *Notae de historia spiritualitatis in aetate patristica* [Ad usum privatum]. Romae: Pontificia Universitas Gregoriana 1965/1966. 155 pp.

805 *Early Latin Hymns*. With Introduction and Notes by A. S. WALPOLE [Reprograph. Nachdruck der Ausgabe Cambridge 1922]. Hildesheim: Olms 1966. XXVIII, 445 pp.

806 ECHTERNACH, H. *Kerkvaders, letters en concilies* [Carillon — Paperback — reeks, 3]. Amsterdam: Have 1965. 248 pp.

[2214] EIZENHÖFER, LEO

807 EMMEN, A. *De verhouding Maria en de Kerk bij de Vaders*. In: *Maria en de Kerk*. Verslagboek der twintigste Mariale Dagen gehouden in de Norbertijnenabdij van O. L. Vrouw te Tongerlo, 28—30 augustus 1963 (Tongerlo: Norbertijnenabdij 1965) 7—92

808 EMMEN, AQUILINUS *Maria en de Kerk volgens de Vaders* — De Standaard van Maria (Leuven) 41 (1965) 1—17

809 *Epistolographi Graeci (Graece et Latine)*. Recensuit, recognovit, adnotatione critica et indicibus instruxit RUDOLPHUS HERCHER. Accedunt Francisci Boissonandi ad Synesium notae ineditae [Réimpression anastatique de l'édition de Paris 1873]. Amsterdam: Hakkert 1965. LXXXVI, 843 pp.

[2709] FASCHER, ERICH

810 FELDHOHN, SOPHRONIA *Siehe da bin ich. Das Zeugnis heiliger Väter und Mönche von der letzten Stunde* [Alte Quellen neuer Kraft]. Düsseldorf: Patmos 1964. 233 pp.

[2599] FELDHOHN, SOPHRONIA

811 FERNÁNDEZ, DOMICIANO *Fundamentos patrísticos del capítulo VIII de la Constitución ,,Lumen gentium"* — EphMariol 16 (1966) 33—77

812 FONTAINE, JACQUES *Die westgotische lateinische Literatur. Probleme und Perspektiven* — AntAb 12 (1966) 64—87

813 FORELL, G. W. *The Christian Year. Sermons of the Fathers*. New York: Nelson Pr. 1964. 349 pp.

814 FREEMANN, ANN *Further Studies in the Libri Carolini. I: Paleographical Problems in Vaticanus Latinus 7207. II: Patristic Exegesis, Mozarabic Antiphons and the Vetus Latina* — Sp 40 (1965) 203—289

815 FROOM, LEROY EDWIN *The Conditionalist Faith of our Fathers. The Conflict of the Ages over the Nature and Destiny of Man*. Vol. I. Washington/D. C.: Review & Herald Publishing Association 1966. 1132 pp.

816 *Frühchristliche Reden zur Weihnachtszeit*. Ausgewählt, übersetzt und eingeleitet von JOSEPH A. FISCHER. Freiburg (i. Brg.): Seelsorge-Verlag 1963. 143 pp.

817 GANDILLAC, MAURICE DE *Encyclopédies pré-médiévales et médiévales* — CaHM 9 (1966) 483—518

818 GAWLICK, G. *Cicero in der Patristik*. In: *Studia Patristica IX* (cf. 1966, 150) 57—62

819 *Gebete und Betrachtungen der Kirchenväter*. Zusammengestellt und hrsgg. von B. WEISS und O. STEPHAN. München: Kösel 1963. 346 pp.

[2710] GERBER, W. E.

[2639] GIERENS, MICHAËL

[271] GIGON, OLOF

820 GLOCKMANN, GÜNTER *Homer in der frühchristlichen Literatur bis Justinus* [Philologische Dissertation]. Berlin: Humboldt-Universität 1965. VI, 352 pp. [daktyl.]

[29] GOODSPEED, EDGAR J.

821 GORCE, DENYS *Lire les Pères* [Le Verbe fait chair, 7]. Paris: La Cordelle 1966. 128 pp.

822 GRAAF, J. DE *De ethiek van een gekerstende levensorde. Van Ambrosius tot Dante* [De bezinning over Goed en kwaad in de geschiedenis van het menselijk denken, 2]. Utrecht: Erven J. Bijleveld 1964. 159 pp.

823 GRAZIANO [MAIOLI] DI S. TERESA *Ramenta Patristica, 3—12* — ECarm 15 (1964) 177—189

824 GREGORIO DE JESÚS CRUCIFICADO *La teología de San José en los Padres latinos.* In: *VIII Semana de Estudios y Congreso Josefinos.* Sociedad Ibero-Americana de Josefología, 27—30 sept. 1966

825 GRIMAL, PIERRE *Encyclopedies antiques* — CaHM 9 (1966) 459—482

[30] HADOT, PIERRE

[6] HÄRING, NIKOLAUS

826 HÄUSSLING, ANGELUS *Die Systematik der Väterlesungen in den benediktinischen Reformbrevieren Frankreichs von 1777 und 1787* — ALW 9 (1965/1966) 418—424

[289a] HAHN, J.

828 HAMMAN, ADALBERT *Réflexions sur les lectures patristiques du bréviaire* — EL 79 (1965) 341—347

[2619] HAMMAN, ADALBERT — RICHTER, STEPHAN

829 HARAKAS, S. S. *The natural law teaching in the Ante-Nicene Fathers and in modern Greek orthodox theology* [Dissertation]. Boston: University School of Theology 1965. 353 pp. [daktyl.] — DissAbstr 26 (1965/1966) 6195—6196 [microfilm]

[2164] HENNIG, JOHN

830 HIRSCH-REICH, BEATRICE M. *The Symbolism of musical Instruments in the Psalterium X Chordarum of Joachim of Fiore and its Patristic Sources.* In: *Studia Patristica IX* (cf. 1966, 150) 540—551

831 HOARE, F. R. *The Western Fathers, being the Lives of Martin of Tours, Ambrose, Augustine of Hippo, Honoratus of Arles and Germanus of Auxerre, by Sulpicius Severus (et al.).* New York: Harper & Row 1965. XXXII, 320 pp.

832 HOFFMANN, MANFRED *Der Dialog bei den christlichen Schriftstellern der ersten vier Jahrhunderte* [TU, 96]. Berlin: Akademie-Verlag 1966. XX, 168 pp.

[297] HOLLISTER, C. WARREN

833 HUDON, G. *L'Épiphanie chez les Pères latins*. In: *Assemblées du Seigneur, 13: Fête de l'Épiphanie* ([Publications de Saint-André] Bruges: Biblica 1962) 63—78

834 HUDON, G. *Noël dans la tradition latine*. In: *Assemblées du Seigneur, 10: Fête de Noël* ([Publications de Saint-André] Bruges: Biblica 1963) 75—92

835 ISICHEI, ELIZABETH ALLO *Political Thinking and Social Experience. Some Christian Interpretations of the Roman Empire from Tertullian to Salvian* [University of Canterbury Publications, 6]. Christchurch: University of Canterbury 1964. 132 pp.

836 JAEGER, H. *The Place of the Fathers in Protestant and Anglican Mysticism*. In: *Studia Patristica IX* (cf. 1966, 150) 560—565

[2356] JAEGER, HASSO

837 JAEGER, WERNER *Cristianesimo primitivo e Paideia greca*. Con una bibliografia degli scritti di W. Jaeger a cura di HERBERT BLOCH. Traduzione italiana di S. BOSCHERINI [Il pensiero greco, 51]. Firenze: La Nuova Italia Editrice 1966. VIII, 166 pp.

838 JAEGER, WERNER *Cristianismo primitivo y paideia griega*. Trad. de ELSA CECILIA FROST. México-B. Aires: Fondo de Cultura Económico 1965. 152 pp.

839 JAEGER, WERNER *Early Christianity and Greek Paideia*. 2nd printing. Cambridge (Massachusetts): The Belknap Press of Harvard University Press 1965. VI, 154 pp.

840 JAUBERT, ANNIE *Une discussion patristique sur la chronologie de la passion* — RechSR 54 (1966) 407—410

[305] JOHN, E. — WOODRUFF, D.

[166] JOLY, ROBERT: Methodologica

841 JOSSA, GIORGIO *La teologia della storia nel pensiero cristiano del secondo secolo*. Napoli: Morano 1965. 303 pp.

[2430] JOSSA, GIORGIO

842 JOURJON, MAURICE *Aux origines de la prière d'intercession de Marie. Le témoignage des Pères des cinq premiers siècles*. In: *Recherches sur l'intercession de Marie*. Tome I: *Fondements et premiers développements* (Paris: Lethielleux 1966 = Bulletin de la Société française d'Études Mariales 23) 37—49

[438] JUNGKUNTZ, RICHARD PAUL

[439] JUNGKUNTZ, RICHARD

843 ΚΑΝΕΛΛΟΠΟΥΛΟΥ, Π. Ἱστορία τοῦ Εὐρωπαϊκοῦ πνεύματος. Μερὸς Α΄: ᾿Απὸ τὸν Αὐγουστῖνον εἰς τὸν Μιχαὴλ ῎Αγγελον. Τεύχη α΄ — β΄. ᾿Αθῆναι 1966. σ. 1006

844 *Kirchenväter-Brevier*. Übersetzt und herausgegeben von HEINRICH KRAFT. Hamburg: Furche-Verlag 1966. 304 pp.

[2431] KIRCHMEYER, JEAN

[32] KRAFT, HEINRICH

[33] KRAFT, HEINRICH
[34] KRAFT, HEINRICH
[325] KÜHNER, HANS
[328] LAEUCHLI, SAMUEL
[441] LAISTNER, M. L. W.
845 LECLERC, GILBERT *Le mystère de la Résurrection dans la prédication pascale des Pères latins à l'époque de saint Augustin* [Extrait de thèse de l'Université du Latran]. Sherbrooke 1965. 78 pp.
[2170] LÉCUYER, JOSEPH
846 LEVINE, PHILIP *The Continuity and Preservation of the Latin Tradition.* In: *The Transformation of the Roman World* (cf. 1966, 157) 206—231
[2497] LODS, MARC
[543] LOI, VINCENZO
[17] LORNA, KENDALL, E.
847 LUNEAU, AUGUSTE *Moses und die lateinischen Väter.* In: *Moses in Schrift und Überlieferung* (Düsseldorf: Patmos-Verlag 1963) 307—330
[333] MacMULLEN, RAMSAY
[497] MacMULLEN, RAMSAY
848 MAGRASSI, MARIANO *Tipologia biblica e patristica e Liturgia della Parola* — RiLit 53 (1966) 165—193
[2716] MAGRASSI, MARIANO
[1577] MARROU, HENRI IRÉNÉE
849 ΜΑΣΤΡΟΓΙΑΝΝΟΠΟΥΛΟΥ, E. Οἱ πατέρες τῆς ἐκκλησίας καὶ ὁ ἄνθρωπος. ᾿Αθῆναι: Ζωή 1966. 396 σελ.
[2284] MAUR, HANSJÖRG AUF DER
850 McCLOY, F. D. *The Sense of Artistic Form in the Mentality of the Greek Fathers.* In: *Studia Patristica IX* (cf. 1966, 150) 69—74
851 MEERSMAN, G. G. *Leggende dell' oriente cristiano nella letteratura e nell' arte figurativa del medioevo.* In: *L'oriente cristiano nella storia della civiltà* (cf. 1966, 139) 239—249
[2578] MEINARDUS, OTTO F. A.
[338] MÉNARD, J.-É.
[521] MICHEL, O.
852 MILLER, E. *Mélanges de littérature grecque contenant un grand nombre de textes inédits* [Réimpression de l'édition de Paris 1868]. Amsterdam: Hakkert 1965. XVI, 475 pp.
853 MUSURILLO, HERBERT *The Fathers of the Primitive Church* [Mentor Omega Book, MT 629]. New York and Toronto: New American Library; London: New English Library 1966. 272 pp.
854 O'CALLAGHAN, JOSÉ *El papiro en el lenguaje de los Padres griegos.* In: *Atti dell' XI Congresso Internazionale di Papirologia* (cf. 1966, 105) 31—39

855 OPELT, ILONA *Ciceros Schrift De natura Deorum bei den lateinischen Kirchenvätern* — AntAb 12 (1966) 141—155

[38] OVERBECK, FRANZ

[2358] PALLASSE, MAURICE

856 *Patrologiae cursus completus*, a J.-P. MIGNE editus et Parisiis, anno Domini 1844, excusus. Series Latina: *Supplementum*, accurante ADALBERTO HAMMAN. Vol. III, fasc. 4. Paris: Éditions Garnier Frères 1966. 1109—1504 coll. [Auctores, quorum ex operibus exempla quaedam in hac Supplementi parte exhibentur, infra (pars III 2 Bibliographiae nostrae) inter nomina auctorum singulorum indicatos invenies]

857 PATTARO, GERMANO *Il mistero pasquale nella catechesi dei Padri* — StPad 13 (1966) 256—276

[2458] PELLEGRINO, MICHELE

858 PINELLI, FAUSTINO *Il significato salvifico della nascita di Gesù nella predicazione natalizia dei Padri latini del sec. IV e V* [Dissertatio]. Romae: Fac. Theol. Pontificiae Universitatis Gregorianae 1965/1966

859 PITRA, J.-B. *Spicilegium Solesmense. Complectens Sanctorum Patrum Scriptorumque Ecclesiasticorum anecdota hactenus Opera selecta e graecis orientalibusque et latinis codicibus.* 4 vols. [Unveränderter Nachdruck der Ausgabe Paris 1852—1858]. Graz: Akademische Druck- und Verlagsanstalt 1962—1963

[452] PLACES, É. DES

[453] PODSKALSKY, G.

[2643] PRETE, SERAFINO

[373] PUECH, HENRI-CHARLES

[2615] RAASCH, JUANA

[188] ROSE, H. J.

860 RIVERA, ALFONSO *La Maternidad espiritual de María en la tradición patrística.* In: *La Maternidad espiritual de María. Estudios teológicos* (México: Ed. Jus 1961) 217—250

[2479] RODZIANKO, V.

[40] ROSTAGNI, AUGUSTO

861 RUHBACH, GERHARD *Altkirchliche Apologeten* [Texte zur Kirchen- und Theologiegeschichte, 1]. Gütersloh: Gerd Mohn 1966. 62 pp.

862 SARTORIUS, B. *La doctrine de la déification de l'homme d'après les Pères grecs en général et Grégoire de Palamas en particulier* [Thèse lic. théol.]. Genève 1965. 339 pp. [dactyl.]

863 SEUMOIS, ANDRÉ *La mission chez les Pères. Bibliographie* — Spiritus 19 (1964) 215—219

864 SEUMOIS, A. *L'implantation d'Églises particulières ou l'idée de mission chez les Pères latines* — NZMW 20 (1964) 81—88

[42] SINEUX, RAPHAËL

[2754] SMITMANS, ADOLF

[779a] SPEYER, WOLFGANG

866 STUDER, BASIL *Die Kirchenväter (als Träger der Vermittlung der Offenbarung)*. In: *Mysterium salutis*. I: *Die Grundlagen heilsgeschichtlicher Dogmatik* (Einsiedeln-Zürich-Köln 1965) 588—599

867 STUDER, R. *Zur Frage des westlichen Origenismus*. In: *Studia Patristica IX* (cf. 1966, 150) 270—287

868 SYMONDS, H. E. *The Heavenly Sacrifice in the Greek Fathers*. In: *Studia Patristica VIII* (cf. 1966, 149) 280—285

[2292] SZÖVÉRFFY, JOSEF: Hymni

869 TESTA, E. *La creazione del mondo nel pensiero dei SS. Padri*. (Contributo alla storia della esegesi) — StBibF 16 (1965/66) 5—68

[466] THEILER, WILLY

[467] THEILER, WILLY

[190] THOMSEN, PETER

870 TOFFANIN, GIUSEPPE *Cicerone fra i Padri della Chiesa e gli umanisti* — AHP 2 (1964) 187—210

[2766] TRUMMER, PETER

872 VECCHI, ALBERTO *Il metodo della demitizzazione nell' apologetica latina*. In: *Demitizzazione e morale*. Atti del Convegno indetto dal Centro Internazionale di Studi Umanistici e dall' Istituto di Studi Filosofici, Roma, 7—12 Gennaio 1965 (Padova: Cedam 1965) 339—355

[2024] Vitae Patrum

873 VÖLKER, WALTHER *Zur patristischen Grundlegung des russischen Ideals vom Starzen*. In: *Orbis scriptus* (cf. 1966, 141) 905—911

[2523] VOGEL, CYRILLE

874 WAND, J. W. C. *Doctors and Councils*. London: The Faith Press 1962

875 WALLACH, LUITPOLD *The Libri carolini and Patristics, Latin and Greek. Prolegomena to a critical edition*. In: *The Classical Tradition* (cf. 1966, 154) 451—498

876 WARD, MAISIE *Gestalten christlicher Frühzeit. Beter, Streiter, Mächte. Von den Anfängen der Kirche bis zum Ausgang der antiken Welt*. Übertr. von ILSE GAATTENHOF. München: Pustet 1963. 472 pp.

[2461] WEIDHORN, MANFRED

[470] WEIER, WINFRIED

877 WENINGER, FRANZ *Die Pastoralbriefe in der Kanongeschichte zur Zeit der Patristik*. Kath.-theol. Dissertation Wien 1966. XXXVII, 257 pp.

[516a] WENTZEL, GEORG

879 WILES, MAURICE *The Christian Fathers* [Knowing Christianity]. London: Hodder & Stoughton; Philadelphia: Lippincott 1966. 190 pp.

[1590] WINKELMANN, F.: Gelasius Caesariensis

880 WITT, R. E. *The Importance of Isis for the Fathers*. In: *Studia Patristica VIII* (cf. 1966, 149) 135—145
[471] WOLFSON, HARRY A.

2. AUCTORES SINGULI
(IN ORDINE ALPHABETICO AUCTORUM)

ABRAHAM DE BET RABBAN

[2719] VÖÖBUS, ARTHUR: Patrum exegesis

ACACIUS CAESARIENSIS

881 LEROUX, J.-M. *Acace, évêque de Césarée de Palestine, (341—365)*. In: *Studia Patristica VIII* (cf. 1966, 149) 82—85

AENAEUS GAZAEUS

[809] *Epistolographi Graeci*

AETHERIA (EGERIA)

[507] SWANSON, D. C.

AMBROSIUS MEDIOLANENSIS

882 [*Ambrosius*] *Obras de San Ambrosio*. I: *Tratado sobre el Evangelio de San Lucas*. Ed. por MANUEL GARRIDO BONAÑO. Edición bilingüe [BAC, 257]. Madrid: Editorial Católica 1966. VII, 647 pp.
883 [*Ambrosius*] *S. Ambrogio: Commento al Vangelo di S. Luca*. Traduzione di RICCARDO MINUTI, revisione di RINO MARSIGLIO. Vol. I. Roma: Città Nuova 1965. 536 pp.
884 [*Ambrosius*] *S. Ambrogio: Commento al Vangelo di S. Luca*. Traduzione di RICCARDO MINUTI, revisione di RINO MARSIGLIO. Vol. II. Roma: Città Nuova 1966. 310 pp.
885 ALFONSI, LUIGI *Ambrogio „Ciceronianus"* — VigChr 20 (1966) 83—85
[2133] BORELLA, PIETRO: Liturgica
[2134] BORELLA, PIETRO: Liturgica
[2209] BORELLA, PIETRO: Liturgica
[2210] BORELLA, PIETRO: Liturgica
889 CAPRIOLI, A. *Battesimo e confirmazione in S. Ambrogio. Studio storico sul „Signaculum"*. In: *Miscellanea Carlo Figni* (cf. 1966, 133) 49—57
890 CASAGRANDE, DOMENICO *La „Ecclesia mater" negli scritti di S. Ambrogio* — Ecclesia mater 3 (1965) 182—184
891 CHARLES (SISTER) *The Character of St. Ambrose as Revealed in his Letters* — Orpheus 13 (1966) 27—49
[2143] CONTI, PIER MARIA

[1688] DASSMANN, ERNST: Hippolytus Romanus

[805] *Early Latin Hymns*

892 FISCHER, BALTHASAR *Psalmus est laetitia. Zum Psalmenlob des Ambrosius.* In: *Liturgie. Gestalt und Vollzug* (cf. 1966, 128) 98—103

893 FONTAINE, JACQUES *L'unité de la pensée antique, du jeune Aristote à saint Ambroise de Milan* — Critique 22 (1966) 259—269

894 GALEA, F. *Politics and Religion in the days of Ambrose* — EJC 21 (1965) 151—157

895 GAMBER, KLAUS *Die Autorschaft von De sacramentis* — RQ 61 (1966) 94—104

[1129] GLORIE, FR.: Augustinus

896 GRYSON, R. *Les degrés du clergé et leurs dénominations chez S. Ambroise de Milan* — RBen 76 (1966) 119—127

897 GRYSON, R. *L'interprétation du nom de Lévi (Lévite) chez saint Ambroise* — SE 17 (1966) 217—229

[1577] MARROU, HENRI-IRÉNÉE

898 MELCHIORRE DI S. MARIA *La „umile“ Vergine Maria nel pensiero di S. Ambrogio, S. Agostino e S. Bernardo* — RiVSp 18 (1964) 427—465

899 OTTEN, R. T. *Caritas and the Ascent Motif in the Exegetical Works of St. Ambrose.* In: *Studia Patristica VIII* (cf. 1966, 149) 442—448

900 PAREDI, ANGELO *Catechesi della Messa in Sant' Ambrogio* — RiLit 53 (1966) 562—569

900 a PAREDI, ANGELO *„Il rito ambrosiano“* — Ambr 40 (1964) 247—259

[1673] PAREDI, ANGELO: Hieronymus

[364] PASCHOUD, FRANÇOISE

901 PAYER, ALJA *Die Liturgie und die Hymnen des hl. Bischofs Ambrosius von Mailand* — HlD 20 (1966) 26—31

[1296] SAN MIGUEL, JOSÉ RAMÓN: Augustinus

[392] SHERIDAN, JAMES J.

902 SZABO, FRANÇOIS *Le Christ et la création chez saint Ambroise* [Thèse de théologie]. Paris: Institut catholique 1966. VIII, 335 pp. [dactyl.]

903 TESSER, J. M. *Christelijke levensnormen. Een onderzoek naar de normen van het christelijk zedelijk leven in de werken van de H. Ambrosius.* Roma: Univ. Lateranensis 1966. 89 pp.

PSEUDO-AMBROSIUS

904 [*Ps.-Ambrosius*] *Ambrosiastri qui dicitur Commentarius in Epistulas Paulinas. Pars I: In Epistulam ad Romanos.* Rec. HENRICVS JOSEPHVS VOGELS [CSEL, 81/1]. Wien: Hölder-Pichler-Tempsky 1966. LVI, 503 pp.

905 RIPABOTTINI, ALESSANDRO DA *La dottrina dell' Ambrosiaster sul privilegio paolino* — Lau 5 (1964) 429—447

AMMONIUS ALEXANDRINUS

[2750] Reuss, Joseph

AMPHILOCHIUS ICONIENSIS

906 Gstrein, H. *Amphilochius von Ikonion, der vierte „Große Kappadokier"* — JOBG 15 (1966) 133—145

ANASTASIUS SINAITA

907 Belting, Hans — Belting-Ihm, Christa *Das Kreuzbild im „Hodegos" des Anastasios Sinaites. Ein Beitrag zur Frage nach der ältesten Darstellung des toten Crucifixus.* In: *Tortulae* (cf. 1966, 158) 30—39

908 ΣΑΚΚΟΥ, ΣΤΕΡΓΙΟΥ Ν. Περὶ 'Αναστασίων Σιναϊτῶν ['Αριστοτέλειον πανεπιστήμιον Θεσσαλονίκης. 'Επιστημονικὴ ἐπετηρὶς θεολογικῆς σχολῆς, παράρτημα τοῦ η' τόμου]. Θεσσαλονίκη 1964. 272 pp.

ANIANUS CELEDANIENSIS

[1740] Malingrey, Anne-Marie: Iohannes Chrysostomus

[1741] Malingrey, A.-M.: Iohannes Chrysostomus

ANONYMA

909 [*Anonymus*] *Anthologia latina.* In: *Patrologiae cursus completus, Supplementum III* (cf. 1966, 856) coll. 1427—1431

910 [*Anonymus*] *Appendices ad Regulam S. Benedicti.* In: *Patrologiae cursus completus, Supplementum III* (cf. 1966, 856) col. 1442

911 [*Anonymus*] *Carmen Sibyllae.* In: *Patrologiae cursus completus, Supplementum III* (cf. 1966, 856) coll. 1431—1434

912 [*Anonymus*] *Translatio corporis S. Benedicti in Franciam.* In: *Patrologiae cursus completus, Supplementum III* (cf. 1966, 856) coll. 1438—1440

913 [*Anonymus Gallus*] *Ad Deum post conversionem.* In: *Patrologiae cursus completus, Supplementum III* (cf. 1966, 856) coll. 1129—1134

914 Gelsomino, Remo *L'Itinerarium Burgdigalense e la Puglia* — VetChr 3 (1966) 161—208

915 Rapisarda, Grazia *La tradizione manoscritta di un Commentarius in Apocalypsin* — MSLC 15 (1965) 119—140

APHRAATES

916 Vogel, Alois *Zur Lehre von der Erlösung in den Homilien Aphraats. Die Deutung der Christuserlösung als Vollendung der alttestamentlichen Heilsgeschichte bei Aphraat, dem persischen Weisen* [Dissertatio ad Lauream in Facultate Theologica Pontificiae Universitatis Gregorianae]. Hof: Eigenverlag 1966. 241 pp. [dactyl.]

APOLLINARIS LAODICENSIS

917 CADIOU, R. *Apollinaire Plotinien* — BulBudé 25 (1966) 450—457
[2750] REUSS, JOSEPH

APOPHTHEGMATA PATRUM

918 [*Apophthegmata Patrum*] *Les Apophthègmes des Pères du Désert. Série alphabétique*. Traduction française par JEAN-CLAUDE GUY [Textes de Spiritualité orientale, 1]. Bregolles, Abbaye de Bellefontaine [1966]. 441 pp. [dactylographées]

919 [*Apophthegmata Patrum*] *Les sentences des Pères du désert: Les apophthègmes des Pères (récension de Pélage et de Jean)*. Intr. de L. REGNAULT; trad. de J. DION et G. OURY. Solesmes: Abbaye S. Pierre 1966. 314 pp.

920 [*Apophthegmata Patrum*] *Weg und Wort der Väter. Sprüche altchristlicher Mönche*. Ausgewählt, übersetzt und eingeleitet von GERHARD STEEGE. Berlin: Evangelische Verlagsanstalt 1964. 148 pp.

[584] DRAGUET, RENÉ
[585] DRAGUET, RENÉ

921 DVALI, MANANA *Anciennes traductions géorgiennes de récits du moyen âge*. Vol. I: *Traduction par Euthyme l'Hagiorite d'une ancienne recension du Patericon, d'après un manusrit du XIe siècle* (en géorgien). Tiflis: Institut des Manuscrits 1966. LX, 172 pp.

922 KHS-BURMESTER, O. H. E. *Further Leaves from the Arabic MS. in Coptic Script of the Apophthegmata Patrum* — BulArchCopte 18 (1965—1966) 51—64

923 LILIENFELD, FAIRY VON *Jesus-Logion und Väterspruch. Die synoptischen Jesusreden in der Auslegung der Agroikoi der ägyptischen Wüste nach den Apophthegmata patrum*. In: *Studia Byzantina* (Beiträge aus der byzantinischen Forschung der Deutschen Demokratischen Republik. Halle-Wittenberg 1966) 169—183

924 NOBAK, ГРЕГ. Ἀποφθέγματα τῶν Πατέρων. In: Θρησκευτικὴ καὶ Ἠθικὴ Ἐγκυκλοπαιδεία, τ. 2 (cf. 1966, 193) 1233—1238

ARNOBIUS MAIOR

925 BERKOWITZ, L. B. *Index Arnobianus*. 2 vols [Dissertation]. Columbus: Ohio State University 1965. 776 pp. [daktyl.] — DissAbstr 26 (1965/1966) 5421 [microfilm]

926 KRAFFT, PETER *Beiträge zur Wirkungsgeschichte des älteren Arnobius* [Klass.-Philol. Studien, 32]. Wiesbaden: Harrassowitz 1966. VIII, 290 pp.

927 MCDONALD, H. D. *The Doctrine of God in Arnobius, Adversus Gentes*. In: *Studia Patristica IX* (cf. 1966, 150) 75—81

928 SWIFT, L. J. *Arnobius and Lactantius. Two Views of the Pagan Poets* — TPAPA 96 (1965) 439—448

ARISTIDES APOLOGETA

[861] Ruhbach, Gerhard

ARIUS

[1529] Boularand, E.: Dionysius Alexandrinus
[1679] Martínez Sierra, Alejandro: Hilarius Pictaviensis

ASTERIUS AMASENUS EPISC.

[527] Pelletier, A.

ATHANASIUS ALEXANDRINUS

929 [*Athanasius*] *Athanasiana syriaca*, Part. I: 1. *De incarnatione*. 2. *Epistula ad Epictetum*. Textes ed. by Robert W. Thomson [CSCO, 257; Script. Syri, 114]. Louvain: Secrétariat du CSCO 1965. XII, 91 pp.

930 [*Athanasius*] *Athanasiana syriaca*. Part I: 1. *De incarnatione*. 2. *Epistula ad Epictetum*. Translated by Robert W. Thomson [CSCO. 258; Script. Syri, 115]. Louvain: Secrétariat du CSCO 1965. 71 pp,

931 [*Athanasius*] *Sancti Athanasii archiepiscopi Alexandriae Contra Gentes*. Introduzione, testo critico, traduzione a cura di Luigi Leone [Collana di Studi Greci, 43]. Napoli: Libr. scientif. ed. 1965. XLIII, 196 pp.

932 Baldanza, J. *Quinam, iuxta S. Athanasium, pertinent ad veram Christi ecclesiam* — EJC 22 (1966) 203—211

[2068] Giebers, C.: Antonius Ab. in Thebaide

933 Higgins, M. J. *Two Notes*. (I. Athanasius and Eusebius on the Council of Nicaea; II. Pope's Right to Try Patriarch on Disciplinary Charge). In: *Polychronion* (cf. 1966, 143)238—243

[2603] Jourjon, Maurice

934 Kannengiesser, C. *Les différentes recensions du traité De incarnatione verbi de S. Athanase*. In: *Studia Patristica VII* (cf. 1966, 148) 221—229

935 ΚΑΡΑΚΟΛΗ, Κ. Ἡ Ἐκκλησία κατὰ τὸν Μ. Ἀθανάσιον — GregPal Thes 48 (1965) 277—289; 354—366

936 Olejnik, Ierodiakon Viktor *Učenie Sv. Afanasija Velikogo o čeloveke* (Die Lehre des hl. Athanasius über den Menschen) [Dissertation]. Leningrad: Geistliche Akademie 1966. 290 pp. [dactyl.]

937 ΣΧΙΝΑ, Σ. Διδασκαλία τοῦ ἐν ἁγίοις Πατρὸς ἡμῶν Ἀθανασίου τοῦ Μεγάλου πρὸς Ἀντίοχον Δούκα. Ἐκδοθὲν τὸ πρῶτον ὑπὸ Σωφρονίου Μοναχοῦ Ἁγιορείτου ἐκ Ῥαιδεστοῦ Κεχαγιόγλου, νῦν δὲ τὸ δεύτερον ὑπὸ Σ. Σχινᾶ ἐξ Ἁγιᾶς Λαρίσης. [Ἔκδοσις ,, Ἁγιορειτικῆς Βιβλιοθήκης"]. Βόλος 1966. σ. 194

938 Telegin, Alexander Michailovič *Etika Svjatogo Afanasija Velikogo* (Die Ethik des Hl. Athanasius) [Dissertation]. Leningrad: Geistliche Akademie 1966. 167 pp. [dactyl.]

ATHENAGORAS

939 [*Athenagoras*] *Atenagora: Supplica per i Christiani.* Versione, introduzione e note a cura di PIERANGELO GRAMAGLIA. Roma-Ancona: Ediz. Paoline 1964. 144 pp.

[861] RUHBACH, GERHARD

AURELIUS AUGUSTINUS

948 [*Augustinus*] *Agústinus: Játningar.* Editit SIGURBJÖRN EINARSSON. Reykjavík: Menningarsjódur 1962. 252 pp.

949 [*Augustinus*] *Augustin.* Med inledning, oversaettelse og noter af JØRGEN PEDERSEN [De store taenkere, 3]. København: Berlingske Forlag 1965. 240 pp.

950 [*Augustinus*] *Augustin d'Hippone: Éloge de la paix.* Sermo 357, traduit par FERDINAND POSWICK — BiViChret 72 (1966) 15—20

951 [*Augustinus*] *Augustin d'Hippone: La prédication au service de la Parole de Dieu. Saint Augustin à l'oeuvre.* Epistula 29, traduite par AUGUSTIN DE BROUWER — BiViChret 66 (1966) 60—68

952 [*Augustinus*] *Augustin d'Hippone: Qui viole la loi en un point.* Traduit par AUGUSTIN DE BROUWER — BiViChret 70 (1966) 15—21

953 [*Augustinus*] *Augustin d'Hippone: Sermons pour la Pâque.* Introduction, texte critique, traduction et notes par SUZANNE POQUE [SC, 116]. Paris: Du Cerf 1966. 376 pp.

954 [*Augustinus*] *Ausgewählte Briefe.* Nach der Auswahl und Übersetzung von ALFRED HOFFMANN zusammengestellt von HANS-JOACHIM DIESNER. Leipzig: St. Benno-Verlag 1966. 437 pp.

955 [*Augustinus*] *Bekenntnisse.* Übertragen und eingeleitet von HERMANN HEFELE. Stuttgart-Hamburg: Deutscher Bücherbund 1964. 373 pp.

956 [*Augustinus*] *Brev till Proba om bönen.* Svensk översätting LARS MELIN och JEAN DUREAU [Katolska småskrifter, 9]. Stockholm: Petrus de Dacia 1965. 31 pp.

957 [*Augustinus*] *Confessiones (Bok I—IX).* Omsett av ÅSMUND FARESTVEIT. Med innleiing og merknader av EINAR MOLLAND. 2. utgave [Orion-Bøkene, 28]. Oslo: Det Norske Samlaget 1965. 264 pp.

958 [*Augustinus*] *De catechizandis rudibus.* Besorgt und eingeleitet von HUBERT ROHDE [Grundlagen und Grundfragen der Erziehung, 17]. Heidelberg: Quelle und Meyer 1965. 48 pp.

959 [*Augustinus*] *Der Gottesstaat (De civitate Dei).* Vol. I: *Buch 1—7.* Deutsche Übersetzung von CARL JOHANN PERL. 2. Aufl. [Wort und Antwort, 2]. Salzburg: O. Müller 1966. 446 pp.

960 [*Augustinus*] *De Sermone Domini in monte.* Traduction arabe de JACQUES FAYIZ. Alexandria: Kanisat Mari Jirjis 1962. 107 pp.

961 [*Augustinus*] *Dreizehn Bücher Bekenntnisse* (Latein und deutsch). Übertragen von CARL JOHANN PERL. 2. Auflage mit Anmerkungen

von ADOLF HOLL [Deutsche Augustinusausgabe]. Paderborn: Schöningh 1964. 508 pp.

962 [*Augustinus*] *Textos escogidos: La palabra y el concepto* (Sermón 228, 2—4). Traducción de VÍCTOR MASINO — Augustinus 9 (1964) 253—255

963 [*Augustinus*] *La Regla de S. Agustín.* Ed. por ANDRÉS MANRIQUE [El Buen Consejo]. Madrid: El Escorial 1965. 28 pp.

964 [*Augustinus*] *Le Confessioni.* Prefazione di MICHELE PELLEGRINO. Traduzione e note di CARLO CARENA [I Millenni]. Torino: Giulio Einaudi 1966. XXII, 378 pp.

965 [*Augustinus*] *Le confessioni.* Introduzione, traduzione e note di PAOLO ROTTA. 10ª ed. Brescia: La Scuola 1966. 338 pp.

966 [*Augustinus*] *Lobpreis und Anbetung. Gebete des hl. Augustinus.* Übertragen und eingeleitet von JOHANN MADER. Wien: Herder 1966. 124 pp.

967 [*Augustinus*] *Nutzen des Glaubens (De utilitate credendi). Die zwei Seelen (De duabus animabus).* Übertragen von CARL JOHANN PERL [Deutsche Augustinusausgabe]. Paderborn: Schöningh 1966. XXVI, 182 pp.

968 [*Augustinus*] *Obras de San Agustín en edición bilingüe,* vol. XX: *Enarraciones sobre los Salmos (II).* Edición preparada por BALBINO MARTÍN PÉREZ [BAC, 246]. Madrid: La Editorial Católica 1965. 1010 pp.

969 [*Augustinus*] *Obras de San Agustín en edición bilingüe,* vol. XXI: *Enarraciones sobre los Salmos (III).* Edición preparada por BALBINO MARTÍN PÉREZ [BAC, 255]. Madrid: La Editorial Católica 1966. 1033 pp.

970 [*Augustinus*] *Oeuvres de S. Augustin,* T. XXI: 3e série: *La Grâce. La crise pélagienne,* vol. I: *Epistula ad Hilarium Syracusanum. De perfectione iustitiae hominis. De natura et gratia. De gestis Pelagii.* Introductions, traductions et notes par G. DE PLINVAL et J. DE LA TULLAYE [Bibliothèque augustinienne]. Paris: Éd. Desclée de Brouwer 1966. 674 pp.

971 [*Augustinus*] *Oeuvres de S. Augustin,* T. XXXII: 4e série: *Traités anti-donatistes,* vol. III: *Breviculus collationum cum Donatistis. Ad Donatistas post collationem. Sermo ad Caesariensis ecclesiae plebem. Gesta cum Emerito Donatistarum episcopo. Contra Gaudentium Donatistarum episcopum libri duo.* Traduction de G. FINAERT. Introduction et notes de É. LAMIRANDE [Bibliothèque augustinienne]. Paris: Éd. Desclée de Brouwer 1965. 787 pp.

972 [*Augustinus*] *S. Agostino: Il libero arbitrio.* Traduzione, introduzione e note a cura di P. GIOVANNI BARAVALLE [Collana patristica, 12]. Roma: Edizioni Paoline 1960. 352 pp.

973 [*Augustinus*] *S. Agostino: Itinerario spirituale.* Testi raccolti e tradotti da MICHELE PELLEGRINO [Via Sapientiae, 11]. Fossano (Cuneo): Editrice Espirienze 1964. X, 278 pp.

974 [*Augustinus*] *Saint Augustin: Le sens chrétien du sabbat (Sermo Mai 128).* Traduit par AUGUSTIN DE BROUWER — BiViChret 61 (1965) 13—17

975 [*Augustinus*] *Saint Augustine: On Free Choice of the Will.* Translated by ANNA S. BENJAMIN and L. H. HACKSTAFF. With an introduction by L. H. HACKSTAFF [The Library of Liberal Arts, 150]. Indianapolis: Bobbs-Merill 1964. XXXI, 162 pp.

976 [*Augustinus*] *Saint Augustine: The Catholic and Manichaean Ways of Life (De moribus Ecclesiae catholicae et de moribus Manichaeorum).* Engl. trans. by DONALD A. GALLAGHER and IDELLA J. GALLAGHER [FaCh, 56]. Washington: The Catholic University of America Pr. 1966. XX, 140 pp.

977 [*Augustinus*] *Saint Augustine: The City of God against the Pagans.* Vol. IV: *Books XII—XV.* With an English Translation by PHILIP LEVINE [Loeb Classical Library, 414]. London: Heinemann; Cambridge (Mass.): Harvard University Press 1966. X, 584 pp.

978 [*Augustinus*] *Saint Augustine: The First Catechetical Introduction De catechizandis rudibus.* Translated and annotated by J. P. CHRISTOPHER. Chicago: H. Regenery 1966. 169 pp.

979 [*Augustinus*] *San Agustín: Confesiones.* Versión de M. VILLAMUERA DE CASTRO. Prólogo de JOSÉ ANTONIO SANZ MORENO [Todo para muchos, 146]. Barcelona: Mateu 1966. 336 pp.

980 [*Augustinus*] *San Agustín: Confesiones.* Trad. J. FARRÁN MAYORAL [Clásicos Maucci]. Barcelona: Editorial Maucci 1962. 560 pp.

981 [*Augustinus*] *Sant' Agostino: Commento al Vangelo di S. Giovanni.* Traduzione di RICCARDO MINUTI con la revisione di RINO MARSIGLIO [Volume secondo]. Roma: Città Nuova Editrice 1965. 540 pp.

982 [*Augustinus*] *Sant' Agostino: De civitate Dei, Libro XIX.* A cura di ALBERTO VECCHI e FRANCESCA BENUSSI [I Classici della Filosofia]. Torino: Società Editrice Internazionale 1966. XXIV, 90 pp.

983 [*Augustinus*] *Sant' Agostino: La cura e il culto dei morti.* Ed. di ROSA CALZECCHI ONESTI [Edizioni patristiche, Letture e versioni, 3]. Vicenza: Studio teologico di S. Maria di Monte Berico 1966. 65 pp.

984 [*Augustinus*] *Sant' Aurelio Agostino: La Città di Dio.* A cura di C. BORGOGNO. 3a edizione [Collana patristica, 44/45]. Roma: Edizioni Paoline 1963. 1344 pp.

985 [*Augustinus*] *S. Aurelius Augustinus: Confessiones.* Erweiterte Auswahl aus den ersten zehn Büchern von JOSEF FISCHER. *Kommentar.* Münster: Aschendorff 1966. 203 pp.

986 [*Augustinus*] *Selected Sermons of St. Augustine*. Translated and edited by QUINCY HOWE jr. New York — Chicago — San Francisco: Holt, Rinehart and Winston 1966. XX, 236 pp.

987 [*Augustinus*] *St. Augustine: The Enchiridion on Faith, Hope and Love*. Edited with an introduction by HENRY PAOLUCCI. With an analysis and historical appraisal by ADOLPH VON HARNACK [A Gateway Edition]. Chicago: Henry Regnery Company 1961. XVIII, 174 pp.

988 [*Augustinus*] *St. Augustine: The Greatness of the Soul. The Teacher*. Translated and annoted by JOSEPH M. COLLERAN. 2nd edition [Ancient Christian Writers, 9]. Westminster (Maryland): The Newman Pr. 1964. 256 pp.

989 [*Augustinus*] *Varia Augustiniana*. Eerste deel: *Zeven Preken*. Uitgeven en toegelicht door L. VERHEIJEN, L. HOOGFELD, K. WOLDRING [Scriptores Graeci et Romani, 50]. Zwolle: Tjeenk Willnk 1965. 68 pp.

990 ABAD, CAMILO MARÍA *La 'oración misionera y sus fuentes según San Agustín* [Colección Augustinus, 12]. Madrid: Ed. Augustinus 1964. 300 pp.

[2647] ABEL, ARMAND

991 ABREU FREIRE, A. DE *O esquema neoplatônico da criação em Santo Agostinho* — Verbum (Rio de Janeiro) (1966) 83—103

992 ACHILLES, HELMUT *Der augustinische Gang zum Grund von Person, Zeitlichkeit und Wahrheit*. Inaugural-Dissertation zur Erlangung des Doktorgrades der Philosophischen Fakultät der Ludwig-Maximilians-Universität zu München. 120 p.

993 AGTERBERG, M. *Augustinus*. In: *Grote denkers over opvoeding*. Uitgeven door I. VAN DER VELDE (Groningen: Erven P. Noordhoff 1964) 61—82

994 AIMO, M. A. *Una nuova interpretazione di S. Agostino* — Rivista internazionale di Filosofia del Diritto (Milano) 43 (1966) 684—689

995 ALLARD, GUY-H. *Le contenu du cogito augustinien* — Dialogue (Montréal et Kingston) 4 (1965/1966) 465—475

996 ALLARD, G. H. *Pour une nouvelle interprétation de la Civitas Dei*. In: *Studia Patristica IX* (cf. 1966, 150) 329—339

997 ALLEN, DAVID WILLIAM *The Doctrine of Augustine on the Resurrection of the Dead in ,,The City of God"* [Dissertation]. Temple University 1964. 266 pp. [dactyl.] — DissAbstr 25 (1964/1965) 4839 [microfilm]

998 ALVAREZ, J. *St. Augustine and Antisemitism*. In: *Studia Patristica IX* (cf. 1966, 150) 340—349

999 ARBESMANN, RUDOLPH *A pioneering work in Augustinian iconography* — RecAug 4 (1966) 27—36

[418] ARCHAMBAULT, PAUL

1000 ARIAS, ALOISIUS *Dei opus: Mundus, homo, angelus.* Iuxta methodum P. H. DE VAL [Bibliotheca Theologica Augustiniana, 6]. Madrid: Ed. Religión y Cultura 1965

1001 ARIAS, ALOISIUS *Gratia Christiana.* Iuxta methodum P. H. DEL VAL [Biblioteca theol. augustiniana, 5]. Madrid: Ed. Religión y Cultura 1964. XXI, 426 pp.

[2585] ARMAS, GREGORIO

1002 ARMAS, G. — CAPÁNAGA, V. — OROZ RETA, J. — MASINO, V. *Bibliografía agustiniana* — Augustinus 10 (1965) 105—111; 252—254; 481—496

1003 ARNAU GARCÍA, RAMÓN *La doctrina agustiniana de la ordenación del hombre a la visión beatífica* [Dissertation]. München: Theol. Fakultät 1964. 94 pp.

1004 ARÓSTEGUI, ANTONIO *Interpretación agustiniana del „Nisi credideritis, non intelligetis"* — RFil 24 (1965) 277—283

1005 ARSENAULT, FERNAND *Le Christ plénitude de la révélation selon saint Augustin* [Thèse]. Rome: Université Pontificale Grégorienne 1965. 555 pp. [dactyl.]

1006 ASHTON, JOHN F. *Principles for Evaluating High School Religion Textbooks in the Light of St. Augustine's „De catechizandis rudibus"* [Magister of Arts' Thesis]. Washington (D. C.): Catholic University of America 1962. 48 pp. [dactyl.]

1007 ASTRADA, CARLOS *El tiempo en San Agustín.* In: *Ensayos filosóficos* (Bahía Blanca: Universidad Nacional del Sur, Departamento de Humanidades 1963) 277—291'

1008 BAGET-BOZZO, GIOVANNI *Augustinus perennis* — Renovatio (Genova) 1966, 63—74

1009 BAILLEUX, E. *La sotériologie de saint Augustin dans le „De Trinitate"* — MSR 23 (1966) 149—173

1010 BAINTON, ROLAND H. *Saint Augustine's Methods of Religious Teaching.* In: *The Collected Papers in Church History of Roland Bainton I* (cf. 1966, 107) 39—44

1011 BAKAN, DAVID *Some Thoughts on Reading Augustine's Confessions* — JSSR 5 (1965/1966) 149—152

1012 BAKHUIZEN VAN DEN BRINK, J. N. *Humilitas bij Pascal en Augustinus* [College, uitgesproken bij het neerleggen van het ambt van hoogleraar in de faculteit der godgeleerdheid te Leiden op 31 mei 1966]. 's-Gravenhage: Nijhoff 1966. 29 pp.

1013 BARBERO, GIORGIO *Il pensiero politico cristiano.* Vol. II: *Sant' Agostino* [Classici Politici, 13]. Torino: U. T. E. T. 1965. 696 pp.

1014 BARBOSA, PEDRO *Concepção da Histórica em Santo Agosthino* — Estudos (Pôrto Alegre, Brasil) 26 (1966) 31—40

1015 BARGALLÓ CIRIO, JUAN MIGUEL *Pensamiento político y jurídico de San Agustín.* Buenos Aires: Abeledo-Perrot 1960. 123 pp.

1016 BARRÉ, HENRI „*Trinité que j'adore* ...‟ *Persepectives théologiques* [Coll. Théologie, Pastorale et Spiritualité, Recherches et Synthèses, 15]. Paris: Lethielleux 1965. 208 pp.

1017 BATTISTA, ANNA MARIA *Intorno ad alcune recenti interpretazioni del pensiero politico agostiniano* — Storia e Politica 3 (1964) 571—588

1018 BAUER, RICHARD *Der Gehorsamsbegriff beim jungen Augustinus.* Kath.-theol. Dissertation Wien 1966 [daktyl.]

1019 BAVAUD, G. *Le mystère de la sainteté de l'église. Saint Augustin arbitre des controverses actuelles ?* — RecAug 3 (1965) 161—166

1020 BAVAUD, G. *Un thème augustinien repris par le Conciliarisme* — REA 10 (1964) 45—49

1021 BAVEL, T. VAN *De spiritualiteit van de Regel van Augustinus* — Tijdschrift voor Geestelijk Leven 22 (1966) 347—367

1022 BELLOFIORE, LUIGI *Stato e giustizia nella concezione agostiniana* — RIFD 41 (1964) 150—160

1023 BERETTA, RINALDO *Il „rus Cassiciacum‟ di S. Agostino.* In: BERETTA, R. *Appunti storici su alcuni monasteri e località della Brianza.* Seconda edizione ampliata (Monza: Scuole Grafiche Artigianelli Pavoniani 1966) 205—229

1024 BERNHART, JOSEPH *Die „Bekenntnisse‟ des Aurelius Augustinus.* In: *Bücher der Entscheidung* (Würzburg: Echter-Verlag 1964) 26—34

1025 BERNARD, RENÉ *La prédestination du Christ total selon saint Augustin* (cf. 1965, 471) — RecAug 3 (1965) 1—58

1026 BEZANÇON, J.-N. *Le mal et l'existence temporelle chez Plotin et chez saint Augustin* — RecAug 3 (1965) 133—160

[422] BIDEZ, JOSEPH

1027 BIERZYCHUDEK, EDUARDO *Beata solitudo. La soledad cristiana en el vocabulario agostiniano* — CD 179 (1966) 5—46 — idem: Excerpta e Dissertatione, Pontificia Universitas Gregoriana, Facultas Theologiae. Madrid El Escorial, 1966. XV, 42 pp.

1028 BIERZYCHUDEK, EDUARDO *La Peregrinación del Pueblo de Dios según San Agustín* — RiBi 28 (1966) 97—99

1029 BIFFI, INOS „*Verus sacerdos‟: l'ideale del pastore d'anime secondo sant' Agostino* — Ambr 42 (1966) 207—215; 298—316; 417—423

1030 BIGONGIARI, DINO *The Political Ideas of Saint Augustine.* In: *Essays on Dante and Medieval Culture.* Critical Studies of the Thought and Texts of Dante, St. Augustine, St. Thomas Aquinas, Marsilius of Padua and Other Medieval Subjects ([Biblioteca dell' „Archivium Romanicum‟, Serie I: Storia, Letteratura, Paleografia, 71] Firenze: Leo S. Olschki 1964) 93—103

1031 BLOCK, S. L. *St. Augustine: on grief and other psychological matters* — American Journal of Psychiatry 122 (1966) 943—946

[423] BOEHM, LAETITIA

1032 BOGLIONI, GIACINTO *Il Mistero della Inabitazione secondo S. Agostino e S. Tommaso in due recenti pubblicazioni* — RiAsc 9 (1964) 22—32

1033 BONNARDIÈRE, A. -M.LA *La parabole de l'Enfant prodigue dans les Confessions de saint Augustin* — AEHESR 1965—1966 73 (1965) 154—155

1034 BONNARDIÈRE, ANNE-MARIE LA *Psaume 13, 3 et l'interpolation de Rom. 3, 13—18 dans l'oeuvre de saint Augustin* — RecAug 4 (1966) 49—65

[2659] BONNARDIÈRE, A.-M. LA

1035 BONOY, ΚΟΝΣΤΑΝΤΙΝΟΥ Γ. Ὁ ἅγιος Αὐγουστῖνος ἐπίσκοπος Ἱππῶνος. Βίος καὶ συγγράμματα. Ἀθῆναι 1964. σελ. 108

[1723] BOPP, LINUS: Iohannes Chrysostomus

1036 BOUBLIK, VLADIMIR *La liberté d'après saint Augustin* — La Pensée catholique 92 (1964) 22—36

1037 BOURASSA, FRANÇOIS *Sur le Traité de la Trinité* — Greg 47 (1966) 254—285

1038 BOYER, CHARLES *Droit et morale dans saint Augustin* — RAgEsp 7 (1966) 169—185

1039 BOYER, CHARLES *San Agustín y el ecumenismo* — Unitas (ed. espagnole) 4 (1965) 332—338

1040 BRACCI, GIUSEPPE *Tentativo di una nuova interpretazione della illuminazione agostiniana* — RivRos 58 (1964) 35—50

1041 BRADY, JULES M. *St. Augustine's Theory of Seminal Reasons* — NS 38 (1964) 141—158

1042 BROWN, P. R. L. *Saint Augustine.* In: *Trents in Medieval Political Thought.* Edited with Introduction by BERYL SMALLEY (Oxford: Basil Blackwell 1965) 1—21

1043 BROWN, P. R. L. *St. Augustine's Attitude to Religious Coercion* — JRS 51 (1964) 107—116

1044 BRUNN, ÉMILIE ZUM *L'immutabilité de Dieu selon saint Augustin* — NovaVet 41 (1966) 219—225

1045 BUFORD, THOMAS OLIVER *The idea of creation in Plato, Augustine and Emil Brunner* [Dissertation dactyl.]. Boston University 1963. 380 pp. — DissAbstr 24 (1964/1965) 4231 [microfilm]

1046 BULHARDT, VINZENZ *Futurus venire* — WSt 78 (1965) 180—181

1047 BURLEIGH, JOHN H. S. *St. Augustine: Pastor and Preacher* — Union Seminary Quarterly Review 20 (1965) 343—354

1048 BUTLER, CUTHBERT *Western Mysticism. The Teaching of Augustine, Gregory and Bernard on Contemplation and the Contemplative Life.* New York: Harper and Row 1966. 300 pp.

1049 CAMPO DEL POZO, FERNANDO *Filosofía del derecho según San Agustín.* Valladolid: Archivo Agustiniano 1966. 224 pp.

1050 CAPÁNAGA, VICTORINO — MASINO, VÍCTOR — RODRÍGUEZ, JOSÉ *Bibliografía agustiniana* — Augustinus 11 (1966) 73—79; 281—287; 425—430

1051 CAPÁNAGA, VICTORINO *El hombre abismo en San Agustín.* In: *Memorias del XIII Congreso Internacional de Filosofía, México 7—14 septiembre de 1963.* Vol. III: *Sesiones plenarias. Comunicaciones sobre el tema I: El problema del hombre* (México: Universidad Autónoma de México 1963) 97—111

1052 CAPÁNAGA, VICTORINO *El orden y transcendencia en el itinerario mental hacia Dios en S. Agustín y Sto. Tomás* — DC 18 (1965) 221—228

1053 CAPÁNAGA, V. *El silencio interior en la visión agustiniana de Ostia.* In: *Studia Patristica IX* (cf. 1966, 150) 359—392

1054 CAPÁNAGA, VICTORINO *La Iglesia en la espiritualidad de S. Agustín* — ECarm 17 (1966) 88—133

[1725] CAPLAT, S. SIMION: Iohannes Chrysostomus

1055 CARLO, EUGENIO DI *Il diritto naturale in S. Agostino* — Idea (Mensile de cultura politica e sociale, letteratura, arte, scienze. Roma) 17 (1961) 510—513

1056 CASADO, FIDEL *La teoría de la „memoria Dei" en la tradición escolástica agustiniana* — CD 177 (1964) 5—43; 201—233

1057 CASARES, TOMÁS D. *La concepción del tiempo en el Libro XI de las Confesiones de San Agustín* — Sapientia (La Plata) 21 (1966) 169—200

1058 CASATI, GIUSEPPE *De Doctrina Christiana* — AugR 6 (1966) 18—44

1059 CASTELLI, ENRICO *Il duplice aspetto del problema del male e S. Agostino.* In: *Esistenzialismo teologico* ([Itinerari critici, 4]. Roma: Edizioni Abete 1966) 71—84

1060 CATAUDELLA, QUINTINO *I „Soliloqui" di Agostino e il libro I delle „Tusculane"* — Aevum 40 (1966) 550—552

1061 CAVALLARI, EUGENIO *Il Cuore Immacolato di Maria nel pensiero di S. Agostino* [Esercitazione per la Licenza in Teologia presso la Pontificia Università Gregoriana]. Roma: Studentato Teologico degli Agostiniani Scalzi 1964. XIV, 104 pp.

1062 CAYRÉ, F. *La noción de „persona" en el hombre y en Dios según San Agustín. La llamada de las cumbres cristianas* — RAgEsp 5 (1964) 5—11

1063 CERRATO, ROCCO *Grazia e predestinazione nelle opere di ⌣ Agostino scritte dopo il 420* [Dissertazione]. Roma: Pontificia Università Lateranense, Fac. di Teologia 1963—1964 [dactyl.]

1064 CHARLES-PICARD, GILBERT *La Carthage de saint Augustin* [Coll. Résurrection du passé]. Paris: Fayard 1965. 224 pp. avec illustrations

[226] CHASTAGNOL, ANDRÉ

1065 CHIKAYAMA, K. *St. Augustine's Idea of History* (in Japanese), In: *Studies of Western Medieval Thoughts* (cf. 1966, 152)

1066 CIGÜELA, J. M. *Los fundamentos de la filosofía de la historia en San Agustín* — Nordeste (Argentina) 4 (1962)

1067 CILLERUELO, LOPE *„Deum videre" en San Agustín* — Salmant 13 (1966) 231—281

1068 CILLERUELO, LOPE *El monacato de San Agustín* [Archivo Teológico Agustiniano, 6]. Valladolid: Archivo Teológico Agustiniano 1966. 336 pp.

1069 CILLERUELO, LOPE *Las funciones de Cristo según San Agustín* — ArTeoAg 1 (1966) 189—213

1070 CILLERUELO, LOPE *Pro memoria Dei* — REA 12 (1966) 65—84

1071 CLARK, WALTER HOUSTON *Depth and Rationality in Augustine's Confessions* — JSSR 5 (1965/1966) 144—148

[1834] CLARKE, AMY KEY: Licentius Poeta

1072 CLODIUS, F. *El libre albedrío según el „Opus imperfectum" de San Agustín* — AnSan 13 (1961) 5—21; 273—287

1073 COCCIA, ANTONIO *La schiavitù nel pensiero di S. Agostino* — La Città di Vita 17 (1962) 340—349

1074 COCCIA, ANTONIO *L'ideale agostiniano di una giusta società umana* — La Città di Vita 18 (1963) 313—323

1075 COCCIA, ANTONIO *L'umanità di S. Agostino. La pena di morte e la tortura* — La Città di Vita 17 (1962) 586—597

1076 COCCIA, ANTONIO *Unità del genere umano e dignità dell' uomo nel pensiero di Sant' Agostino* — La Città di Vita 16 (1961) 729—738

[2142] CONDON, KEVIN: Liturgica

1077 CORBÍ QUIÑONERO, LUIS *El „Ordo Amoris" conductor del „yo" en su „itinerarium". Perspectiva ética de la filosofía de San Agustín* [Tesis]. Barcelona: Universidad, Facultad de Filosofía y Letras 1963. 154 pp.

1078 CORDOVANI, RINALDO *Il De catechizandis rudibus di S. Agostino. Questioni di contenuto e di stile* — AugR 6 (1966) 489—527

1079 COURCELLE, JEANNE et COURCELLE, PIERRE *Le „Tolle Lege" de George Sand* — REA 12 (1966) 1—7

1080 COURCELLE-LADMIRANT, JEANNE et COURCELLE, PIERRE *Scènes anciennes de l'iconographie augustinienne*, II (I: cf. 1964, 536) — RecAug 4 (1966) 37—47

[426] COURCELLE, PIERRE

[427] COURCELLE, PIERRE

1081 COUTURIER, CHARLES *La structure essentielle de l'homme d'après saint Augustin* [Excerpta ex dissertatione]. Romae-Toulouse: Fac. Philos. Pontificiae Universitatis Gregorianae 1965. 48 pp.

1082 CROMBIE, A. C. *Von Augustinus bis Galilei. Die Emanzipation der Naturwissenschaft.* Aus dem Englischen übersetzt von HILDEGARD

HOFFMANN und HILDEGARD PLEUS. Köln — Berlin: Kiepenheuer und Witsch 1964. XXIII, 637 pp.

1083 CURTIS, S. J. *St. Augustine on Language* — Latin Teaching (Shrewsbury) 31 (1963) 89—93

1084 CYRILLUS A S. JOSEPH *„Totus Christus" in Saint Augustine's „Enarationes in Psalmos"* [Pars dissertationis ad lauream in Pontificia Facultate Theologica SS. Teresiae a Jesu et Joannis a Cruce in Urbe]. Trivandrum (India): St. Josephs Press 1966. VI, 94 pp.

1085 DEGL'INNOCENTI, UMBERTO *La conoscenza sapienziale in S. Agostino e S. Tommaso* — Aquinas 9 (1966) 143—161

1086 DELBRÊL, MADELEINE *L'immutabilité de Dieu selon saint Augustin* — NovaVet 41 (1966) 219—228

[2454] DELIA, AMBROSIUS

1087 DEL-NEGRO, WALTER VON *Diskussionsbemerkung zum aristotelisch-augustinischen Zeitparadoxon* — ZPhF 20 (1966) 309—312

1087a DEMMER, KLAUS *Ius caritatis. Zur christologischen Grundlegung der augustinischen Naturrechtslehre* [Analecta Gregoriana, 118. Ser. Fac. Theol.: Sectio B, 40]. Roma: Libreria Editrice dell' Università Gregoriana 1961. XXVIII, 268 pp.

1088 DERISI, OCTAVIO *Actualidad del pensamiento de San Agustín* [El hombre en el tiempo, 14]. Buenos Aires: Editorial Guadalupe 1965. 116 pp.

1089 DESJARDINS, R. *Le Christ „sponsus" et l'Eglise „sponsa" chez saint Augustin* — BLE 67 (1966) 241—256

1090 DÍEZ, LEÓN *Pedagogía de la interioridad* — RC 10 (1965) 65—82

1091 DITTES, JAMES E. *Continuities between the Life and Thought of Augustine* — JSSR 5 (1965/1966) 130—140

1092 DOMÍNGUEZ DEL VAL, URSICINO *El sacerdote, Pastor, según S. Agustín* — Salmant 13 (1966) 401—410

1093 DOWNEY, GLANVILLE *Polis and civitas in Libanius and St. Augustine. A Contrast between East and West in the Late Roman Empire* — ARBB 52 (1966) 351—366

1094 DUCHROW, ULRICH *Der sogenannte psychologische Zeitbegriff Augustins im Verhältnis zur physikalischen und geschichtlichen Zeit* — ZThK 63 (1966) 267—288

1095 DUVAL, YVES-MARIE *L'éloge de Théodose dans la „Cité de Dieu" (V, 26, 1). Sa place, son sens et ses sources* — RecAug 4 (1966) 135—179

1096 DUVAL, Y.-M. *Saint Augustin et le Commentaire sur Jonas de saint Jérôme* — REA 12 (1966) 9—40

1097 DUVAL, YVES-MARIE *Saint Augustin et les persécutions de la deuxième moitié du IVème siècle (Cité de Dieu, XVIII, 52)* — MSR 23 (1966) 175—191

1098 EBOROWICZ, W. *Identification de deux citations augustiniennes: C. Iulianum II2, 7-Grégoire de Naziance, Or. XVII5, Ibid. VI11, 35-Cicéron, Pro Caelio 3, 8* — REA 12 (1966) 261—262

1099 EBOROWICZ, W. *Les approches du mystère sotériologique dans les Confessions de Saint Augustin.* In: *Studia Patristica IX* (cf. 1966, 150) 393—403

1100 ELICES, MIGUEL *Función historiológica de paz, principalmente en el lib. XIX de la „Ciudad de Dios"* — CD 177 (1964) 77—85

[2455] ELICES, MIGUEL

1101 EMERY, PIERRE-YVES *„Habiter en frères tous ensemble".* Les *psaumes et l'unité de l'église selon saint Augustin.* Les Presses de Taizé 1965. 184 pp.

1102 ETCHEGARAY CRUZ, ADOLFO *Présence de saint Augustin dans l'Enchiridion et le Symbolum d'Érasme* — RecAug 4 (1966) 181—197

1103 FASSÒ, GUIDO *Sant' Agostino e il giusnaturalismo cristiano* — Annali della Facoltà di Giurisprudenza dell' Università degli Studi di Genova (Milano) 3 (1964) 175—182 — idem: Rivista trimestrale di diritto e procedura civile 18 (1964)

1104 FAUL, D. *Sinners in the Holy Church. A Problem in the Ecclesiology of St. Augustine.* In: *Studia Patristica IX* (cf. 1966, 150) 404—415

1105 FERRERO, MARÍA ANUNCIACIÓN *Un problema actual en el pensamiento de San Agustín: la juventud ante los espectáculos. Su motivación* — RaCal 10 (1964) 211—226

1106 FEDELI, ANGELA *Il male in Sant' Agostino* [Tesi di Laurea in pedagogia]. Milano: Università Cattolica del Sacro Cuore, Facoltà di lettere e filosofia e di magistero 1964 [dactyl.]

1107 FEDERICO, COSIMO *Principi di esegesi biblica nel „De doctrina christiana" di S. Agostino* [Dissertazione]. Roma: Pontificia Università Lateranense, Fac. di Teologia 1965—1966 [dactyl.]

[1569] FÉLIERS, JEANNE-HUBERTE

1108 FERLISI, GABRIELE *L'educazione dell' uomo agostiniano.* Roma: Università Pontificia Gregoriana, Studentato Teologico dei PP. Agostiniani Scalzi 1964. XVIII, 118 pp.

[262] FEVRIER, PAUL-ALBERT

1109 FLOCA, IOAN *Principii omiletice in opera Fericitului Augustin* (Les principes de la prédication dans l'oeuvre du bienheureux Augustin) — MitrBan 14 (1964) 198—209

1110 FLOËRI, F. *Remarques sur la Doctrine Augustinienne du péché originel.* In: *Studia Patristica IX* (cf. 1966, 150) 416—421

[265a] FOLLIET, GEORGES

[266] *Fontes minores Latini III*

1111 FOREST, AIMÉ *La vérité habite l'homme intérieur.* In: *La Vérité.* Actes du XIIe Congrès des Sociétés de Philosophie de langue française,

Bruxelles-Louvain, 22—24 août 1964. Tome II (Louvain-Paris: Nauwelaerts 1965) 23—27

1112 FREI, THOMAS *Das Wunder bei Augustinus (mit besonderer Rücksicht auf seinen Zeichencharakter)*. Diss. lic. theol. München 1965

1113 FISKE, ADELE M. *St. Augustine and Friendship* — Monastic Studies 2 (1964) 127—135

1114 FUCHS, H. *Gloriosissimam civitatem Dei . . .* — MuHelv 22 (1965) 190

1115 GARCÍA CENTENO, JULIÁ *El sacerdote como ministro según San Agustín* — RAgEsp 4 (1963) 375—398; 5 (1964) 234—246

1116 GARCÍA MONTAÑO, GONZALO *La eficacia de la oración según la doctrina de San Agustín* [Pontificium Athenaeum Salesianum, Facultas Theologica, Theses ad Lauream 69]. Madrid: Librería Editorial Augustinus 1966. 82 pp.

1117 GARCÍA MONTAÑO, GONZALO *La eficacia de la oración impetratoria según San Agustín* — Augustinus 11 (1966) 239—256

1118 GARCÍA MONTAÑO, GONZALO *La ineficacia de la oración según San Agustín* — Augustinus 11 (1966) 339—355

1119 GARCÍA OCHOA, HÉCTOR *Hacia una síntesis de la „gracia agustiniana"*. Madrid: Librería Editorial Augustinus 1965. 120 pp.

1120 GATT, UGOLINO M. *L'Uomo. Divergenze tra S. Tommaso e S. Agostino* — Melita Theologica (Valletta, Malta) 14 (1962) 22—28

1121 GAUTHIER, G. *Pédagogie de saint Augustin dans le „De doctrina christiana" et le „De catechizandis rudibus"* [Diplôme d'Études supérieures]. Dijon: Faculté des Lettres et Sciences humaines 1966. 100 pp. [dactyl.]

1122 GESSEL, WILHELM *Eucharistische Gemeinschaft bei Augustin* [Cassiciacum, 21]. Würzburg: Augustinus-Verlag 1966. 248 pp.

1123 GESSEL, WILHELM *Gemeinschaft durch die Speisung des Wortes nach Augustin* — REA 12 (1966) 241—245

[1994] GEYER, GERBERT: Tertullianus

[434] GIACON, CARLO

1124 GILSON, ÉTIENNE *Evolução da Cidade de Deus*. Tradução portuguêsa de JOÃO CAMILLO DE OLIVEIRA TORRES [Col. Cairoscopio]. São Paulo: Herder 1965. 240 pp.

1125 GILSON, ÉTIENNE *Las metamórfosis de la Ciudad de Dios*. Versión española por ANTONIA GARCÍA SÁNCHEZ [Biblioteca del pensiamento actual]. Madrid-México: Ed. Rialp 1965. 344 pp.

1126 GIOVANNI, ALBERTO DI *Autenticità e falsità dell' uomo. Temi agostiniani nelle „Confessioni"* — RFN 57 (1965) 206—223

1127 GIOVANNI, ALBERTO DI *La dialettica dell' amore. „Uti-frui "nelle preconfessioni di Sant' Agostino* [Itinerari critici, 5]. Roma: Edizioni Abate 1965. 212 pp.

1128 GIOVANNI, ALBERTO DI *Metafisica del Dio-Amore nel „De Doctrina Christiana"* — AugR 6 (1966) 294—300

1129 GLORIE, FR. *Augustinus „De Trinitate".* Fontes — Chronologia. *(Appendix: Indiculus librorum Augustini inchoatorum iuxta elenchum Possidii)* — SE 16 (1965) 203—255

1130 GLUCKER, J. *„Consulares philosophi" again* — REA 11 (1965) 229—234

1131 GNAYALLOOR, JACOB *Augustine, Saint for today.* Milwaukee: Bruce Publishing Co. 1965. V, 113 pp.

1132 GÓMEZ, HUMBERTO *La búsqueda vivencial de Dios. Estudio sobre el problema de Dios en San Agustín* — Franciscanum 8 (1966) 3—43; 245—301

1133 GÓMEZ DE CEA, CÉSAR *Exigencias personales en la noética agustiniana* — Augustinus 11 (1966) 141—190

1134 GOUX, JEAN-JOSEPH *Saint Augustin et la parole de l'Autre* — Tel Quel 21 (1965) 67—75

1135 GRANDGEORGE, L. *Saint Augustin et le néo-platonisme* [Nachdruck der Ausgabe Paris 1896]. Frankfurt/M.: Minerva 1966. 159 pp.

1136 GROSSO, PIERO *Arte e bellezza nel pensiero antico. Le questioni del „Bello" in S. Agostino e S. Tommaso* [Avventure della Bellezza, 4]. Roma: Lectura Universa 1960. 150 pp.

1137 GUARDINI, ROMANO *Vom Denken und Leiden des heiligen Augustinus. Zur 1600. Wiederkehr seines Geburtstages.* In: *Unterscheidung des Christlichen.* Ges. Studien 1923—1963. Hersgg. von HANS WALTMANN. 2., vermehrte und vom Herausgeber durchgesehene Auflage (Mainz: Matthias Grünewald 1963) 569—577

1138 GUARINI, ELENA *La tradizione testuale delle „Confessioni" di S. Agostino nel codice Laurenziano S. Crucis XVII dex. 8* [Tesi di Laurea in Letteratura cristiana antica]. Torino: Università degli Studi, Fac. di Lettere e Filosofia 1963—1964. X, 263, XXX pp. [dactyl.]

1139 GUTIÉRREZ, DAVID *La biblioteca di sant' Agostino nel secolo XV. A: Inventario del 1432* — AAug 27 (1964) 5—58

1140 HABERL, F. *Der heilige Augustinus und die Kirchenmusik* — Musica Sacra (Cäcilien-Verbands-Organ, Köln) 83 (1963) 36—42

1141 HAGENDAHL, HARALD *Zu Augustins Beurteilung von Rom in De civitate Dei* — WSt 79 (1966) 509—516

1142 HAIDER, FRANZ *Augustinus und das psychologische Problem des freien Willens.* In: *Der Mensch als Persönlichkeit und Problem. Philosophische Überlegungen und psychologische Erfahrungen.* Gedenkschrift für Universitätsprofessor P. Dr. Ildefons Betschart zum 60. Geburtstag (München: Pustet 1963) 231—255

1143 HANOUILLA, ROGER M. *Truth and Charity in the Spiritual and Intellectual Formation of an Augustinian: Reflections on a Current Problem* — The Tagastan 25 (1965) 25—48

1144 HARTIGAN, RICHARD SHELLY *Saint Augustine on War and Killing. The Problem of the Innocent* — JHI 27 (1966) 195—204

1145 HAVENS, JOSEPH *Notes on Augustine's Confessions* — JSSR 5 (1965/ 1966) 141—143

[2456] HICK, JOHN

1146 HILDEBRAND, R. A. *The Trinity: Living Mystery. Augustine's Doctrine in the Light of Contemporary Theology* — The Tagastan 26 (1966) 2—10

1147 HOFFMANN, ERNST *Platonism in Augustine's Philosophy of History.* In: *Philosophy and History. Essays presented to Ernst Cassirer* ([Reprint of edition Oxford 1936. Harper Torchbooks] New York: Evanston; London: Harper & Row 1963) 173—190

1148 HOLL, ADOLF *Bemerkungen zur Erschließung Augustins* — Helikon 4 (1964) 445—447

1149 HOLL, ADOLF „*Magnus es Domine*". *Eine Analyse von Confessiones I, I, I.* In: *Dienst an der Lehre* (cf. 1966, 114) 187—199

1150 HOLL, ADOLF *Signum und Chiffer. Eine religionsphilosophische Konfrontation Augustins mit Karl Jaspers* — REA 12 (1966) 157—182

1151 HOLLOWAY, A. J. *The Transformation of Stoic Themes in St. Augustine* [Dissertation]. New York: Fordham University 1966. 322 pp. [dactyl.] — DissAbstr 27 (1966/1967) 505 A [microfilm]

1152 HOLTKEMPER, FRANZ-JOSEF *Die menschlichen Aussagen über Gott in der Sicht Augustins.* Inaugural-Dissertation zur Erlangung des Doktorgrades der Philosophischen Fakultät der Westfälischen Wilhelms-Universität zu Münster (Westf.) 1964. 129 pp. [dactyl.]

1153 HUFTIER, M. *Eucharistie et charité dans saint Augustin.* In: *Assemblées du Seigneur, 55: 2e Dimanche après la Pentecôte* ([Publications de Saint-André] Bruges: Biblica 1962) 69—90

1154 HUFTIER, M. *La semaine de Pâques dans les sermons de saint Augustin.* In: *Assemblées du Seigneur, 43: Octave de Pâques* ([Publications de Saint-André] Bruges: Biblica 1964) 76—92

1155 HUFTIER, M. *Libre arbitre, liberté et péché chez saint Augustin* RThAM 33 (1966) 187—281

1156 HUFTIER, M. *Péché et pardon des injures chez saint Augustin.* In: *Assemblées du Seigneur, 76: 21e Dimanche après la Pentecôte* (Bruges: Biblica 1964 [Publications de Saint-André]) 64—84

[2573] HUFTIER, M.

[2574] HUFTIER, M.

1157 IRIARTE, JOAQUÍN ¿*Filósofo San Agustín ?* In: *Nuevos pensares. Teoría. Historia. Crítica* ([Biblioteca de Filosofía y Pedagogía. Tetralogía Pensares, 4]. Madrid: Razón y Fe 1963) 280—304

1158 IRIARTE, JOAQUÍN *San Agustín, padre de toda la filosofía cristiana.* In: *Nuevos pensares. Teoría. Historia. Crítica* ([Biblioteca de Filosofía y Pedagogía. Tetralogía Pensares, 4]. Madrid: Razón y Fe 1963) 305—331

1159 ISHIHARA, K. *The Christian Tradition in the Earliest Writings of St. Augustine, especially in ,De beata vita'*. In: *Evangelism and Theology. Essays in Honor of Junichi Asano* (Tokyo 1964) (in Japanese)

1160 JASPERS, KARL *Plato and Augustine*. Edited by HANNAH ARENDT. Translated by RALPH MANHEIM. New York: Harcourt, Brace & World 1966. 126 pp.

1161 JOLY, ROBERT *Notes sur la conversion d'Augustin* — ACl 35 (1966) 217—221

1162 KANEKO, H. *Time and History in the Thought of Augustine* (in Japanese) — Theological Studies in Japan. (Yokohama) 3 (1964)

1163 KASIA, ANDRZEJ *Św. Augustyn* (Der heilige Augustin) [Myśli i Ludzie, 1]. Warszawa: Wiedza Powszechna 1960. 139 pp.

1164 KATÔ, TAKESHI *Interior melodia. I: De pulchro et apto* (In Japanese — St. Paul's Review (Tokyo) 17 (1965) 1—26

1165 KATÔ, TAKESHI *Melodia interior. Sur le traité ,,De pulchro et apto"* — REA 12 (1966) 229—240

1166 KEVANE, EUGENE *Augustine's ,,De doctrina christiana": A Treatise on Christian Education* — RecAug 4 (1966) 97—133

1167 KEYES, G. L. *Christian Faith and the Interpretation of History. A Study of St. Augustine's Philosophy of History*. Lincoln (Nebraska): University of Nebraska Pr. 1966. XI, 206 pp.

1168 KÖNIG, HANNS *Das organische Denken Augustins, aufgewiesen an seiner Lehre von den natürlichen menschlichen Gemeinschaften und an seiner Geschichtsbetrachtung* [Abhandlungen zur Philosophie, Psychologie und Soziologie der Religion, N. F. 13/14]. München-Paderborn-Wien: Schöningh 1966. XX, 168 pp.

1170 KODRĘBSKI, J. *Św. Augustyn wobec prawa rzymskiego* (Augustin und das römische Recht) — Zeszyty naukowe Uniwersytetu Łódzkiego, Nauki humanistyczno-społeczne 38 (1965) 37—49

1171 KÖSTER, WILHELM *Schlüssel Augustinus* — SZ 176 (1965) 363—372

1172 KOIKE, S. *Augustinusu no Seisawion* (Augustin sur l'Eucharistie) — The Japan Christian Quarterly 34 (1965) 33—43

1173 KORGER, MATTHIAS E. *Die Entwicklung von Augustins Erkenntnislehre zum christlichen Realismus (in besonderem Hinblick auf De Genesi ad litteram 12)*. Dissertation zur Erlangung des Doktorgrades an der Philosophischen Fakultät der Universität Wien, 1965. 206 pp. [daktyl]

1174 KORNATOWSKI, W. *Wytyczne i myśli przewodnie społecznej doktryny św. Augustyna* (Die Richtlinien und Leitgedanken der sozialen Lehre des hl. Augustin) — Życie i myśl (1962) fasc. 1—2, 115—134; (1962) fasc. 5—6, 151—173; (1963) fasc. 5—6, 128—153; (1964) fasc. 3—4, 110—133

1175 KOWALCZYK, STANISLAS *Bóg jako „Summum bonum" w ujęciu św. Augustyna* (Dieu en tant que Summum bonum selon Augustin) — ZNKUL 7 (1964) fasc. 4 (28) 13—22 (résumé en français)

[493] KRAUSE, W.

1176 LAMIRANDE, ÉMILIEN *Augustine's Antidonatist Writings in the Light of Ecumenism. The Theological Position* [Thesis]. New York: Union Theological Seminary 1965. IX, 105 pp. [dactyl.]

1177 LAMIRANDE, ÉMILIEN *Cheminement de la pensée de saint Augustin sur la paternité spirituelle* — RecAug 3 (1965) 167—177

1178 LAMIRANDE, ÉMILIEN *The Priesthood at the Service of the People of God According to Saint Augustine* — The Furrow 15 (1964) 501—507

1179 LAMIRANDE, ÉMILIEN *Torrents et feu pour l'évangelisation du monde. La transformation des apôtres à la Pentecôte selon saint Augustin* — Spiritus 23 (1965) 125—131

1180 LANDSBERG, P. L. *Reflexiones sobre Unamuno. La libertad y la gracia en San Agustín* [Renuevos de Cruz y Raya, 9]. Santiago de Chile — Barcelona — Madrid: Ed. Cruz del Sur 1963. 120 pp.

1181 LARGO TRECEÑO, HONORATUS *Sancti Augustini doctrina de indissolubilitate matrimonii* [Dissertatio]. Romae: Pontificia Universitas Lateranensis, Fac. Utriusque Iuris 1964—1965 [dactyl.]

1182 LARSEN, JÖRGEN *Kyrkofadern Augustinus* — Kyrkonas värld 3 (1962) 321—330

1183 LECHNER, O. *Zu Augustins Metaphysik der Engel.* In: *Studia Patristica IX* (cf. 1966, 150) 422—430

[623] LECLERQ, JEAN

[330] LEGLAY, MARCEL

1184 LIBRATORE, IDA *Analisi critica e commento dell' amicizia nell' Opere di Sant' Agostino* [Dissertation]. Roma: Università degli Studi, Facoltà di Lettere 1964/1965. LVII, 497 pp. e bibliografia [dactyl.]

1185 LILLIE, WILLIAM *Dilige et Quod Vis Fac* — SJTh 18 (1965) 444—456

1186 LIVERMORE, ANN *Shakespeare and St. Augustine* — The Qarterly Review (London) 303 (1965) 181—193

1187 LOCHER, G. F. D. *Martha en Maria in de prediking van Augustinus* — NAKG 46 (1963/1964) 65—86

1188 LOEWENICH, WALTHER VON *Augustin. Leben und Werk* [Siebenstern-Taschenbuch, 56]. München-Hamburg: Siebenstern 1965. 189 pp.

1189 LOF, J. VAN DER *Augustin a-t-il changé d'intention pendant la composition des Retractationes?* — Augustiniana 16 (1966) 5—10

1190 LOF, L. J. VAN DER *Die Einwirkung der Katholischen Kirche in den Dialogen Augustins „De beata vita" und „De ordine"* — NAKG 47 (1965/66) 195—207

[2675] LOF, L. J. VAN DER

1191 LÓPEZ OLEA, RAFAEL *La elevación del corazón en San Agustín* — Manresa 38 (1966) 33—50

[2608] LORENZ, RUDOLF

[2174] LUDEWIG, E.

1192 LUISELLI, B. *Metrica della tarda latinità: i salmi di Agostino e Fulgenzio e la versificazione trocaica* — QUCC 1 (1966) 29—91

1193 MAHÉ, J. P. *Y a-t-il une élaboration du concept de relation dans le „De Trinitate" de saint Augustin ?* [Mémoire pour le diplôme d'Études supérieures de langues classiques]. Paris: Faculté des Lettres et Sciences humaines 1966. VI, 122 pp. [dactyl.]

1194 MANFREDINI, TINA *L'estetica in S. Agostino*. Bologna: Arti Grafiche Tamari 1966. 112 pp.

1195 MANNING, EUGÈNE *La législation monastique de S. Augustin et la Regula Monasteriorum* — Augustiniana 16 (1966) 317—329

1196 MANRIQUE, ANDRÉS *Teología agustiniana de la vida religiosa* [Biblioteca „La Ciudad de Dios", Studia Patristica, secc. Estudios, 3]. Madrid: Real Monasterio de El Escorial 1964. 416 pp.

1197 MARKUS, R. A. *Alienatio, Philosophy and Eschatology in the Development of an Augustinian Idea*. In: *Studia Patristica IX* (cf. 1966, 150) 431—450

1198 MARKUS, R. A. *Augustine*. In: *Critical History of Western Philosophy* ed. by D. J. O'CONNOR (New York — London: The Free Press of Glencoe, Collier-Macmillan Co. 1964) 79—97

1199 MARKUS, R. A. *„Imago" and „similitudo" in Augustine* — REA 10 (1964) 125—143

1200 MARROU, HENRI-IRÉNÉE en collaboration avec BONNARDIÈRE, ANNE-MARIE LA *Le dogme de résurrection des corps et la théologie des valeurs humaines selon l'enseignement de saint Augustin* — REA 12 (1966) 111—136

1201 MARROU, HENRI IRÉNÉE *The Resurrection and Saint Augustine's Theology of Human Values* [The Saint Augustine Lecture 1965]. Villanova University: Villanova Press 1966. X, 54 pp.

1202 MARTÍNEZ, AGUSTÍN *El cuerpo y lo sensible en el „De moribus Ecclesiae"* — Casiciaco 18 (1964) 359—363

1203 MARTÍNEZ, EVELIO *La interioridad según San Agustín* — Augustinus 11 (1966) 27—52

[1555] MARTIN, JOSEF: Eugippius Abbas

1204 MARTLAND, T. R. *A Study of Cappadocian and Augustinian Trinitarian Methodology* — AThR 47 (1965) 252—263

1205 MATHON, GÉRARD *Les attitudes de quelques théologiens carolingiens en face des indéterminations augustiniennes en matière d'anthropologie* — MSR 22 (1965) 33—44

1206 MATTHEWS, GARETH B. *Augustine on speaking from memory* — APQ 2 (1965) 157—160

1207 MAURER, WILHELM *Der Einfluß Augustins auf Melanchthons theologische Entwicklung*. In: *Melanchthon-Studien* ([Schriften des Vereins für Reformationsgeschichte, 181] Gütersloh: G. Mohn 1964) 67—102

1208 MAXSEIN, ANTON *Cor im leib-seelischen Gefüge. Beitrag zur Anthropologie und Psychologie Augustins* — Jahrbuch für Psychologie, Psychiatrie und medizinische Anthropologie (München) 9 (1962) 55—108

1209 MAXSEIN, ANTON *Das Cor aegrotum. Cor in der personalen Ordnung. Ein Beitrag zur Anthropologie Augustins* — Jahrbuch für Psychologie, Psychiatrie und medizinische Anthropologie (München) 10 (1963) 269—339

1210 MAXSEIN, ANTON *Das vom „Cor" geprägte Menschenbild bei Augustinus in seiner geschichtlichen Bedeutung* — Erbe und Entscheidung (Pädagogische Akademie, Aachen) 14 (1960) 245—263; 15 (1961) 128—145

1211 MAXSEIN, ANTON *Philosophia cordis. Das Wesen der Persönlichkeit bei Augustinus* [Neues Forum]. Salzburg: Otto Müller 1966. 440 pp.

1212 MAZZA, G. *Lineamenti missionari secondo il pensiero di S. Agostino* [Dissertazione]. Roma: Università della Propaganda, Istituto Missiologico 1963. XXI, 395 pp. [dactyl.]

1213 McCALLIN, JOSEPH A. *The Christological Unity of Saint Augustine's „De civitate Dei"* — REA 12 (1966) 85—109

1214 McGOLDRICK, PATRICK *Sin and the Holy Church. An analysis of Saint Augustine's teaching on the holiness of the Church in relation to a contemporary controversy* [Thesis presented to the Faculty of Theology]. Maynooth: St. Patrick's College 1964. VIII, 183, XIX pp. [dactyl.]

[1999] MEHLMANN, J.: Tertullianus

[898] MELCHIORRE DI S. MARIA: Ambrosius Mediolanensis

[1909] MENSCHING, ECKART: Orosius

1215 MESSNER, REINHOLD OSWALD *Über das Verhältnis meiner Innenpersonen-Lehre zur Teil-Ichheiten-Lehre Othmar Spanns und zur vermögenspsychologischen Trinitätstheorie Augustins* — Zeitschrift für Ganzheitsforschung 9 (1965) 1—12

1216 MIYATANI, Y. *Idea of Grace in the Early Writings of St. Augustine, I* (in Japanese) — The Journal of Christian Studies (Tokyo) 12 (1966)

1217 MOHRMANN, CHRISTINE *Die altchristliche Sondersprache in den Sermones des hl. Augustin. Erster Teil: Einführung, Lexikologie, Wortbildung. Zweite, unveränderte Auflage mit einem Nachtrag* [Latinitas Christianorum Primaeva, 3]. Amsterdam: Hakkert 1965. 276 pp.

1218 MOIOLI, GIOVANNI *Sulla spiritualità sacerdotale ed episcopale in S. Agostino* — ScCat 93 (1965) 211—222

1219 MOLIN, GUY *L'affrontement de Berdiaeff et de saint Augustin à propos du mariage* [Mémoire pour la licence de théologie]. Lille: Faculté de Théologie 1966. 301, 26, 20 pp.

[445] MONDOLFO, RODOLFO

1220 MONTÉLESCAUT, MARIE *Le rôle de l'évêque à la fin du IVème siècle et au début du Vème siècle d'après la correspondance de saint Augustin* [Mémoire de diplôme d'études supérieures]. Lyon: Faculté des Lettres et Sciences Humaines 1966. [dactyl.]

1221 MONTI, S. *Una probabile interpolazione in un passo dell' Hortensius ciceronino nel De Trinitate di S. Agostino* — RAAN 39 (1964) 231—234

1222 MOONEY, LAURENCE J. *Saint Augustine and the Word of God* — The Tagastan 26 (1966) 56—67

1223 MORÁN, J. *Acción y contemplación en el libro XII „De Trinitate" de San Agustín.* In: *Studia Patristica IX* (cf. 1966, 150) 451—468

1224 MORÁN, JOSÉ — ESTRADA, LUIS *Bibliografía sobre la espiritualidad de San Agustín (1959—1960 y complemento de años precedentes)* — RAgEsp 7 (1966) 87—113

1225 MORÁN, JOSÉ *La presenza di S. Agostino nel Concilio Vaticano II* — AugR 6 (1966) 460—488

1226 MORÁN, JOSÉ *Nota sobre el monacato de San Agustín* — RAgEsp 5 (1964) 97—98

1227 MORÁN, JOSÉ *Sexualidad, humanización y pecado original. A propósito del libro XIV De civitate Dei* — ArTeoAg 1 (1966) 215—244

1228 MORÁN, JOSÉ *Sobre la „memoria Dei" agustiniana* — Augustinus 9 (1964) 205—209

1229 MORÁN, JOSÉ *Toma y lee*, Valladolid: Archivo Teológico Agustiniano 1966. 134 pp.

1230 MOREAU, JOSEPH *El tiempo y la creación según San Agustín* — Espíritu 13 (1965) 104—117

1231 MOREAU, JOSEPH *Vérité et valeur.* In: *La Vérité.* Actes du XIIe Congrès des Sociétés de Philosophie de langue française, Bruxelles-Louvain, 22—24 août 1964. Tome II (Louvain — Paris: Nauwelaerts 1965) 41—44

1232 MOSHER, DAVID LEWIS *The Concept of Truth in St. Augustine's Theory of Knowledge* [Philisoph. Dissertation]. Austin: University of Texas 1965. 168 pp. [dactyl.] — DissAbstr 26 (1965/1966) 2268 [microfilm]

1233 MOUNTAIN, WILLIAM J. *Additional Manuscripts of St. Augustine's „De Trinitate"* — SE 16 (1965) 198—202

1234 MOURANT, JOHN A. *Augustine and the Academics* — RecAug 4 (1966) 67—96

1235 MUNDLE, C. W. K. *Augustine's persuasive error concerning time* — Philosophy 41 (1966) 165—168

1236 MURJANOFF, MICHAEL *Zum beneventanischen Schrifttum und Initialornamentik, I: Das Leningrader Fragment De civitate Dei* — IMU 8 (1965) 309—311

1237 MVENG, ENGELBERT *Paganisme et christianisme. Christianisation de la civilisation païenne de l'Afrique romaine d'après la correspondance de saint Augustin* [Thèse de doctorat de 3e cycle]. Lyon: Faculté des Lettres et Sciences Humaines 1964. 298 pp. [dactyl.]

1238 MYERS, H. A. *The Modification of the Augustinian-Orosian Theory of History in the Treatment of Empire by Vernacular Historians of Medieval Germany* [Dissertation]. Waltham (Mass.): Brandeis University 1965. 443 pp. [dactyl.] — DissAbstr 27 (1966/1967) 1309A [microfilm]

1239 NAGASAWA, NOBUHISA *Augustinusu — tetsugaku no kenkyu* (Study of the Philosophy of Saint Augustine). Tokyo: Sobunsha 1960. 378 pp.

1240 NAGASAWA, NOBUHISA *St. Augustine's Ontology* (in Japanese). In: *Studies of Western Medieval Thoughts* (cf. 1966, 152)

1241 NAKAGAWA, H. *Hermeneutics in St. Augustins, especially in „De doctrina christiana"* (in Japanese). In: *Studies of Western Medieval Thoughts* (cf. 1966, 152)

1242 NASH, RONALD HERMAN *St. Augustine's Theory of Knowledge* [Dissertation]. Syracus University 1964. 229 pp. [dactyl.] — DissAbstr 25 (1964/1965) 5990 [microfilm]

1243 NASH, RONALD H. *The Structure of St. Augustine's Theory of Knowledge* — The Gordon Review (1964) 25—34

[646] NORTIER, GENEVIÈVE

1244 NTEDIKA, JOSEPH *L'évolution de la doctrine du purgatoire chez saint Augustin* [Publications de l'Université Lovanium de Léopoldville, 20]. Paris: Études augustiniennes 1966. 72 pp.

[2377] NULAND, J. VAN

[2378] NULAND, J. VAN

1245 O'CONNELL, ROBERT J. *The Riddle of Augustine's „Confessions".* A Plotinian Key — IPhQ 4 (1964) 327—372

[2019] O'CONNOR, WILLIAM: Vincentius Lirinensis

[2234] OLIVAR, ALEJANDRO

1246 O'MEARA, JOHN J. *Toynbee and St. Augustine.* In: *The Classical Tradition* (cf. 1966, 154) 501—514

1247 O'NEILL, WILLIAM *Augustine's influence upon Descartes and the mind-body problem* — REA 12 (1966) 255—260

[2440] OPELT, ILONA

1248 ORLANDI, TITO *Origine e composizione del libro I del De civitate Dei di Agostino* — StClOr 14 (1965) 120—133

1249 OROZ RETA, JOSÉ *Boletín agustiniano* — Augustinus 11 (1966) 407—416

1250 OROZ RETA, JOSÉ *Filosofía y Teología en el Monacato agustiniano* — Augustinus 10 (1965) 229—241

1251 OROZ, J. *Roma en la concepción de San Agustín y San León Magno*. In: *Studia Patristica IX* (cf. 1966, 150) 469—486

1252 OROZ RETA, JOSÉ *San Agustín. Semblanza para jóvenes*. Madrid: Librería Editorial Augustinus 1966. 168 pp.

1253 OROZ RETA, JOSÉ *San Agustín y la medicina*. In: *Actas del Segundo Congreso Español de Estudios Clásicos, Madrid—Barcelona, 4—10 de Abril de 1961* (Madrid: Sociedad Española de Estudios Clásicos 1964) 617—626

1254 ORTEGA MUÑOZ, JUAN FERNANDO *Doctrina de San Agustín sobre la tolerancia en materia de religión* — CD 179 (1966) 618—646

1255 ORTEGA, JUAN FERNANDO *La paz y la guerra en el pensamento agustiniano* — RECD 20 (1965) 5—35

1256 OZAETA, JOSÉ MARIA *El martirio, acto de fortaleza, según San Agustín* — CD 178 (1965) 635—649

1257 PADUANO, C. *Sobre el concepto de misión en San Agustín* — Casiciaco 20 (1966) 259—261

1258 PANIAGUA, E. *Pensamento agustiniano sobre el matrimonio de la Virgen* — Amor pondus (1965) 34—39

1259 PAPE, ATHANASIUS *Augustinus der Beter* — Cor Unum. Mitteilungen an die Deutsche Augustinerfamilie 21 (1963) 107—11; 22 (1964) 7—12

1260 PAREDI, ANGELO *Dove fu battezato Sant' Agostino* — ASL 90, Serie 9, Vol. 4 (1964) 3—19; idem: RecAug 4 (1966) 11—26

1261 PÉDÉZERT, MARCEL *Certains aspects de la doctrine eucharistique dans les Tractatus in Iohannem de saint Augustin — Pour une perspective oecuménique*. Montpellier: Faculté de théologie protestante, thèse de licence 1965—1966

1262 PELLEGRINO, MICHELE *Cristo e il martire nel pensiero di sant' Agostino* — RSLR 2 (1966) 427—460

1263 PELLEGRINO, MICHELE *S. Agostino Oratore*. Torino: Gheroni 1961. 68 pp.

1264 PELLEGRINO, MICHELE *„Sursum cor" nelle opere di sant' Agostino* — RecAug 3 (1965) 179—206

1265 PELLEGRINO, MICHELE *Tracce di sant' Agostino nel De contemplando Deo e nell' Exposito super Cantica canticorum di Guglielmo di Saint-Thierry* — REA 9 (1963) 103—110

1266 PELLEGRINO, MICHELE *Verus sacerdos. Il sacerdozio nell' esperienza e nel pensiero di sant' Agostino* [Via sapientiae 12]. Fossano: Ed. Esperienze 1965. VIII, 176 pp.

1267 PELLEGRINO, MIGUEL *Verus Sacerdos. El sacerdocio en la experiencia y en el pensamento de San Agustín*. Trad. por D. BRAVO. Madrid: Ediciones Paulinas 1966. 210 pp.

1268 PÉPIN, JEAN *Influences païennes sur l'angélologie et la démonologie de saint Augustin*. In: *Entretiens sur l'homme et le diable*. Centre culturel de Cerisy-la-Salle, 24 juillet — 3 août 1964 (Paris—La Haye: Mouton & Co. 1965) 51—59 (avec discussion 60—74)

1169 Pépin, Jean *Les Confessions de Saint Augustin, leurs antécédents et leur influence* — JS 4 (1964) 261—283

1270 Perago, Fernando *Il valore della tradizione nella polemica tra S. Agostino e Giuliano d'Eclano* — AFLF 10 (1962/63) 143—160

1271 Perret, Jacques *Tristesse et action de grâces avec saint Augustin* — CUC (1963/1964) 373—377

1272 Petit Mengin, Pierre *A propos des éditions patristiques de la Contre-Réforme. Saint Augustin de la Typographie Vaticane* — RecAug 4 (1966) 199—251

1273 Pfleger, Karl *Die verwegenen Christozentriker*. Herder-Bücherei, 179. Freiburg—Basel—Wien: Herder 1964. 174 pp.

1274 Pfligersdorffer, Georg *Bemerkungen zu den Proömien von Augustins „Contra Academicos I" und „De beata vita"*. In: *Speculum historiale* (cf. 1966, 146) 18—33

[367] Picard, G. Ch.

1275 Piela, Augustinus *Mysterium Christi totius ut fundamentum unitatis Ecclesiae apud Sanctum Augustinum* [Excerpta ex dissertatione]. Romae: Pontificia Universitas Gregoriana 1964. XII, 81 pp.

1276 Piemontese, Filippo *El agustinismo perenne* — Augustinus 9 (1964) 309—323

1277 Pincherle, Alberto *Romani 5, 12—13 in S. Agostino* — SMSR 37 (1966) 279—280

[1936] Pirenne, Roger: Pelagius

1278 Pirovano, Desiderio *Natura ed efficacia della parola di Dio nel pensiero di S. Agostino* [Excerptum ex dissertatione]. Romae: Fac. Theol. Pontificiae Universitatis Gregorianae 1964. 48 pp.

1279 Pruyser, Paul W. *Psychological Examination: Augustine* — JSSR 5 (1965/1966) 284—289

1280 Raobadia, C. *La lutte intime de l'âme selon saint Augustin*. Roma: Pont. Univ. Greg; Tananarive: Petit Séminaire de Sainte Famille 1966

1281 Rethore, Joseph *Les sources historiques profanes dans les cinq premiers livres de la „Cité de Dieu"* [Diplôme d'Études supérieures de Lettres modernes]. Dijon: Faculté des Lettres et Sciences humaines 1965—1966. 89 pp. [dactyl.]

1282 Rispoli, M. Gioia *Contributo alla lingua di S. Agostino* — Atti della Academia Pontaniana 12 (1962/1963) 253—262

1283 Rocklage, Mary Norma *A Thematical Analysis of the Imagery in the Confessions of St. Augustine* [Philosoph. Dissertation]. St. Louis University 1965. V, 191 pp. [dactyl.] — DissAbstr 26 (1965/1966) 4644 [microfilm]

1284 RÖTTGES, ERNST H. *Aus der Augustinus-Forschung der letzten Jahrzehnte. Ein Literaturbericht* — ThPh 41 (1966) 84—91

1285 RONDET, HENRI *La prédestination augustinienne. Genèse d'une doctrine* — ScEc 18 (1966) 229—251

1286 ROY, OLIVIER DU *L'intelligence de la foi en la Trinité selon saint Augustin: Genèse de sa théologie trinitaire jusqu'en 391.* Paris: Études Augustiniennes 1966. 544 pp.

1287 RU, G. DE *De rechtvaardiging bij Augustinus, vergeleken met de leer der iustificatio bij Luther en Calvijn.* Wageningen: H. Veenman en Zonen 1966. 152 pp.

1288 RUDA, OSVALDO JORGE *San Agustín, los maniqueos y el problema del mal* — USaFe 63 (1965) 33—45

1289 RUSSEL, ROBERT P. *An Introduction to Augustinian Spirituality* — The Tagastan 25 (1965) 19—24

1290 RUSSO, NORBERTO *Il problema estetico in S. Agostino* — FilVit 3 (1962) 70—79

1291 SAGE, ATHANASE *Augustinisme et Théologie moderne* — REA 12 (1966) 137—156

1292 SAGE, ATHANASE *La volonté salvifique universelle de Dieu dans la pensée de saint Augustin* — RecAug 3 (1965) 107—131

1293 SAGE, ATHANASE *„Praeparatur voluntas a Domino"* — REA 10 (1964) 1—20

1294 SALAS MARTÍNEZ, JESÚS MARÍA *La maravillosa y misteriosa bondad de Dios hacia el hombre según San Agustín* [Dissertatio]. Romae: Fac. Theol. Pontificiae Universitatis Gregorianae 1963—1964 — Summarium in Liber annualis Universitatis Gregorianae (1965) 251—252

1295 SANLORENZO, C. *Le figure di Marta e Maria in S. Agostino* [Tesi di Laurea]. Torino: Facoltà di Lettere e Filosofia 1961

1296 SAN MIGUEL, JOSÉ *De Plotino a S. Agustín. El conocimiento en San San Agustín y en el neoplatonismo* [Augustinus, 10]. Madrid: Librería Editorial Augustinus 1964. 212 pp.

1297 SCHMAUS, MICHAEL *Die Denkform Augustins in seinem Werk „De Trinitate"* — Theologisches Jahrbuch (Leipzig) (1964) 504—521

1298 SCHMIDT-DENGLER, WENDELIN *Stilistische Studien zum Aufbau der Konfessionen Augustins* [Dissertation]. Philosophische Fakultät der Universität Wien 1965. IV, 248 pp. [daktyl.]

1299 SCHÖPF, ALFRED *Wahrheit und Wissen. Die Begründung der Erkenntnis bei Augustin* [Epimeleia, 2]. München: Pustet 1965. 204 pp.

1300 SCHULTZ, WERNER *Der Gedanke der Peregrinatio bei Augustin und das Motiv der Wanderschaft bei Goethe* — NZSTh 8 (1966) 79—110

1301 SCHWARTE, KARL-HEINZ *Die Vorgeschichte der augustinischen Weltalterlehre* [Antiquitas, Rh. 1: Abhandlungen zur Alten Geschichte, 12]. Bonn: Habelt 1966. XVIII, 306 pp.

1302 SCIACCA, MICHELE FEDERICO *Agostino e Tommaso.* In: *Opere completa, 22: Dallo Spiritualismo critico allo Spiritualismo cristiano*, vol. I (Milano: Marzorati 1965) 160—166

1303 SESSA, PIERO *Desiderio dell' eternità e della vita eterna secondo la dottrina di S. Agostino* — RiAsc 11 (1966) 161—171

1304 SEYBOLD, MICHAEL *Zu Augustins „civitas terrena"* — MThZ 17 (1966) 243—252

1305 SHAPIRO, HERMAN *Medieval Philosophy. Selected Readings from Augustine to Buridan.* New-York: The Modern Library, Random House 1964. XIV, 547 pp.

1306 SHIBA, Y. *St. Augustine's Demonstration of the Immortality of the Soul* (in Japanese). In: *Studies of Western Medieval Thoughts* (cf. 1966, 152)

1307 SHIGEIZUMI, T. *A Hermeneutical Inquiry into the Conversion of St. Augustine* (in Japanese with Abstract in English) — Annals of Ethics (Tokyo) 13 (1964)

1308 SHINN, ROGER LINCOLN *Christianity and the Problem of History* [Abbot Books]. St. Louis (Missouri): Bethany Press 1964. XVI, 304 pp.

1309 SILVESTRE, HUBERT *„Diversi sed non adversi"* — RThAM 31 (1964) 124—132

[1743] SIMION, CAPLAT S.: Iohannes Chrysostomus

1310 SLATER, C. PETER R. L. *The Question of Evil in Marcel, Some Philosophical Analysts, and Saint Augustine* [Dissertation]. Cambridge (Mass.): Harvard Divinity School 1964. [dactyl.] — Summary in HThR 57 (1964) 392

1311 SMITH, ELWYN A. *The Impact of St. Augustine's Millenialism on the Function of Church Tradition* — JES 3 (1966) 130—145

[459] SODANO, A. R.

1312 SPADAFORA, FRANCESCO S. *Agostino esegeta e teologo nel commento al quarto Vangelo* — Pal 45 (1966) 321—326

[460] STEENBERGHEN, F. VAN

1313 STEFFEN, CHR. *Augustins Schrift de doctrina christiana. Untersuchungen zum Aufbau, zum Begriffsinhalt und zur Bedeutung der Beredsamkeit* [Diss. daktyl.]. Kiel 1964. 238 pp.

1314 STEGMÜLLER, FRIEDRICH *Sarcina episcopalis. Zum bischöflichen Ethos des heiligen Augustinus* — OrhPBl 67 (1966) 337—345

1315 STEMPEL, HERMANN-ADOLF *Die heidnische Religion in der Theologie Augustins* [Ev.-theol. Dissertation]. Heidelberg: Ruprecht-Karl-Universität 1964. V, 265 pp. [dactyl.] — ThLZ 91 (1966) 935—936 (Zusammenfassung)

1316 STOKES, WALTER E. *Freedom as Perfection: Whitehead, Thomas and Augustinus* — ProAmCPhA 36 (1962) 134—142

1317 SUTER, RONALD *El concepto del tiempo según San Agustín, con al-gunos comentarios críticos de Wittgenstein* — ConviviumBarc 19/20 (1965) 97—111

1318 TAKEDA, S. *Caritas in St. Augustine* (in Japanese). In: *Studies in Western Medieval Thoughts* (cf. 1966, 152)

1319 THEILER, WILLY *Porphyrius und Augustin.* In: *Forschungen zum Neuplatonismus* (cf. 1966, 156) 160—251

[468] THEILER, WILLY

1320 THOMAS RAMOS, FRANCISCO MANFREDO *Bens tomporais e vida cristã (nas epístolas de S. Agostinho)* — Revista de cultura teológica (São Paulo) 4 (1964) 5—70; 73—151

1321 THONNARD, F.-J. et alii *Bulletin augustinien pour 1964 et complé-ments d'années antérieures* — REA 12 (1966) 263—380

1322 THONNARD, FRANÇOIS-JOSEPH *La notion de concupiscence en philo-sophie augustinienne* — RecAug 3 (1965) 59—105

1323 THONNARD, F.-J. *La prédestination augustinienne. Sa place en philo-sophie augustinienne* — REA 10 (1964) 97—123

1324 THONNARD, F.-J. *Les psaumes de l'unité de l'Église selon saint Au-gustin* — UnitasInt 12 (1966) 253—261

1325 THONNARD, F.-J. *Prétendues contradictions dans la doctrine de saint Augustin sur le péché originel* — REA 10 (1964) 370—374

[2645] TÖPFER, B.

1326 TROELTSCH, ERNST *Augustin, die christliche Antike und das Mittel-alter. Im Anschluß an die Schrift „De civitate Dei"* [Historische Bib-liothek, 36. Neudruck der Ausgabe München und Berlin 1915]. Aa-len: Scientia 1963. XII, 173 pp.

1327 TSCHOLL, JOSEPH *Augustins Beachtung der geistigen Schönheit* — Augustiniana 16 (1966) 11—53

1328 TSCHOLL, JOSEPH *Dreifaltigkeit und dreifache Vollendung des Schönen nach Augustinus* — Augustiniana 16 (1966) 330—370

1329 TURRADO, ARGIMIRO *Eres Templo de Dios. La inhabitación de la Sma. Trinidad en los justos según San Agustín* — RAgEsp 7 (1966) 203—227

1330 URMENTA, FERMÍN DE *El tema de la fortaleza: actual, clásico y agusti-niano* — Augustinus 9 (1964) 501—505

1331 VACA, CÉSAR *La vida religiosa en San Agustín.* Tomo IV: *Obediencia y santidad.* Madrid: Ediciones Religión y Cultura 1964. 348 pp.

1332 VAGAGGINI, CIPRIANO *La teologia della lode secondo S. Agostino.* In: *La preghiera nella Bibbia e nella tradizione patristica e monastica* (cf. 1966, 160) 399—467

1333 VANDERLINDEN, PIERRE *Essai sur la conception historique de saint Au-gustin dans la „Cité de Dieu"* [Mémoire présenté à la Faculté de Philo-sophie et Lettres de l'Université de Louvain pour l'obtention de la licence en Histoire, daktyl.]. Louvain 1965. XVII, 194 pp.

1334 VECCHI, ALBERTO *L'antimanicheismo nelle „Confessioni" di Sant' Agostino* — Giornale di Metafisica (Genua) 20 (1965) 91—121

1335 VEER, ALBERT C. DE *L'exploitation du schisme maximianiste par saint Augustin dans sa lutte contre le Donatisme* — RecAug 3 (1965) 219—237

1336 VERBRAKEN, P. *Le sermon CXII de S. Augustin sur les invités au festin* — RBen 76 (1966) 41—58

1337 VERGARA, LUIS *El cuerpo y lo sensible en el „De quantitate animae"*— Casiciaco 18 (1964) 323—329

1338 VERGÉS RAMÍREZ, SALVADOR *La encarnación del Verbo y la Iglesia. Símbolos bíblicos y propiedades de la Iglesia en las Enarraciones de San Agustín* [Dissertatio]. Romae: Fac. Theol. Pontificiae Universitatis Gregorianae 1965—1966

1339 VERSFELD, MARTIN *St. Augustine as Psychotherapist* — Blackfriars 45 (1964) 98—110

1340 VERMEULEN, J. *Le cheminement de la pénitence selon saint Augustin* — CollMechl 51 (1966) 514—546

[668] VEZIN, JEAN: Manuscripta

1341 WARNACH, VICTOR *Augustinisches Denken heute. Zu R. Berlingers Buch „Augustins dialogische Metaphysik"* — Salzburger Jahrbuch für Philosophie 8 (1964) 233—253

1342 WATANABE, M. *Concerning the Doubt of Augustine and Descartes* (in Japanese). In: *Studies of Western Medieval Thoughts* (cf. 1966, 152)

1343 WIEDMANN, FRANZ *Lernen als Erinnerung. Eine Interpretation von Augustins Conf. X, 10—13* — Vierteljahresschrift für wissenschaftliche Pädagogik 40 (1964) 180—187

1344 WIJDEVELD, GERARD *Over twee passages in Augustinus' Confessiones* — Hermeneus (Zwolle) 36 (1964/65) 264—265

1345 WILD, BERNARDIN *St. Augustins missionarische Ideen und die Missionstätigkeit seines Ordens* — Cor Unum 24 (1966) 95—99; 131—135

1346 WILKS, M. J. *St. Augustine and the General Will.* In: *Studia Patristica IX* (cf. 1966, 150) 487—522

[2721] WILLIS, G. G.

1347 WOLAN, MICHAEL P. *The Apologetical Approach of St. Augustine* — The Tagastan 25 (1965) fasc. 1/2—20

1348 WOOLLCOTT, PHILIP *Some Considerations of Creativity and Religious Experience in St. Augustine of Hippo* — JSSR 5 (1965/1966) 273—283

1349 YAMAYADA, A. *Confession and Adoration. On the Meaning of „confessio" in St. Augustine* (in Japanese). In: *Studies of Western Medieval Thoughts* (cf. 1966, 152)

1350 YAMAYADA, A. *Confession and Word. On the Meaning of „confessio" in St. Augustine* (in Japanese with Abstract in English) — Catholic Theology. Tokyo 3 (1964)

1351 YANES, M. M. *La virginidad de María según S. Agustín* — Amor pondus (1965) 19—34

1352 ZATULOVSKAJA, L. M. *Avgustin* (Aurelius Augustinus). In: *Sovetskaja istoričeskaja enciklopedija* (Sowjetische historische Enzyklopädie) 1 (Moskau 1961) 67

1353 ZOYMΠΟΥ, A. N. Σύμμεικτα φιλοσοφικά. 8: Εἰς Αὐγουστῖνον — Platon 16 (1964) 100—101

1354 ZUIDEMA, S. U. *De ordo-idee in Augustinus' dialoog De Ordine. Twee werelden* — Philosophia Reformata (Kampen) 28 (1963) 1—18

PS.-AUGUSTINUS

1355 [*Ps.-Augustinus*] *Handboek toegeschreven aan Sint Augustinus.* Uit het Latijn vertaald door FRANS VERMUYTEN. Tongerlo (Anvers): De Oude Linden 1964. 96 pp.

[646] NORTIER, GENEVIÈVE

1356 PLINVAL, GEORGES DE *La Spiritualité du Speculum* — RecAug 3 (1965) 207—208

AUSONIUS (DECIMUS MAGNUS)

1357 ÉTIENNE, ROBERT *Ausone et l'Espagne.* In: *Mélanges d'archéologie, d'épigraphie et d'histoire offerts à Jérôme Carcopino* (cf. 1966, 131) 319—332

1358 PRETE, SESTO *Notes on a lost manuscript of Ausonius.* In: *Miscellanea critica II* (cf. 1966, 134) 287—294

AVITUS VIENNENSIS

1359 DANDO, M. *Alcimus Avitus (c. 450—c. 518) as the author of the De Resurrectione Mortuorum, De Pascha, (De Cruce), De Sodoma and De Iona formerly attributed to Tertullian and Cyprian* — CM 26 (1965) 258—275

BACHIARIUS HISPALENSIS

1360 MUNDÓ, A. M. *Estudios sobre el De fide de Baquiari* — StMon 7 (1965) 247—303

BARDESANES

1361 DRIJVERS, H. J. W. *Bardaişan of Edesse.* Tradition by G. E. VAN BAAREN [Studia semitica neerlandica, 6]. Assen: Van Gorcum 1966. VIII, 267 pp.

BARLAAM ET IOASAPH

1362 [*Barlaam et Ioasaph*] *The Balavariani. A tale from the Christian East.* Translated from the Old Georgian by DAVID MARSHALL LANG, with introduction by ILIA V. ABULADZE. Berkeley and Los Angeles: Uni-

versity of California Pr.; London: George Allen and Unwin 1966.
187 pp.

1363 GINESTET, DENISE *Le Roman de Barlaam et Joasaph. État présent de
la question.* Paris: Faculté des Lettres et Sciences humaines, diplôme
d'études supérieure 1966

1364 LANTSCHOOT, ARNOLD VAN *Deux paraboles syriaques (Roman de Barlaam et Josaphat)* — Mus 79 (1966) 133—154

1365 MAZAL, OTTO *Der griechische und byzantinische Roman in der Forschung von 1945 bis 1960. Ein Literaturbericht* (Schluß) — JOBG 14
(1965) 83—124

1366 PREDESCU, LUCIAN *Influenţa romanului ,,Varlaam şi Ioasaf" in folc-
lorul românesc* (L'influence du roman ,,Barlaam et Joasaph" dans le
folklore roumain) — BOR 84 (1966) 191—208

BARNABAE EPISTULA

1367 BARNARD, L. W. *Is the Epistle of Barnabas a Paschal Homily ?* In:
Studies in the Apostolic Fathers (cf. 1966, 109) 73—85

1368 BARNARD, L. W. *The Use of Testimonies in the Early Church and in
the Epistle of Barnabas.* In: *Studies in the Apostolic Fathers* (cf. 1966,
109) 109—135

[1516] BARNARD, L. W.: Didascalia

[1926] KRAFT, ROBERT A.: Patres Apostolici Vol. 3

[1924] Patres Apostolici

1368a SHEA, WILLIAM H. *The Sabbat in the Epistle of Barnabas* — AUSS 4
(1966) 149—175

BARSANUPHIUS ET IOHANNES MONACHI

1369 *[Barsanuphius et Ioannes] Barsanuphius and John: Questions and
Answers.* Critical edition of the Greek Text with English translation
by DERWAS JAMES CHITTY [PO 31, 3]. Paris: Firmin-Didot 1966. 173
[445—616] pp.

1370 CHITTY, D. J. *Towards an Edition of the Erotapocrises of Varsa-
nuphius and John.* In: *Studia Patristica VII* (cf. 1966, 148) 46—51

BASILIUS MAGNUS CAESARIENSIS

1371 *[Basilius Magnus]* Βασιλείου τοῦ Μεγάλου: Ὑποθῆκαι πρὸς τοὺς νέους.
Γιατί πῶς νὰ ὠφελοῦνται ἀπὸ τὴ μελέτη τῆς ᾿Αρχαίας Ἑλληνικῆς
Φιλολογίας. Εἰσαγωγή — ἀναλυτικὴ ἀπόδοση στὰ Νεοελληνικά.
᾿Αθῆναι 1966. σ. 48

1372 *[Basilius Magnus]* Μεγάλου Βασιλείου: Ὁμιλία πρὸς νέους, ὅπως ἂν ἐξ
ἑλληνικῶν ὠφελοῖντο λόγων. Εἰσαγωγή — μετάφρασις — σημειώσεις
ὑπὸ ΠΑΝΑΓ. Τ. ΣΤΑΜΟΥ. ᾿Αθῆναι 1965. σ. 31

1373 *[Basilius Magnus]* Μεγάλου Βασιλείου: Πρὸς τοὺς νέους, ὅπως ἂν
ἐξέλληνικῶν ὠφελοῖντο λόγων. Εἰσαγωγή, κείμενον, μετάφρασις καὶ

σχόλια ἀπὸ Β. ΜΠΙΛΑΛΗ ["Ἐκδ. „Γρηγόρη"]. 'Αθῆναι 1966. 127 pp.

1374 [*Basilius Magnus*] *Saint Basile. Lettres, T. III.* Texte établi et traduit par Yves Courtonne [Collection des Universités de France]. Paris: Les Belles Lettres 1966. 244 pp. (en partie doubles)

1375 [*Basilius Magnus*] *S. Basilio di Cesarea: Omelie sui Salmi.* Versione, introduzione e note a cura di Adriana Regaldo Raccone. Roma-Ancona: Ediz. Paoline 1965. 324 pp.

[2476] ΑΓΟΥΡΙΔΟΥ, ΣΑΒΒΑ

[554] Aitzetmüller, Rudolf

1376 Amand de Mendieta, E. *L'édition critique des homélies de Basile de Césarée.* In: *Studia Patristica VII* (cf. 1966, 148) 35—45

1377 Cadiou, R. *Le problème des relations scolaires entre saint Basile et Libanios* — REG 129 (1966) 89—98

[917] Cadiou, R.: Apollinaris Laodicensis

1378 Coman, J. *La démonstration dans le traité Sur le Saint Esprit de Saint Basile le Grand.* In: *Studia Patristica IX* (cf. 1966, 150) 172—209

[2215] Engberding, Hieronymus

[2216] Engberding, Hieronymus

1379 Giacchero, Marta *L'influsso di Plutarco nella condanna basiliana del prestito a interesse.* In: *Tetraonyma. Miscellanea Graeco-Romana L. De Regibus, P. Mingazzini, A. Neppi Modona, E. Turolla dicata* ([Pubblicazioni dell' Istituto di Filologia Classica e Medievale, 25] Genova: Università, Facoltà Lettere 1966) 157—174

1380 Gibson, A. G. *Saint Basil's liturgical autorship* [Studies in sacred theologie, RhII/168. Dissertation]. Washington (D. C.): Catholic University of America 1965. 346 pp. [dactyl.] — DissAbstr 26 (1965/1966) 4814 [microfilm]

[164] Giet, S.

1381 Každan, A. P. *Vasilij Kesarijskij* (Basileios von Caesarea). In: *Sovetskaja istoričeskaja enciklopedija* (Sowjetische historische Enzyklopädie) 2 (Moskau 1962) 996—997

1382 ΚΟΝΙΔΑΡΟΥ, Γ. ῾Ο μέγας Βασίλειος πρότυπον οἰκουμενικοῦ ἐκκλησιαστικοῦ ἡγέτου — Parnassos (Athen) 8 (1966) 31—46

1383 Kuljov, Vasilij Nikiforovič *Učenie sv. Vasilija Velikogo o čeloveke* (Die Anthropologie des hl. Basilius des Großen) [Dissertation]. Leningrad: Geistliche Akademie 1966. 153 pp. [daktyl.]

1384 Lèbe, L. *Saint Basile. Note à propos des Règles monastiques* — RBen 76 (1966) 116—119

1385 Manning, Eugène *L'Admonitio S. Basilii ad filium spiritualem et la règle de S. Benoît* — RAM 42 (1966) 475—479

[1204] Martland, T. R.: Augustinus

[643] Morize, Gilberte

[2305] Mossay, Justin

1386 NAUKOV, SIMEON *Ikumenisăm u svetite tri svetiteli* (Ökumenismus bei den drei heiligen Hierachen) — CarkV 6 (1966) 2—5

1387 PRUCHE, B. Δόγμα *et* Κήρυγμα *dans le traité Sur le Saint-Esprit de Saint Basile de Césarée en Cappadoce.* In: *Studia Patristica IX* (cf. 1966, 150) 257—262

1388 ROUILLARD, E. *Peut-on retrouver le texte authentique de la prédication de Saint Basile?* In: *Studia Patristica VII* (cf. 1966, 148) 90—101

1389 ΣΑΒΡΑΜΗ, ΔΗΜΟΣΘΕΝΟΥ Ἡ ἀρχὴ *„ora et labora"* κατὰ τὸν Μέγαν Βασίλειον — ThAthen 37 (1966) 591—606

1390 SAVRAMIS, DEMOSTHENES *„Ora et labora" bei Basileios dem Großen* — Kyrios 6 (1966) 129—149 (cf. 1965, 583)

1391 STAN, LIVIU *Concepţia canonică a Sfinţilor Trei Ierarhi* (La conception canonique des Saints Trois Hiérarques) — MitrOlt 18 (1966) 9—15

1392 TAMBURRINO, PIO *Osservazioni sulla sezione cristologica dell' Hom. in Ps. XLIV di San Basilio* — RCCM 8 (1966) 229—239

1393 TREU, K. *Fragmente von vier Handschriften der Basilius-Homilien in Moskau (Lenin-Bibliothek Gr. 166, 7. 19. 20. 26).* In: *Studia Patristica VII* (cf. 1966, 148) 102—105

BENEDICTUS NURSINUS

1394 DIERKES, CHRYSOSTOMUS *Die pädagogischen Grundsätze der Benediktinerregel* — EA 42 (1966) 385—392

1395 GRUNDMANN, HERBERT *Pars quamvis parva. Zur Abtwahl nach Benedikts Regel.* In: *Festschrift Percy Ernst Schramm I* (cf. 1966, 116) 237—251

1396 GRUNDMANN, HERBERT *Zur Abt-Wahl nach Benedikts Regel. Die „Zweitobern" als „senior pars"?* — ZKG 77 (1966) 217—223

[911] HAMMAN, ADALBERTUS: Anonyma

1397 HANSLIK, RUDOLF *Zur Sprache der Cornelia, der Mutter der Gracchen, und des hl. Benedikt* — WSt 79 (1966) 304—307

1398 HEUFELDER, EMMANUEL M. *Vom Gehorsam im Geiste der Benediktus-Regel* — EA 42 (1966) 477—481

1399 JACOB, J. H. *The Meaning of „pars senior" in the Rule of Saint Benedict and its Use in the Decretal Collection of Pope Gregory IX, with a Study of the Electoral Law as Found in the „Decretum" of Gratian.* [Diss.] 169 pp. — DissAbstr 26 (1965/1966) 3588—3589 [microfilm]

[2604] KNOWLES, DAVID

[2174] LUDEWIG, E.

1400 MANNING, EUGÈNE *La Règle de S. Benoît selon les mss cisterciens. Texte critique* — StMon 8 (1966) 215—266

[1385] MANNING, EUGÈNE: Basilius Magnus

1401 MOSCONI, NATALE *Romanità e umanesimo cristiano in San Benedetto* — Pal (1966) fasc. 8, 461—466

1402 MISONNE, D. *Bulletin d'histoire bénédictine, tome VII* — RBen 75 (1965) 30*—144*; 76 (1966) 145*—240*

1403 MUNDÓ, A. *Corrections „anciennes" et „modernes" dans le Sanctgall. 914 de la règle de Saint Benoît.* In: *Studia Patristica VIII* (cf. 1966, 149) 424—435

[2613] PERICOLI — RIDOLFINI, FRANCESCO SAVERIO

1404 STEIDLE, BASILIUS *„Ante unam horam refectionis ...".* Zur neuen *Deutung von Kapitel 35, 12—14 der Regel St. Benedikts* — EA 41 (1965) 387—394

1405 VOGÜÉ, ADALBERT DE *„Honorer tous les hommes".* Le sens de l'hospitalité bénédictine — RAM 40 (1964) 129—138

1406 VOGÜÉ, ADALBERT DE *Le sens de l'office divin d'après la règle de St. Benoît* (à suivre) — RAM 42 (1966) 389—404

1407 VOGÜÉ, ADALBERT DE *The Rule of Saint Benedict and the Contemplative Life* — CistSt 1 (1966) 54—73 [traditio anglicana de 1965, 601a]

[2618] WEISSENGRUBER, FRANZ

BOETHIUS

1408 *[Boethius] Consolatio Philosophiae.* Traduction grecque de MAXIME PLANUDE. Publié par E. A. BÉTANT [Reprint of the Edition Genève 1871]. Amsterdam: Hakkert 1964. VI, 119 pp.

1409 AVERINCEV, S. S. *Boecij* (Boethius). In: *Kratkaja literaturnaja enciklopedija* (Kurze Literaturenzyklopädie) 1 (Moskau 1962) 709—710

1410 BARRETT, H. M. *Boethius. Some aspects of his times and work.* New York: Russell 1965. IX, 179 pp.

1411 COURCELLE, PIERRE *Les sources antiques du prologue d'Alcuin sur les disciples* — Phil 110 (1966) 293—305

1412 COURCELLE, PIERRE *Les exégèses de la „Consolatio philosophiae" de Boèce* — AnColFr 66 (1966) 429—439

1413 COURCELLE, PIERRE *Boèce.* In: *Dictionnaire des lettres françaises. Le Moyen Age* (Paris: Fayard 1966) 139—141

1414 FRIEDMAN, J. B. *Euridice, Heurodis and the Noon-Day Demon* — Sp 41 (1966) 22—29

1415 FRIEDMAN, J. B. *The Figure of Orpheus in Antiquity and the Middle Ages* [Dissertation]. 461 pp. [dactyl.] — DissAbstr 26 (1965/1966) 4627 [microfilm]

1416 GEGENSCHATZ, ERNST *Die Gefährdung des Möglichen durch das Vorauswissen Gottes in der Sicht des Boethius* — WSt 79 (1966) 517—530

1417 HÄRING, N. M. *The Commentaries on Boethius by Gilbert of Poitiers* [Studies and Texts, 13]. Toronto: Pont. Inst. of Medieval Studies 1966. XIV, 437 pp.

1418 MILLÁN BRAVO, L. *El Códice Sal. 2706 y la presunta versión boeciana de la metafísica de Aritóteles* — Helmántica 17 (1966) 5—48

1419 Pizzani, Ubaldo *Studi sulle fonti del „De Institutione Musica" di Boezio* — SE 16 (1965) 5—164

1419a Potiron, Henri *Boèce, théoricien de la musique grecque* [Travails de Paris, 11]. Paris: Bloud & Gay 1961, 186 pp.

1420 Rockar, H. J. *Mathematik vor 1000 Jahren. Über eine Boethius-Handschrift in der Landesbibliothek Gotha. Marginalien* — Blätter der Pirckheimer-Gesellschaft 21 (1965) 44—47

1421 Schrimpf, Gangolf *Die Axiomenschrift des Boethius (De hebdomadibus) als philosophisches Lehrbuch des Mittelalters* [Studien zur Problemgeschichte der antiken und mittelalterlichen Philosophie, 2]. Leiden: Brill 1966. XII, 162 pp.

[1435] Simon, Manfred: Cassiodorus Senator

1422 Sułowski, J. *Źródła „De consolatione philosophiae" Boecjusza* (Die Quellen von „De consolatione philosophiae" des Boethius) — RoczTK 4 (1962) 157—184

CAESARIUS ARELATENSIS

1423 Abel, Anne-Marie *La pauvreté dans la pensée et la pastorale de saint Césaire d'Arles.* Paris: Faculté des Lettres et Sciences humaines, diplôme d'études supérieures 1966

1424 Podvin, M.-L. *A propos de saint Césaire: le „Breviarium adversus haereticos".* In: *Littérature et religion* (cf. 1966, 126) 39—44

1425 Terraneo, Giuseppe *Saggio bibliografico su Cesario Vescovo di Arles* — ScCat 91 (1963) 272—294

PSEUDO-CAESARIUS NAZIANZENUS

1426 Riedinger, U. Σφήν = *Gewölbeschlußstein*— *Ein Hapaxlegomenon in den Erotapokriseis des Pseudo-Kaisarios.* In: *Polychronion* (cf. 1966, 143) 441—446

CASSIANUS IOHANNES

1427 [*Cassianus*] *Giovanni Cassiano: Conferenze spirituali.* Versione, introduzione e note a cura di Ovidio Lari. 3 vols. [Coll. Patristica]. Roma: Edizioni Paoline 1966. 455; 315; 325 pp.

1428 [*Cassianus*] *Johannes Cassianus: Das Glutgebet. Zwei Unterredungen aus der sketischen Wüste.* Aus dem Lateinischen ausgewählt, übertragen und kurz erläutert von Emmanuel von Severus [Alte Quellen neuer Kraft]. Düsseldorf: Patmos 1966. 116 pp.

1429 Appel, Regis *Cassian's Discretio — A Timeless Virtue* — ABR 17 (1966) 20—29

[2331] Buenner, D.

1430 Codina, Víctor *El aspecto cristológico en la espiritualidad de Juan Casiano* [OCA, 175]. Roma: Pont. Institutum Orientalium 1966. XVI, 202 pp.

1431 GUY, J. C. *Jean Cassien, historien du monachisme égyptien?* In: *Studia Patristica VIII* (cf. 1966, 149) 363—372

1432 LEROY, JULIEN *Les préfaces des écrits monastiques de Jean Cassien* — RAM 42 (1966) 157—180; 257—286

1433 MARROU, HENRI-IRÉNÉE *Le fondateur de Saint-Victor de Marseille: Jean Cassien* — ProvHist 16 (1966) 297—308

[2342] SAXER, V.

[2618] WEISSENGRUBER, FRANZ

CASSIODORUS SENATOR

[423] BOEHM, LAETITIA

1434 DELEHAYE, HIPPOLYTE *Saint Cassiodore.* In: *Mélanges d'hagiographie grecque et latine* (cf. 1966, 113) 179—188

1435 SIMON, MANFRED *Zur Abhängigkeit spätrömischer Enzyklopädien der Artes Liberales von Varros Disciplinarum Libri* — Phil 110 (1966) 88—101

CHROMATIUS AQUILEIENSIS

1436 ÉTAIX, R. — LEMARIÉ, J. *La tradition manuscrite des Tractatus in Mathaeum de saint Chromace d'Aquilée* — SE 17 (1966) 302—354

1437 LEMARIÉ, J. *Nouveaux manuscrits de Catalogne, témoins des sermons de Chromace d'Aquilée* — RBen 76 (1966) 314—321

1438 LEMARIÉ, J. *Un nouveau sermon de saint Chromace d'Aquilée et fragments provenant d'homiliaires bavarois* — RBen 76 (1966) 7—40

1439 TAVANO, SERGIO *Sulle nuove omilie di Cromazio d'Aquileia* — Memorie storiche forogiulesi (Udine) 46 (1965) 133—143

CHRONICA ARBELAE

1440 ASSFALG, JULIUS *Zur Textüberlieferung der Chronik von Arbela. Beobachtungen zu Ms. or. fol. 3126* — OrChr 50 (1966) 19—36

CLAUDIANUS MAMERTUS

[1976] PRICOCO, SALVATORE: Sidonius Apollinaris

CLAUDIUS CLAUDIANUS

1441 ALFONSI, LUIGI *Properzio in Claudiano* — Aevum 40 (1966) 381

1442 ALFONSI, LUIGI *Un' eco vergiliano in Claudiano* — Latomus 25 (1966) 143—144

1443 BRACELIS CALATAYUD, LUCREZIA *El mundo de Virgilio y el de Claudiano comparados* — REC 9 (1965) 75—95

1444 BRACELIS CALATAYUD, LUCREZIA *Virgilio y Claudiano, poetas áulicos* — REC 9 (1965) 97—119

1445 CAMERON, A. *A biographical note on Claudian* — AtPavia 44 (1966) 32—40

1446 CHRISTIANSEN, PEDER C. *Claudian versus the Opposition* — TPAPA
97 (1966) 45—54
1447 FERGUSON, J. *Version from Claudian* — Arion 4 (1965) 495

CLEMENS ALEXANDRINUS

1448 [*Clemens Alexandrinus*] *Clemente Alessandrino: C'é salvezza per il
ricco*? Introd., trad. e note a cura del ALIETO PIERI. Roma—Ancona:
E. Paoline 1965. 168 pp.
1449 BAERT, EDWARD *Le thème de la vision de Dieu chez s. Justin, Clément
d'Alexandrie et s. Grégoire de Nysse* — FZPT 12 (1965) 439—497
1450 BROOKS, J. A. *The Text of the Pauline Epistles in the Stromata of
Clement of Alexandria* [Dissertation]. Princeton Theological Seminary 1966. 501 pp. [dactyl.] — DissAbstr 27 (1966) 1907A—1908A
[microfilm]
[1808] CHADWICK, HENRY: Iustinus Martyr
1451 CUOLON, GEORGE L. *The Logos High Priest. An historical study of the
theme of the divine Word as heavenly High Priest in Philo of Alexandria, the Epistle of Hebrews, Gnostic Writings and Clement of Alexandria* [Thèse de théologie]. Paris: Institut Catholique 1966. VI
128 pp. [dactyl.]
1452 FORTIN, E. L. *Clement of Alexandria and the Esoteric Tradition.* In:
Studia Patristica IX (cf. 1966, 150) 41—56
1453 KRAFT, HEINRICH *Early Christian Thinkers. An Introduction to
Clement of Alexandrina and Origen* [World Christian Books, 22].
New York: Association Pr. 1964. 77 pp.
1454 MEES, MICHAEL *Die Zitate aus dem NT bei Klemens von Alexandrien*
[Diss. Pont. Inst. Bibl.]. Romae 1966
1455 MÉHAT, ANDRÉ *Étude sur les ,,Stromates'' de Clément d'Alexandrie*
[Patristica Sorbonensia, 7]. Paris: Seuil 1966. 580 pp.
1456 OYEN, CHRISTIAN *Eine frühchristliche Engelpneumatologie bei Klemens von Alexandrien* — IKZ 55 (1965) 102—120; 56 (1966) 27—47
[527] PELLETIER, A.
1457 POHLENZ, MAX *Klemens von Alexandria und sein hellenisches Christentum.* In: *Kleine Schriften I.* Hergg. von HEINRICH DÖRRIE (Hildesheim: Olms 1965) 481—558
1458 PRUNET, OLIVIER *La morale de Clément d'Alexandrie et le Nouveau
Testament* [Études d'histoire et de philosophie religieuses, 61]. Paris:
P. U. F. 1966. 257 pp.
1459 RICHARDSON, W. *The Basis of Ethics: Chrysippus and Clement of
Alexandria.* In: *Studia Patristica IX* (cf. 1966, 150) 87—97
[2004] RONDET, HENRI: Tertullianus
1460 WALTER, N. *Zur Überlieferung einiger Reste früher jüdisch-helle-
nistischer Literatur bei Josephus, Clemens und Euseb.* In: *Studia
Patristica VII* (cf. 1966, 148) 314—320

1461 WYTZES, J. *Clemens Alexandrinus en zijn grieske vroomheid* [Inaugurale rede]. Kampen: Kok 1966. 20 pp.

CLEMENS ROMANUS

1462 BARNARD, L. W. *St. Clement of Rome and the Persecution of Domitian.* In: *Studies in the Apostolic Fathers* (cf. 1966, 109) 5—18

[1768] BÉVENOT, MAURICE: Irenaeus

1463 BEYSCHLAG, KARLMANN *Clemens Romanus und der Frühkatholizismus. Untersuchungen zu I Clem. 1—7* [Beiträge zur historischen Theologie, 35]. Tübingen: Mohr 1966. 396 pp.

1464 ΧΡΗΣΤΟΥ, Π. Κ. Κλήμης Α'. In: Θρησκευτικὴ καὶ 'Ηθικὴ 'Εγκυκλοπαιδεία, τ. 7 (cf. 1966, 193) 625—636

1465 DRIJEPONDT, H. L. F. *I. Clement 2, 4 and 59, 3. Two emendations* — AClass 8 (1965) 102—105

[1925] GRANT, ROBERT M. — GRAHAM, HOLT H.: Patres Apostolici

1466 HALL, S. G. *Repentance in I Clement.* In: *Studia Patristica VIII* (cf. 1966, 149) 30—43

1467 HOWE, HERBERT *The Dome of Clement* — TPAPA 97 (1966) 261—273

1468 LESAMBO, L. *La foi dans l'Introduction de la ,,Prima Clementis"* — Revue du Clergé Africain (Mayidi. Inhisi/Congo) 20 (1966) 434—452

1469 MAGGIONI, BRUNO *La concezione della Chiesa in S. Clemente Romano* — StPad 13 (1966) 3—27

1470 MINKE, HANS-ULRICH *Die Schöpfung in der frühchristlichen Verkündigung nach dem Ersten Clemensbrief und der Areopagrede. Ein Beitrag zur Frage nach dem ,,Frühkatholizismus"* [Dissertation]. Hamburg 1966. [dactyl.]

1471 PADBERG, RUDOLF *Gottesdienst und Kirchenordnung im (ersten) Klemensbrief* — ALW 9 (1965/1966) 367—374

1472 PASCHKE, F. *Die griechische hagiographische Texttradition zum Fest des Klemens von Rom.* In: *Studia Patristica VII* (cf. 1966, 148) 83—89

1473 STOCKMEIER, P. *Der Begriff* παιδεία *bei Klemens von Rom.* In: *Studia Patristica VII* (cf. 1966, 148) 401—408

1474 WERNER, E. *Post Biblical Hebraismus in the Prima Clementis.* In: *Harry Austryn Jubilee II* (Jerusalem: American Academy for Jewish Research 1965) 793—818

PSEUDO-CLEMENS ROMANUS

1475 BRAUN, HERBERT *Die Ebioniten und Pseudoklementinen.* In: *Qumran und das Neue Testament II* (Tübingen: Mohr 1966) 211—229

1476 ΧΡΗΣΤΟΥ, Π. Κ. Κλημέντεια Ψευδεπίγραφα συγγράμματα. In: Θρησκευτικὴ καὶ 'Ηθικὴ 'Εγκυκλοπαιδεία, τ. 7 (cf. 1966, 193) 622—625

8*

1477 Cullmann, Oscar *Die literarischen und historischen Probleme des pseudoklementinischen Romans.* In: *Vorträge und Aufsätze* (cf. 1966, III) 225—231

1478 Cullmann, Oscar *Die neuentdeckten Qumrantexte und das Judenchristentum der Pseudoklementinen.* In: *Vorträge und Aufsätze* (cf. 1966, III) 241—259

[1925] Grant, Robert M. — Graham, Holt H.: Patres Apostolici

1479 Howe, H. M. *The root of van Helmonts' tree* — Isis 56 (1965) 408—419

1480 Paschke, Franz *Die beiden griechischen Klementinen-Epitomen und ihre Anhänge.* Überlieferungsgeschichtliche Vorarbeiten zu einer Neuausgabe der Texte [TU, 90]. Berlin: Akademie-Verlag 1966. XXIX, 321 pp.

COELESTINUS I PAPA

1481 Lécuyer, Joseph *Le collège des évêques selon le Pape Célestin I (422—432)* — NRTh 96 (1964) 250—259

COLUMBANUS BOBBIENSIS

1482 Cattana, V. M. *Convegno internazionale di studi Colombaniani, Bobbio 28—30 agosto 1965* — StMon 7 (1965) 461—465

1483 Leclercq, Jean *L'univers religieux de S. Colomban et de Jonas de Bobbio* — RAM 42 (1966) 15—30

1484 Lomiento, Gennario *La Bibbia nella compositio di S. Colombano* — VetChr 3 (1966) 25—43

1485 Quacquarelli, Antonio *La prosa d'arte di S. Colombano* — VetChr 3 (1966) 5—24

COMMODIANUS

1486 *[Commodianus] Commodiano: Instructiones, libro primo.* 2 vols. Vol. I: *Testo latino e traduzione italiana.* Vol. II: *Note esegetiche.* A cura di Antonio Salvatore [Collana di studi latini, 13/14]. Napoli: Libreria scientif. editr. 1965/1966. 156; 230 pp.

1487 Callebat, L. *Tradition et novation dans la poésie de Commodien* — Pallas 13 (1966) 85—94

1488 Pugliese Carratelli, G. *Un' allusione a Mani nel Carmen di Commodiano* — RCCM 7 (1965) 899—905

1489 Visser, A. J. *Een of twee antichristen bij Commodianus* — NAKG 47 (1965/1966) 131—136

CORNELIUS PAPA

[1496] Ruysschaert, José: Cyprianus Carthaginensis

CYPRIANUS CARTHAGINENSIS

1490 *[Cyprianus Carthaginensis] Lettera sull' Eucaristia.* Testo di San Cipriano, tradotto e presentato da Mauro Todde [Letture ecume-

meniche, 3]. Sotto il Monte/Bergamo: Centro di Studi Ecumenici di
S. Egidio 1965. 32 pp.

1491 BALBONI, DANTE *Epistola Cypriani episcopi ad clerum et plebem car-
thaginensem de Aurelio, lectore ordinato*. In: *Miscellanea liturgica
in onore Cardinale Lercaro*, I (cf. 1966, 136) 441—451 (textus:
450—451)

[1368] BARNARD, L. W.: Barnabae Epistula

1492 BÉVENOT, MAURICE *Épiscopat et primauté chez S. Cyprien* — EThL
42 (1966) 176—186

1493 BÉVENOT, MAURICE ,,*In solidum*" *et collégialité* — EThL 42 (1966)
186—195

[1359] DANDO, M.: Avitus Viennensis

[1994] GEYER, GERBERT: Tertullianus

1494 MITROPOLIT NIKODIM *Sv. Kiprian Karfagenskij o cerkvi* (Der hl.
Cyprian von Karthago über die Kirche) — ŽurMP (1966) fasc. 1,
70—75

1495 ΨΕΥΤΟΓΚΑΣ, Α. Κυπριανός. In: Θρησκευτικὴ καὶ ᾿Ηθικὴ ᾿Εγκυκλο-
παιδεία, τ. 7 (cf. 1966, 193) 1099—1112

1496 RUYSSCHAERT, JOSÉ *La commémoration de Cyprien et de Corneille in
Callisti* — RHE 61 (1966) 455—484

1497 SPANNEUT, MICHEL *Patience et temps chez saint Cyprien de Carthage*.
In: *Littérature et religion* (cf. 1966, 126) 7—11

[2381] VRIES, WILHELM DE

1498 WICKERT, ULRICH *Sacramentum unitatis. Ein Beitrag zum Verständnis der Kirche bei Cyprian* [Ev. theol. Habil. Schrift.]. Tübingen 1964 [daktyl.]

[2418] ZIÓLEK, LADISLAO

PS.-CYPRIANUS CARTHAGINENSIS

1499 DAMME, D. VAN *Pseudo-Cyprian, Adversus Iudaeos: the Oldest Sermon in Latin ?* In: *Studia Patristica VII* (cf. 1966, 148) 299—307

CYPRIANUS GALLUS

1500 [*Cyprianus Gallus*] *De Evangelio*. In: *Patrologiae cursus completus,
Supplementum III* (cf. 1966, 856) 1243—1245 coll.

1501 [*Cyprianus Gallus*] *Deperditorum carminum reliquiae*. In: *Patrologiae cursus completus, Supplementum III* (cf. 1966, 856) 1241—1242
coll.

1502 [*Cyprianus Gallus*] *Heptateuchus*. In: *Patrologiae cursus completus,
Supplementum III* (cf. 1966, 856) 1151—1241 coll.

CYRILLUS ALEXANDRINUS

1503 [*Cyrillus Alexandrinus*] *Cyrilli archiepiscopi Alexandrini opera*. Vol. I
et II: *In XII prophetas*. Post Pontanum et Aubertum ed. PH.-ED.

Pusey [Reprint of the edition Oxford 1868]. Bruxelles: Editions Culture et Civilisation, G. Lebon 1965. XVI, 740; 771 pp.

1504 [*Cyrillus Alexandrinus*] *Cyrilli archiepiscopi Alexandrini opera.* Vol. III, IV, V: *In D. Ioannis Evangelium. Accedunt fragmenta varia necnon tractatus ad Tiberium diaconum duo.* Ed. post Aubertum Ph.-Ed. Pusey [Reprint of the edition Oxford 1872]. Bruxelles: Éditions Culture et Civilisation, G. Lebon 1965. X, 728; VII; 738; VIII, 602 pp.

1505 [*Cyrillus Alexandrinus*] *Cyrilli archiepiscopi Alexandrini opera.* Vol. VI: *Epistolae tres oecumenicae. Libri quinque contra Nestorium. XII Capitum Explanatio. XII Capitum Defensio utraque. Scholia de incarnatione Unigeniti.* Ed. post Aubertum Ph.-Ed. Pusey [Reprint of the edition Oxford 1875]. Bruxelles: Éditions Culture et Civilisation, G. Lebon 1965. XIV, 602 pp.

1506 [*Cyrillus Alexandrinus*] *Cyrilli archiepiscopi Alexandrini opera.* Vol. VII: *De recta fide ad Imperatorem. De Incarnatione Unigeniti dialogus. De recta fide ad Principissas. De recta fide ad Augustas. Quod unus sit Christus dialogus. Apologeticus ad Imperatorem.* Ed. post Aubertum Ph.-Ed. Pusey [Reprint of the edition Oxford 1877]. Bruxelles: Éditions Culture et Civilisation, G. Lebon 1965. XXIV, 488 pp.

1507 [*Cyrillus Alexandrinus*] *Cyrill von Alexandrien: Der Dialog ,,Daß Christus einer ist".* Nach Handschriften in Berlin, Cambridge, London, Paris und Tübingen zum ersten Mal im äthiopischen Text herausgegeben und mit deutscher Übersetzung versehen von Bernhard Weischer [Dissertation]. Bonn: Rheinische Friedrich-Wilhelms-Universität 1966. 134 pp.

[2485] Chavasse, Antoine

1507a ΧΡΗΣΤΟΥ, Π. Κ. Κύριλλος ὁ ᾿Αλεξανδρείας. In: Θρησκευτικὴ καὶ ᾿Ηθικὴ ᾿Εγκυκλοπαιδεία, τ. 7 (cf. 1966, 193) 1160—1174

1507b Nacke, Ewald *Das Zeugnis der Väter in der theologischen Beweisführung Cyrills von Alexandrien nach seinen Briefen und antinestorianischen Schriften* [Kath.-theol. Dissertation]. Münster/Westf. 1964. 140 pp. [dactyl.]

[2750] Reuss, Joseph

1508 Richard, M. *Deux lettres perdues de Cyrille d'Alexandrie.* In: *Studia Patristica VII* (cf. 1966, 148) 274—277

1509 Scanzillo, Ciriano *Lineamenti dell' argomentazione teologica di S. Cirillo Alessandrino nei trattati alla corte imperiale* — Asprenas 13 (1966) 275—294

[878] Wentzel, Georg

1510 Wilken, Robert L. *Exegesis and the History of Theology: Reflections on the Adam-Christ Typology in Cyril of Alexandria* — CH 35 (1966) 139—156

CYRILLUS HIEROSOLYMITANUS

1511 [*Cyrillus Hierosolymitanus*] *Cyrille de Jérusalem: Catéchèses mysta-gogiques.* Introduction, texte critique et notes de AUGUSTE PIÉDAG-NEL, traduction de PIERRE PARIS [SC, 126]. Paris: Du Cerf 1966. 210 pp.

1511a ΧΡΗΣΤΟΥ, Π. Κ. Κύριλλος ὁ 'Ιεροσολύμων. In: Θρησκευτικὴ καὶ 'Ηθικὴ 'Εγκυκλοπαιδεία, τ. 7 (cf. 1966, 193) 1153—1160

1512 PARIJSKIJ, L. N. *Dogmatičeskaja točka zrenija sv. Kirilla Ierusa-limskogo i značenie ego tvorenij* (Der dogmatische Standort des hl. Kyrill v. Jerusalem u. die Bedeutung seines Schaffens). Leningrad: Geistliche Akademie 1966. 16 pp.

CYRILLUS SCYTHOPOLITANUS

1512a ΧΡΗΣΤΟΥ, Π. Κ. Κύριλλος ὁ Σκυθοπολίτης. In: Θρησκευτικὴ καὶ 'Ηθικὴ 'Εγκυκλοπαιδεία, τ. 7 (cf. 1966, 193) 1174—1176

1513 FESTUGIÈRE, A.-J. *Les moines d'Orient. III, 3: Les moines de Pa-lestine: Cyrille de Scytopolis, Vie des saints Jean l'Hésychaste, Kyria-kos, Théodore, Théognios, Abraamios; Théodore de Petra, Vie de saint Théodosios.* Paris; Cerf 1963. 162 pp.

DIADOCHUS PHOTICENSIS

1514 [*Diadochus Photicensis*] *Diadoque de Photicé: Oeuvres spirituelles.* Introduction, texte critique, traduction et notes de ÉDOUARD DES PLACES. Nouv. édition [SC, 5 ter.]. Paris: Du Cerf 1966. 219 pp.

DIDASCALIA

1515 ARSENIEV, NICHOLAS *Contemplation of the Glory of God in the Early Christian Message* — VladQ 8 (1964) 112—120

1516 BARNARD, L. W. *The Dead Sea Scrolls, Barnabas, the Didache and the Later History of the ‚Two Ways'.* In: *Studies in the Apostolic Fathers* (cf. 1966, 109) 87—107

1517 CLERICI, LUIGI *Einsammlung der Zerstreuten: Liturgiegeschichtliche Untersuchung zur Vor- und Nachgeschichte der Fürbitte für die Kirche in Didache 9, 4 und 10, 5* [Liturgiewissenschaftliche Quellen und Forschungen, 44]. Münster (Westfalen): Aschendorff 1966. VIII, 152 pp.

1518 FORD, J. MASSINGBERD *A Note on Didache IX and X: reception of the Sacrament reserved in the home* — StLit 5 (1966) 55—56

1519 GIET, STANISLAS *Coûtume, évolution, droit canon. A propos de deux passages de la Didachè* — RDC 16 (1966) 118—132

[1926] KRAFT, ROBERT A.: Patres Apostolici Vol. 3
[2260] MAGRASSI, MARIANO
[1816] SMITH, M. A.: Iustinus Martyr

1520 WALKER, JOAN HAZELDEN *An Argument from the Chinese for the Antiochene Origin of the Didache.* In: *Studia Patristica VIII* (cf. 1966, 149) 44—50

DIDYMUS ALEXANDRINUS

1521 BINDER, GERHARD — LIESENBORGHS, LEO *Eine Zuweisung der Sentenz* οὐκ ἔστιν ἀντιλέγειν *an Prodikos von Keos* — MuHel 23 (1966) 37—43

[1630] DANIÉLOU, J.

1522 HAGEDORN, DIETER — MERKELBACH, REINHOLD *Ein neues Fragment aus Porphyrios „Gegen die Christen"* — VigChr 20 (1966) 86—90

1523 MERKELBACH, REINHOLD *Konjekturen und Erläuterungen zum Psalmenkommentar des Didymos* — VigChr 20 (1966) 214—226

[2750] REUSS, JOSEPH

1523a REYNOLDS, STEPHEN CRAIG *Man, Incarnation and Trinity in the Commentary on Zechariah of Didymus the Blind of Alexandria* [Dissertation]. Cambridge (Mass.): Harvard University 1966. [dactyl.]— Summary in HThR 59 (1966) 453—454 [microfilm]

DIODORUS TARSENSIS

1524 GREER, ROWAN A. *The Antiochene Christology of Diodore of Tarsus* — JThS 17 (1966) 327—341

AD DIOGNETUM

1525 [*Ad Diognetum*] *I Cristiani nel mondo. Lettera a Diogneto.* Tradotta e presentata di BERNARDINO M. ZANELLA [Letture ecumeniche, 4]. Sotto il Monte: Centro di Studi ecumenichi S. Egidio 1965. 24 pp.

1526 BARNARD, L. W. *The Enigma of the Epistle to Diognetus.* In: *Studies in the Apostloic Fathers* (cf. 1966, 109) 165—173

[1923] Patres Apostolici

1527 PÉTREMENT, SIMONE *Valentin est-il l'auteur de l'épître de Diognète ?* — RHPhR 46 (1966) 34—62

1528 THIERRY, J. J. *The Logos as teacher in Ad Diognetum XI, 1* — Vig Chr 20 (1966) 146—149

DIONYSIUS ALEXANDRINUS

1529 BOULARAND, E. *Denys d'Alexandrie et Arius* — BLE 67 (1966) 162—169

PSEUDO-DIONYSIUS AREOPAGITA

[440a] KREMER, KLAUS: Philosophica

1530 LILLA, S. *Ricerche sulla tradizione manoscritta del De divinibus nominibus dello Pseudo Dionigi l'Aréopagita* — ASNSP 34 (1965) 296—386

1531 RIST, JOHN M. *A note on Eros and Agape in Pseudo-Dionysius* — VigChr 20 (1966) 235—243

1532 SAFFREY, H. D. *Un lien objectif entre le Pseudo-Denys et Proclus.* In: *Studia Patristica IX* (cf. 1966, 150) 98—105

1533 SCAZZOSO, P. *Elementi del linguaggio pseudo-dionisiano.* In: *Studia Patristica VII* (cf. 1966, 148) 385—400

1534 SHELDON-WILLIAMS, I. P. *The ps.-Dionysius and the Holy Hierotheus.* In: *Studia Patristica VIII* (cf. 1966, 149) 108—117

[460] STEENBERGHEN, F. VAN

1535 VANNESTE, J. *La doctrine des trois voies dans la Théologie mystique du Pseudo-Denys l'Aréopagite.* In: *Studia Patristica VIII* (cf. 1966, 149) 462—467

DIOSCORUS ALEXANDRINUS

1536 KHELLA, KARAM NAZIR *Dioskoros I. von Alexandrien (444—454). Theologie und Kirchenpolitik.* Diss. Theol. Kiel 1963. 308 pp.

DRACONTIUS

1537 BLOMGREN, S. *In Dracontii carmina adnotationes criticae* — Eranos 64 — Eranos 64 (1966) 46—66

1538 GNILKA, CHRISTIAN *Der Ring des Crispinus. Zu Juvenal und Dracontius* — JAC 8/9 (1965/1966) 177—182

DYNAMIUS MASSILIENSIS

1539 [*Dynamius Massiliensis*] *Dinamii Vita S. Maximi episcopi Reiensis. — Fausti Reiensis Sermo de S. Maximo episcopo et abbate.* Recensuit SALVATORE GENNARO. Catania: Centro di Studi sull' antico cristianesimo 1966. 201 pp.

ENNODIUS

1540 [*Ennodius*] *Epitaphium.* In: *Patrologiae cursus completus, Supplementum III* (cf. 1966, 856) 1264 coll.

[805] *Early Latin Hymns*

1541 LUMPE, ADOLF *Ennodiana.* In: *Polychordia I* (cf. 1966, 142) 200—210

1542 MOOS, P. VON *Literarkritik im Mittelalter: Arnulf von Lisieux über Ennodius.* In: *Mélanges offerts à René Crozet,* t. 2 (cf. 1966, 130) 929—935

EPHRAEM SYRUS

1543 [*Ephraem Syrus*] *Des Heiligen Ephraem des Syrers Sermo de domino nostro.* Herausgg. von EDMUND BECK [CSCO, 270; Script. Syri, 116]. Louvain: Secrétariat du CSCO 1966. II, 55 pp.

1544 [*Ephraem Syrus*] *Des Heiligen Ephraem des Syrers Sermo de domino nostro.* Übersetzt von EDMUND BECK [CSCO, 271; Script. Syri 117]. Louvain: Secrétariat du CSCO 1966. II, 56 pp.

1545 [*Ephraem Syrus*] *Éphrem de Nisibe: Commentaire de l'Évangile con-cordant ou Diatessaron.* Traduit du syriaque et de l'arménien, intro-duction, traduction et notes par LOUIS LELOIR [SC, 121]. Paris: Du Cerf 1966. 438 pp.

1546 BIRDSALL, J. NEVILLE *The Syriac Original of Commentary of Ephraim the Syrian upon the Concordant Gospel* — EvQ 37 (1965) 132—136

[2756] JAUBERT, ANNIE: Patrum exegesis

1547 LELOIR, LOUIS *Divergences entre l'original syriaque et la version ar-menienne du commentaire d'Ephrem sur le Diatessoron.* In: *Mélanges Eugène Tisserant II* (cf. 1964, 65) 303—331

1548 ORTIZ VALDIVIESO, P. *Un nuevo fragmento siríaco del Comentario de san Efrén al Diatésaron* — StPap 5 (1966) 7—17

EPIPHANIUS, EPISC. SALAMINAE

1549 DUMMER, JÜRGEN *Die Angaben über die gnostische Literatur bei Epi-phanius, Pan. haer. 26.* In: *Koptologische Studien in der DDR* (cf. 1966, 122) 191—219

[253] DUMMER, JÜRGEN

1550 MOUTSOULAS, E. *Der Begriff „Häresie" bei Epiphanius von Salamis.* In: *Studia Patristica VII* (cf. 1966, 148) 362—371

1550a ΜΟΥΤΣΟΥΛΑ, Ε. Ἐπιφάνιος, ἐπίσκοπος Σαλαμῖνος τῆς Κύπρου. In: Θρησκευτικὴ καὶ Ἠθικὴ Ἐγκυκλοπαιδεία, τ. 5 (cf. 1966, 193) 800—808

1551 PALACHKOVSKY, V. *Une interpolation dans l'Ancoratus de S. Epi-phane.* In: *Studia Patristica VII* (cf. 1966, 148) 265—273

1552 RIGGI, C. *La figura di Epifanio nel IV secolo.* In: *Studia Patristica VIII* (cf. 1966, 149) 86—107

PSEUDO-EPIPHANIUS EPISC. SALAMINAE

1553 TREU, URSULA *Zur Datierung des Physiologus* — ZNW 57 (1966) 101—104

EUCHERIUS LUGDUNENSIS

1554 [*Eucherius Lugdunensis*] *De laude eremi.* Recensuit, apparatu critico et indicibus instruxit SALVATORE PRICOCO. Catania: Centro di Studi sull' Antico Cristianesimo dell' Università 1965. 120 pp.

EUGIPPIUS ABBAS

1555 MARTIN, JOSEF *Die Augustinusüberlieferung bei Eugippius.* In: *Mis-cellanea critica II* (cf. 1966, 134) 228—244

EUSEBIUS CAESARIENSIS

1556 [*Eusebius Caesariensis*] *The Essential Eusebius.* Selected and newly translated, with introduction and commentary by COLM LUIBHEID

[Mentor-Omega Book, MT 671]. New York and Toronto: New American Library; London: New English Library 1966. 236 pp.

[693] BANDMANN, GÜNTER

1557 CATAUDELLA, M. R. *Due luoghi eusebiani (Hist. Eccl. IX. X, 12; Mart. Pal. III, 1)* — Helikon 6 (1966) 672—678

[2034] COLIN, JEAN

[2105] DEMOUGEOT, E.: Martyres Lugdunenses

1558 *Evsevij Kesarijskij* (Eusebius von Caesarea). In: *Sovetskaja istoričeskaja enciklopedija* (Sowjetische historische Enzyklopädie) 5 (Moskau 1964) 452—453

1559 FARINA, RAFFAELE *La teologia di Eusebio e la „Svolta di Nicea"* — Salesianum 27 (1965) 666—671

1560 FARINA, RAFFAELE *L'impero e l'imperatore cristiano in Eusebio di Cesarea. La prima teologia politica del cristianesimo* [Bibliotheca theologica Salesiana, I/2]. Zürich: Pas-Verlag 1966. 381 pp.

1561 ΓΕΩΡΓΙΑΔΟΥ, ΕΛ. Δ. Ὁ ἐν Λουγδούνῳ καὶ Βιέννῃ διωγμός. Ἀθῆναι: Τύποις Ν. Μπουλαχάνη 1966. 53 σελ.

[284] GUILLAND, R.

[933] HIGGINS, M. J.: Athanasius

1562 MOREAU, JACQUES *Zum Problem der Vita Constantini*. In: *Scripta Minora* (cf. 1966, 137) 124—134

1563 MOREAU, JACQUES *Sur la Vision de Constantin (312)*. In: *Scripta Minora* (cf. 1966, 137) 76—89

[350] MOREAU, JACQUES

[351] MOREAU, JACQUES

[353] MOREAU, JACQUES

[1820] MOREAU, JACQUES: Lactantius

1564 OVERBECK, FRANZ *Über die Anfänge der Kirchengeschichtsschreibung* (Programm zur Rektoratsfeier der Universität Basel 1892) [Libelli, 153]. Darmstadt: Wissenschaftliche Buchgesellschaft 1965. IV, 65 pp.

1565 SHEPHERD, M. H. *The earliest Christian Basilika* — YLS 7 (1966) 73—86

1566 SOMERVILLE, ROBERT E. *An Ordering Principle for Book VIII of Eusebius' Ecclesiastical History: A Suggestion* — VigChr 20 (1966) 91—97

[2381] VRIES, WILHELM DE

[1460] WALTER, N.: Clemens Alexandrinus

1567 WEBER, A. *Die Taufe Jesu im Jordan als Anfang nach Eusebius von Caesarea* — ThPh 41 (1966) 20—29

EUSTATHIUS ANTIOCHENUS

1568 SPANNEUT, M. *Eustathe d'Antioche exégète*. In: *Studia Patristica VII* (cf. 1966, 148) 549—559

EVAGRIUS GALLICUS

[602] HERRMANN, JOHANNES

EVAGRIUS PONTICUS

[1848] DALMAIS, I. H.: Maximus Confessor

EVODIUS UZALIENSIS

1569 FÉLIERS, JEANNE-HUBERTE *L'utilisation de la Bible dans l'oeuvre d'Evodius* — REA 12 (1966) 41—64

EZNIK A KOLB

1570 INGLISIAN, V. *Eznik von Kolb*. In: *Reallexikon für Antike und Christentum*, Bd. 7 (cf. 1966, 187) 118—128

[488] JENSEN, HANS

FASTIDIUS

1571 MESLIN, M. *Fastidius (496—523)*. In: *Dictionnaire d'histoire et de géographie ecclésiastique*, t. 16 (cf. 1966, 179) 674—676 coll.

1572 PLINVAL, G. DE *Fastidius*. In: *Dictionnaire d'histoire et de géographie ecclésiastique*, t. 16 (cf. 1966, 179) 676—677 coll.

FAUSTUS BYZANTINUS

[488] JENSEN, HANS

FAUSTUS REIENSIS

[1539] [*Faustus Reiensis*] Dynamius Massiliensis

[1976] PRICOCO, SALVATORE: Sidonius Apollinaris

1573 VIARD, P. *Fauste, évêque de Riez (Ves.)*. In: *Dictionnaire d'histoire et de géographie ecclésiastique*, t. 16 (cf. 1966, 179) 731—734 coll.

FELIX II PAPA

1574 NAUTIN, P. *Félix II, évêque de Rome de 356 à 365*. In: *Dictionnaire d'histoire et de géographie ecclésiastique*, t. 16 (cf. 1966, 179) 887—889 coll.

FELIX III PAPA

1575 NAUTIN, P. *Félix III (II), évêque de Rome du 13 mars 483 au 25 fev. 492*. In: *Dictionnaire d'histoire et de géographie ecclésiastique*, t. 16 (cf. 1966, 179) 889—895 coll.

FELIX IV PAPA

1576 [*Felix IV Papa*] *Praeceptum papae Felicis morientis per quod sibi Bonifatium post se substituere cupiebat. Senatus consultum ann. 530. Libellus quem dederunt presbyteri 60 post mortem Dioscori Bonifatio papae*. In: *Patrologiae cursus completus, Supplementum III* (cf. 1966, 856) 1280—1282 coll.

FILASTRIUS BRIXIENSIS

1577 MARROU, HENRI IRÉNÉE *Hérétiques fantômes: les Amétrites (sur un texte de Brescia)*. In: *Mélanges d'archéologie et d'histoire offerts à André Piganiol III* (cf. 1966, 132) 1645—1651

FULGENTIUS MYTHOGRAPHUS

1578 [*Fulgentius Mythographus*] *De aetatibus mundi et hominis*. In: *Patrologiae cursus completus, Supplementum III* (cf. 1966, 856) 1377—1407 coll.

1579 [*Fulgentius Mythographus*] *Sermones Africani 9*. In: *Patrologiae cursus completus, Supplementum III* (cf. 1966, 856) 1412—1426 coll.

1580 [*Fulgentius Mythographus*] *Super Thebaiden*. In: *Patrologiae cursus completus, Supplementum III* (cf. 1966, 856) 1408—1412 coll.

FULGENTIUS RUSPENSIS

1581 [*Fulgentius Ruspensis*] *Psalmus abecedarius*. In: *Patrologiae cursus completus Supplementum III* (cf. 1966, 856) 1351—1362 coll.

1582 [*Fulgentius Ruspensis*] *Sermo de Epiphania*. In: *Patrologiae cursus completus, Supplementum III* (cf. 1966, 856) 1335—1341 coll.

1583 [*Fulgentius Ruspensis*] *Sermones duo*. In: *Patrologiae cursus completus, Supplementum III* (cf. 1966, 856) 1342—1349 coll.

1584 DIESNER, HANS-JOACHIM *Fulgentius von Ruspe als Theologe und Kirchenpolitiker* [Arbeiten zur Theologie, 1. Rh., 26]. Berlin: Evangelische Verlagsanstalt; Stuttgart: Calwer Verlag 1966. 71 pp.

[1192] LUISELLI, B.: Augustinus

PSEUDO-FULGENTIUS RUSPENSIS

1585 [*Ps.-Fulgentius Ruspensis*] *Capitula*. In: *Patrologiae cursus completus, Supplementum III* (cf. 1966, 856) 1366—1368 coll.

1586 [*Ps.-Fulgentius Ruspensis*] *Exordia 12*. In: *Patrologiae cursus completus, Supplementum III* (cf. 1966, 856) 1365 col.

1587 [*Ps.-Fulgentius Ruspensis*] *Sermo de fluxu sanguinis*. In: *Patrologiae cursus completus, Supplementum III* (cf. 1966, 856) 1368—1370 coll.

1588 [*Ps.-Fulgentius Ruspensis*] *Sermo de symbolo*. In: *Patrologiae cursus completus, Supplementum III* (cf. 1966, 856) 1370—1376 coll.

GAUDENTIUS BRIXIENSIS

1589 BOEHRER, S. L. *Gaudentius of Brescia. Sermons and letters* [Studies in Sacred Theology, Rh2/165. Dissertation]. Washington: Catholic University of America 1965. 338 pp. — DissAbstr 26 (1965/1966) 6885 [microfilm]

GELASIUS CAESARIENSIS

[1562] MOREAU, JACQUES: Eusebius

1590 WINKELMANN, FRIEDHELM *Charakter und Bedeutung der Kirchen-geschichte des Gelasios von Kaisareia.* In: *Polychordia I* (cf. 1966,142) 346—385

1591 WINKELMANN, F. *Die Quellen der Historia Ecclesiastica des Gelasius von Cyzicus (nach 475). Ein Beitrag zur Rekonstruktion der Kirchen-geschichte des Gelasius von Caesarea* — Byslav 27 (1966) 104—130

1592 WINKELMANN, FRIEDHELM *Untersuchungen zur Kirchengeschichte des Gelasios von Kaisareia* [SABSp 1965, Nr. 3]. Berlin: Akademie-Verlag 1966. 123 pp.

GELASIUS CYZICENSIS

[1591] WINKELMANN, F.: Gelasius Caesariensis

GELASIUS I PAPA

1593 JANINI, J. *Gelasio I y el Sermón De neglecta solemnitate (PL 54, 433—444).* In: *Studia Patristica VIII* (cf. 1966, 149) 248—258

PSEUDO-GELASIUS I PAPA

1594 INNIS, G. VAN *Un nouveau témoin du Sacramentaire gélasien du VIIIe siècle. I: Fragments de Bruges* — RBen 76 (1966) 59—86

GEORGIUS PISIDES

1595 BIANCHI, G. *Note sulla cultura a Bisanzio all' inizio del VII secolo in rapporto all' „Esamerone" di Giorgio di Pisidia* — RSB n. s. 2—3 (1956/66) 137—143

1595a BIANCHI, G. *Sulla cultura astronomica di Giorgio di Pisidia* — Aevum 40 (1966) 35—52

1596 DILTS, MERVIN R. *Krumbacher on George Pisides* — Byzan 35 (1965) 612

PSEUDO-GERMANUS CONSTANTINOPOLITANUS

1597 BORNERT, RENÉ *Les commentaires byzantins de la divine liturgie du VIIe au XVe siècle* [Archives de l'Orient chrétien, 9]. Paris: Institut Français d'Études Byzantines 1966. 294 pp.

GREGENTIUS TEPHARENSIS

1598 PARET, ROGER *Vie de saint Grégentios, évêque de Zafar (Yémen)* • Paris: Faculté des Lettres et Sciences humaines, thèse de 3ème cycle 1965

1599 PATLAGEAN, EVELYNE *Les Lois de St. Grégentios (BHG 3, 706 h—i), couramment appelées Lois des Himyarites.* Edition, traduction, commentaire. Paris: Faculté des Lettres et Sciences humaines, thèse de 3ème cycle 1965

GREGORIUS I MAGNUS

1600 [*Gregorius I Magnus*] *Li Dialoge Gregoire lo Pape.* Altfranzösisceh Übersetzung des XII. Jahrhunderts der Dialoge des Papstes Gregor, mit dem lateinischen Original, einem Anhang: *Sermo de sapientia* und *Moralium in Iob Fragmenta,* einer grammatischen Einleitung. erklärenden Anmerkungen und einem Glossar zum erstenmal hersgg, von W. FÖRSTER [Nachdruck der Ausgabe Paris 1876]. Amsterdam: Rodop 1966. XVI, 380 pp.

1601 [*Gregorius I Magnus*] *Moralia I—II (Passi scelti).* Versione, introduzione e note a cura di BONIFACIO BORGHINI. Ancona: Ed. Paoline 1965. 432, 484 pp.

[2133] BORELLA, PIETRO

[1048] BUTLER, CUTHBERT: Augustinus

1602 COEBERGH, C. *Les Libelli Sacramentorum de Saint Grégoire le Grand et le Sacramentaire publié sous son nom.* In: *Studia Patristica VIII* (cf. 1966, 149) 176—188

[2243] COEBERGH, C.

[2145] CRICHTON, J. D.

1603 FERRUA, ANTONIO *Antichità cristiane. Gli antenati di San Gregorio Magno* — CC 115 (1964) 238—246

1604 GAMBER, KLAUS *Sacramentarium Gregorianum I. Das Stationsmeßbuch des Papstes Gregor.* Versuch einer Rekonstruktion nach hauptsächl. bayrischen Hss. [Textus patristici et liturgici, 4.] Regensburg: Pustet 1966. 160 pp.

1605 GASTALDELLI, FERRUCIO *Prospettive sul peccato in S. Gregorio Magno* — Salesianum 28 (1966) 65—94

1606 MEYVAERT, PAUL *Bede and Gregory the Great* [The Jarrow Lecture for 1964]. Published by the Revd. H. Saxby, St. Paul's Rectory, Jarrow-on-Tyne, co. Durham 1965. 26 pp.

1607 MOISIU, ALEXANDRU *Des conseils homilétiques et pastoraux de Saint Grégoire le Grand* — MitrArd 11 (1966) 109—120 (en roumain)

1608 PARONETTO, VERA *Rachele e Lia* — Studium 62 (1966) 733—740

[385] SCIVOLETTO, NINO

1609 VOGÜÉ, ADALBERT DE *La Règle du Maître et les dialogues de S. Grégoire* — RHE 61 (1966) 44—76

1610 WASSELYNCK, RENÉ *L'influence de l'exégèse de S. Grégoire le Grand sur les commentaires bibliques médiévaux (VIIe—XIIe s.)* — RThAM 32 (1965) 157—204

GREGORIUS NAZIANZENUS

1611 ΑΓΟΥΡΙΔΟΥ, ΣΑΒΒΑ 'Από τὴν ζωὴν καὶ τὴν διδασκαλίαν Γρηγορίου τοῦ Ναζιανζηνοῦ — EkklAthen 43 (1966) 256—260; 278—280

[2476] ΑΓΟΥΡΙΔΟΥ, ΣΑΒΒΑ

1612 Camelot, Theophile *Amour des lettres et désir de Dieu chez saint Grégoire de Nazianze: les logoi au service du Logos*. In: *Littérature et religion* (cf. 1966, 126) 23—30

1613 Cummings, J. T. *Towards a Critical Edition of the Carmen de vita sua of St. Gregory Nazianzen*. In: *Studia Patristica VII* (cf. 1966, 148) 52—59

[1098] Eborowicz, W.: Augustinus

[809] *Epistolographi Graeci*

[1204] Martland, T. R.: Augustinus

1614 Medvedev, Nikolai Dimitrivič *Otnošenie christianina k obščestvu po učeniju Sv. Grigorija Bogoslova* (Die Beziehung des Christen zur Gesellschaft nach der Lehre des hl. Gregorius des Theologen) [Dissertation]. Leningrad: Geistliche Akademie 1966. 200 pp. [dactyl.]

1615 Mis'ko, S. D. *Demokrit i Aristofan u Grigorija Nazians'kogo* (Demokrit und Aristophanes bei Gregor von Nazianz) — L'vivs'kij deržavnij universitet. Pitannja klasišnoi filologii 3 (1963) 92—97

1616 Mossay, J. *Note littéraire sur la Lettre 28 de Grégoire de Nazianze* — Mu 79 (1966) 95—102

1617 Mossay, Justin *La mort et l'au-delà dans Saint Grégoire de Nazianze* [Universite de Louvain. Recueil de travaux d'histoire et de philologie, 4e série, 34]. Louvain: Bibliothèque de l'Université/Publications Universitaires 1966. XVI, 376 pp.

[2305] Mossay, Justin

[1386] Naukov, Simeon: Basilius Magnus

1618 Petrescu, Nic. *Învaļatura despre preoție dupa Sfîntul Grigorie de Nazianz și chipul de preot al lui însuși* (La doctrine sur le sacerdoce d'après Saint Grégoire de Nazianze et l'image sacerdotale de celui-ci) — MitrOlt 18 (1966) 391—399

[1640] Quéré-Jaulmes, France: Gregorius Nyssenus

1619 Sajdak, Ioannes *Anonymi Oxoniensis lexicon in orationes Gregorii Nazianzeni*. In: *Lexica Graeca Minora* (cf. 1966, 496) 166—190

[1743] Simion, Caplat S.: Iohannes Chrysostomus

[1391] Stan, Liviu: Basilius Magnus

1620 Szymusiak, J. M. *Grégoire de Nazianze et le péché*. In: *Studia Patristica IX* (cf. 1966, 150) 288—305

1621 Szymusiak, J. M. *Pour une chronologie des discours de S. Grégoire de Nazianze* — VigChr 20 (1966) 183—189

1622 Vašenko, Michail Ivanovič *Ličnosť Sv. Grigorija Bogoslova po jego pismam* (Die Persönlichkeit des hl. Gregorius des Theologen nach seinen Briefen) [Dissertation]. Leningrad: Geistliche Akademie 1966. 175 pp. [dactyl.]

1623 Werhahn, H. M. *Dubia und Spuria unter den Gedichten Gregors von Nazianz*. In: *Studia Patristica VII* (cf. 1966, 148) 337—347

1624 Wyss, Bernhard *Gregor von Nazianz. Ein griechisch-christlicher Dichter des 4. Jahrhunderts* [Libelli, 73] .Darmstadt: Wissenschaftliche Buchgesellschaft 1962. IV, 34 pp.

GREGORIUS NYSSENUS

1625 [*Gregorius Nyssenus*] *Grégoire de Nysse: Traité de la virginité*. Introduction, texte critique, traduction, commentaire et index de Michel Aubineau [SC, 119]. Paris: Du Cerf 1966. 676 pp.

[2476] ΑΓΟΥΡΙΔΟΥ, ΣΑΒΒΑ

[1449] Baert, Edward: Clemens Alexandrinus

[1838] Baker, Alfred: Ps.-Macarius

1626 Balás, David L. ΜΕΤΟΥΣΙΑ ΘΕΟΥ. *Man's Participation in God's Perfection according to Saint Gregory of Nyssa* [Studia Anselmiana, 55]. Roma: Herder 1966. XXII, 185 pp.

1627 Bloch, Herbert *The Edition of Gregory of Nyssa (as of January I, 1965)*. In: *Five Essays* (cf. 1966, 120) 167—171

[917] Cadiou, R.: Apollinaris Laodicensis

1628 Cappuyns, M. *Le „De imagine" de Grégoire de Nysse traduit par Jean Scot Érigène* — RThAM 32 (1965) 205—262

1629 Daniélou, J. *La chronologie des oeuvres de Grégoire de Nysse*. In: *Studia Patristica VII* (cf. 1966, 148) 159—169

1630 Daniélou, J. *L'Adversus Arium et Sabellium de Grégoire de Nysse et l'origénisme Cappadocien* — RechSR 54 (1966) 61—66

1631 Daniélou, J. *Le problème du changement chez Grégoire de Nysse* — APh 29 (1966) 323—347

1632 Daniélou, Jean *Le traité „Sur les enfants morts prématurément" de Grégoire de Nysse* — VigChr 20 (1966) 159—182

1633 Jaeger, Werner *Gregor von Nyssa's Lehre vom Heiligen Geist*. Aus dem Nachlaß hrsgg. von H. Dörries. Leiden: Brill 1966. X, 153 pp.

1634 Joly, Robert *Sur deux thèmes mystiques de Grégoire de Nysse* — Byzan 36 (1966) 127—143

1635 Konstantinou, Evangelos G. *Die Tugendlehre Gregors von Nyssa im Verhältnis zu der antik-philosophischen und jüdisch-christlichen Tradition* [Das östliche Christentum, 17]. Würzburg: Augustinus-Verlag 1966 188 pp.

1636 ΚΥΖΕΡΙΔΟΥ, ΠΑΝΑΓΙΩΤΟΥ Μακρίνια. Περὶ ψυχῆς καὶ ἀναστάσεως ὁ λόγος ὁ λεγόμενος Μακρίνια τοῦ ἐν Ἁγίοις ἐπισκόπου Νύσσης Γρηγορίου — AnalektaAlex 14/15 (1965/1966) 249—287

[1204] Martland, T. R.: Augustinus

1637 May, Gerhard *Gregor von Nyssa in der Kirchenpolitik seiner Zeit* — JOBG 15 (1966) 105—132

[2305] Mossay, Justin

1638 Mühlenberg, Ekkehard *Die Unendlichkeit Gottes bei Gregor von Nyssa. Gregors Kritik am Gottesbegriff der klassischen Metaphysik*

[Forschungen zur Kirchen- und Dogmengeschichte, 16]. Göttingen: Vandenhoeck & Ruprecht 1966. 215 pp.

1639 PHILIPPOU, A. J. *The Doctrine of Evil in St. Gregory of Nyssa.* In: *Studia Patristica IX* (cf. 1966, 150) 251—256

1640 QUÉRÉ-JAULMES, FRANCE *L'aumône chez Grégoire de Nysse et Grégoire de Nazianze.* In: *Studia Patristica VIII* (cf. 1966, 149) 449—455

1641 SPIRA, A. *Rhetorik und Theologie in den Grabreden Gregors von Nyssa.* In: *Studia Patristica IX* (cf. 1966, 150) 106—114

[467] THEILER, WILLY

GREGORIUS THAUMATURGUS

1642 KNORR, U. W. *Gregor der Wundertäter als Missionar* — Evangelisches Missionsmagazin 110 (1966) 70—84

[1943] LEROY, F. J.: Proclus Constantinopolitanus

GREGORIUS TURONENSIS

1643 ANTIN, PAUL *Sur une précision toponomique de Grégoire de Tours* — RPh 40 (1966) 88—89

1644 BEUMANN, H. *Gregor von Tours und der Sermo rusticus.* In: *Spiegel der Geschichte. Festgabe für Max Braubach* (Münster/W.: Aschendorff 1964) 69—98

1645 BUTZMANN, HANS *Die Wolfenbütteler Fragmente der Historien des Gregor von Tours* — Sc 20 (1966) 31—40

1646 CROZET, RENÉ *Recherches sur la cathédrale et les évêques de Tours des origines à la fin du 12e siècle* — Bulletin de la Société archéologique de Touraine 34 (1965) 188—195

1647 LATOUCHE, ROBERT *Quelques réflexions sur la psychologie de Grégoire de Tours.* In: *Études médiévales* ([Publications de la Faculté des lettres et sciences humaines de l'Université de Grenoble, 42] Paris: P. U. F. 1966) 53—59

1648 MURJANOFF, MICHAEL *Leningrader Bruchstück Gregorii Turonensis Historiarum Liber II* — Sc 20 (1966) 55—57

1649 SCHLICK, J. *Composition et chronologie des De virtutibus sancti Martini de Grégoire de Tours.* In: *Studia Patristica VII* (cf. 1966, 148) 278—286

1650 SCHNEIDER, JOHANNES *Die Darstellung der Pauperes in den Historien Gregors von Tours. Ein Beitrag zur sozialökonomischen Struktur Galliens im 6. Jahrhundert* — Jahrbuch für Wirtschaftsgeschichte 4 (1966) 75—74

1651 WENSKUS, REINHARD *Bemerkungen zum Thunginus der Lex Salia.* In: *Festschrift Percy Ernst Schramm I* (cf. 1966, 116) 217—236

HERMAS PASTOR

1652 BARNARD, L. W. *Hermas and Judaism.* In: *Studia Patristica VIII* (cf. 1966, 149) 3—9

1653 BARNARD, L. W. *Hermas, the Church and Judaism.* In: *Studies in the Apostolic Fathers* (cf. 1966, 109) 151—163

1654 GIET, S. *De trois expressions: Auprès de la tour, la place inférieure, et les premiers murs, dans le Pasteur d'Hermas.* In: *Studia Patristica VIII* (cf. 1966, 149) 24—29

1655 GIET, S. *Les trois auteurs du Pasteur d'Hermas.* In: *Studia Patristica VIII* (cf. 1966, 149) 10—23

[1924] Patres Apostolici

1656 PERNVEDEN, LAGE *The Concept of the Church in the Shepherd of Hermas* [Studia Theologica Lundunensia, 27]. Lund: C. W. K. Gleerup 1966. 340 pp.

HEGEMONIUS

1657 HANSEN, G. C. *Zu den Evangelienzitaten in den ,Acta Archelai'.* In: *Studia Patristica VII* (cf. 1966, 148) 473—485

HELIODORUS, A TRIKKA

1658 KEYDELL, RUDOLF *Zur Datierung der Aithiopika Heliodors.* In: *Polychronion* (cf. 1966, 143) 345—350

HESYCHIUS

1659 CONOMIS, N. C. *Hesychiana.* In: *Miscellanea critica I* (cf. 1966, 134) 27—35

HIERONYMUS

1660 [*Hieronymus*] *Saint Jerome: The Homilies 60—96.* Translated by S. MARIE LIGUORI EWALD [FaCh, 57]. Washington: Cath. University of America Press 1966. X, 304 pp.

1661 [*Hieronymus*] *San Girolamo: Commento a Daniele.* A cura di SILVANO COLA. Roma: Città Nuova ed. 1966. 210 pp.

1662 [*Hieronymus*] *San Girolamo: Le Lettere,* Vol. III: *Lettere LXXX—CXVI.* Traduzione e note di SILVANO COLA. Roma: Città Nuova ed. 1964. 422 pp.

1663 ANTIN, PAUL „*Hilarius Latinae eloquentiae Rhodanus*" (*Jérôme, In Gal., prol. 2)* — Orpheus 13 (1966) 3—25

1664 ANTIN, P. *Sur Defensor, Scintil., et Jérôme, In Dan. IV, 8; X, 4b et 6a* — SE 16 (1965) 256—259

1665 ANTIN, P. *Ut ita dicam chez saint Jérôme* — Latomus 25 (1966) 299—304

1666 ARGENIO, RAFFAELE *Un carme del Petrarca in lode di S. Gerolamo* — RiStCl 14 (1966) 208—210

1667 BODIN, YVON *Saint Jérôme et l'Église* [Théologie historique, 6]. Paris: Beauchesne 1966, 384 pp.

1668 CECCHETTI, IGINO S. *Girolamo e il suo „Prologus Galeatus" (Alle origini della Volgata).* In: *Miscellanea Antonio Piolanti, II* ([Laterannum, 30] Roma: Fac. theol. Pont. Univ. Lateranense 1964) 77—114

[426] COURCELLE, PIERRE

[1413] COURCELLE, PIERRE: Boethius

1669 DITTBURNER, JEROME M. *A Theology of Temporal Realities: Explanation of St. Jerome. Critical Reflections on the Theological Conceptions of Riches and Poverty as an Expression of a Theory of Relative Values.* Roma: Pont. Univ. Gregoriana 1966. XXIV, 119 pp.

[1096] DUVAL, Y.-M.: Augustinus

1670 FISKE, ADELE M. *Hieronymus Ciceronianus* — TPAPA 96 (1965) 119—138

[2576] JANNACCONE, SILVIA:

1671 MEERSHOEK, G. Q. A. *Le latin biblique d'après saint Jérôme. Aspects linguistiques de la rencontre entre la Bible et le monde classique* [Latinitas christianorum primaeva, 20]. Nijmegen—Utrecht: Dekker & Van de Vegt 1966. XV, 256 pp.

1672 OLIVIER, CLAUDE *Hieronymus.* Übersetzt von PETER MÜLLER, nach den Vätertexten bearbeitet von WERNER KRAMER [Die Kirchenväter. Ihr Leben und Zeugnis, 5]. Stuttgart: Schwabenverlag 1965. 118 pp.

1673 PAREDI, ANGELO S. *Girolamo e S. Ambrogio.* In: *Mélanges Eugène Tisserant V* (cf. 1964, 65) 183—198

[1975] PRICOCO, SALVATORE: Sidonius Apollinaris

1674 RECCHIA, VICENZO *Verginità e martirio nei „colores" di S. Girolamo (Ep. 24 — Hilberg)* — VetChr 3 (1966) 45—68

PS.-HIERONYMUS

[1965] VOGÜÉ, ADALBERT DE: Regula Magistri

HILARIUS PICTAVIENSIS

[1663] ANTIN, PAUL: Hieronymus

1675 BLASICH, GOTTARDO *La risurrezione dei corpi nell' opera esegetica di S. Ilario di Poitiers* — DThP 69 (1966) 72—90

1676 BORCHARDT, C. F. A. *Hilary of Poitiers' Role in the Arian Struggle* [Kerkhistorische Studien, 12]. 's-Gravenhage: Martinus Nijhoff 1966. IX, 198 pp.

1677 DOIGNON, J. *Hypothèse sur le contenu du Contra Dioscorum d'Hilaire de Poitiers.* In: *Studia Patristica VII* (cf. 1966, 148) 170—177

[805] *Early Latin Hymns*

1678 GOFFINET, ÉMILE *L'utilisation d'Origène dans le commentaire des Psaumes de saint Hilaire de Poitiers* [Studia Hellenistica, 14]. Louvain: Publications Universitaires 1965. XXI, 174 pp.

1679 MARTÍNEZ SIERRA, ALEJANDRO *La prueba escriturística de los a-rrianos según S. Hilario de Poitiers.* Santander: Pont. Univ. de Comillas. Publ. anejas a „Miscelánea Comillas" 1965. 198 pp.

1680 MURPHY, F. X. *An Approach to the Moral Theology of St. Hilary of Poitiers.* In: *Studia Patristica VIII* (cf. 1966, 149) 436—441

HIPPOLYTUS ROMANUS

1681 *[Hippolytus] Les canons d'Hippolyte.* Édition critique de la version arabe, introduction et traduction française par RENÉ-GEORGES COQUIN [PO, 31/2]. Paris: Firmin-Didot 1966. 171 [273—444] pp.

1682 *[Hippolytus] Traités d'Hippolyte sur David et Goliath, sur le Cantique des cantiques et sur l'Antéchrist (Version géorgienne).* Editée par GÉRARD GARITTE [CSCO, 263; Script. iberici, 15]. Louvain: Secrétariat du CSCO 1965. XII, 123 pp.

1683 *[Hippolytus] Traités d'Hippolyte sur David et Goliath, sur le Cantique des cantiques et sur l'Antéchrist (Version géorgienne).* Versio latina. Trad. par GÉRARD GARITTE [CSCO, 264; Script. iber., 16]. Louvain: Secrétariat du CSCO 1965. IV, 95 pp.

1684 BERTSCH, LUDWIG *Die Botschaft von Christus und unsere Erlösung bei Hippolyt von Rom. Eine materialkerygmatische Untersuchung* [Trierer theologische Studien, 17]. Trier: Paulinus Verlag 1966. XVI, 154 pp.

[2133] BORELLA, PIETRO

1685 BOTTE, BERNARD *A propos de la Tradition apostolique* — RThAM 33 (1966) 177—186

1686 BOTTE, BERNARD *La Tradition apostolique de Saint Hippolyte. Essai de reconstitution* [Liturgiewissenschaftliche Quellen und Forschungen, 39]. 3. Aufl. Münster/Westf.: Aschendorff 1966. XLVI, 112 pp.

1686a BOTTE, BERNARD *Tradition apostolique et Canon romain* — MaisonDieu 87 (1966) 52—61

1687 BROX, NORBERT *Kelsos und Hippolytos. Zur frühchristlichen Geschichtspolemik* — VigChr 20 (1966) 150—158

1688 DASSMANN, ERNST *Ecclesia vel anima. Die Kirche und ihre Glieder in der Hoheliederklärung bei Hippolyt, Origenes und Ambrosius von Mailand* — RQ 61 (1966) 121—144

1689 HANSSENS, JEAN MICHEL *L'édition critique des Canons d'Hippolyte* — OrChrP 32 (1966) 536—544

1690 HANSSENS, JEAN MICHEL *La liturgie d'Hippolyte. Ses documents, son titulaire, ses origines et son caractère.* 2e ed. photolithographique [OCA, 155]. Roma: Pontif. Institutum Orientalium Studiorum 1965. XXXVIII, 594 pp.

1691 MARCOVICH, M. *Hippolytus and Heraclitus.* In: *Studia Patristica VII* (cf. 1966, 148) 255—264

1692 MÜLLER, D. *Die russisch-kirchenslavische Handschrift von Hippolyts Schrift über den Antichrist im Kodex Slavicus 9 der österreichischen Nationalbibliothek* — ZSl 10 (1965) 64—105

1693 PRICOCO, SALVATORE *Osservazioni sulla struttura letteraria del „De Christo et Antichristo" di Ippolito* — Orpheus 12 (1965) 133—155

1694 RICHARD, M. Ἱππόλυτος. In: Θρησκευτικὴ καὶ Ἠθικὴ Ἐγκυκλοπαιδεία, τ. 6 (cf. 1966, 193) 990—996

1695 RICHARD, MARCEL *Les fragments du commentaire de S. Hippolyte sur les Proverbes de Salomon. II: Édition provisoire* — Mu 79 (1966) 61—94 (à suivre)

1696 RICHARD, MARCEL *Saint Hippolyte a-t-il commenté l'histoire de Samson ?* In: *Littérature et religion* (cf. 1966, 126) 13—21

HORMISDAS PAPA

1697 [*Hormisdas Papa*] *Regula fidei. Fragmentum epistulae deper ditae. Epistula Titel 149.* In: *Patrologiae cursus completus, Supplemtum III* (cf. 1966, 856) col. 1273—1275

IGNATIUS ANTIOCHENUS

1698 BARNARD, L. W. *The Background of St. Ignatius of Antioch.* In: *Studies in the Apostolic Fathers* (cf. 1966, 109) 19—30

1699 BOSIO, GUIDO *La dottrina spirituale di S. Ignazio d'Antiochia* — Salesianum 28 (1966) 519—550

1699a BUNGE, WILFRED F. *The Christology of Ignatius of Antioch* [Dissertation]. Cambridge (Mass.): Harvard University 1966 [dactyl.] — Summary in HThR 59 (1966) 439—440 [microfilm]

1700 ΧΡΗΣΤΟΥ, Π. Κ. Ἰγνάτιος, Ἐπίσκοπος Ἀντιοχήνος. In: Θρησκευτικὴ καὶ Ἠθικὴ Ἐγκυκλοπαιδεία, τ. 6 (cf. 1966, 193) 705—715

1701 COLSON, J. *Le rôle du presbytérium et de l'évêque dans le contrôle de la liturgie chez saint Ignace d'Antioche et le rôle de Rome au XIIe siècle* — ParLit 47 (1965) 14—24

1702 GIBBARD, S. M. *The Eucharist in the Ignatian Epistles.* In: *Studia Patristica VIII* (cf. 1966, 149) 214—218

1703 GLASSON, T. F. *Hort's Rendering of Passages from Ignatius and Polycarp* — ChQR 167 (1966) 302—309

1704 GUY, FRITZ *The Lord's Day in the Letter of Ignatius to the Magnesians* — AUSS 2 (1964) 1—17

1705 LILIENFELD, FAIRY VON *Zur syrischen Kurzrezension der Ignatianen. Von Paulus zur Spiritualität des Mönchtums der Wüste,* In: *Studia Patristica VII* (cf. 1966, 148) 233—247

[1923] Patres Apostolici

1706 ROGGE, JOACHIM Ἕνωσις *und verwandte Begriffe in den Ignatiusbriefen.* In: *. . . und fragten nach Jesus.* Beiträge aus Theologie,

Kirche und Geschichte. Festschrift für Ernst Barnikol zum 70. Geburtstag (Berlin: Evangelische Verlagsanstalt 1964) 45—51

[378] ROTHE, RICHARD

1707 SAMRANI, PHILIPPE S. *Ignace d'Antioche et ses lettres.* Beyrouth 1966

1708 SERRAZANETTI, PAOLO *Bibliografia Eucaristica Ignaziana recente.* In: *Miscellanea liturgica in onore Cardinale Lercaro,* I (cf. 1966, 136) 341—387

1709 SMIT SIBINGA, J. *Ignatius and Matthew* — NovTest 8 (1965/66) 263—283

1710 THOMSEN, NIELS *Lighed med Gud hos Ignatius af Antiokia* — DTT 29 (1966) 144—163

ILDEFONSUS TOLETANUS

1711 SCHAPIRO, MEYER *The Parma Ildefonsus. A Romanesque illuminated Manuscript from Cluny and related Works* [Monographs on Archaeology and Fine Arts sponsored by the Archaeological Institute of America and the College Art Association of America, 11]. New York: College Art Association of America in conjunction with the Art Bulletin 1964. 85 pp.

IOHANNES BAR APHTONAJA

1712 KRÜGER, PAUL *Johannes bar āphtonājā und die syrische Übersetzung seines Kommentars zum Hohen Liede* — OrChr 50 (1966) 61—71

IOHANNES CHRYSOSTOMUS

1713 [*Iohannes Chrysostomus*] *Commento al Vangelo di S. Matteo.* Traduzione di R. MINUTI e F. MONTI. 2 voll. Roma: Città Nuova 1966. 396/427 pp.

1714 [*Iohannes Chrysostomus*] 'Ιωάννου Χρυσοστόμου, λόγοι δύο εἰς Εὐτρόπιον. Εἰσαγωγή — κείμενον — μετάφραση — σχόλια ὑπό Β. ΜΠΙΛΑΛΗ. 'Αθῆναι: ῎Εκδ. ,,Γρηγόρη" 1966. σ. 104

1715 [*Iohannes Chrysostomus*] 'Ιωάννου Χρυσοστόμου, ὁμιλία εἰς Εὐτρόπιον. Εἰσαγωγή — κείμενον — νεοελληνικὴ ἀπόδοσις — σχόλια. 'Αθῆναι 1966. σ. 20

1716 [*Iohannes Chrysostomus*] 'Ιωάννου Χρυσοστόμου ὁμιλία εἰς Εὐτρόπιον εὐνοῦχον, πατρίκιον καὶ ὕπατον. Εἰσαγωγή — κείμενον — ἀπόδοσις εἰς τὴν Νεοελληνικὴν — σχόλια ὑπό Ν. ΜΠΟΥΤΑΤΣΟΥ καὶ Δ. ΜΠΑΤΙΣΤΑΤΟΥ. 'Αθῆναι 1966. σ. 48

1717 [*Iohannes Chrysostomus*] *Jean Chrysostome: A Théodore.* Introduction, texte critique, traduction et notes par JEAN DUMORTIER [SC, 117]. Paris: Du Cerf 1966. 324 pp.

1718 [*Iohannes Chrysostomus*] *Jean Chrysostome: La virginité.* Texte et introduction critique par HERBERT MUSURILLO, introduction génerale, traduction et notes par BERNARD GRILLET [SC, 125]. Paris: Du Cerf 1966. 416 pp.

1719 [*Iohannes Chrysostomus*] *S. Giovanni Crisostomo: Invito a penitenza.* Versione, introduzione e note a cura di BONIFACIO BORGHINI. Roma—Ancona: Ediz. Paoline 1965. 142 pp.

1720 [*Iohannes Chrysostomus*] *The Liturgy of St. John Chrysostome.* Edited and translated by DONALD ATTWATER. Woolhampton: Douai Abbey 1964. 21 pp.

1721 AALST, P. VAN DER *Christus Basileus bij Johannes Chrysostomus.* Nijmegen—Utrecht: Dekker & van de Vegt N. V. 1966. VII, 89 pp.

1722 AMAND DE MENDIETA, E. *L'amplification d'un thème socratique et stoïcien dans l'avant-dernier traité de Jean Chrysostome* — Byzan 36 (1966) 353—381

[564] BLAGOVÁ, E.

1723 BOPP, LINUS *Gleichlaufende Gedankengänge der heiligen Chrysostomus und Augustinus über das Laienapostolat* — ORhPBl 67 (1966) 409—415

1724 COMAN, IOAN G. *Raportul dintre justificare şi dragoste în omiliile Sfîntului Ioan Gură de Aur la Epistola către Romani* (Le rapport entre la justification et l'amour dans les homélies de St. Jean Chrysostome à l'Epître aux Romains) — OrtBuc 18 (1966) 199—221

1726 CORNIŢESCU, CONSTANTIN I. *Idei dogmatice în Cuvîntările Sfîntului Ioan Hrisostom la Praznicele împărăteşti* (Idées dogmatiques dans les sermons de Saint Jean Chrysostome aux grandes fêtes de l'Église) — StBuc 17 (1965) 441—449

1727 CQONIA, TʻORNIKE *Une instruction de Jean Chrysostome citée dans le commentaire du „Chevalier à la peau de tigre" In Ioh. ev.,* 62 (en géorgien) — Šotʻa Rustʻaveli. Recherches historico-philologiques, Tiflis: Institut des manuscrits (1966) 92—108

1728 ΔΗΜΟΠΥΛΟΥ, Γ. Ἡ οἰκομένεια κατὰ τὸν ἱερὸν Χρυσόστομον. Ἔκδοσις βʹ „Σωτῆρος". Ἀθῆναι 1965. σ. 188

1729 DUMORTIER, JEAN *Comparaisons et métaphores chrysostomiennes (P. G. 47, 277—316).* In: *Littérature et religion* (cf. 1966, 126) 31—38

1730 DUMORTIER, J. *L'ancienne traduction latine de l'Ad Theodorum.* In: *Studia Patristica VII* (cf. 1966, 148) 178—183

1731 EVDOKIMOV, PAUL *La prière de l'Église d'Orient. La liturgie de saint Jean Chrysostome.* Préface du R. P. DALMAIS [Approches oecuméniques]. Mulhouse: Salvator; Paris—Tournhout: Casterman 1966. 206 pp.

1732 FERRARI, A. *Las dos ciudades cristianas de San Juan Crisóstomo: Antioquía (Matt. hom. 66) y Constantinopla (Act. Ap. hom 11)* — BRAH 158 (1966) 25—105

1733 GREENSLADE, S. L. *The Printer's Copy for the Eton Chrysostom, 1610—1613.* In: *Studia Patristica VII* (cf. 1966, 148) 60—64

1734 GRILLET, BERNARD *Jean Chrysostome et le traité sur la virginité —* — BulBudé 25 (1966) 459—464

1735 HARKINS, P. W. *The Text Tradition of Chrysostom's Commentary on John.* In: *Studia Patristica VII* (cf. 1966, 148) 210—220

1736 HARKINS, P. W. *Pre-Baptismal Rites in Chrysostom's Baptismal Catecheses.* In: *Studia Patristica VIII* (cf. 1966, 149) 219—238

1737 JACOB, ANDRÉ *La traduction de la liturgie de saint Jean Chrysostome par Léon Toscan. Édition critique —* OrChrP 32 (1966) 111—162

[2226] JACOB, A.

1738 ΚΡΙΤΟΥΣ, ΒΑΡΝΑΒΑ Ἡ περὶ τῶν Ἁγίων Γραφῶν διδασκαλία Ἰωάννου τοῦ Χρυσοστόμου. Ἔκδοσις β'. Ἀθῆναι 1965. σ. 43

1739 KÜNDIG, KARL *Die dreifache Sprache des heiligen Chrysostomus —* SKZ 134 (1966) 58—59

1740 MALINGREY, ANNE-MARIE *La tradition latine d'un texte de Jean Chrysostome (Quod nemo laeditur).* In: *Studia Patristica VII* (cf. 1966, 148) 248—254

1741 MALINGREY, A.-M. *Une ancienne version latine du texte de Jean Chrysostome ,,Quod nemo laeditur . . .''* — SE 16 (1965) 320—354 (textus: 327—354)

[2230] MATEOS, J.

[643] MORIZE, GILBERTE

[1386] NAUKOV, SIMEON: Basilius Magnus

1742 NICOLAE, GHEORGHE A. *Teluri morale în predicile despre pocăință ale Sfîntului Ioan Gură de Aur* (Les buts moreaux dans les sermons sur la pénitence de Saint Jean Chrysostome) — StBuc 18 (1966) 91—99

[1918] Palladius

1743 SIMION, CAPLAT S. *Profilul predicatorului creștin după Sfîntul Ioan Gură de Aur, Sf. Grigore Dialogul și Fericitului Augustin* (Le profil du prédicateur chrétien selon St. Jean Chrysostome, St. Grégoire le Théologue el le Bienheureux Augustin) — StBuc 18 (1966) 489—506

1744 SORLIN, H. *Un commentaire inédit sur Job, attribué à St. Jean Chrysostome.* In: *Studia Patristica VII* (cf. 1966, 148) 543—548

[1391] STAN, LIVIU: Basilius Magnus

1745 STOCKMEIER, PETER *Theologie und Kult des Kreuzes bei Johannes Chrysostomus. Ein Beitrag zum Verständnis des Kreuzes im 4. Jahrhundert* [Trierer theolog. Studien, 18]. Trier: Paulinus Verlag 1966. XVII, 263 pp.

1746 ΤΣΙΡΟΠΟΥΛΟΥ, Κ. Μυστικὸς Δεῖπνος. Σχόλια ἑνὸς σημερινοῦ στὴ θεία λειτουργία τοῦ Ἁγ. Ἰωάννου τοῦ Χρυσοστόμου καὶ στὴν ἐποχή μας. Ἀθῆναι: Ἔκδοσις ,,Ἀστέρος'' 1965. σ. 207

1747 USENER, HERMANN *Divus Alexander.* In: *Kleine Schriften, IV* (cf. 1966, 159) 396—398

PSEUDO-CHRYSOSTOMUS

1748 ALDAMA, J. A. DE *Historia y balance de la investigación sobre homi-lías pseudocrisostómicas impresas.* In: *Studia patristica VII* (cf. 1966, 148) 117—132

1749 ALDAMA, J.-A. DE *Repertorium Pseudochrysostomicum* [Documents, études et répertoires publ. par l'Inst. de Rech. et d'Hist. des Textes, 10]. Paris: Centre nat. de la recherche scient. 1965. XVIII, 241 pp.

1750 BICKERSTETH, E. *Edition with Translation of a Hypapante Homily ascribed to John Chrysostom* — OrChrP 32 (1966) 53—77 (56—77: textus cum traductione anglica)

IOHANNES CLIMACUS

1751 CORNEANU, N. *Contributions des traducteurs roumains à la diffusion de „l'Échelle" de saint Jean Climaque.* In: *Studia Patristica VIII* (cf. 1966, 149) 340—355

IOHANNES DAMASCENUS

1752 [*Iohannes Damascenus*] *Saint-Jean Damascène: La foi orthodoxe, suivie de Défense des icônes.* Traduction, introduction et notes par E. PONSOYE. Préface de JEAN KOVALEVSKY [Publication de l'Institut Orthodoxe Français de Paris, Saint-Denys]. Paris: Éd. de Cahiers Saint-Irénée 1966. 242 pp.

[1362] Barlaam et Ioasaph

[1846] BORONKAI, I.: Maximus Confessor

1753 DŽGAMAIA, LALI *La traduction par Georges l'Hagiorite de l'hymne de Jean Damascène sur la Nativité* (en géorgien) — Šot' a Rust' aveli. Recherches historico-philologiques. Tiflis: Institut des Manuscrits (1966) 178—190

[1363] GINESTET, DENISE: Barlaam et Ioasaph

1754 JAMMERS, E. *Der Kanon des Johannes Damascenus für den Oster-sonntag.* In: *Polychronion* (cf. 1966, 143) 266—286

1755 KING, N. Q. *S. Joannis Damasceni De haeresibus cap. CI and Islam.* In: *Studia Patristica VIII* (cf. 1966, 149) 76—81

[1364] LANTSCHOOT, ARNOLD VAN: Barlaam et Ioasaph

[1365] MAZAL, OTTO: Barlaam et Ioasaph

[1366] PREDESCU, LUCIAN: Barlaam et Ioasaph

1756 ROZEMOND, KEETJE *Kurbsky's Translation of the Works of Saint John of Damascus.* In: *Studia Patristica IX* (cf. 1966, 150) 588—593

1757 TANGHE, A. *Le lexique du vocabulaire de Jean Damascène.* In: *Studia Patristica VII* (cf. 1966, 148) 409—412

1758 ΤΣΙΡΠΑΝΛΗ, ΑΙΜΙΛΙΑΝΟΥ ῾Η περὶ ᾽Εκκλησίας καὶ Μυστηρίων διδασκαλία ᾽Ιωάννου τοῦ Δαμασκηνοῦ — ThAthen 37 (1966) 50—58; 226—243

IOHANNES EUBOEENSIS

1759 HALKIN, F. *La Passion de Sainte Parascève par Jean d'Eubée* [BHG 1420p]. In: *Polychronion* (cf. 1966, 143) 226—237 (texte: 231—237)

IOHANNES MALALAS

1760 CHRYSOS, EVANGELOS *Eine Konjektur zu Johannes Malalas* — JOBG 15 (1966) 147—152

1761 UDALČOVA, Z. V. *La chronique de Jean Malalas dans la Russie de Kiev* — Byzan 35 (1965) 575—591

IOHANNES MOSCHUS

[2053] GARITTE, GÉRARD: Hagiographica

IOHANNES PHILOPONUS

1762 [*Iohannes Philoponus*] *Jean Philopon: Commentaire sur le De Anima d'Aristote*. Traduction de Guillaume de Moerbeke. Édition critique avec une traduction sur la psychologie de Philopon par G. VERBEKE [Centre de Wulf-Mansion. Corpus latinum commentariorum in Aristotelem graecorum, 3]. Louvain: Publications universitaires; Paris: Éd. Béatrice-Nauwelaerts 1966. CXX, 172 pp.

1762a ΧΡΗΣΤΟΥ, Π. Κ. Ἰωάννης ὁ Φιλόπονος. In: Θρησκευτικὴ καὶ Ἠθικὴ Ἐγκυκλοπαιδεία, τ. 6 (cf. 1966, 193) 1205—1207

1763 EGENOLFF, PETER *Ioannis Philoponi collectio vocum, quae pro diversa significatione accentum diversum accipiunt*. In: *Lexica Graeca minora* (cf. 1966, 496) 359—372

1764 ÉVRARD, ÉT. *Jean Philopon, son commentaire sur Nicomaque et ses rapports avec Ammonius* — REG 78 (1965) 592—598

1765 KRAEMER, J. L. *A lost passage from Philoponus' „Contra Aristotelem"* in *Arabic translation* — JAOS 85 (1966) 318—327

IRENAEUS LUGDUNENSIS

1766 [*Irenaeus*] Εἰρηναίου ἐπισκόπου Λουγδούνου: Ἐπίδειξις τοῦ Ἀποστολικοῦ κηρύγματος. Εἰσαγωγή — μετάφρασις — σχόλια ὑπὸ Ι. ΚΑΡΑΒΙΔΟΠΟΥΛΟΥ [Ἀνάτ. ἐκ τοῦ „Γρηγ. Παλαμᾶ"]. Θεσσαλονίκη 1969. σ. 88

1767 [*Irenaeus*] *Libros quinque adversus haereses*. Ed. by WILLIAM WIGAN HARVEY [Reprint of edition Cambridge 1857]. 2 vols. Frankfurt/M.: Minerva 1965. 1160 pp.

1768 BÉVENOT, MAURICE *Clement of Rome in Irenaeus's Succession-List* — JThS 17 (1966) 98—107

1769 BORI, PIER CESARE *Attualità di S. Ireneo (su varie recenti edizioni)* — Studium 62 (1965) 582—593

1770 BROX, NORBERT *Offenbarung, Gnosis und gnostischer Mythos bei Irenäus von Lyon. Zur Charakteristik der Systeme* [Salzburger patristische Studien des internationalen Forschungszentrums für Grundfragen der Wissenschaft, 1]. Salzburg—München: A. Pustet 1966. 232 pp.

1771 BROX, NORBERT *Justin-Zitat oder Sprichwort bei Irenäus* — ZKG 77 (1966) 120—121

[1687] BROX, NORBERT: Hippolytus Romanus

1772 CLARKE, G. W. *Notes and Observations: Irenäus Adv. Haer. 4, 30, 1* — HThR 59 (1966) 95—97

[1992] FREDOUILLE, JEAN-CLAUDE: Tertullianus

1773 GUILLAUMIN, MARIE LOUISE *A la recherche des manuscrits d'Irénée.* In: *Studia Patristica VII* (cf. 1966, 148) 65—70

1774 HEMMERDINGER, B. *Notes sur deux fragments grecs de S. Irénée* — REG 78 (1965) 620—622

1775 HEMMERDINGER, BERTRAND *Observations critiques sur Irénée, IV (Sources Chrétiennes 100) ou les mésaventures d'un philologue* — JThS 17 (1966) 308—326

1776 JONG, JOHANNES PETRUS DE *Der ursprüngliche Sinn von Epiklese und Mischungsritus von der Eucharistielehre des Hl. Irenäus* — ALW 9 (1965/1966) 28—47

1777 LOI, VINCENZO *L'uso di ,,principari" e la datazione dell' Ireneo latino* — Annali d'Istituto orientale Napoli, Sez. Linguistica 6 (1965) 145—149

[2457] NORRIS, RICHARD A.

1778 ORBE, ANTONIO *S. Ireneo y el conocimiento natural de Dios* — Greg 47 (1966) 441—471; 710—747

1779 RICHARD, MARCEL *Un faux dithélite — Le traité de S. Irénée au Diacre Démétrius.* In: *Polychronion* (cf. 1966, 143) 431—440

1780 WUILLEUMIER, P. *Le martyre chrétien de 177.* In: *Mélanges d'archéologie, d'épigraphie et d'histoire offerts à Jérôme Carcopino* (cf. 1966, 131) 987—990

ISAAC AMIDENSIS

1781 CZEGLÉDY, K. *Isaac Amidensis in the wonderful escape of Constantinople in the year 434 A. D.* In: *Kongreß für Klassische Philologie* (cf. 1966, 121) 20/b

ISAAC NINIVITA

[557] ASTRUC, CHARLES: Manuscripta

ISAIAS SCETENSIS

[557] ASTRUC, CHARLES: Manuscripta

ISIDORUS HISPALENSIS

1782 [*Isidorus Hispalensis*] *Isidore of Seville's History of the Kings of the Goths, Vandals and Suevi.* Translated by GUIDO DONINI and GORDON B. FORD. Leiden: Brill 1966. VIII, 46 pp.

1783 [*Isidorus Hispalensis*] *The Letters of St. Isidore of Seville.* Translated by GORDON B. FORD. Catania: Centro di Studi sull' Antico Cristianesimo, Università di Catania 1966. 49 pp.

1784 BISCHOFF, BERNHARD *Die europäische Verbreitung der Werke Isidors von Sevilla.* In: *Mittelalterliche Studien I* (cf. 1966, 110) 171—194

[423] BOEHM, LAETITIA

1785 BORST, ARNO *Das Bild der Geschichte in der Enzyklopädie Isidors von Sevilla* — DA 22 (1966) 1—62

1786 CRUZ HERNÁNDEZ, M. *San Isidoro en el problema de la „cultura" hispano visigoda* — AEM 3 (1966) 413—423

1787 ELORDUY, E. *San Isidoro interpretado por Suárez* — ArLeón 20 (1966) 7—75

[591] FERNÁNDEZ CATÓN, JOSÉ M.: Manuscripta

[592] FERNÁNDEZ CATÓN, JOSÉ M.: Manuscripta

1788 FONTAINE, JACQUES *Isidore de Séville et la mutation de l'encyclopédisme antique.* In: *La pensée encyclopédique* (Neuchâtel: Éd. La Baconnière 1966) 43—62 — idem: CaHM 9 (1966) 519—538

1789 FONTAINE, JACQUES *La diffusion carolingienne du „De natura rerum" d'Isidore de Séville d'après les manuscrits conservés en Italie* — — StMe 7 (1966) 108—127

[812] FONTAINE, JACQUES

[817] GANDILLAC, MAURICE DE

1790 GASPAROTTO, GIOVANNI *Isidoro e Lucrezio. I: Le fonti dei capitoli „De tonitruo" e „De fulminibus" del „De natura rerum" e delle „Origines".* A: *De tonitruo* — Memorie della Accademia Patavina de SS. LL. AA.: Classe di Scienza morale, Lettere ed Arti (Padova) 77 (1964/1965) 285—332 — idem separata: Padova 1965. 50 pp.

1791 GASPAROTTO, GIOVANNI *Isidoro e Lucrezio. I: Le fonti dei capitoli „De tonitruo" e „De fulminibus" del „De natura rerum" e delle „Origines".* B: *De fulminibus* — Memorie della Accademia Patavina de SS. LL. AA.: Classe di Scienza morale, Lettere ed Arti (Padova) 78 (1965/1966) 73—132 — idem separata: Padova 1966. 64 pp.

1791a GASPAROTTO, GIOVANNI *Isidoro e Lucrezio. II: Le fonti dei capitoli „De arcu" (XXXI) del „De natura rerum" e „De arcu et nubium effectibus" (limitatamente dell' arcobaleno) delle „Origines" (XIII, 10)* — Memorie della Accademia Patavina de SS. LL. AA.: Classe di Scienza morale, Lettere ed Arti (Padova) 78 (1965/1966) 207—240 — idem separata: Padova 1966 36 pp.

1792 JOUVET, JEAN *Quelques cas de ,,platonisme grammatical" de VIIe au XIIe siècle.* In: *Mélanges René Crozet I* (cf. 1966, 130) 93—99

1793 LECLERCQ, JEAN *La diffusion carolingienne du ,,De natura rerum" d'Isidore de Séville d'après les manuscrits conservés en Italie —* StMe 3 (1966) 108—127

1794 MARROU, H. I. *Isidore de Séville et les origines de la culture médiévale —* RH 235 (1966) 39—46

1795 MUNIER, CH. *Saint Isidore de Séville est-il l'auteur de l'Hispana chronologique ? —* SE 17 (1966) 230—241

[645] MURJANOFF, MICHAEL

[2237] RAMOS, M.

1796 REYDELLET, MARC *La diffusion des Origines d'Isidore de Séville au Haut Moyen Age —* MAH 78 (1966) 383—437

PS.-ISIDORUS HISPALENSIS

1797 FUHRMANN, HORST *Pseudoisidor im Kloster Cluny.* In: *Proceedings of the Second International Congress of Medieval Canon* (Monumenta Iuris Canonici. Series C: Subsidia, 1 Romae: S. Congregatio de Seminariis et Studiorum Universitatibus 1965)

ISIDORUS PELUSIOTA

1798 FOUSKAS, C. *St. Isidore of Pelusium and the New Testament —* ThAthen 37 (1966) 59—71; 262—293; 453—472; 607—632 (continued)

IULIANUS AECLANENSIS

1799 CLODIUS, F. *El libre albedrío según Julián de Eclano —* AnSan 14 (1962) 99—134

1800 JONES, EDMUND SAMUEL PHILIP *Julian, Bishop of Aeclanum, Exegete and Theologian* [Philosophical Dissertation]. Fife (Scotland): University of St. Andrews 1965. 251 pp. [dactyl.]

[1270] PERAGO, FERNANDO: Augustinus

1801 REFOULÉ, FRANÇOIS *Julien d'Eclane.* In: *Catholicisme,* t. 6 (cf. 1966, 176) 1236—1239 coll.

IULIANUS AB HALICARNASSO

1802 USENER, HERMANN *Zu Julian von Halikarnass.* In: *Kleine Schriften, IV* (cf. 1966, 159) 316—333

IULIANUS TOLETANUS

1803 MATHON, G. *Julien (saint), évêque de Tolède.* In: *Catholicisme,* t. 6 (cf. 1966, 176) 1230—1231

IUSTINUS MARTYR

1804 [*Iustinus Martyr*] *Selections from Justin Martyr's Dialogue with Trypho, a Jew*. Edited by R. P. C. HANSON [World Christian Books, 49]. New York: Association Pr. 1964. 80 pp.

[1449] BAERT, EDWARD: Clemens Alexandrinus

1805 BAMMEL, E. *Die Täufertraditionen bei Justin*. In: *Studia Patristica VIII* (cf. 1966, 149) 53—61

1806 BROTHERS, J. T. *The Interpretation of* παῖς θεοῦ *in Justin Martyr's Dialogue with Trypho*. In: *Studia Patristica IX* (cf. 1966, 150) 127—138

[1770] BROX, NORBERT: Irenaeus

1807 CATAUDELLA, QUINTINO *Dante e le apologie di Giustino* — RCCM 7 (1965) 321—330 (= Studi in onore di Alfredo Schiaffini, vol. I)

1808 CHADWICK, HENRY *Early Christian Thought and the Classical Tradition. Studies in Justin, Clement and Origen*. Oxford: Clarendon Press 1966. VIII, 174 pp.

1809 CHRISTENSEN, TORBEN *Bemaerkinger og overvejelser til Niels Hyldahl: „Philosophie und Christentum. Eine Interpretation der Einleitung zum Dialog Justins"* — DTT 29 (1966) 193—232

[2142] CONDON, KEVIN: Liturgica

1810 DAVEY, D. M. *Justin Martyr and the Fourth Gospel* — Scripture 17 (1965) 117—122

1811 GILL, DAVID *A liturgical fragment in Justin, Dialogue XXIX, 1* — HThR 59 (1966) 98—100

1812 IVANOV, N. *Sv. mučenik Iustin Filosof* (Der hl. Märtyrer Justin der Philosoph) — ŽurMP (1966) fasc. 6, 68—70; fasc. 7, 65—71

1813 HYLDAHL, NIELS *Philosophie und Christentum. Eine Interpretation der Einleitung zum Dialog Justins* [Acta Theologica Danica, 9]. København: Munksgaard 1966. 316 pp.

1814 HOWTON, J. *The Theology of the Incarnation in Justin Martyr*. In: *Studia Patristica IX* (cf. 1966, 150) 231—239

[2457] NORRIS, RICHARD A.

1815 OSBORN, E. F. *Justin's Response to Second Century Challenges* — — AusBR 14 (1966) 37—54

1816 SMITH, M. A. *Did Justin know the Didache ?* In: *Studia Patristica VII* (cf. 1966, 148) 287—290

KORIUN

[488] JENSEN, HANS

LACTANTIUS

[418] ARCHAMBAULT, PAUL

1817 LOI, VINCENZO *Il concetto di „iustitia" e i fattori culturali dell' etica di Lattanzio* — Salesianum 28 (1966) 583—625

1818 Loi, Vincenzo *I valori etici e politici della romanità negli scritti di Lattanzio* — Salesianum 27 (1965) 65—132

1819 Loi, Vincenzo *Problema del male e dualismo negli scritti di Lattanzio* — Annali della Facoltà di Lettere, Filosofia e Magistero della Università di Cagliari (Cagliari) 29 (1961/1965) 37—96

1820 Moreau, Jacques *Vérité historique et propagande politique chez Lactance et dans la Vita Constantini.* In: *Scripta Minora* (cf. 1966, 137) 135—143

[350] Moreau, Jacques

[351] Moreau, Jacques

[353] Moreau, Jacques

[1562] Moreau, Jacques: Eusebius

1821 Palanque, Jean- Rémy *Sur la date du ,,De mortibus persecutorum".* In: *Mélanges d'archéologie, d'épigraphie et d'histoire offerts à Jérôme Carcopino* (cf. 1966, 131) 711—716

1822 Schmidt, Peter Lebrecht *Zeugnisse antiker Autoren zu Ciceros Werk De Legibus.* In: *Miscellanea critica II* (cf. 1966, 134) 301—333

1823 Stock, B. *Cosmology and Rhetoric in the Phoenix of Lactantius* — CM 26 (1965) 246—257

1824 Stevenson, J. *The Epitome of Lactantius, Divinae Institutiones.* In: *Studia Patristica VII* (cf. 1966, 148) 291—298

[928] Swift, L. J.: Arnobius Major

LEO I MAGNUS

1825 [*Leo Magnus*] *S. Leone Magno: Il mistero pasquale (Sermoni).* Versione, introduzione e note a cura di A. Valeriani. Roma: Ed. Paoline 1965. 298 pp.

1826 Alberich, Emilio *El misterio salvífico de la encarnación en el primer formulario navideño del sacramentario leoniano* — RET 25 (1965) 277—317

1826a Bertolini, O. *Leone I papa* — ArStoria 89 (1966) 1—23

[2298] Chavasse, Antoine

[2485] Chavasse, Antoine

[1593] Janini, J.: Gelasius I Papa

[1251] Oroz, J.: Augustinus

1827 Pellegrino, Michele *Temi dominanti nei Sermoni natalizi di S. Leone Magno.* In: *Miscellanea Carlo Figni* (cf. 1966, 133) 97—115

1828 Tuilier, André *Le primat de Rome et la collégialité de l'épiscopat d'après la correspondance de saint Léon avec l'Orient* — NDid 15 (1965) 53—67

LEONTIUS BYZANTINUS

1829 ΧΡΗΣΤΟΥ, Π. Κ. Λεόντιος ὁ Βυζάντιος, In: Θρησκευτικὴ καὶ Ἠθικὴ Ἐγκυκλοπαιδεία, τ. 8 (cf. 1966, 193) 294—299

1829a EVANS, DAVID B. *Leontius of Byzanz: An Origenist Christology* [Dissertation]. Cambridge (Mass.): Harvard University 1966. [dactyl.] — Summary in HThR 59 (1966) 444 [microfim]

1830 WATT, J. H. I. *The Authenticity of the Writings Ascribed to Leontius of Byzantium. A New Approach by means of Statistics.* In: *Studia Patristica VII* (cf. 1966, 148) 321—336

LEONTIUS TRIPOLITANUS

1831 GARITTE, GÉRARD *Textes hagiographiques orientaux relatifs à saint Léonce de Tripoli. II: L'homélie copte de Sévère d'Antioche* — Mu 79 (1966) 335—386

LIBERIUS I PAPA

[221] CAMPEAU, L.

1832 HERRMANN, JOHANNES *Ein Streitgespräch mit verfahrensrechtlichen Argumenten zwischen Kaiser Konstantius und Bischof Liberius.* In: *Festschrift für Hans Liermann zum 70. Geburtstag* ([Erlanger Forschungen, A/16] Erlangen: Universitätsbund Erlangen e. V. 1964) 77—86

1833 MEN', A. *Sv. Liverij, papa Rimskij (k 1600 — letiju s duja prestavlenija)* (Der hl. Liberius, Papst von Rom, zu seinem 1600. Todestag) — ŽurMP (1966) fasc. 8, 52—57

LICENTIUS POETA

1834 CLARKE, AMY KEY *Licentius, Carmen ad Augustinum ll. 45 seqq., and the Easter Vigil.* In: *Studia Patristica VIII* (cf. 1966, 149) 171—175

MACARIUS AEGYPTIUS

1835 KIRCHMEYER, JEAN *Les 50 homélies spirituelles de Macaire. A propos d'une édition récente* — RAM 41 (1965) 191—195

1836 KUZ'MIN, IEROMONACH NIKOLAJ *Smysl i cel' žizni po tvorenijam prepodobnogo Makarija Jegipetskogo* (Sinn und Zweck des Lebens nach den Schriften des hl. Makarius des Ägypters) [Dissertation]. Leningrad: Geistliche Akademie 1966. 181 pp. [dactyl.]

1837 ΨΕΥΤΟΓΚΑ, ΒΑΣΙΛ. Μακάριος ὁ Αἰγύπτιος. In: Θρησκευτική καὶ ᾿Ηθικὴ ᾿Εγκυκλοπαιδεία, τ. 8 (cf. 1966, 193) 469—477

PSEUDO-MACARIUS

[557] ASTRUC, CHARLES: Manuscripta

1838 BAKER, AELRED *Pseudo-Macarius and Gregorius of Nyssa* — VigChr 20 (1966) 227—234

1839 MIQUEL, P. *Les caractères de l'expérience spirituelle selon le Pseudo-Macaire* — Irénikon 39 (1966) 497—513

MARIUS VICTORINUS

[1046] BULHARDT, VINZENZ: Augustinus
 [426] COURCELLE, PIERRE
 1840 PÖHLMANN, E. *Marius Victorinus zum Odengesang bei Horaz* —
   Phil 109 (1965) 134—140

MARTINUS BRACARENSIS

1841 MORALEJO, J. L. *Notas críticas a Martín de Braga (CM XVII, 9—10)*
   — Emerita 34 (1966) 85—86

MARTYRIUS (SAHDONA)

1842 [*Martyrius (Sahdona)*] *Oeuvres spirituelles*, III: *Le livre de la perfection*, 2me partie (Ch. 8—14). Édité par ANDRÉ DE HALLEUX [CSCO,
   252; Script. Syri 110]. Louvain: Secrétariat du CSCO 1965. 163 pp.
1843 [*Martyrius (Sahdona)*] *Oeuvres spirituelles*, III: *Le livre de la perfection*, 2me partie (Ch. 8—14). Traduit par ANDRÉ DE HALLEUX
   CSCO, 253; Script. Syri, 111]. Louvain: Secrétariat du CSCO 1965.
   171 pp.
1844 [*Martyrius (Sahdona)*] *Oeuvres spirituelles*, IV: *Lettres à des amis solitaires, Maximes sapientiales*. Édité par ANDRÉ DE HALLEUX [CSCO,
   254; Script. Syri, 112]. Louvain: Secrétariat du CSCO 1965. 108 pp.
1845 [*Martyrius (Sahdona)*] *Oeuvres spirituelles*, IV: *Lettres à des amis
   solitaires. Maximes sapientiales*. Traduites par ANDRÉ DE HALLEUX
   [CSCO, 255; Script. Syri 113]. Louvain: Secrétariat du CSCO 1965.
   124 pp.

MAXIMUS CONFESSOR

1846 BORONKAI, I. *Cerbanus Maximus Confessor és Johannes Damascenus
   — fordítása* (Die Übersetzung des Maximus Confessor und des Johannes Damascenus von Cerbanus) — Irodalomtörténeti Köz-
   lemények 70 (1966) 140—142
[1597] BORNERT, RENÉ: Ps. Germanus Constantinopolitanus
 1847 ΧΡΗΣΤΟΥ, Π. Κ. Μάξιμος ὁ Ὁμολογητής. In: Θρησκευτικὴ καὶ
   Ἠθικὴ Ἐγκυκλοπαιδεία, τ. 8 (cf. 1966, 193) 614—624
 1848 DALMAIS, I. H. *L'héritage évagrien dans la synthèse de saint Maxime le
   Confesseur*. In: *Studia Patristica VIII* (cf. 1966, 149) 356—362
 1849 KIRCHMEYER, J. *Un Commentaire de Maxime le Confesseur sur le
   Cantique?* In: *Studia Patristica VIII* (cf. 1966, 149) 406—413
 1850 MIQUEL, P. Πεῖρα. *Contribution à l'étude du vocabulaire de l'expérience religieuse dans l'oeuvre de Maxime le Confesseur*. In: *Studia
   Patristica VII* (cf. 1966, 148) 355—361
 1851 RIEDINGER, U. *Die „Quaestiones et Dubia" (Erotapokriseis) des
   Maximos Homologetes im Codex Vaticanus Graecus 1703 (s. 10)* —
   BNJ 19 (1966) 260—275

1852 SQUIRE, A. K. *The Idea of the Soul as Virgin and Mother in Maximus the Confessor.* In: *Studia Patristica VIII* (cf. 1966, 149) 456—461

MAXIMUS TAURINENSIS

1852a BIFFI, INOS *I temi della predicazione natalizia di san Massimo di Torino* — Ambr 42 (1966) 23—47

1852b BIFFI, INOS *Tempo, temi e spiritualità quaresimale nei sermoni autentici di San Massimo di Torino* — Ambr 41 (1965) 129—158

MELETIUS ANTIOCHENUS

1852c ΤΣΑΝΑΝΑΣ, Γ. Α. Μελέτιος ὁ ᾿Αντιοχείας. In: Θρησκευτικὴ καὶ ᾿Ηθικὴ ᾿Εγκυκλοπαιδεία, τ. 8 (cf. 1966, 193) 926—938

MELITIUS LYKOPOLITANUS

[253] DUMMER, JÜRGEN

MELITO SARDENSIS

1853 [*Melito Sardensis*] *Méliton de Sardes: Sur la Pâque et Fragments.* Introduction, texte critique, traduction et notes par OTHMAR PERLER [SC, 123]. Paris: Du Cerf 1966. 276 pp.

1854 HALL, STUART G. *Melito's Paschal Homily and the Acts of John* — JThS 17 (1966) 95—98

1855 HARVEY, A. E. *Melito and Jerusalem* — JThS 17 (1966) 401—404

1856 RACLE, G. *Perspectives christologiques de l'Homélie pascale de Méliton de Sardes.* In: *Studia Patristica IX* (cf. 1966, 150) 263—269

[861] RUHBACH, GERHARD

1857 UNNIK, W. C. VAN *Een merkwaardige formulering van de verlossing in de Paschahomilie van Melito van Sardes.* In: *Ex Auditu Verbi.* Theologische opesteleen aangeboden aan Prof. Dr. G. C. Berkouwer ter gelegenheid van zijn vijfentwintigjarig ambtsjubileum (Kampen: Kok 1965) 297—311

METHODIUS

1858 PATTERSON, L. G. *The Creation of the Word in Methodius' Symposium.* In: *Studia Patristica IX* (cf. 1966, 150) 240—250

MINUCIUS FELIX

1859 CLARKE, G. W. „*Minucius Felix Octavius*" *IV, 6* — ClPh 61 (1966) 252—253

1860 FAUSCH, WALTER *Die Einleitungskapitel zum „Octavius" des Minucius Felix. Ein Kommentar* [Dissertation]. Zürich: City-Druck 1966. 75 pp.

[266] *Fontes minores Latini III*

10*

1861 HERRMANN, LÉON *Minucius Felix, Octavius XIII, 4; XXII, 6* — Latomus 25 (1966) 949—950

1862 KYTZLER, BERND *Notae minucianae* — Tr 22 (1966) 419—435

1863 NORDEN, EDUARD *Besprechung: Minucius Felix-Octavius, rec. H. Boenig. [Zu Minucius Felix 35, 1]*. In: *Kleine Schriften zum klassischen Altertum* (cf. 1966, 139) 197—217

MOSES A CHOREM
[488] JENSEN, HANS

NARSES NISIBENUS

1864 BROUWERS, P. *Premier poème de Narsaï sur le baptême* — MUSJ 41 (1965) 179—207

1865 GIGNOUX, PHILIPPE *Les doctrines eschatologiques de Narsaï* — OrSyr 11 (1966) 321—352; 461—488

1866 JANSMA, T. *Études sur la pensée de Narsaï (l'homilie No. 34)* — OrSyr 11 (1966) 147—168; 265—290; 393—429

[2450] VÖÖBUS, ARTHUR

[2451] VÖÖBUS, ARTHUR

NEMESIUS EMESIENSIS

1867 ASTRUC, CH. *Sur quelques manuscrits de Némésius d'Émèse* — Sc 19 (1966) 288—293

1868 DALES, R. C. *An unnoticed translation of the chapter De elementis from Nemesius' De natura hominis* — MHum 17 (1966) 13—19

NESTORIUS

1869 GRILLMEIER, ALOIS *Zum Stand der Nestorius-Forschung* — ThPh 41 (1966) 401—410

1870 ROEY, A. VAN *Two New Documents of the Nestorian Controversy*. In: *Studia Patristica VII* (cf. 1966, 148) 308—313

PSEUDO-NESTORIUS

1871 ABRAMOWSKI, LUISE *Ps.-Nestorius und Philoxenus von Mabbug* — ZKG 77 (1966) 122—125

NICEPHORUS CALLISTUS

1872 GENTZ, GÜNTER† *Die Kirchengeschichte des Nicephorus Callistus Xanthopulus und ihre Quellen* [TU, 98]. Überarbeitet und erweitert von F. WINKELMANN. Berlin: Akademie-Verlag 1966. XVI, 236 pp.

NICETAS REMESIANENSIS

1873 [*Nicetas Remesianensis*] *Weitere Sermonen ad competentes.* T. I et II
(cf. 1965, 841). Herausgg. von KLAUS GAMBER [Textus patristici et
liturgici, 2 et 5]. Regensburg: Pustet 1965/1966. 136/120 pp.

[602] HERRMANN, JOHANNES

NILUS ANCYRANUS

1874 BROWNING, ROBERT *Le commentaire de saint Nil d'Ancyre sur le Cantique des Cantiques* — REB 24 (1966) 107—114

1875 TRAKATELLIS, D. *S. Neilus on Prayer* — Sob 5 (1966) 84—90

NONNUS PANOPOLITANUS

1876 DOSTALOVÁ, R. *Das Bild Indiens in den Dionysiaka des Nonnos von
Panopolis.* In: *Kongreß für Klassische Philologie* (1966, 121) 21/a

1877 GOLEGA, J. *Zum Text der Johannesmetabole des Nonnos* — ByZ 59
(1966) 9—36

1878 STRING, MARTIN *Untersuchungen zum Stil der Dionysiaka des Nonnos
von Panopolis* [Philos. Dissertation]. Hamburg 1966. 160 pp. [dac-
tyl.]

1879 SCHULZE, J.-F. *Zur Geschichte von Dionysos und Pallene bei Nonnos
(Dionysiaka 48, 90—237)* — WZHalle 14 (1965) 101—104

1880 SCHULZE, J.-F. *Zur Geschichte von Dionysos und Aura bei Nonnos
(Dionysiaka 48, 238—978)* — WZHalle 15 (1966) 369—374

PS — NONNUS PANOPOLITANUS

1881 BROCK, SEBASTIAN *The Armenian and Syriac Version of the Ps.-
Nonnos Mythological Scholia* — Mu 79 (1966) 401—428

NOVATIANUS

1882 VOGT, HERMANN JOSEF *Coetus Sanctorum. Der Kirchenbegriff des
Novatian und die Geschichte seiner Sonderkirche.* Kath.-theol. Dissertation Bonn 1966

ORIGENES

1883 [*Origenes*] *Origène: Homélies sur le Cantique des cantiques.* Introduction, traduction et notes de OLIVIER ROUSSEAU. 2e édition [SC, 37
bis]. Paris: Du Cerf 1966. 160 pp.

1884 [*Origenes*] *Origène: Commentaire sur saint Jean, Tome I (Livres
I—V).* Texte grec, avant-propos, traduction et notes par CÉCILE
BLANC [SC, 120]. Paris: Du Cerf 1966. 414 pp.

1885 [*Origenes*] *Origen: Contra Celsum.* Translated by HENRY CHADWICK.
New York and Cambridge: Cambridge University Press 1965. XL,
531 pp.

1886 [*Origenes*] *Psalterii Hexapli reliquiae.* Cura et studio JOHANNIS CARD. MERCATI, Bybliothecarii et Scrintarii S. R. Ecclesiae editae. Pars I: *Osservazioni, Commento critico al testo dei frammenti esaplari.* Edito da G. R. CASTELLINO [Codices ex ecclesiasticis Italiae bybliothecis delecti phototypice expressi iussu Pauli VI Pont. Max. consilio et studio Procuratorum Bybliothecae Vaticanae, 8]. Civitas Vaticana: Bibliotheca Vaticana 1965. XII, 471 pp.

1887 BECK, GOTTFRIED *Das Werk Christi bei Origenes. Zur Deutung paulinischer Theologie im Turapapyrus des Römerbrief-Kommentars.* Evgl.-theol. Diss. Bonn 1966. 194 pp. [Maschinenschr.]

1888 BOYD, W. J. P. *Origen on Pharaoh's Hardened Heart. A Study of Justification and Election in St. Paul and Origen.* In: *Studia Patristica VII* (cf. 1966, 148) 434—442

[1808] CHADWICK, HENRY: Iustinus Martyr

1889 CHÊNEVERT, JACQUES *L'Église et les parfaits chez Origène* — ScEc 18 (1966) 253—282

[2142] CONDON, KEVIN: Liturgica

1890 CORNÉLIS, E. *Origenes als theolog. Recente interpretaties* — TTh 4 (1964) 416—421

[1688] DASSMANN, ERNST: Hippolytus Romanus

1891 EISSFELDT, OTTO *Zur textkritischen Auswertung der Mercatischen Hexapla-Fragmente.* In: *Kleine Schriften III* (Tübingen: Mohr 1966) 9—13

[2471] ESCRIBANO ALBERCA, I.

1892 GARIJO, MICHAEL MARIA *Pneumatología origeniana (años 220—238)* [Pont. Institutum Orientalium Studiorum. Excerpta e dissertatione ad lauream]. Victoriae 1965. 55 pp.

1893 GARIJO, MICHAEL MARIA *Aspectos de la pneumatología origeniana* — SVic 13 (1966) 65—86; 121—171

1894 GÖRGEMANNS, H. *Die „Schöpfung" der „Weisheit" bei Origenes. Eine textkritische Untersuchung zu De principiis Fr. 32.* In: *Studia Patristica VII* (cf. 1966, 148) 194—209

[1678] GOFFINET, EMILE: Hilarius Pictaviensis

1895 HANSON, R. P. C. *A note on Origen's self-mutilation* — VigChr 20 (1966) 81—82

1896 HARL, MARGUERITE *Recherches sur l'origénisme d'Origène: la „satiété" (Κόρος) de la contemplation comme motif de la chute des âmes.* In: *Studia Patristica VIII* (cf. 1966, 149) 373—405

1897 JACKSON, B. DARRELL *Sources of Origen's Doctrine of Freedom* — CH 35 (1966) 13—23

1898 JOHNSON, BO *Die hexaplarische Rezension des 1. Samuelbuches der Septuaginta* [Studia theologica Lundensia, 22]. Lund: Glerup 1963. 161 pp.

1899 KARPP, HEINRICH *Textkritische Bemerkungen zum 4. Buch des Origenes de Principiis* — RhM 109 (1966) 165—169

[523] KATTENBUSCH, FERDINAND

1900 KETTLER, FRANZ HEINRICH *Der ursprüngliche Sinn der Dogmatik des
Origenes* [Beihefte zur ZNW, 31]. Berlin: Töpelmann 1966. X, 56 pp.

1901 KLOSTERMANN, ERICH *Epilog zu Origenes' Kommentar zum Matthäus*
[SABSp, 1964/4]. Berlin: Akademie-Verlag 1965. 35 pp.

[1453] KRAFT, HEINRICH: Clemens Alexandrinus

1902 LOMIENTO, GENNARO *L'esegesi origeniana del Vangelo di Luca*
[Quaderni di VetChr, 1]. Bari: Istituto di Letteratura Cristiana Antica, Università di Bari 1966. 149 pp.

1903 MACAULAY, WILLIAMINA M. *The Nature of Christ in Origen's Commentary on John* — SJTh 19 (1966) 176—187

1904 MAZORRA, E. *Correcciones inéditas de Adolf Jülicher a la edición prín-
cipe de los Tractatus Origenis* — EE 41 (1966) 219—232

[2457] NORRIS, RICHARD A.

1905 REDEPENNING, ERNST RUDOLF *Origenes. Eine Darstellung seines
Lebens und seiner Lehre.* Abt. 1 und 2 [Neudruck der Ausgabe Bonn
1841—1846]. Aalen: Scientia 1966. XVI, 461 pp.

[2004] RONDET, HENRI: Tertullianus

[1969] Rufinus Aquileiensis

1906 SIMONETTI, MANLIO *Eracleone e Origene* — VetChr 3 (1966) 111—141

[867] STUDER, R.

[463] THEILER, WILLY

[464] THEILER, WILLY

1907 WASSELYNCK, RENÉ *Origène.* Paris: Editions ouvrières 1966. 208 pp.

1908 WINDEN, J. C. M. VAN *Notes on Origen, Contra Celsum* — VigChr 20
(1966) 201—213

OROSIUS

1909 MENSCHING, ECKART *Tullus Hostilius, Alba Longa und Cluilius. Zu
Livius I, 22f. und anderen* — Phil 110 (1966) 102—118

[1238] MYERS, H. A.: Augustinus

1910 PELLEGRINO, MICHELE *La letteratura del martirio nei primi secoli
cristiani.* CORSINI, EUGENIO. *Le Historiae adversus paganos di Orosio.*
Torino: Giaaichelli 1966. CXXII, 176 pp. [corsi universitari]

OSSIUS CORDUBENSIS

1911 WALKER, G. S. M. *Ossius of Cordova and the Nicene Faith.* In: *Studia
Patristica IX* (cf. 1966, 150) 316—320

PACHOMIUS

1912 CRANENBURG, H. VAN *Nieuw licht op de oudste kloostercongregatie van
de christenheid: de instelling van Sint Pachomius* — TGL 19 (1963)
581—605; 665—690; 20 (1964) 41—54

1913 GINDELE, CORBINIAN *La lecture de l'Écriture dans le monastère de saint Pachôme* — BiViChret 66 (1966) 43—52

[2481] HAUSHERR, IRÉNÉE

[2604] KNOWLES, DAVID

1914 LEFORT, L. TH. *Les Vies de saint Pachôme et de ses premiers successeurs.* Traduction française [Bibliothèque du Muséon, 16. Nachdruck der Ausgabe von 1943]. Louvain: Institut orientaliste, Publications universitaires 1966. XCI, 431 pp.

1915 LEIPOLDT, JOHANNES *Pachom.* In: *Koptologische Studien in der DDR* (cf. 1966, 122) 236—249

1916 VEILLEUX, ARMAND *Le problème des Vies de saint Pachôme* — RAM 42 (1966) 287—305

PACIANUS BARCINONENSIS

1917 ANGLADA, A. *La fuente del catálogo heresiológico de Paciano* — Emerita 33 (1965) 321—346

PALLADIUS

1918 [*Palladius*] *Das Leben des hlg. Johannes Chrysostomos.* Hrsgg. und übersetzt von LOTHAR SCHLÄPFER, eingeleitet von WALTER NIGG [Heilige der ungeteilten Christenheit]. Düsseldorf: Patmos-Verlag 1966. 240 pp.

[584] DRAGUET, RENÉ

[266] *Fontes minores Latini III*

1919 ΜΑΝΤΖΑΡΙΔΟΥ, ΓΕΟΡΓ. Ι. Παλλάδιος. In: Θρησκευτική καὶ 'Ηθικὴ 'Εγκυκλοπαιδία, τ. 9 (cf. 1966, 193) 1102—1104

1920 MEYER, R. T. *Proverbs and Puns in Palladius' Historia Lausiaca.* In: *Studia Patristica VIII* (cf. 1966, 149) 420—423

PAPIAS

[1923] Patres Apostolici

PATRES APOSTOLICI

1921 [*Patres Apostolici*] *Die Apostolischen Väter.* Eingeleitet, herausgg., übertragen und erläutert von JOSEPH A. FISCHER. 5. Auflage [Schriften des Urchristentums, 1]. Darmstadt: Wissenschaftliche Buchgesellschaft 1966. XV, 281 pp.

1922 [*Patres Apostolici*] *I Padri Apostolici.* Traduzione, introd. e note di GUGLIELMO CORTI. 2a edizione. Roma: Città Nuova 1966. 388 pp.

1923 [*Patres Apostolici*] *I Padri Apostolici, parte II: S. Ignazio d'Antiochia, S. Policarpo, Martirio di S. Policarpo, Papia, Lettera a Diogneto.* A cura di GUIDO BOSIO. 2. edizione. Torino: SEI 1966. 352 pp.

1924 [*Patres Apostolici*] *Il Pastore di Erma e la lettera di Barnaba.* Introduzione, traduzione e note di A. SOFFRITTI [Estratto da ,,Antologia Patristica"]. Alba: Ed. Paoline 1966. 133 pp.

1925 [*Patres Apostolici*] *The Apostolic Fathers.* Vol. 2: *First and Second Clement.* A New Translation and Commentary by ROBERT M. GRANT and HOLT H. GRAHAM. New York: Nelson 1965. XII, 138 pp.

1926 [*Patres Apostolici*] *The Apostolic Fathers.* Vol. 3: *Barnabas and the Didache.* A New Translation and Commentary by ROBERT A. KRAFT. New York: Nelson 1965. XX, 188 pp.

[109] BARNARD, L. W.

[2532] COLSON, JEAN

[233] CONZELMANN, HANS

1927 GERIG, W. L. *The Social Ethics of the Apostolic Fathers* [Dissertation]. 423 pp. [dactyl.]. — DissAbstr 26 (1965/1966) 2889—2890 [microfilm]

1928 VALLBERG, V. *Det nya testamentets sanning bestyrkt genom de apostoliska fäderna.* Stockholm: Litteraturförlaget 1966. 48 pp.

PAULINUS NOLANUS

1929 [*Paulinus Nolanus*] *De obitu Baebiani.* In: *Patrologiae cursus completus, Supplementum III* (cf. 1966, 856) 1111—1114 coll.

1930 GAMBER, KLAUS *Das Meßbuch des hl. Paulinus von Nola* — Heiliger Dienst (Salzburg) 20 (1966) 17—25

PAULINUS PELLAEUS

1931 [*Paulinus Pellaeus*] *Eucharisticos.* In: *Patrologiae cursus completus, Supplementum III* (cf. 1966, 856) 1115—1128 coll.

PAULINUS PETRICORDIENSIS

1932 [*Paulinus Petricordiensis*] *De vita S. Martini.* In: *Patrologiae cursus completus. Supplementum III* (cf. 1966, 856) 1149 coll.

PELAGIUS HIBERNUS

1933 BONNER, G. I. *How Pelagian was Pelagius? An examination of the contentions of Torgny Bohlin.* In: *Studia Patristica IX* (cf. 1966, 150) 350—358

1934 BORSE, UDO *Der Kolosserbrieftext des Pelagius* [Dissertation, Bonn 1965]. Bonn: Rhein. Friedr.-Wilh. Universität 1966. 202 pp.

1935 ESSER, H. H. *Thesen und Anmerkungen zum exegetischen Paulusverständnis des Pelagius.* In: *Studia Patristica VII* (cf. 1966, 148) 443—461

[2378] NULAND, J. VAN

1936 PIRENNE, ROGER *La morale de Pélage. Essai historique sur le rôle primordiale de la grâce dans l'enseignement de la théologie morale.* Romae: Pontific. Universitas Lateranensis 1961. XIX, 70 pp.

1937 PLINVAL, GEORGES DE *Précisions sur l'authenticité d'un prologue de Pélage: „Primum quaeritur"* — REA 12 (1966) 247—253

PETRUS CHRYSOLOGUS

[2243] COEBERGH, C.

PHILOXENUS MABBUGENSIS

[1871] ABRAMOWSKI, LUISE: Ps.-Nestorius

PHOEBADIUS AGENSIS

1938 CLERCQ, V. C. DE *Fébade d'Agen.* In: *Dictionnaire d'histoire et de géographie ecclésiastique*, t. 16 (cf. 1966, 179) 785—790

POLYCARPUS

1939 BARNARD, L. W. *The Problem of St. Polycarp's Epistle to the Philippians.* In: *Studies in the Apostolic Fathers* (cf. 1966, 109) 31—39

1940 FOSTER, JOHN *A Note on St. Polycarp* — ExpT 76 (1965—66) 319

[1703] GLASSON, T. F.: Ignatius Antiochenus

[1923] Patres Apostolici

PRISCILLIANUS

1941 LÓPEZ CANEDA, RAMÓN *Prisciliano, su pensamiento y su problema histórico* [Cuadernos de estudios Gallegos. Anejo 16]. Santiago de Compostela: Consejo sup. de Invest. cient. 1966. VIII, 203 pp.

1942 LÓPEZ CANEDA, RAMÓN *Prisciliano: su ideología y su significado en la historia cultural de la Galica* — Revista Universidad Madrid 13 (1964) 629—631

PROCLUS CONSTANTINOPOLITANUS

1943 LEROY, F. J. *Le pseudo-Grégoire le Thaumaturge (in Annuntiationem), Jérusalem et Proclus de Constantinople (hom. 6).* In: *Studia Patristica VII* (cf. 1966, 148) 230—232

PROCOPIUS CAESARIENSIS

1944 [*Procopius Caesariensis*] *Prokop: Gotenkriege*, Band II. Griechisch und deutsch von OTTO VEH [Tusculum-Bücherei]. München: Heimeran 1966. 1288 pp.

1945 [*Procopius Caesariensis*] *Războiul cu goții* (Gotenkriege). Traducere și introd. de H. MIHĂESCU Scriptores Byzantini, 3. București: Ed. Acad. 1966̄3. 306 pp.

1946 [*Procopius Caesariensis*] *The Secret History.* With an Introduction and Translation by G. A. WILLIAMSON [The Pinguin Classics, L182]. Baltimore: Pinguin Books 1966. 205 pp.

1947 [*Procopius Caesariensis*] *Vandalenkrieg — Gotenkrieg.* Aus dem Griechischen übertragen von DAVID COSTE, mit einem Nachwort versehen von ANTON RITTHALER [Die Fundgrube, 23]. München: Winkler 1966. 339 pp.

1948 BENEDICTY, ROBERT *Prokopios' Berichte über die slavische Vorzeit. Beiträge zur historiographischen Methode des Prokopios von Kaisareia* — JOBG 14 (1965) 51—78

1948a CAMERON, AVERIL *Procopius and the Church of St. Sophia* — HThR 58 (1965) 161—163

1949 CAMERON, AVERIL M. *The „Scepticism" of Procopius* — Historia 15 (1966) 466—482

[316] KIRWAN, LAWRENCE P.

1950 SAUCIUC-SĂVEANU, THEOPHIL *Die Charakterisierung des Kaisers Trajan von Prokopios aus Cäsarea* — RESE 2 (1964) 547—552

1951 WIRTH, GERHARD *Mutmaßungen zum Text von Prokops „Gotenkrieg"* — Helikon 5 (1965) 411—462

PROCOPIUS GAZAEUS

[809] *Epistolographi Graeci*

PRUDENTIUS

1952 [*Prudentius*] *Aurelii Prudentii Clementis carmina.* Cura et studio MAURICII P. CUNNINGHAM [CChr, 126]. Tournhout: Brepols 1966. L, 431 pp.

1953 BROZEK, M. *Das Historiosophische bei Prudentius.* In: *Kongreß für Klassische Philologie* (cf. 1966, 121) 13

1954 BUCHHEIT, V. *Christliche Romideologie im Laurentius-Hymnus des Prudentius.* In: *Polychronion* (cf. 1966, 143) 121—144

[805] *Early Latin Hymns*

1955 GENNARO, SALVATORE *Prudenzio nella „Vita S. Maximi episcopi Reiensis".* In: *Studi in memoria Carmelo Sgroi (1893—1952)* (Torino: Bottega d'Erasmo 1965) 561—569

1956 GNILKA, CHR. *Notizen zu Prudentius* — RhM 109 (1966) 84—94

1957 HERZOG, REINHART *Die allegorische Dichtkunst des Prudentius* [Zetemata, 42]. München, C. H. Beck 1966. X, 144 pp.

1958 LEE, G. M. *Prudentius Psychomachia 310—311* — Studii clasice 8 (1966) 229

1959 MARTÍNEZ, FAZIO LUIS M. *Un discutido testimonio de Prudencio sobre la ornamentación de la basílica ostiense en tiempos de Inocencio I* — AHP 2 (1964) 45—72

1960 Pianezzola, Emilio *Sulla doppia Redazione in Prud. Cath. X 9—16.*
In: *Miscellanea critica II* (cf. 1966, 134) 269—286

1961 Touchart, Yves *Les idées politiques du poète Prudence.* Poitiers: Faculté des Lettres et Sciences humaines, diplôme d'études supérieures 1966

REGULA MAGISTRI

1962 Froger, Jacques *Remarques sur l'édition de la Règle du Maître due à dom A. de Vogüé* — RHE 61 (1966) 484—512

[861] Ruhbach, Gerhard

QUADRATUS

1963 Manning, Eugène *Observations sur la présence de la „Regula Magistri" à Subiaco* — RThAM 33 (1966) 338—341

[631] Manning, Eugène

[1195] Manning, Eugène: Augustinus

1964 Tamburrino, Pio *La Regula Magistri e l'origine del potere Abbaziale* — COCR 28 (1966) 160—173

1965 Vogüé, Adalbert de *La Règle du Maître et la lettre apocryphe de Saint Jérôme sur le chant de psaumes* — StMon 7 (1965) 357—367

[1609] Vogüé, Adalbert de: Gregor I Magnus

ROMANUS MELODUS

1965a Katafygiotu Topping, Eva *St. Romanos: Ikon of a Poet* — GrOrth-12 (1966) 92—111

1966 Trypanis, C. A. *Romanos the Melodist.* In: *The Orthodox Ethos* (cf. 1966, 155) 186—199

1967 Trypanis, C. A. *The metres of Romanos* — Byzan 36 (1966) 560—623

1968 Uspenskij, N. *Sv. Roman Sladkopevec i jego kondaki* (Der Hlg. Romanus der Melode und seine Kontakien) — ŽurMP (1966) fasc. 11, 63—68 (wird fortgesetzt)

RUFINUS AQUILEIENSIS

1969 [*Rufinus Aquileiensis*] *Tyrannii Rufini librorum Adamantii Origenis adversus haereticos interpretatio.* Eingeleitet, herausgg. und kritisch kommentiert von Vinzenz Buchheit [Studia et testimonia antiqua, 1]. München: W. Fink 1966. LII, 156 pp.

[1562] Moreau, Jacques: Eusebius

[1975] Pricoco, Salvatore: Sidonius Apollinaris

[1592] Winkelmann, F.: Gelasius Caesariensis

RUSTICUS HELPIDUS

1970 [*Rusticus Helpidus*] *Versus Rustici defensoris Augustini.* In: *Patrologiae cursus completus, Supplementum III* (cf. 1966, 856) 1263 coll.

SALVIANUS MASSILIENSIS

[266] *Fontes minores Latini III*

1971 IGNACE, JEAN-CLAUDE *Salvien et les invasions du Vème siècle en Gaule d'après le „De gubernatione Dei".* Toulouse: Faculté des Lettres et Sciences humaines, diplôme d'études supérieures 1966

SEDULIUS

[805] *Early Latin Hymns*

SEVERUS ANTIOCHENUS

[1831] GARITTE, GÉRARD: Leontius Tripolitanus

1972 JANERAS, VICENÇ *Une lettre de Sévère d'Antioche utilisée par Moïse Bar Képha.* In: *Liturgica 3* (cf. 1966, 127) 67—72

SEVERIANUS GABALENSIS

[554] AITZETMÜLLER, RUDOLF

1972a GILA, A. M. *Studi sui testi mariani di Severiano di Gabala.* Roma: Ed. Marianum 1965. 96 pp.

SHENUTE

1973 LEIPOLDT, JOHANNES *Ein Kloster lindert Kriegsnot. Schenûtes Bericht über die Tätigkeit des Weißen Klosters bei Sohag.* In: ...*und fragten nach Jesus.* Festschrift für Ernst Barnikol zum 70. Geburtstag (Berlin: Evangelische Verlagsanstalt 1964) 52—56

[331] MacMULLEN, RAMSAY

SIDONIUS APOLLINARIS

1974 *[Sidonius Appolinaris] Poems and Letters.* Tome II: *Letters, Books III—IX.* Engl. Translation by W. B. ANDERSON. London: W. Heinemann Ltd.; Cambridge (Mass.): Harvard University Pr. 1965. XV, 650 pp.

1975 PRICOCO, SALVATORE *Sidonio Apollinare, Girolamo e Rufino.* In: *Studi su Sidonio Apollinare* (cf. 1966, 1978) 143—150 (cf. 1964, 1069)

1976 PRICOCO, SALVATORE *Sidonio Apollinare tra Claudiano Mamerto e Fausto di Riez e la datazione del „De spiritu sancto".* In: *Studi su Sidonio Apollinare* (cf. 1966, 1978) 115—140

1977 PRICOCO, SALVATORE *Sidonio Apollinare traduttore della „Vita di Apollonio di Tiana" di Filostrato.* In: *Studi su Sidonio Apollinare* (cf. 1966, 1978) 73—98

1978 PRICOCO, SALVATORE *Studi su Sidonio Apollinare* — NDid 15 (1965) 71—150

1979 PRICOCO, SALVATORE *Un esercizio di „parallelo" retorico (Sidonio, Epist., IV, 12, 1—2).* In: *Studi su Sidonio Apollinare* (cf. 1966, 1978) 101—112

SOPHRONIUS HIEROSOLYMITANUS

1980 USENER, HERMANN *Weihnachtspredigt des Sophronios.* In: *Kleine Schriften, IV* (cf. 1966, 159) 162—177 (textus: 164—177)

SOZOMENUS

1981 DEVOS, PAUL *Sozomène et les Actes syriaques de Syméon bar Ṣabbāʿe —* AB 84 (1966) 443—456
[2041] DEVOS, PAUL
[661] ŠEVČENKO, IHOR

SULPICIUS SEVERUS

[645] MURJANOFF, MICHAEL

SYMMACHUS PAPA

[368] PIETRI, CHARLES

PSEUDO-SYMMACHUS PAPA

1982 [*Ps.-Symmachus Papa*] *Gesta de Xysti purgatione.* In: *Patrologiae cursus completus, Supplementum III* (cf. 1966, 856) 1249—1255 coll.

SYNESIUS CYRENENSIS

1983 DELL' ERA, ANTONIO *Il codice Vaticano greco 1390 (Q) degli Inni di Sinesio* — RCCM 8 (1966) 264—268
[809] *Epistolographi Graeci*
1984 THEILER, WILLY *Die chaldäischen Orakel und die Hymnen des Synesios.* In: *Forschungen zum Neuplatonismus* (cf. 1966, 156) 252—301

TATIANUS

[1545] Ephraem Syrus
[2756] JAUBERT, ANNIE: Patrum exegesis
1985 WHITTAKER, MOLLY *Some Textual Points in Tatian's Oratio ad Graecos.* In: *Studia Patristica VII* (cf. 1966, 148) 348—351

TERTULLIANUS

1986 [*Tertullianus*] *Q. S. Florens Tertullianus Apologeticum.* Herausgg. von ERICH BRÜHL. 2 vols. Münster/Westf.: Aschendorff 1966. 121; 123 pp.
1987 [*Tertullianus*] *Tertullien: De corona (Sur la couronne).* Édition, introduction et commentaire par JACQUES FONTAINE [Coll. Érasme, 18]. Paris: P. U. F. 1966. IV, 188 pp.
1988 BAUS, KARL *Der Kranz in Antike und Christentum. Eine religionsgeschichtliche Untersuchung mit besonderer Brücksichtigung Tertullians* [Theophaneia, 2. Fotomechanischer Nachdruck der Ausgabe Bonn: 1940]. Bonn: Peter Hanstein 1965. X, 250 pp.

1989 BRAUN, R. *Le problème des deux livres du De cultu feminarum de Tertullien. Un ouvrage homogène ou deux écrits distincts?* In: *Studia Patristica VII* (cf. 1966, 148) 133—142

1990 CANTALAMESSA, R. *Tertullien et la formule christologique de Chalcédoine.* In: *Studia Patristica IX* (cf. 1966, 150) 139—150

[2142] CONDON, KEVIN: Liturgica

[1359] DANDO, M.: Avitus Viennensis

[529] FORD, J. MASSINGBERD

1991 FRASSINETTI, P. *Nova et vetera sul testo dell' Apologeticum* — PeI 8 (1966) 259—268

1992 FRÉDOUILLE, JEAN-CLAUDE *Valentiniana; quelques améliorations au texte de l'Adversus valentinianos* — VigChr 20 (1966) 45—79

[2069] GABBA, EMILIO: Apollonius, Martyr Romanus

1993 GEYPENS, R. *De visie van Q. S. Fl. Tertullianus op de evolutie en de verscheidenheit van het wereldgebeuren.* Dissertation Leuven 1965

1994 GEYER, GERBERT *Die Geduld. Vergleichende Untersuchung der Patientia-Schriften von Tertullian, Cyprian und Augustinus.* [Zulassungsarbeit zur theologischen Hauptprüfung und zur Erlangung des Lizentiats]. Würzburg: Bayrische Julius-Maximilians Universität 1963. 104 pp. [dactyl.]

1995 KERESZTES, P. *Tertullian's Apologeticus. A historical and literary study* — Latomus 25 (1966) 124—133

[493] KRAUSE, W.

1996 LeSAINT, W. P. *Traditio and Exomologesis in Tertullian.* In: *Studia Patristica VIII* (cf. 1966, 149) 414—419

1997 MEHLMANN, JOHANNES *Danielis caput 14 (= Bel et draco) apud Tertullianum* — VD 44 (1966) 265—271

1998 MEHLMANN, J. *Tertulliani Liber de Carne Christi a Leporio Monacho citatus* — SE 17 (1966) 290—301

1999 MEHLMANN, J. *Tertulliani Liber de Carne Christi ab Augustino citatus* — SE 17 (1966) 269—289

2000 MEMOLI, ACCURSIO FRANCESCO *Influssi della scuola asiana e della tradizione biblica sulla ,,parisosis" nelle prose di Tertulliano* — Aevum 40 (1966) 1—34

2001 MOINGT, JOSEPH *Théologie trinitaire de Tertullien* — RechSR 54 (1966) 337—369

2002 MOINGT, JOSEPH *Théologie trinitaire de Tertullien: I: Histoire, doctrines, méthodes; II: Substantialité et individualité; III: Unité et processions* [Coll. Theologie, 68—70]. Paris: Aubier 1966. 3 vol. 1095 pp.

2003 MORESCHINI, C. *Prolegomena ad una futura edizione dell' Adversus Marcionem di Tertulliano* (continua) — ASNSP 35 (1966) 293—308

[2457] NORRIS, RICHARD A.

2004 RONDET, HENRI *Le péché originel dans la tradition: Tertullien, Clément, Origène* (suite) — BLE 67 (1966) 115—148

[548] SCHÖNBAUER, E.

2005 SCIUTO, FRANCESCO *La „gradaio" in Tertulliano. Studio stilistico.* Università di Catania: Centro di Studi sull' Antico Cristianesimo 1966. 180 pp.

2006 SINISCALCO, PAOLO *Ricerche sul „De Resurrectione" di Tertulliano* [Verba Seniorum, n. s. 6]. Roma: Ediz. Studium 1966. 205 pp.

2007 TURCAN, MARIE *La tradition manuscrite de Tertullien. A propos du De cultu feminarum* — REL 44 (1966) 363—372

THEODORETUS CYRENSIS

2008 CANIVET, P. *Le Περὶ ᾿Αγάπης de Théodoret de Cyr postface de l'Histoire Philothée.* In: *Studia Patristica VII* (cf. 1966, 148) 143—158

2009 LEROY-MOLINGHEN, ALICE *De quelques abrégés et recueils d'extraits de l'Histoire Philothée* — Byzan 35 (1965) 601—605

THEODORUS HERACLAEENSIS

[2750] REUSS, JOSEPH

THEODORUS PETRENSIS

[1513] FESTUGIÈRE, A.-J.

THEODOSIUS ALEXANDRINUS

2010 [*Theodosius Alexandrinus*] *A Panegyric on John the Baptist attributed to Theodosius Archbishop of Alexandria.* Textus ed. with introduction by K. H. KUHN [CSCO, 268; Script. copt., 33]. Louvain: Secrétariat du CSCO 1966. XXI, 86 pp.

2011 [*Theodosius Alexandrinus*] *A Panegyric on John the Baptist attributed to Theodosius Archbishop of Alexandria.* Translated by K. H. KUHN [CSCO, 269; Script. coptici, 34]. Louvain: Secrétariat du CSCO 1966. II, 69 pp.

THEOPHILUS ALEXANDRINUS

2012 FLOROVSKY, G. *Theophilus of Alexandria and Apa Aphou of Pemdje.* In: *Harry Austryn Wolfson Jubilee Volume* (Jerusalem: American Academy for Jewish Research 1965) 275—310

[2750] REUSS, JOSEPH

THEOPHILUS ANTIOCHENUS

2013 [*Theophilus Antiochenus*] *S. Teofilo d'Antiochia: Tre libri ad Autolico.* Versione, introduzione e note a cura di PIERANGELO GRAMAGLIA [Collana Patristica]. Roma-Ancona: Edizioni Paoline 1965. 176 pp.

PSEUDO-THEOPHILUS ANTIOCHENUS

2014 [*Ps.-Theophilus Antiochenus*] *Commentarius in quattuor Evangelia.* In: *Patrologiae cursus completus, Supplementum III* (cf. 1966, 856) 1283—1329 coll.

THEONAS ALEXANDRINUS

2015 NALDINI, MARIO *Un papiro cristiano della Raccolta Fiorentina. Lettera di Theonas a Mensurio* — AteRo 11 (1966) 27—30

TYCONIUS

2016 LOF, L. J. VAN DER *Warum wurde Tyconius nicht katholisch ?* — ZNW 57 (1966) 260—283

VENANTIUS FORTUNATUS

2017 DELEHAYE, HIPPOLYTE *Une inscription de Fortunat sur saint Martin (1, 5).* In: *Mélanges d'hagiographie grecque et latine* (cf. 1966, 113) 204—211

[805] *Early Latin Hymns*

2018 SZÖVÉRFFY, JOSEPH *Venantius Fortunatus and the Earliest Hymns to the Holy Cross* — CFH 20 (1966) 107—122

VINCENTIUS LIRINENSIS

2019 O'CONNOR, WILLIAM *Saint Vincent of Lerins and Saint Augustine* [Dissertatio]. Romae: Pontificia Universitas Gregoriana 1964. 136 pp.

VICTORINUS POETA

2020 [*Victorinus Poeta*] *De Iesu Christo Deo et homine.* In: *Patrologiae cursus completus, Supplementum III* (cf. 1966, 856) 1135—1139 coll.

PSEUDO-VICTORINUS POETA

2021 [*Ps.-Victorinus Poeta*] *De vita Domini.* In: *Patrologiae cursus completus, Supplementum III* (cf. 1966, 856) 1139—1142 coll.

2022 [*Ps.-Victorinus Poeta*] *Versus de lege Domini.* In: *Patrologiae cursus completus, Supplementum III* (cf. 1966, 856) 1142—1147 coll.

VICTRICIUS ROTOMAGENSIS

[293] HERVAL, RENÉ

VIGILIUS THAPSENSIS

2023 [*Vigilius Thapsensis*] *Sermo de duplici in Christo natura.* In: *Patrologiae cursus completus, Supplementum III* (cf. 1966, 856) 1259—1261 coll.

VITAE PATRUM

2024 [*Vitae Patrum*] *Deserto e Vangelo. Detti dei monaci di Scete.* Traduzione e presentazione di OTTORINO BARBAZZA [Letture ecumeniche. 5]. Sotto il Monte: Centro di Studi Ecumenichi S. Egidio 1965. 35 pp,

ZENO VERONENSIS

2025 DUVAL, Y.-M. *Les sources grecques de l'exégèse de Jonas chez Zénon de Vérone* — VigChr 20 (1966) 98—115

2026 VOKES, F. E. *Zeno of Verona, Apuleius and Africa.* In: *Studia Patristica VIII* (cf. 1966, 149) 130—134

3. HAGIOGRAPHICA

a) Generalia

2027 ALAGI, GIOVANNI *Il martirologio del monastero di S. Patrizia in Napoli* — Asprenas 13 (1966) 44—84; 206—248 (lavoro continua)

2028 ALAGI, GIOVANNI *Testi e note integrative per il ,,Martirologio di S. Patrizia"* — Asprenas 13 (1966) 295—315

2029 AMORE, AGOSTINO *Note agiografiche sul calendario perpetuo della Chiesa universale* — Ant 39 (1964) 18—53

2030 *Bibliotheca Sanctorum,* Vol. VII *(Giustiniani — Lhuilier).* Roma: Istituto Givanni XXIII nella Pontificia Università Lateranense 1966. XXIX pp. 1358 coll.

[57] *Bulletin de publications hagiographiques*

2031 CANART, PAUL *Le nouveau-né qui dénonce son père. Les avatars d'un conte populaire dans la littérature hagiographique* — AB 84 (1966) 309—342

2032 CANART, P. *Trois groupes de récits édifiants byzantins* — Byzan 36 (1966) 5—25

2033 CARTER, ROBERT E. *Some Greek hagiographical Texts in Germany* — AB 84 (1966) 11—112

[2212] CINQUE, GASPARI

2034 COLIN, JEAN *Les jours de supplices des martyrs chrétiens et les fêtes impériales.* In: *Mélanges d'archéologie et d'histoire offerts à André Piganiol III* (cf. 1966, 132) 1565—1580

2035 DELEHAYE, HIPPOLYTE *,,In Britannia" dans le ,,Martyrologe hiéronymien".* In: *Mélanges d'hagiographie grecque et latine* (cf. 1966, 113) 359—374

2036 DELEHAYE, HIPPOLYTE *Les martyres d'Interamna.* In: *Mélanges d'hagiographie grecque et latine* (cf. 1966, 113) 196—203

2037 DELEHAYE, HIPPOLYTE *Les Passions des martyrs et les genres littéraires.* 2e éd., revue et corrigée [Subsidia hagiographica, 13B]. Bruxelles: Société des Bollandistes 1966. 332 pp.

2038 DELEHAYE, HIPPOLYTE „*Tusco et Basso Cons.*". In: *Mélanges d'hagiographie grecque et latine* (cf. 1966, 113) 353—358

2039 DELEHAYE, HIPPOLYTE *Une page du „Matyrologe hiéronymien"*. In: *Mélanges d'hagiographie grecque et latine* (cf. 1966, 113) 331—340

[113] DELEHAYE, HIPPOLYTE

[526] DELEHAYE, HIPPOLYTE

2040 DEVOS, PAUL *Les martyrs persans à travers leurs actes syriaques*. In: *Atti del Convegno sul tema „La Persia e il mondo greco-romano"* ([Problemi attuali di scienza e di cultura, Quaderno 76] Roma: Accad. Naz. dei Lincei 1966) 213—225

2041 DEVOS, PAUL *Notes d'hagiographie perse* — AB 84 (1966) 229—248

2042 DÍAZ Y DÍAZ, MANUEL C. *Anotaciones para una Cronología del Pasionario hispánico*. In: *Miscelánea Mario Férotin* (cf. 1966, 135) 515—528 (cf. 1964, 1126)

2043 DUBOIS, JACQUES *Le martyrologe d'Usuard*. Texte et commentaire [Subsidia hagiographica, 40]. Bruxelles: Société des Bollandistes 1965. 444 pp.

2044 DUJČEV, IVAN *Les rapports hagiographiques entre Byzance et les Slaves*. In: *Thirteenth International Congress of Byzantine Studies, Oxford 1966, Supplementary Papers* (Oxford 1966) 106—111

2045 FIEY, JEAN MAURICE *Une hymne nestorienne sur les saintes femmes* — AB 84 (1966) 77—110

2046 FOLLIERI, ENRICA *I rapporti fra Bisanzio e l'Occidente nel campo dell' agiografia*. In: *Thirteenth International Congress of Byzantine Studies, Oxford 1966, Supplementary Papers* (Oxford 1966) 101—105

2047 FOLLIERI, ENRICA *Santi occidentali nell' innografia bizantina*. In: *L'oriente cristiano nella storia della civiltà* (cf. 1966, 129) 251—271

2048 FOLLIERI, ENRICA *Santi persiani nell' innografia bizantina*. In: *Atti del Convegno sul tema „La Persia e il mondo greco-romano"* [Problemi attuali di scienza e di cultura, Quaderno 76] (Roma: Accad. Naz. dei Lincei 1966) 227—242

2049 FOLLIERI, ENRICA *Vite e inni greci per i santi di Ravenna* — RSB n. s. 2—3 (1965/66) 193—203

[2281] FOLLIERI, ENRICA

[594] GAD, T.

2050 GAIFFIER, BAUDOUIN DE *Miracles bibliques et Vies de Saints* — NRTh 88 (1966) 376—385

2051 GAIFFIER, B. DE *Saints et légendiers de l'Ombre*. In: *Atti del secondo Convegno di Studi Umbri, Gubbio 24—28 maggio 1964*. 235—256

[66] GAIFFIER, BAUDOUIN DE

2052 GARCÍA, RUBÉN DARIUS *Mártires y martirio en el donatismo* [Dissertatio dactyl.]. Romae: Fac. Historiae ecclesiasticae Pontificiae Universitatis Gregorianae 1963—1964 [Summarium in Liber annualis Universitatis Gregorianae 1965, 285]

[2335] García Rodríguez, Carmen

2053 Garitte, Gérard „Histoires édifiantes" géorgiennes — Byzan 36 (1966) 396—423

2054 Halkin, François L'hagiographie byzantine au service de l'histoire [XIIIth International Congress of Byzantine Studies: Main Papers, 11]. Oxford 1966. 10 pp.

[293] Herval, René

2055 Khater, Antoine Nouveaux fragments du Synaxaire Arabe — SOCC 10 (1965) 249—406

2056 Khater, Antoine Nouveaux fragments du Synaxaire Arabe — Bul-ArchCopte 17 (1963/1964) 75—100; 18 (1965/1966) 109—138

2057 Lateinische Märtyrerakten. Ausgewählt und erläutert von Andreas Schwerd [Humanitas Christiana, 1]. München: Kösel 1960. 108 pp.

[1914] Lefort, L. Th.: Pachomius

2058 Lemarié, Joseph Le Sanctoral de Saint-Michel de Cuxa d'après le manuscrit Perpignan B. M. 2. In: Liturgica 3 (cf. 1966, 127) 85—100

[851] Meersman, G. G.

[638] Mioni, Elpidio

2059 Morris, John The Dates of the Celtic Saints — JThS 17 (1966) 342—391

[1471] Paschke, Franz: Clemens Romanus

[1262] Pellegrino, Michele: Augustinus

[1910] Pellegrino, Michele: Orosius

2060 Penco, Gregorio Significato e funzione dei Prologhi nell' agiografia benedettina — Aevum 40 (1966) 468—476

2061 Pezzella, Sosio Gli Atti dei Martiri. Introduzione a una storia dell' antica agiografia [Quaderni di S. M. S. R., 3]. Roma: Ed. dell' Ateneo 1965. 188 pp.

2062 Ricci, M. Lisa Topica pagana e topica cristiana negli „Acta marty- rum" — Atti e memorie dell' Accademia toscana di scienze e lettere La Colobaria 28 (1963/1964) 37—122

[375] Rome, Etienne

2063 Schreiner, Klaus Zum Wahrheitsverständnis im Heiligen- und Reliquienwesen des Mittelalters — Saeculum 17 (1966) 131—169

[659 Schirò, Giuseppe

2064 ΣΩΦΡΟΝΙΟΥ, ΕΥΣΤΡΑΤΙΑΔΟΥ Βυζαντῖναι Συνάξεις καὶ ναοὶ ἐν οἷς αὐταὶ ἐτελοῦντο ἐν τῇ Κωνσταντινουπόλει — Analekta Alex 14/15 (1965/1966) 217—232

2065 Vives, José Tradición y leyenda en la Hagiografía hispánica. In: Miscelánea Mario Férotin (cf. 1966, 135) 495—508 (cf. 1964, 1140)

b) Sancti singuli (in ordine alphabetico sanctorum)

ABRAMIUS ANACHORETA

2066 HEMMERDINGER, D. *Étude comparative des versions grecque, latine et slave de la Vita Abrahamii (BGH 5, 6 et 7)* — Études balkaniques 2—3 (1965) 301—308

AGNES ROMANA

[2212] CINQUE, GASPARI
[2332] DÜRIG, WALTER: Liturgica

ANASTASIA ROMANA

[2212] CINQUE, GASPARI
2067 DELEHAYE, HIPPOLYTE *La Passion de sainte Anastasie la Romaine.* In: *Mélanges d'hagiographie grecque et latine* (cf. 1966, 113) 394—402

ANTONIUS AB. IN THEBAIDE

2068 GIEBERS, C. *Het oudste woestijnklooster in Egypte, St. Antonius* — Missienieuws (Nijmegen) 71/3 (1963) 44—46

APOLLONIUS, MARTYR ROMANUS

2069 GABBA, EMILIO *Il processo di Apollonio.* In: *Mélanges d'archéologie, d'épigraphie et d'histoire offerts à Jérôme Carcopino* (cf. 1966, 131) 397—402

ARETHAS MARTYR

[1598] PARET, ROGER: Gregentius Tepharensis

AURELIUS EPISC. ARMENUS

2070 DELEHAYE, HIPPOLYTE *Note sur une inscription chrétienne de Milan.* In: *Mélanges d'hagiographie grecque et latine* (cf. 1966, 113) 341—346

BRUGUNDOFARA SEU FARA

2071 GUEROUT, J. *Fare(sainte).* In: *Dictionnaire d'histoire et de géographie ecclésiastique,* t. 16 (cf. 1966, 179) 505—531

COSMAS ET DAMIANUS

2072 SKROBUCHA, HEINZ *Kosmas und Damian* [Iconographia Ecclesiae Orientalis]. Recklinghausen: Bongers 1965. 80 pp.

CYRIACUS ET IULITTA ICONIENSES

2073 HUSSELMAN, ELINOR M. *The Martyrdom of Cyriacus and Julitta in Coptic* — Journal of the American Resaerch Center in Egypt (Boston, Mass.) 4 (1965) 79—86

CYRIACUS ANACHORETA

2074 ΠΑΠΑΔΟΠΟΥΛΟΥ, Κ. ῞Αγιος Κυριακός, ἀναχωρητὴς καὶ ὑμνογράφος. Μελέτη περὶ τῆς ζωῆς καὶ τοῦ ἔργου του. Φλώρινα 1966. σ. 72

DANIEL STYLITA

2075 DELEHAYE, HIPPOLYTE *Une épigramme de l'Anthologie grecque.* In: *Mélanges d'hagiographie grecque et latine* (cf. 1966, 113) 117—124

DEMETRIUS

2076 ANTONIADIS-BIBICOU, H. *A propos de la première mention d'un „stratège des Caravisiens"* — Byslav 27 (1966) 71—91

2076a HIBON, R. *Les miracles de saint Démétrius dans le cod. Carpent. 103. Introduction à l'étude du texte* — MakThes 7 (1966) 218—236

DIOMEDES NICAENUS

2077 WESTERLINK, LEENDERT G. *Trois textes inédits sur saint Diomède de Nicée* — AB 84 (1966) 161—227 (textus: 164—227)

EPICTETUS ET ASTION IN SKYTHIA

2078 DELEHAYE, HIPPOLYTE *Les martyres Epictète et Astion.* In: *Mélanges d'hagiographie grecque et latine* (cf. 1966, 113) 326—330

EPIMACHUS PELUSIOTA

2079 ESBROECK, MICHEL VAN *Saint Épimaque de Péluse. Une parallèle arabe à la Passion prémétaphrastique BHG³ 593* — AB 84 (1966) 399—442 (Text grec 411—423; text arabe 424—442)

EUGENIUS TOLETANUS

2080 GAIFFIER, BAUDOUIN DE *Un „presbyter Floharius" est-il l'auteur de la passio S. Eugenii Toletani ?* — AB 84 (1966) 59—76

2081 MISONNE, D. *Les Miracles de saint Eugène à Brogne. Étude littéraire et historique. Nouvelle édition* — RBen 76 (1966) 231—291 (textus: 258—285)

EUSEBIUS PHOENICIUS

2082 HALKIN, FRANÇOIS *Eusèbe martyr en Phénicie* — AB 84 (1966) 335—342 (texte: 338—342)

EUSTACHIUS (PLACIDUS)

2083 DELEHAYE, HIPPOLYTE *La légende de saint Eustache.* In: *Mélanges d'hagiographie grecque et latine* (cf. 1966, 113) 212—239

FARO EPISC. MELDENSIS

2084 GUEROUT, J. *Faron(saint).* In: *Dictionnaire d'histoire et de géographie ecclésiastique,* t. 16 (cf. 1966, 179) 643—665

FECHINUS AB. FOVARENSIS

2085 GRANNEL, F. *Féchin, saint irlandais († 665).* In: *Dictionnaire d'histoire et de géographie ecclésiastique,* t. 16 (cf. 1966, 179) 799—803 coll.

FEIDLIMID

2086 GRANNEL, F. *Feidlimid, Feidhlimidh, Felim, saint irlandais du VIe s.* In: *Dictionnaire d'histoire et de géographie ecclésiastique,* t. 16 (cf. 1966, 179) 815—818 coll.

FELIX NOLANUS

2087 GORCE, D. *Félix de Nole (saint).* In: *Dictionnaire d'histoire et de géographie ecclésiastique,* t. 16 (cf. 1966, 179) 906—910

2088 FERRUA, ANTONIO *Graffiti di pellegrini alla tomba di S. Felice.* In: *Studi in memoria di Gino Chierici* a cura della Società di storia patria di Terra di lavoro (Caserta: De Luca 1965) 17—19

FRATRES TERGEMINI: SPEUSIPPUS, ELASIPPUS, MELASIPPUS

2089 MOREAU, JACQUES *Zur Passio der heiligen Drillingsbrüder.* In: *Scripta Minora* (cf. 1966, 137) 174—182

GERMANUS CONSTANTINOPOLITANUS

2090 HALKIN, F. *Une notice sur saint Germain de Constantinople ?* — AB 84 (1966) 228

GREGORIUS ILLUMINATOR

2091 TER-GHEVONDYAN et BART'IKYAN, H. *La nouvelle recension grecque de l'Histoire d'Agathange (Vie de saint Grégoire l'Illuminateur)* (en arménien) — Edjmiatsin 23 (1966) fasc. 8, 28—34; fasc. 9—10, 79—87

2092 DER NERSESSIAN, SIRARPIE *Les portraits de Grégoire l'Illuminateur dans l'art byzantin* — Byzan 36 (1966) 386—395

HIEROTHEUS

[1534] SHELDON-WILLIAMS, I. P.: Ps.-Dionysius Areopagita

HONORATUS AB. FUNDANUS

2093 FIORE, LUIGI *S. Onorato e gli inizi del monachesimo fondano* — Bolletino dell' Istituto di storia e di arte del Lazio meridionale 2 (1964) 149—166

IOHANNES CALYBITA

2094 ΛΑΜΨΙΔΟΥ, ΟΔ. Βατικανικοὶ κώδικες περιέχοντες τὸν βίον τοῦ ἁγίου Ἰωάννου τοῦ Καλυβίτου — AP 28 (1966) 3—36

168 Auctores

2095 TILL, W. C. *Die koptische Fassung der Legende von Johannes Caly-bita*. In: *Jahresbericht des Bundes-Gymnasiums und des -Realgymnasiums in Krems*, am Schlusse des Schuljahres erstattet von der Direktion (Krems 1963) 5—15

IULIANA NICOMEDIENSIS
[2122] CINQUE, GASPARE: Sosius

LUCIA SYRACUSANA
2096 NIERO, ANTONIO *Santa Lucia vergine e martire*. 3a edizione. Venezia: Stamp. di Venezia 1965. 71 pp.

LUCILLIANUS
2097 HALKIN, FRANÇOIS *Les deux Passions inédites du martyr Lucillien* — AB 84 (1966) 5—28 (texte: 8—28)

MARCELLUS TINGITANUS
2098 MASAI, FRANÇOIS *Mélectures d'abrévations romaines dans les Actes du centurion Marcel* — Sc 20 (1966) 11—30
2099 MASAI, FRANÇOIS *Pour une édition critique des Actes de S. Marcel* — Byzan 35 (1965) 277—290

MARTINUS TURONENSIS
2100 DELEHAYE, HIPPOLYTE *La Vie grecque de saint Martin de Tours*. In: *Mélanges d'hagiographie grecque et latine* (cf. 1966, 113) 403—407
[2017] DELEHAYE, HIPPOLYTE: Venantius Fortunatus
2101 FONTAINE, JACQUES *Alle fonti della agiografia europea: storia e leggenda nella Vita di S. Martino di Tours* — RSLR 2 (1966) 187—206
2102 FONTAINE, JACQUES *Un maître spirituel méconnu, Saint Martin de Tours* — Cahiers universitaires catholiques (1964/1965) 380—381
2103 GWYNN, AUBREY *The cult of St. Martin in Ireland* — IER 105 (1966) 353—364
[1932] Paulinus Petricordiensis
[1649] SCHLICK, J.: Gregorius Turonensis
2104 STEGMUELLER, O. *Martin von Tours oder Gottschalk von Orbais?* — RBen 76 (1966) 177—230

MARTYRES LUGDUNENSES
[232] COLIN, JEAN
2105 DEMOUGEOT, E. *A propos des martyrs lyonnais de 177* — REAnc 68 (1966) 323—331
[1561] ΓΕΩΡΓΙΑΔΟΥ, ΕΛ. Δ.: Eusebius Caesariensis

MAXIMILIANUS THEBESTAE

2106 DELEHAYE, HIPPOLYTE *Réfractaire et martyr.* In: *Mélanges d'hagio-graphie grecque et latine* (cf. 1966, 113) 375—383

MAXIMUS REIENSIS

[1539] Dynamius Massiliensis

2107 GENNARO, SALVATORE La „*Vita S. Maximi episcopi Reiensis*" *e la* „*Vita S. Virgilii episcopi Arelatensis*" — Annuario del Liceo-Ginnasio Statale „Mario Cutelli", Catania, Anno Scolastico 1964—65 (Catania 1966)

[1955] GENNARO, SALVATORE: Prudentius

MENAS AEGYPTIUS

2108 ΤΖΗΔΑΚΗ, ΘΕΟΔΟΡΟΥ Μηνᾶς. In: Θρησκευτικὴ καὶ ᾿Ηθικὴ ᾿Εγκυκλοπαιδεία, τ. 8 (cf. 1966, 193) 1121—1123

MERCURIUS

2109 DELEHAYE, HIPPOLYTE La „*Translatio sancti Mercurii in Beneventum*". In: *Mélanges d'hagiographie grecque et latine* (cf. 1966, 113) 189—195

METROPHANES ET ALEXANDER

2110 WINKELMANN, F. *Die handschriftliche Überlieferung der Vita Metrophanis et Alexandri (BHG 1279).* In: *Studia Patristica VII* (cf. 1966, 148) 106—114

2111 WINKELMANN, F. *Die Bischöfe Metrophanes und Alexandros von Byzanz* — ByZ 59 (1966) 47—71

MOYSES ABBAS AEGYPTIUS

2112 KÁKOSY, L. *Der Gott Bes in einer koptischen Legende* — AcAnt 14 (1966) 185—196

PARASCEVE

[1759] HALKIN, F.: Iohannes Euboeensis

PATRICIUS HIBERNORUM

2113 BIELER, LUDWIG *Die Patrickslegende. Geschichtliche Bedingungen, thematische Entfaltung, literarische Formung* — AOAW 102 (1965) 207—223

2114 BIELER, LUDWIG *Libri epistolarum S. Patricii episcopi.* In: *Analecta hibernica XXIII* (Dublin: Stationery Office 1966) 313—315

2115 KEEGAN, DESMOND J. *The writings of St. Patrick in the light of the present-day theology of missionary preaching* — IER 106 (1966) 204—226

PAULUS SIMPLEX

2116 AITZETMÜLLER, RUDOLF *Die griechische Vorlage der abg. Vita S. Pauli Simplicis.* In: *Orbis scriptus* (cf. 1966, 141) 49—52

PHILEAS THMUITANUS

2117 TURNER, E. G. *A passage in the Apologia of Phileas* — JThS 17 (1966) 404—405

SABINUS CANUSINUS

2118 RECCHIA, VINCENZO *Reminiscenze bibliche e „topoi" agiografici negli „atti" anonimi di S. Sabino, vescovo di Canosa.* Bari: Dedalo 1966. 38 pp.

SEBASTIANUS ROMANUS

2119 MILLS, LÉONHARD R. *Une vie inédite de Saint Sébastien* — BibHR 28 (1966) 410—418

SIGIBERTUS III REX FRANCORUM

2120 FOLZ, ROBERT *Vie posthume et culte de Saint Sigisbert, Roi d'Austrasie.* In: *Festschrift Percy Ernst Schramm I* (cf. 1966, 116) 7—26

SIGISMUNDUS REX BURGUNDIONUM

2121 FOLZ, ROBERT *La légende liturgique de Saint Sigismond d'après un manuscrit d'Agaune.* In: *Speculum historiale* (cf. 1966, 146) 152—166

SOSIUS BENEVENTANUS

2122 CINQUE, GASPARE *Le glorie di S. Sosio, levita e martire, patrono della città di Frattamaggiore. Studio storico, critico apologetico con un'appendice sulla vita di Santa Giuliana vergine e martire cumana.* Aversa: Fabozzi 1966. 143 pp.

SOTERIS ROMANA

[2332] DÜRIG, WALTER: Liturgica

SYMEON BAR-SABBAE

[1981] DEVOS, PAUL: Sozomenus

SYMEON STYLITA

2123 GAIFFIER, BAUDOUIN DE *La fête de S. Syméon Stylite dans la Liturgie hispanique.* In: *Miscelánea Mario Férotin* (cf. 1966, 135) 509—513 (cf. 1964, 1174)

SYMEON STYLITA IUNIOR

2124 VOLBACH, WOLFGANG FRITZ *Zur Ikonographie des Styliten Symeon des Jüngeren.* In: *Tortulae* (cf. 1966, 158) 293—299

THEODORUS TIRO

2125 Delehaye, Hippolyte *Euchaïta et la légende de saint Théodore.* In: *Mélanges d'hagiographie grecque et latine* (cf. 1966, 113) 275—280

THEODORUS STRATELATES

2126 K'avt'aria, Miḥeil *Les recensions géorgiennes de la Passion de Théodore le stratélate* (en géorgien) — Šot'a Rust'aveli. Recherches historico-philologiques. Tiflis: Institut des Manuscrits (1966) 197—217

VALENTINUS ROMANUS

2127 Amore, Agostino *S. Valentino di Roma o di Terni ?* — Ant 41 (1966) 260—277

VICTOR ET SOC. MM. MASSILIENSES

[210] Benoît, F.

VIRGILIUS ARELATENSIS

[2107] Gennaro, Salvatore: Maximus Reiensis

IV. Liturgica

1. GENERALIA

2128 Antonini, Bernardo M. *Teologia del matrimonio nelle antiche liturgie occidentali* [Saggi e ricerche, 3]. Vicenza: Ed. Patristiche 1966. 92 pp.

2129 Ashworth, H. *The Relationship between Liturgical Formularies and Patristic Texts.* In: *Studia Patristica VIII* (cf. 1966, 149) 149—155

[974] Augustinus

[2588] Bacht, Heinrich

2130 Barnard, L. W. *St. Stephen and Early Alexandrian Christianity.* In: *Studies in the Apostolic Fathers* (cf. 1966, 109) 57—72

2131 Bastiaensen, A. *Interprétation de quelques oraisons du Missal romain* — EL 80 (1966) 7—20

[1988] Baus, Karl: Tertullianus

2132 Berger, Rupert *Die Terminologie der Nachfolge Christi in der römischen Liturgie.* In: *Liturgie. Gestalt und Vollzug* (cf. 1966, 128) 1—24

[475] Blaise, Albert

[885a] BORELLA, PIETRO: Ambrosius

2133 BORELLA, PIETRO *Evoluzione letteraria del canone romano* — RiLit 53 (1966) 523—561

2134 BORELLA, PIETRO *Il responsorio „Tenebrae" nel codice 123 dell' Angelica e nella traduzione ambrosiana.* In: *Miscellanea liturgica in onore Cardinale Lercaro,* I (cf. 1966, 136) 597—607

[2310] BORELLA, PIETRO: Liturgica

[1597] BORNERT, RENÉ: Ps. Germanus Constantinopolitanus

[2468] BOTTE, B.

2135 BRAGANÇA, JOAQUIM DE *A Liturgia de Braga.* In: *Miscelánea Mario Férotin* (cf. 1966, 135) 259—281 (cf. 1964, 1179)

[790] BRAUN, HERBERT

[1474] BRAUN, HERBERT: Ps.-Clemens Romanus

[792] CAPELLE, B.

2136 CALATI, BENEDETTO *La preghiera nella tradizione monastica dell' alto medioevo (da S. Gregorio Magno all' epoca carolingia).* In: *La preghiera nella Bibbia e nella tradizione patristica e monastica* (cf. 1966, 160) 513—614

2137 CANAL, JOSÉ M. *Elementos marianos en la antigua Liturgia Romana* — EphMariol 16 (1966) 289—317

2138 *Codex Liturgicus.* Vol. I: *Ecclesiae romano-catholicae in epitomen redactus.* Curavit HERM. ADALB. DANIEL [Reprograph. Nachdruck der Ausgabe Leipzig 1847]. Hildesheim: Olms 1966. VIII, 446 pp.

2139 *Codex Liturgicus.* Vol. IV: *Ecclesiae orientalis in epitomen redactus.* Curavit HERM. ADALB. DANIEL [Reprograph. Nachdruck der Ausgabe Leipzig 1847]. Hildesheim: Olms 1966. 732 pp.

2140 COLIBA, MIHAI I. *Cultul Bisericii monofizite copte* (Le culte de l'Église monophysite copte) — OrtBuc 17 (1965) 338—353

2141 COLIBĂ, MIHAI *Cultul Bisericii Nestoriene* (Le culte de l'Église Nestorienne) — OrtBuc 18 (1966) 533—551

[1701] COLSON, J.: Ignatius Antiochenus

2142 CONDON, KEVIN *The Liturgy of the Word, II* — Scripture 17 (1966) 65—80

2142a CONSTANTELOS, D. *The Holy Scriptures in Greek Orthodox Worship. A Comparative and Statistical Study* — GrOrthThR 12 (1966) 7—83

2143 CONTI, PIER MARIA *Residui di culti milanese. Ai marigini della provincia metropolica papale* — RSLR 2 (1966) 48—68

[477a] COPPO, ANGELO

2144 CRICHTON, J. D. *Esquisse historique de la liturgie romaine.* In: *Le culte en esprit et en vérité* (cf. 1966, 123) 63—106

2145 CRICHTON, J. D. *Phases in Liturgical History.* In: *Studia Patristica VIII* (cf. 1966, 149) 189—208

[478] DANIEL, SUZANNE

2146 DELL' ORO, F. *Catalogus antiquorum fontium liturgicorum* — EL 79 (1965) 58—66

2147 DENIS-BOULET, NOËLE MAURICE *La place du Notre Père dans la liturgie* — MaisonDieu 85 (1966) 69—91

2148 DÍAZ Y DÍAZ, MANUEL C. *El latin de la liturgia hispánica.* In: *Estudios sobre la liturgia mozárabe* (cf. 1966, 115) 55—87

2149 DIJK, S. J. P. VAN *Recent Developments in the Study of the Old-Roman Rite.* In: *Studia Patristica VIII* (cf. 1966, 149) 299—319

[252] DÖLGER, FRANZ

2150 DOSTÁL, A. *L'Eucologe slave du Sinaï* — Byzan 36 (1966) 41—50

2151 DOSTÁL, A. *The origins of the Slavonic liturgy* — DumPap 19 (1965) 67—87

2152 DRIESSEN, W. C. H. *De armeense liturgie* — COH 17 (1964/1965) 210—236

[1731] EVDOKIMOV, PAUL: Iohannes Chrysostomus

[814] FREEMANN, ANN

2153 GABRIEL, DR. *De byzantijnse liturgie* — COH 17 (1964/1965) 178—190

2154 GAGÉ, J. *Fackel (Kerze).* In: *Reallexikon für Antike und Christentum,* Bd. 7 (cf. 1966, 187) 154—217 coll.

2155 GAMBER, KLAUS *Fragmenta liturgica,* I — SE 16 (1965) 428—454

2156 GAMBER, KLAUS *Fragmenta liturgica,* II — SE 17 (1966) 242—268

2157 GAMBER, KLAUS *Liturgie übermorgen. Gedanken über die Geschichte und Zukunft des Gottesdienstes.* Freiburg i. B.: Herder 1966. 288 pp.

2158 GIAMBERARDINI, GABRIELE *La sorte dei defunti nella tradizione copta* [Studia Orientalia Christiana. Aegyptiaca]. Cairo: Centro Francescano di Studi Orientali Cristiani 1965. 448 pp.

2159 GIAMBERARDINI, GABRIELE *La sorte dei defunti nella tradizione copta* — SOCC 9 (1964) 1—203; 10 (1965) 3—207

[1380] GIBSON, A. G.: Basilius Magnus

[1811] GILL, DAVID: Iustinus Martyr

2160 GIRONÉS GUILLEM, GONZALO *Notas sobre el texto de la fiesta mozárabe de la Asunción.* In: *Miscelánea Mario Férotin* (cf. 1966, 135) 249—258 (cf. 1964, 1195)

[1704] GUY, FRITZ: Ignatius Antiochenus

2161 HAMMAN, A. *Gebedsbron (Oud-Christelijke Gebeden).* Met een inleiding van DANIËL ROPS, in het Nederlands bewerkt door A. BEEKMAN. 's-Gravenhage: N. V. Uitgeversmij. Pax. 433 pp.

[1689] HANSSENS, JEAN MICHEL: Hippolytus Romanus

2162 HENNIG, JOHN *Old Ireland and Her Liturgy.* In: *Old Ireland* (cf. 1966, 140) 60—89

2163 HENNIG, JOHN *The place of St. John the Evangelist in the liturgy* — IER 105 (1966) 110—123

2164 HENNIG, JOHN *Zur Stellung Abrahams in der Liturgie* — ALW 9 (1965/1966) 349—366
2165 HENNIG, JOHN *Zur liturgischen Lehre von den unschuldigen Kindern* — ALW 9 (1965/1966) 72—85
2166 HULTIN, N. C. *The rhetoric of consolation. Studies in the development of Consolatio mortis* [Diss.] Johns Hopkins University 1965. 288 pp. — DissAbstr 26 (1965/1966) 2183—2184 [microfilm]

[1720] Iohannes Chrysostomus
2167 JANINI, JOSÉ „*Sacramentorum Prefationes*" *y Liturgia visigótica.* In: *Miscelánea Mario Férotin* (cf. 1966, 135) 142—172 (cf. 1964, 1202)
2168 JANINI, JOSÉ *Roma y Toledo. Nueva problemática de la liturgia visigotica.* In: *Estudios sobre la liturgia mozárabe* (cf. 1966, 115) 33—53
[608] JANINI, JOSÉ — MARQUÉS, J.
[609] JANINI, JOSÉ — RICOMÁ, J.

[2756] JAUBERT, ANNIE: Patrum exegesis
[615] *Katalog der Handschriften der Königlichen Bibliothek zu Bamberg* I/1, 2
2169 KHOURIN SARKIS, G. *Projet de restauration de la liturgie syrienne d'Antioche* — OrSyr 9 (1964) 409—442; 10 (1965) 3—40

[2257] KRETSCHMAR, GEORG
2170 LÉCUYER, JOSEPH *Die liturgische Versammlung. Biblische und patristische Grundlagen* — Concilium 2 (1966) 79—87
2171 LIETZMANN, HANS *Die Entstehung der christlichen Liturgie nach den ältesten Quellen* [Vorträge der Bibl. Warburg, 5. Reprographischer Nachdruck der Ausgabe London 1925/26]. Darmstadt: Wissenschaftliche Buchgesellschaft 1963. 26 pp.
2172 *Liturgisch Woordenboek.* Samengesteld onder redacie van L. BRINKHOFF, A. HOLLAARDT, A. VERHEUL, TH. A. VISMANS, H. A. J. WEGMAN en W. DE WOLF. Aflevering 4—7: *Kerkgang — Psalterium* [= Deel II, coll. 1311—2334]. Roermond en Maaseik: J. J. Roemen & Zonen 1965/1966. 512 pp.
2173 LLOPIS SARRIÓ, JUAN *La Sagrada Escritura fuente de inspiración de la Liturgia de difuntos del antiguo Rito hispánico.* In: *Miscelánea Mario Férotin* (cf. 1966, 135) 349—392 (cf. 1964, 1206)
2174 LUDEWIG, E. *Die liturgische Sprache der frühen Ordensregeln.* 2 vols. [Philologische Dissertation]. Wien 1966. VI, 321 (textus); 474 pp. [dactyl.]

[848] MAGRASSI, MARIANO
[2716] MAGRASSI, MARIANO
2176 MARTIMORT, AIMÉ-GEORGES *Essai historiques sur les traditions liturgiques* — MaisonDieu 86 (1966) 75/105
2177 MORA ONTALBA, JOSÉ MARIA *Bibliografía general.* In: *Estudios sobre la liturgia mozárabe* (cf. 1966, 115) 165—187

2178 MOPAITOY, Δ. N. Λειτουργική. In: Θρησκευτική καὶ Ἠθική Ἐγκυκλοπαιδεία, τ. 8 (cf. 1966, 193) 196—199

2179 MORETON, M. J. *The Early Liturgies* — Theology 69 (1966) 442—447

2180 MUNDÓ, ANSCARI *La datación de los códices litúrgicos visigóticos toledanos.* In: *Miscelánea Mario Férotin* (cf. 1966, 135) 529—554 (cf. 1965, 285)

2181 MUNDÓ, ANSCARI *El proser-troper Montserrat 73.* In: *Liturgica 3* (cf. 1966, 127) 101—142

2182 NUSSBAUM, OTTO *Der Standort des Liturgen am christlichen Altar vor dem Jahre 1000. Eine archäologische und liturgiegeschichtliche Untersuchung.* 2 Bände. I. Teil: Text. II. Teil: Abbildungen und Tafeln [Theopaneia, 18/1—2]. Bonn: Peter Hanstein 1965. 478/218 pp.

2183 OLIVAR, ALEJANDRO *El sacramentario aragonés ms. 815 de la Bibliteca de Montserrat.* In: *Miscelánea Mario Férotin* (cf. 1966, 135) 61—98 (cf. 1964, 1214)

[1470] PADBERG, RUDOLF: Clemens Romanus

[901] PAYER, ALJA: Ambrosius

2184 PENCO, GREGORIO *La preghiera nella tradizione monastica.* In: *La preghiera nella Bibbia e nella tradizione patristica e monastica* (cf. 1966, 160) 263—324

2185 PENCO, GREGORIO *La preghiera presso il monachesimo occidentale nel sec. VI.* In: *La preghiera nella Bibbia e nella tradizione patristica e monastica* (cf. 1966, 160) 471—511

2186 ΦΟΥΝΤΟΥΛΗ, I. M. Μηναῖον. In: Θρησκευτική καὶ Ἠθική Ἐγκυκλοπαιδεία, τ. 8 (cf. 1966, 193) 1117—1120

2187 PINELL, JORGE M. *Fragmentos de códices del antigue rito hispánico.* In: *Miscelánea Mario Férotin* (cf. 1966, 135) 195—230 (cf. 1964, 1219)

2188 PINELL, JORGE M. *Los textos de la antigua liturgia hispánica.* In: *Estudios sobre la liturgia mozárabe* (cf. 1966, 115) 109—164

2189 PLOEG, J. F. M. *De oost-syrische liturgie* — COH 17 (1964/1965) 237—275

2190 POCKNEE, C. E. *The Enthronement of a Bishop* — ChQR 167 (1966) 359—363

2191 PRANDI, A. *Réflexions sur l'origine de l'édifice cultuel chrétien.* In: *Mélanges offerts à René Crozet I* (cf. 1966, 130) 1—11

2192 RECKINGER, FRANÇOIS *Les funérailles éthiopiennes d'après les manuscrits Éthiopien 80 et d'Abbadie 50 de la Bibliothèque Nationale* [Thèse]. Paris: Institut catholique 1966. IV, 163 pp. [dactyl.]

656a ROCA-PUIG, RAMÓN: Manuscripta

[2731] ROSE, ANDRÉ: Patrum exegesis

[2734] ROSE, ANDRÉ: Patrum exegesis

2193 ROUILLARD, PH. *Bibliographie française de liturgie, 1963—1965* — MSR 23 (1966) 127—138

2194 SARANTOLA, T. *Syyrialaisen kaupunkitalon muuttaminen kristilli-seksi sakraalirakennukseksi Dura-Europoksen löytöjen valossa* — TAik 70 (1965) 322—332

2195 SERDÁ, L. *Fragmento de Sacramentario del Museo episcopal de Vich.* In: *Miscelánea Mario Férotin* (cf. 1966, 135) 213—236 (cf. 1964, 1225)

[96] SEVERUS, EMMANUEL VON

2196 SPECK, P. *Die ENΔYTH. Literarische Quellen zur Bekleidung des Altars in der byzantinischen Kirche* — JOBG 15 (1966) 323—375

2197 ŞTEFĂNESCU, N. I. *Influenţa muzicii poeziei lirice eline asupra mu-zicii creştine din epoca primară* (L'influence de la poésie lirique hellé-nique sur la musique chrétienne dans les prémiers siècles) — StBuc 17 (1965) 33—44

2198 THEODOROU, E. *Der patristische Geist und der griechisch-orthodoxe Gottesdienst.* In: *Studia Patristica VIII* (cf. 1966, 149) 291—298

2199 ΘΕΟΔΟΡΟΥ, E. Λειτουργικοὶ τύποι. In: Θρησκευτικὴ καὶ Ἠθικὴ Ἐγκυκλοπαιδεία, τ. 8 (cf. 1966, 193) 199—210

[1746] ΤΣΙΡΟΠΟΥΛΟΥ, K.: Iohannes Chrysostomus

2200 USENER, HERMANN *Heilige Handlung.* In: *Kleine Schriften, IV* (cf. 1966, 159) 422—467

[1332] VAGAGGINI, CIPRIANO: Augustinus

2201 VASILE, COSTIN *Liturghia Sfîntului Iacob din ritul Sirienilor iacobiti* (La liturgie de Saint Jacques dans le rite des Syriens-Jacobites) — OrtBuc 18 (1966) 99—114

2202 VELIMIROVIĆ, MILOŠ *Studies in Eastern Chant* [Studies in Eastern Chant, 1]. London: Oxford University Press 1966. XVI, 134 pp.

2203 VEZIN, JEAN *Notes sur le Sacramentaire Limousin de la Bibliothèque de l'Académie d'Histoire de Madrid.* In: *Miscelánea Mario Férotin* (cf. 1966, 135) 173—194 (cf. 1964, 1231)

2204 VIAUD, GÉRARD *Note sur les processions de la Croix dans l'Église copte* — OrSyr 11 (1966) 231—235

2205 VOGEL, CYRILLE *Introduction aux sources de l'histoire du culte chrétien au moyen âge* [Biblioteca degli „Studi Medievali", 1]. Spoleto: Centro di Studi sull' alto Medioevo 1966. XXV, 385 pp.

[1965] VOGÜÉ, ADALBERT DE: Regula Magistri

2206 WIJNHOVEN, F. *De koptische liturgie* — COH 17 (1964/1965) 191—209

2. MISSA

[2384] BARBET, J. — LAMBOT, C.

2207 BERGER, RUPERT *Die Wendung „offerre pro" in der römischen Litur-gie* [Liturgiewissenschaftliche Quellen und Forschungen, 41]. Mün-ster (Westfalen): Aschendorff 1965. XVI, 280 pp.

2208 BORELLA, PIETRO „*Il Vangelo è Christo*". *L'introduzione del libro dei Vangeli* — Ambr 41 (1965) 233—249

2209 BORELLA, PIETRO *La dossologia finale del Canone nella recente riforma liturgica e altre dossologie ambrosiane* — Ambr 41 (1965) 183—201

2210 BORELLA, PIETRO *Le ricenti riforme della messa ambrosiana dal Vangelo all' offertorio* — Ambr 42 (1966) 3—22

2211 BORELLA, PIETRO *L'oratio fidelium nelle sue varie forme strutturali* — Ambr 41 (1965) 9—23

2211a BORELLA, PIETRO *Bibbia e liturgia nella Constituzione Liturgica del Concilio Ecum. Vat. II e nell' antico rito ambrosiano* — Ambr 40 (1964) 260—282

2211b BORELLO, PIETRO *Il rito Ambrosiano* [Biblioteca di scienze religiose, III/10]. Brescia: Morcelliana 1964. 498 pp.

2211c BORELLA, PIETRO *Kyrie eleison e prece litanica nel rito ambrosiano* — Iucunda laudatio (1964) fasc. 1, 66—79

2211d BORELLA, PIETRO *L'evoluzione dei riti sacramentali nell' antica liturgia ambrosiana*. In: *Liturgie. Gestalt und Vollzug* (cf. 1966, 128) 48—59

2211e BORELLA, PIETRO *Unità e continuità del Canone nei testi ambrosiani del giovedì santo e della veglia pasquale* — Ambr 41 (1965) 79—100

[1686a] BOTTE, BERNARD: Hippolytus Romanus

[2242] BOUYER, L.

2212 CINQUE, GASPARE *Le sette Martiri nella liturgia della Santa Messa. Studio storico, critico, apologetico.* Napolio Laurenziana 1965. 155 pp.

[1517] CLERICI, LUIGI: Didascalia

2213 DUBOIS, E. *Hatte die römische Messe je eine dreigliedrige Leseordnung?* — HlD 18 (1964) 129—137

2214 EIZENHÖFER, LEO *Canon Missae Romanae, quem illustravit.* Pars altera: *Textus propinqui* [Rerum ecclesiasticarum Documenta, series minor: Subsidia studiorum, 7]. Roma: Herder 1966. V, 220 pp.

2215 ENGBERDING, HIERONYMUS *Das anaphorische Fürbittengebet der syrischen Basiliusliturgie* — OrChr 50 (1966) 13—18

2216 ENGBERDING, HIERONYMUS *Die εὐχὴ τῆς προσκομιδῆς der byzantinischen Basiliusliturgie und ihre Geschichte* — Mu 79 (1966) 287—313

2217 ENGBERDING, HIERONYMUS *Die Gebete zum Trishagion während der Vormesse der ostchristlichen Liturgien* — OstkiSt 15 (1966) 130—142

[1559] FARINA, RAFFAELE: Eusebius Caesariensis

2218 GAMBER, KLAUS *Das Eucharistiegebet in der frühen nordafrikanischen Liturgie.* In: *Liturgica 3* (cf. 1966, 127) 51—65

2219 GAMBER, KLAUS *Das Missale des Bischofs Maximian von Ravenna (†553)* — EL 80 (1966) 205—210

[1604] GAMBER, KLAUS: Gregorius I Magnus

[1930] GAMBER, KLAUS: Paulinus Nolanus

[2248] GAMBER, KLAUS

[2249] GAMBER, KLAUS

2220 HAHN, J. *Eine kirchenslavische Übersetzung der byzantinischen Liturgie* — Naukovi Zapiski. Wissenschaftliche Mitteilungen. München, 7 (10) (1965) 137—155

2221 HANSSENS, JOHANNES MICHAEL *De concelebratione Missae in ritibus orientalibus. De eius notione et modis, usu praesenti et historia* — Dinitas 10 (1966) 482—559

2222 HOFMEISTER, PHILIPP *Die Konzelebration* — ALW 9 (1965/1966) 383—411

2223 HUGLO, M. *Le chant des Béatitudes dans la Liturgie hispanique.* In: *Miscelánea Mario Férotin* (cf. 1966, 135) 135—140 (cf. 1964, 1242)

2224 JACOB, A. *Les prières de l'ambon du Barber. gr. 336 et du Vat. gr. 1833* — BBR 37 (1965) 17—51

2225 JACOB, A. *Une prière du skeuophylakion de la liturgie de saint Jacques et ses parallèles byzantin.* — BBR 37 (1965) 53—80

2226 JACOB, A. *Zum Eisodosgebet der byzantinischen Chrysostomosliturgie des Vat.Barb.gr. 336* — OstkiSt 15 (1966) 35—38

[1776] JONG, JOHANNES PETRUS DE: Irenaeus

2227 JUNGMANN, JOSEPH A. *Le Canon romain et les autres formes de la grande prière eucharistique* — Maison Dieu 87 (1966) 62—77

[2255] JUNGMANN, JOSEF ANDREAS

[2387] KATTENBUSCH, FERDINAND

2228 LANNE, EMMANUELE *La concelebrazione nella tradizione delle chiese orientali.* In: *Concelebrazione. Dottrina pastorale* ([Collana „Culmen et fonds", 7] Brescia: Queriniana 1965) 18—36

[2173] LLOPIS SARRIÓ, JUAN

2229 MARSILI, SALVATORE *La parola nel culto* — RiLit 53 (1966) 149—164

2230 MATEOS, J. *Évolution historique de la liturgie de s. Jean Chrysostome* — PrOrChr 15 (1965) 333—351; 16 (1966) 3—18

2231 MATEOS, J. *Prières initiales fixes des offices syrien, maronite et byzantin* — OrSyr 11 (1966) 489—498

2232 MONTMINY, JEAN-PAUL *L'offrande sacrificielle dans l'anamnèse des Liturgies anciennes* — RSPhTh 50 (1966) 385—406

2233 NEUNHEUSER, BURKHARD *La concelebrazione nella tradizione della chiesa occidentale.* In: *Concelebrazione. Dottrina pastorale* ([Collana „Culmen et fons", 7] Brescia: Queriniana 1965) 1—17

2234 OLIVAR, ALEJANDRO *La duración de la predicación antigua.* In: *Liturgica 3* (cf. 1966, 127) 143—184

[900] PAREDI, ANGELO: Ambrosius Mediolanensis

[900a] PAREDI, ANGELO: Ambrosius Mediolanensis

[1264] PELLEGRINO, MICHELE: Augustinus

[2186] ΦΟΥΝΤΟΥΛΗ, I. M.

2235 QUECKE, HANS *Ein saïdisches Eucharistiefragment* (Berlin, Ms.or.fol. 1609a) — Mu 79 (1966) 113—131 und 315 (Berichtigung)

2236 QUECKE, HANS *Ein saïdisches Kommunionlied* (Wien, K 8348) — Mu 79 (1966) 103—111 und 315 (Berichtigung)

2237 RAMOS, M. *Rasgos de la ,,Oratio communis" según la ,,Oratio admonitionis" hispánica.* In: *Miscelánica. Mario Férotin* (cf. 1966, 135 31—60 (cf. 1964, 1253)

2238 RIGHETTI, M. *Storia liturgica.* Vol. III: *La Messa. Commento storico-liturgico alla luce del Concilio Vaticano II.* Terza edizione riveduta ed ampliata. Milano: Ancora 1966. XXIV, 676 pp.

[2267] RORDORF, WILLY: Liturgica

[868] SYMONDS, H. E.

2239 WATTEVILLE, JEAN DE *Le sacrifice dans les textes eucharistiques des premiers siècles* [Bibliothèque théologique]. Neuchâtel: Delachaux & Niestlé 1966. 234 pp.

2240 WILLIS, GEOFFREY G. *Textual Divisions in the Book of Mulling* — JThS 17 (1966) 89—95

3. SACRAMENTA ET SACRAMENTALIA

[2207] BERGER, Rupert

[2503] BETZ, JOHANNES

[2395] BIELER, L.

2241 BORELLA, PIETRO *Per la riforma dei riti battesimali* — Ambr 42 (1966) 143—162; 231—251; 343—376

[888] BORELLA, PIETRO: Ambrosius

2242 BOUYER, L. *The Different Forms of Eucharistic Prayer and their Genealogy.* In: *Studia Patristica VIII* (cf. 1966, 149) 156—170

[2505] BOUYER, LOUIS

[2507] BRUSSELMANS, CHR.

[2509] CAMELOT, PIERRE-THOMAS

[889] CAPRIOLI, A.: Ambrosius

2243 COEBERGH, C. *Problèmes de l'évolution historique et de la structure littéraire de la ,,Benedictio Fontis" du rit romain* — SE 16 (1965) 260—319

[1602] COEBERGH, C.: Gregorius Magnus

2244 DALMAIS, I.-H. *L'introduction et l'embolisme de l'oraison dominicale dans la célébration eucharistique* — MaisonDieu 85 (1966) 92—100

[2727] DANIÉLOU, JEAN

[2538] DOENS, IRÉNÉE

[2511] DULIÈRE, W. L.

[1518] FORD, J. MASSINGBERD: Didascalia

[2154] GAGÉ, J.

2245 GALL, JOEL LE *Un service eucharistique du IVe siècle à Alésia.* In: *Mélanges d'archéologie, d'épigraphie et d'histoire offerts à Jérôme Carcopino* (cf. 1966, 131) 613—628

2246 GAMBER, K. *Das Sakramentar von Salzburg als Quelle für das Pragense.* In: *Studia Patristica VIII* (cf. 1966, 149) 209—213

2247 GAMBER, KLAUS *Fragment eines gallikanischen Sakramentars im Codex Sangallensis 194* — Sc 20 (1966) 57—59

2248 GAMBER, KLAUS *Das Sakramentar und Lektionar des Bischofs Marinianus von Ravenna (595—606)* RQ 61 (1966) 203—208

2249 GAMBER, KLAUS *Die Christus-Epiklese in der altgallischen Liturgie* — ALW 9 (1965/1966) 357—382

[763] GAMBER, KLAUS

[2218] GAMBER, Klaus

[1702] GIBBARD, S. M.: Ignatius Antiochenus

2250 GODART, J. *Traditions anciennes de la grande prière eucharistique* (à suivre) — QLP 47 (1966) 248—278

2251 GRISBROOKE, W. JARDINE *Intercession at the Eucharist* — StLit 4 (1965) 129—155; 5 (1966) 20—44; 87—103

2252 GROS, M. S. *Las Ordenes sagradas del Pontifical ms. 104 (CV) de la Bibl. Cap. de Vich.* In: *Miscelánea Mario Férotin* (cf. 1966, 135) 99—133 (cf. 1964, 1263)

2253 *Handbuch der Liturgiewissenschaft.* Hersgg. von B. BÉRAUDY, B. BOTTE, N. MAURICE—DENIS—BOULET, B. CAPELLE, A. CHAVASSE, I.-H. DALMAIS, B. DARRAGON, P.-M. GY, P. JOUNEL, A. NOCENT, A. M. ROGUET, O. ROUSSEAU und P. SALMON. Band II: *Die übrigen Sakramente und die Sakramentalien. Die Heiligung der Zeit.* Deutsche Übersetzung vom liturgischen Institut Trier. Freiburg — Basel — Wien: Herder 1965. XIV, 522 pp.

[1735] HARKINS, P. W.: Iohannes Chrysostomus

2254 HUFTIER, M. *Corpus Christi. Amen* — VS 111 (1964) 477—501

[1153] HUFTIER, M.: Augustinus

[1594] INNIS, G. VAN

[1737] JACOB, ANDRÉ: Iohannes Chrysostomus

[611] JANINI, JOSÉ

[2668] JANSEN, H. LUDIN

2255 JUNGMANN, JOSEF ANDREAS *Heiliges Wort. Die rituelle Behandlung der Konsekrationsworte in den Liturgien.* In: *Miscellanea liturgica in onore Cardinale Lercaro*, I (cf. 1966, 136) 307—319

[2227] JUNGMANN, JOSEPH A.: Liturgica

2256 KAVANACH, AIDAN *Thoughts on the Roman Anaphora*, II — Worship 40 (1966) 2—16

2257 KRETSCHMAR, GEORG *Beiträge zur Geschichte der Liturgie, insbesondere der Taufliturgie, in Ägypten* — JLH 8 (1963) 1—54

2258 KERTSCHMAR, GEORG *Die Geschichte des Taufgottesdienstes in der Alten Kirche.* In: *Leiturgia,* Handbuch des evangelischen Gottesdienstes. Bd. V: *Der Taufgottesdienst* (Kassel: Stauda 1964/1966) 1—348

[2228] LANNE, EMMANUELE

2259 LIGIER, LOUIS *De la Cène de Jésus à l'Anaphore de l'Église* — Maison-Dieu 87 (1966) 7—51

2260 MAGRASSI, MARIANO *Mara natha. Il clima escatologico della celebrazione primitiva* — RiLit 53 (1966) 374—393

2261 METZ, RENÉ *Benedictio sive consecratio virginum* — EL 80 (1966) 265—293

[2232] MONTMINY, JEAN-PAUL

[2233] NEUNHÄUSER, BURKHARD

2262 OGGIONI, CONSTANTINO *Il significato della liturgia battesimale* — Ambr 42 (1966) 163—175

2263 PENCO, GREGORIO *La partecipazione alla vita eucaristica presso il monachismo antico* — RiLit 48 (1961) 183—192

2264 POCKNEE, C. E. *The Matter and Form of Confirmation* — ChQR 167 (1966) 236—242

2265 QUASTEN, JOHANNES *Der Kuß der Neugetauften in altchristlicher Taufliturgie.* In: *Liturgie. Gestalt und Vollzug* (cf. 1966, 128) 267—271

2266 QUASTEN, JOHN *The Garment of Immortality. A Study of the ,,accipe vestem candidam".* In: *Misellanea liturgica in onore Cardinale Lercaro,* I (cf. 1966, 136) 391—401

[2235] QUECKE, HANS

2267 ROHRDORF, WILLY *La célébration dominicale de la Sainte Cène dans l'Église Ancienne* — RThPh 99 (1966) 25—37

2268 SCHWARZENBERG, C. *Intorno alla benedizione degli sponsali in diritto bizantino* — ByZ 59 (1966) 94—109; item: DE 77 (1966) 216—242

[1708] SERRAZANETTI, PAOLO: Ignatius Antiochenus

[1745] STOCKMEIER, PETER: Iohannes Chrysostomus

2269 THRAEDE, K. *Exorzismus.* In: *Reallexikon für Antike und Christentum,* Bd. 7 (cf. 1966, 187) 44—117 coll.

2270 TIHON, P. *La concélébration et l'unité de l'Eucharistie. I: Histoire* — Feu nouveau 9 (1965) 17—24

2271 VAGAGGINI, CIPRIANO *Caro salutis est cardo. Corporeità eucaristica e liturgica.* In: *Miscellanea Liturgica in onore Cardinale Lercaro* I (cf. 1966, 136) 73—209

2272 VEZIN, JEAN *Une formule de bénédiction du vin donné aux nouveaux baptisées (B. N. ms. lat. 3405)* — EL 80 (1966) 313

2273 VOGEL, CYRILLE *Le repas sacré au poisson chez les chrétiens* — ReSR 40 (1966) 1—26

2274 VOGEL, CYRILLE *L'Orientation vers l'Est du célébrant et des fidèles pendant la célébration eucharistique* — OrSyr 9 (1964) 3—37

2275 VOSSEL, W. VAN *Le terme et la notion de „Sceau" dans le rituel baptismal des Syriens orientaux* — OrSyr 10 (1965) 237—260
[2239] WATTEVILLE, JEAN DE

4. HYMNI

2276 CAPIZZI, C. *Sul motivo della „gioia" riferito alla Vergine nei testi innografici bizantini* — RSB 2—3 (1965/1966) 145—166
2277 ΧΡΙΣΤΟΦΙΛΟΠΟΥΛΟΥ, ΑΙ. ᾿Επίδειξις διὰ τὴν χρονολόγησιν τοῦ ἀκαθίστου ὕμνου — EEBS 55 (1966) 47—67
2278 DIETZEL, MARTIN *Die Erlanger Abendhymnen. Sechs frühbyzantinische Hymnen in deutscher Übersetzung und mit Anmerkungen* — EA 42 (1966) 271—280
[480] DIMA, M.
2279 DRONOV, A. *Akafist Neveste Nenevestnoj* (Der Akathistos-Hymnus der Anympheutos Nymphe) — ŽurMP (1966) fasc. 3, 70—74
[805] *Early Latin Hymns*
[2045] FIEY, JEAN MAURICE
2280 FOLLIERI, ENRICA *Initia Hymnorum Ecclesiae Graecae*, vol. V, 1: Φ—Ω; *Hymnographi, Tabulae* [Studi e Testi, 215]. Città del Vaticano: Bibl. Apost. Vaticana 1966. XXII, 331 pp.
2281 FOLLIERI, ENRICA *Initia Hymnorum Ecclesiae Graecae*, vol. V, 2: *Index hagiographico-liturgicus* [Studi e Testi, 215 bis]. Città del Vaticano: Bibl. Apost. Vaticana 1966. XXII, 379 pp.
[597] GONZATO, ADA
[1754] JAMMERS, E.: Iohannes Damascenus
2282 JANSSENS, A. *Les structures symétriques du Te Deum* — QLP 47 (1966) 36—46
2283 MARTIN, R. P. *The Bithynian Christians' Carmen Christo*. In: *Studia Patristica VIII* (cf. 1966, 149) 259—265
2284 MAUR, HANSJÖRG AUF DER *Eine Vorform des Exsultet in der griechischen Patristik* — TTZ 75 (1966) 65—88
[901] PAYER, ALJA: Ambrosius
[2236] QUECKE, HANS
2285 RAASTED, JØRGEN *Intonation formulas and modal signatures in Byzantine musical manuscripts* [Union Académique Internationale. Monumenta Musicae Byzantinae, Subsidia, 7]. København: Munksgaard 1966. XII, 238 pp. [Diss. Københavns Universitet]
2286 ROCA — PUIG, RAMÓN *Himne a la Verge Maria. Psalmus responsorius. Papir Llatì del segle IV.* Segona ediciò. Barcelona: Asociación de Bibliófilos de Barcelona 1965. XXXIX, 215 pp.
2287 SCHORK, R. J. *Dramatic Dimension in Byzantine Hymns*. In: *Studia Patristica VIII* (cf. 1966, 149) 271—279

2288 ΣΕΚΑΤΗ, Θ. Ὁ ὕμνος τῆς ἀκαθίστου ἀκολουθίας. Ἱστορικοστοχαστι-
κὴ μελέτη. Βέροια 1966. ιβ΄, 108 σελ.

2289 *Specimina notationum antiquarum.* Edenda curavit O. STRUNK. Folia
selecta ex variis codicibus saeculorum X, XI et XII phototypice de-
picta [Union Académique Internationale. Monumenta Musicae Byzantinae, 7]. Pars principalis: København: Munksgaard 1966. 187 pp.;
Pars suppletoria: København: Munksgaard 1965. XIII, 40 pp.

2290 SZÖVÉRFFY, JOSEPH *A Mirror of Medieval Culture. Saint Peter hym-
nus of the Middle Ages* — TrConnec 42 (1965) 97—403 — idem:
[Transactions of the Connecticut academy of arts and sciences, 42].
New Haven (Conn.): Connecticut Acad.; København: Munksgaard
1965. 306 pp.

2291 SZÖVÉRFFY, JOSEPH *Crux fidelis. Prolegomena to a History of the
Holy Cross Hymns* — Tr 22 (1966) 1—41

2292 SZÖVÉRFFY, JOSEF *Die Annalen der lateinischen Hymnendichtung.
Ein Handbuch.* Band I: *Die lateinischen Hymnen bis zum Ende des
11. Jahrhunderts* [Die lyrische Dichtung des Mittelalters]. Berlin:
Erich Schmidt 1964. 464 pp.

[2018] SZÖVÉRFFY, JOSEPH: Venantius Fortunatus

2293 THODBERG, CHRISTIAN *Der byzantinische Alleluiarionzyklus. Studien
im kurzen Psaltikonstil.* Übersetzt aus dem Dänischen von HOLGER
HAMANN [Monumenta Musicae Byzantinae: Subsidia, 8]. København: E. Munksgaard 1966. 239 pp. [Diss. Københavns Universitet]

[1967] TRYPANIS, C. A.: Romanus Melodus

5. ANNUS LITURGICUS

[1826] ALBERICH, EMILIO: Leo I Magnus

2294 BAINTON, ROLAND H. *The Origins of Epiphany.* In: *The Collected
Papers in Church History of Roland Bainton I* (cf. 1966, 107) 22—38

2295 BERNAL, JOSÉ R. *Los sistemas de lecturas y oraciones en la Vigilia
pascual hispánica.* In: *Miscelánea Mario Férotin* (cf. 1966, 135)
283—348 (cf. 1964, 1278)

2296 BERNAL, JOSÉ *Primeros vestigios del lucernario en España.* In: *Liturgica 3* (cf. 1966, 127) 21—49

[1852a] BIFFI, INOS: Maximus Taurinensis

2297 BÖHNE, WINFRIED *Beginn und Dauer der römischen Fastenzeit im
sechsten Jahrhundert* — ZKG 77 (1966) 224—237

[888a] BORELLA, PIETRO: Ambrosius

2298 CHAVASSE, ANTOINE *Les féries de Carême. Célébrées aux Temps de
Saint Léon le Grand (440—461).* In: *Miscellanea liturgica in onore
Cardinale Lercaro,* I (cf. 1966, 136) 551—557

2299 COEBERGH, C. *Les péricopes d'évangile de la fête de Noël à Rome.* —
RBen 76 (1966) 128—133

2300 CRAMER, M. *Studien zu koptischen Paschabüchern (Forts.)* — OrChr 49 (1965) 90—115

[799] CROUZEL, HENRI

[800] CROUZEL, HENRI

2301 DELHAYE, PH. — LECLAT, J.-L. *Dimanche et Sabbat* — MSR 23 (1966) 3—14; 73—93

2302 FISCHER, BALTHASAR *Ostern und Weihnachten. Zum Grundgefüge des Kirchenjahres* — ALW 9 (1965/1966) 131—133

[816] *Frühchristliche Reden zur Weihnachtszeit*

[2253] *Handbuch der Liturgiewissenschaft*, Bd. II

2303 HUBER, WOLFGANG *Passa und Ostern. Untersuchungen zur Oster-feier der alten Kirche* [Theol. Dissertation]. Tübingen 1966. XXIV, 315 pp. [dactyl.]

[833] HUDON, G.

[834] HUDON, G.

[1154] HUFTIER, M.: Augustinus

2304 MAERTENS, THIERRY *Heidnisch-jüdische Wurzeln der christlichen Feste.* (Übersetzg. aus d. Franz.) Mainz: Matthias-Grünewald 1965. 192 pp.

2305 MOSSAY, JUSTIN *Les fêtes de Noël et d'Épiphanie d'après les sources littéraires cappadociennes du IVe siècle.* Préface par B. BOTTE [Textes et Études liturgiques, 3]. Louvain: Abbaye du Mont César; Paris: Office Général du Livre 1966. 86 pp.

[1471] PASCHKE, FRANZ: Clemens Romanus

[857] PATTARO, GERMANO

[1827] PELLEGRINO, MICHELE: Leo Magnus

[858] PINELLI, FAUSTINO

2306 RICHARD, MARCEL *Notes sur le comput de cent-douze ans* — REB 24 (1966) 257—277

2307 RUYSSCHAERT, J. *Les deux fêtes de Pierre dans la depositio martyrum de 354* — RPAA 38 (1965/66) 173—184

[2342] SAXER, V.

[1368a] SHEA, WILLIAM H.: Barnabae Epistula

2308 SLOŽENIKIN, A. *Prazdvovanie Svjatoj Paschi* (Die Feier des hl. Oster-festes — eine historisch-liturgische Untersuchung) — ŽurMP (1966) fasc. 4, 52—56

2309 STRAND, KENNETH A. *John as Quartodeciam: A Reappraisal* — JBL 84 (1965) 251—258

6. OFFICIUM DIVINUM

2310 BORELLA, PIETRO *Benedizione alle letture e disciplina in materia li-turgica* — Ambr 41 (1965) 297—331

[2136] CALATI, BENEDETTO: Liturgica

2311 DUGMORE, C. W. *The Influence of the Synagoge upon the Divine Office* [Alcuin Club collections, 45]. Westminster: Faith Pr. 1964. VI, 151 pp.

2312 FERNÁNDEZ DE LA CUESTA, ISMAEL *El „Breviarium gothicum" de Silos. Archivo monástico, ms. 6* [Monumenta Hispaniae Sacra. Ser. Liturgica, 8]. Madrid—Barcelona: Consejo Superior de Investigaciones Cient. 1966. 127 pp.

2313 FERNÁNDEZ DE LA CUESTA, ISMAEL *El „Breviarium gothicum" de Silos.* In: *Miscelánea Mario Férotin* (cf. 1966, 135) 393—494 (cf. 1964, 1293)

2314 GINDELE, C. *Abwechslung und Entspannung im Aufbau des Stundengebets* — RBen 76 (1966) 321—326

[1913] GINDELE, CORBINIAN: Pachomius

2315 KHS-BURMESTER, O. H. E. *Fragments of a Sa'idic-Bohairic Horolologion from Scetis* — BulArchCopte 18 (1965—1966) 23—46

2316 MURJANOFF, MICHAEL *Zur Geschichte des Ostervigilgottesdienstes* — ALW 9 (1965/1966) 412—417

2317 PASCHER, JOSEPH *Die Psalmodia Vesperarum* EL 79 (1965) 317—326

2318 PASCHER, JOSEPH *Zur Frühgeschichte des römischen Wochenpsalteriums* — EL 79 (1965) 55—58

[2184] PENCO, GREGORIO: Liturgica

[2185] PENCO, GREGORIO: Liturgica

2319 PINELL, JORGE M. *Las horas vigiliares del oficio monacal hispánico.* In: *Liturgica 3* (cf. 1966, 127) 197—340

2320 QUECKE, HANS *Ein koptisch-arabisches Horologion in der Bibliothek des Katharinenklosters auf dem Sinai* — Mu 78 (1965) 99—117

2321 RAFFA, VINCENZO *L'orario di preghiera nell' ufficio divino* — EL 80 (1966) 97 —140

2322 RUFINI, MARIO *Il vocativo invocazionale nelle „Completurie" dell' „Oracional visigótico".* In: *Miscelánea Mario Férotin* (cf. 1966, 135) 237—248 (cf. 1964, 1302)

2323 TAMBURRINO, PIO *Dottrina ascetica e preghiera continua nel monachesimo antico.* In: *La preghiera nella Bibbia e nella tradizione patristica e monastica* (cf. 1966, 160) 325—370

2324 THODBERG, C. *Den graeska tidebøn* — Svensk gudstjänstliv 40 (1965) 14—27

2325 VÉLAT, BERNARD *Etudes sur la Me 'eráf, commun de l'office divin éthiopien.* Introduction, traduction française, commentaire liturgique et musical [PO, 33]. Paris: Firmin-Didot 1966. 712 pp.

2326 VÉLAT, BERNARD *Me 'eráf, commun de l'office divin éthiopien pour toute l'année.* Texte éthiopien avec variantes [PO, 34/1—2]. Paris: Firmin-Didot 1966. XV, 413 pp.

2327 VOGÜÉ, ALBERT DE „*Orationi frequenter incumbere".* Une invitation à la prière continuelle — RAM 41 (1965) 467—472

[1406] VOGÜÉ, ADALBERT DE: Benedictus Nursinus

7. CULTUS (HYPER-)DULIAE, VENERATIO ICONUM RELIQUIARUMQUE

2328 ARMSTRONG, A. H. *Some Comments on the Development of the Theology of Images.* In: *Studia Patristica IX* (cf. 1966, 150) 117—126

2329 BARTOLOMEI, T. M. *I fondamenti biblici, patristici e teologici del culto alla „Addolorata"* — Asprenas 13 (1966) 151—169

2330 BRUNOT, A. *De l'éloge des Pères au culte des Saints. Le culte des Pères en Israël et dans l'Église* — Bible et Terre Sainte 83 (1966) 3—5

2331 BUENNER, D. *Traditions mariales à Saint-Victor de Marseille* — ProvHist 16 (1966) 322—338

[2212] CINQUE, GASPARI

2332 DÜRIG, WALTER *Die Meßformulare des Gelasianum Vetus für die Feier des Geburtstages der hl. Agnes und der hl. Soteris.* In: *Liturgie. Gestalt und Vollzug* (cf. 1966, 128) 70—81

2333 FÉVRIER, PAUL-ALBERT *Le formulaire des inscriptions funéraires datées de la Maurétanie césarienne orientale* — BSNAF (1962) 152—160

[2049] FOLLIERI, ENRICA

[2121] FOLZ, ROBERT: Sigismundus

[2154] GAGÉ, J.

2334 GAIFFIER, BAUDOUIN DE *Une ancienne liste des localités où reposent les Apôtres.* In: *L'homme devant Dieu I* (cf. 1964, 63) 365—371

[2123] GAIFFIER, BAUDOUIN DE: Symeon Stylita

2335 GARCÍA RODRIGUEZ, CARMEN *El culto de los Santos en la España romana y visigoda* [Monografía de historia eclesiástica, 1]. Madrid: Consejo superior de investigaciones científicas, Instituto Enrique Flórez 1966. X, 475 pp.

[2160] GIRONÉS GUILLEM, GONZALO

[2103] GWYNN, AUBREY: Martinus Turonensis

2336 HENNIG, J. *Studies in Early Western Devotion to the Choirs of Saints.* In: *Studia Patristica VIII* (cf. 1966, 149) 239—247

2337 HERTER, HANS *Zum bildlosen Kultus der Alten* — WSt 79 (1966) 556—572

[1752] Iohannes Damascenus

2338 KADAR, Z. *L'influence des représentations du culte de Cyrène et d'Attis sur l'inconographie paléochrétienne.* In: *Kongreß für Klassische Philologie* (cf. 1966, 121) 50

2339 KÖTTING, BERNHARD *Der frühchristliche Reliquienkult und die Bestattung im Kirchengebäude* [AGF-G, 123]. Köln—Opladen: Westdeutscher Verlag 1965. 77 pp. [pp. 55—77: Diskussion]

2340 KRÜGER, P. *Der Ritus der Ikonenweihe nach dem westsyrischen Pontifikale und seine theologische Deutung im Vergleich zur byzantinischen Ikone* — OstkiSt 14 (1965) 292—304

2341 Ozolin, N. *K voprosu ob istokach vizantijskogo ikonoborčestva* (Zur Frage über die Quellen des byzantinischen Ikonoklasmus) — MEPRO 56 (1966) 239—252

[1496] Ruysschaert, José: Cyprianus Carthaginensis

[2447] Sauser, Ekkart

2342 Saxer, V. *Les calendriers liturgiques de Saint-Victor et le sanctoral médiéval de l'abbaye* — ProvHist 16 (1966) 463—519

[2063] Schreiner, Klaus

[2072] Skrobucha, Heinz: Cosmas et Damianus

2343 Susman, Francesco *Il culto di S. Pietro dalla morte di Leone Magno a Vitaliano (461—672)* — ArStoria 15 (1964) 1—194

2344 Vallin, Pierre *Le culte des apôtres Pierre et Paul „ad Catacumbas"* — BLE 65 (1964) 258—279

2345 Ward-Perkins, J. B. *Memoria, Martyr's Tomb and Martyr's Church* — JThS 17 (1966) 20—37

V. Iuridica, symbola

1. GENERALIA

[781] Adami, F. E.

2346 Ambrosetti, Giovanni *Diritto naturale cristiano. Lineamenti storici* [Universale Studium, 93]. Roma: Editrice Studium 1964. 180 pp.

[1015] Bargalló Cirio, Juan Miguel: Augustinus

[1022] Bellofiore, Luigi: Augustinus

2347 Biondi, Biondo *Il cristianesimo nel Corpus Iuris Civilis e nella tradizione giuridica orientale.* In: *L'oriente cristiano nella storia della civiltà* (cf. 1966, 129) 273—295

[1038] Boyer, Charles: Augustinus

2348 Brlek, Michael *De B. M. Virgine in iure ab initiis usque ad Const. „Lumen gentium"* — Ant 41 (1966) 40—85

2349 Buisson, Ludwig *Die Entstehung des Kirchenrechts* — ZSavK 83 (1966) 1—175

[1049] Campo del Pozo, Fernando: Augustinus

2350 Capitani, Ovidio *Immunità vescovili ed ecclesiologia in età „pregregoriana" e „gregoriana". L'avvio alla „restaurazione"* [Biblioteca degli Studi medievali, 3]. Spoleto: Centro Italiano di Studi sull' Alto medioevo 1966. XII, 214 pp.

[1055] Carlo, Eugenio di: Augustinus

2351 Cohen, Boaz *Jewish and Roman Law. A Comparative Study.* 2 vols. New York: Jewish Theol. Seminary 1966. XXVII, 922 pp.

[231] COLEMAN-NORTON, P. R.

2352 COLIN, JEAN *Les villes libres de l'Orient gréco-romain et l'envoi au supplice par acclamationes populaires* [Collection Latomus, 82]. Bruxelles — Berchem 1965. 176 pp.

[1701] COLSON, J.: Ignatius Antiochenus

[2535] DEJAIFVE, GEORGES

[1087a] DEMMER, KLAUS: Augustinus

2353 FABBRINI, FABRIZIO *La manumissio in ecclesia* [Università di Roma, Pubblicazioni dell' Istituto di diritto romano e del diritto dell' oriente mediterraneo, 40]. Milano: Giuffrè 1964. XI, 264 pp.

2354 FASSÒ, GUIDO *La legge della ragione* [Saggi, 42]. Bologna: Il Mulino 1964. VIII, 316 pp.

2355 FASSÒ, GUIDO *Storia della filosofia del diritto*. Vol. I: *Antichità e Medioevo*. Bologna: Il Mulino 1966. 368 pp.

[1103] FASSÒ, GUIDO: Augustinus

[1519] GIET, STANISLAS: Didascalia

[829] HARAKAS, S. S.

[1832] HERRMANN, JOHANNES

2356 JAEGER, HASSO *La preuve judiciaire d'après la tradition rabbinique et patristique*. In: *La Preuve*. Ie partie: *Antiquité* [Recueils de la Société Jean Bodin pour l'histoire comparative des institutions, 16] (Bruxelles: Éditions de la Librairie encyclopédique 1965) 415—594

2357 KINCL, JAROMÍR *Otroci, propuštěnci a kolonové v Alarichove Breviariu* (Sklaven, Freigelassene und Kolonen in Alarichs Breviarium) — AUC 12 (1965) 13—48

[1170] KODREBSKI, J.: Augustinus

[1470] PADBERG, RUDOLF: Clemens Romanus

2358 PALLASSE, MAURICE *Tablettes Albertini, tablettes chrétiennes ?* In: *Études d'histoire du droit canonique dédiées à Gabriel Le Bras, II* (Paris: Sirey 1965) 1359—1368

[372] ROTHE, RICHARD

2359 SCHMIEDEL, BURCKHARD *Consuetudo im klassischen römischen Recht* [Forschungen zum römischen Recht, 22]. Graz—Köln: Böhlau 1966. XII, 131 pp.

[2268] SCHWARZENBERG, C.

[404] *Vocabularium codicis Iustiniani*

2360 VÖLKL, LUDWIG *Die Kirchenstiftungen des Kaisers Konstantin im Lichte des römischen Sakralrechts* [AGF-G, 117]. Köln—Opladen: Westdeutscher Verlag 1964. 83 pp.

2361 VOGEL, CYRILLE *Facere cum virgia (-o) sua (-o) annos . . . L'âge des époux au moment de contracter mariage. D'après les inscriptions paléochrétiennes* — RDC 16 (1966) 355—366

2362 WATSON, GERARD *The early history of ‚natural law'* — IrThQ 33 (1966) 65—74

2. CONCILIA, ACTA CONCILIORUM

2363 AUBINEAU, MICHEL *Les 318 serviteurs d'Abraham (Gen., XIV, 14) et le nombre des Pères au Concile de Nicée (325)* — RHE 61 (1966) 5—43

[2348] BRLEK, MICHAËL

[1990] CANTALAMESSA, R.: Tertullianus

2364 CHADWICK, HENRY *Les 318 Pères de Nicée* — RHE 61 (1966) 808—811

[2396] CHARVET, L.

[236] *Creeds, Councils and Controversies*

2365 CREHAN, J. H. *Patristic Evidence for the Inspiration of Councils.* In: *Studia Patristica IX* (cf. 1966, 150) 210—215

2366 CHRYSOS, EVANGELOS *Die Bischofslisten des V. ökumenischen Konzils (533)* [Antiquitas, Rh. 1: Abhandlungen zur alten Geschichte, 14]. Bonn: Habelt 1966. 220 pp.

2367 DURAND, M.-G. DE *Un document sur le concile de Nicée ?* — RSPhTh 50 (1966) 615—627

2368 DVORNIK, FRANCIS *Which Councils are Ecumenical ?* — JES 3 (1966) 314—328

[806] ECHTERNACH, H.

2369 FRIVOLD, L. *Archimandritten Maximos og en brevvekseling omkring synoden i Antiokia i 438* — TTK 36 (1965) 141—148

[285] GUITTON, JEAN

[286] GUITTON, JEAN

[2391] HERA, A. DE LA: Iuridica

[933] HIGGINS, M. J.: Athanasius

2370 IVANOV, N. *Pervyj i Vtoroj Vselenskie Sobory — značenie ich dlja christianskogo bogoslovija* (Das Erste und zweite ökumenische Konzil — ihre Bedeutung für die christliche Theologie) — ŽurMP (1966) fasc. 10, 39—46

[309] *Kaisertum und Papsttum*

2371 ΚΑΡΜΙΡΗ, Ι. Ν. Οἰκουμενικαὶ σύνοδοι. In: Θρησκευτικὴ καὶ ᾿Ηθικὴ ᾿Εγκυκλοπαιδεία, τ. 9 (cf. 1966, 193) 687—693

2372 KARTANSOV, A. W. *Vselenskije Sobory* (ökumenische Konzilien). Paris: Herausgegeben von einem Spezialkomittee unter Bischoff Sylvester 1963. 816 pp.

2373 LANARO, PIER GIORGIO *Indicazioni per una storia dell' Episcopalità nei primi quattro concili ecumenici* — StPad 12 (1965) 130—142

[2489] LIÉBAERT, JACQUES

2374 MARGULL, HANS J. et alii *The Councils of the Church. History and analysis.* Translated from German by W. F. BENSE. Philadelphia: Fortress Pr. 1966. XVI, 528 pp.

2375 MARINA, EUGEN C. *Temeiuri istorice şi canonice ale sinodului permanent* (Les bases historiques et canoniques du synode permanent) — StBuc 18 (1966) 190—214

2376 MOUNAYER, J. *Les synodes syriens jacobites.* Beyrouth 1963. 130 pp.

2377 NULAND, J. VAN *Een dogmatische canon verdwijnt uit het geloofsgoed van de Kerk* — BijPhTh 25 (1964) 378—397

2378 NULAND, J. VAN *Het verdwijnen van een dogmatische canon uit het geloofsgoed van de Kerk* — BijPhTh 26 (1965) 391—409

2379 SIMONE, RAFFAELE DE *L'episcopato pugliese nei concili ecumenici della Chiesa antica.* Lecce: Milella 1964. 32 pp.

2380 TAYLOR, T. F. *Adsumus, Domine, Adsumus. From Toledo IV to Vatican II.* In: *Studia Patristica VIII* (cf. 1966, 149) 286—290

2381 VRIES, WILHELM DE *Il collegio dei vescovi nei sinodi prima di Nicea* — HumanitasBr 19 (1964) 773—790

2382 WALLACH, LUITPOLD *The Greek and Latin Versions of II Nicaea and the Synodica of Hadrian I (JE 2448). A Diplomatic Study* — Tr 22 (1966) 103—125

[1911] WALKER, G. S. M.: Ossius Cordubensis

[874] WAND, J. W. C.

2383 ZABOLOTSKIJ, N. *Sobory Drevnej cerkvi i ekumeničeskoe dviženie* (Die Konzilien der Alten Kirche und die ökumenische Bewegung) — ŽurMP (1966) fasc. 2, 58—64; fasc. 3, 53—55 — idem: Stimme der Orthodoxie (Berlin) (1966) fasc. 4, 61—68; fasc. 5, 56—61

3. SYMBOLA

[2496] BAKHUIZEN VAN DEN BRINK, J. N.

2384 BARBET, J. — LAMBOT, C. *Nouvelle Tradition du Symbole de rite Gallican* — RBen 75 (1965) 335—345

2385 CASPARI, CHARLES-PAUL *Alte und neue Quellen zur Geschichte des Taufsymbols und der Glaubensregel* [Reprint of the edition Christiania 1879]. Bruxelles: Éditions Culture et Civilisation, G. Lebon 1964. XVI, 318 pp.

[236] *Creeds, Councils and Controversies*

2386 HANSSENS, J. M. *Note concernant le symbole baptismal de l'Ordonnance ecclésiastique latine* — RechSR 54 (1966) 241—264

[933] HIGGINS, M. J.: Athanasius

2387 KATTENBUSCH, F. *Das apostolische Symbol. Seine Entstehung, sein geschichtlicher Sinn, seine ursprüngliche Stellung im Kultus und in der Theologie der Kirche.* Ein Beitrag zur Symbolik und Dogmengeschichte. 2 Bände [Nachdruck der Ausgabe Leipzig 1894—1900]. Hildesheim: Olms 1962. XXII, 1471 pp.

2388 LIETZMANN, HANS *Symbolstudien I—XIV* [Libelli, 136]. Darmstadt: Wissenschaftliche Buchgesellschaft 1966. IV, 93 pp.

[1551] PALACHKOVSKY, V.: Epiphanius, Episc. Salaminae

2389 SCHULZ, FRIEDER *Communio Sanctorum. Apostolisches Symbol und Arnoldshainer Thesen* — KuD 12 (1966) 154—179

2390 SIDNEY BARR, O. *From the Apostles' Faith to the Apostles' Creed.* New York: OUP 1964. VIII, 232 pp.

4. CANONES, DECRETALES

[2539] DOENS, IRÉNÉE

[1797] FUHRMANN, HORST: Ps.-Isidorus Hispalensis

[1690] HANSSENS, JEAN MICHEL: Hippolytus Romanus

2391 HERA, A. DE LA *Falsus testis y delator* — AHDE 33 (1963) 365—389

[2407] HERNÁNDEZ GARCÍA, VICENTE

[2375] MARINA, EUGEN C.

2392 MARTÍNEZ DÍAZ, GONZALO *La colección canónica Hispana.* Vol. I: *Estudio* [Monumenta Hispaniae Sacra. Serie canónica, 1]. Madrid: Consejo Sup. de Invest. Científ., Inst. Enrique Flórez 1966. 399 pp.

[2411] MAZZARINO, SANTO

2393 MUNIER, CHARLES *Un canon inédit du XXe concile de Carthage: ,,Ut nullus ad Romanam ecclesiam audeat appellare"* — ReSR 40 (1966) 113—126

[2377] NULAND, J. VAN

[2378] NULAND, J. VAN

[2517] PIACENTINI, ALBERTUS

[2546] RATCLIFF, E. C.

5. IUS CANONICUM, HIERARCHIA, DISCIPLINA ECCLESIASTICA

2394 BERNHARD, JEAN *Excommunication et pénitence-sacrement aux premiers siècles de l'Église. Contribution canonique* — RDC 16 (1966) 41—70

2395 BIELER, L. *The Irish Penitentials: Their Religious and Social Background.* In: *Studia Patristica VIII* (cf. 1966, 149) 329—339

2396 CHARVET, L. *Accession des clercs aux fonctions d'avocat* — BLE 67 (1966) 287—298

[1834] CLARKE, MAY KEY: Licentius Poeta

[2531] COLSON, JEAN

2397 CONGAR, YVES M.-J. *Ordinations invictus, coactus, de l'Église antique au canon 214* — RechSR 50 (1966) 169—197

2398 CROCE, I. *L'esenzione dei religiosi nel diritto romano-bizantino* — BBGG 20 (1966) 15—26

2399 CROCE, I. *Studi storici sulle fonti del diritto canonico orientale (Italo albanese)* — BBGG 20 (1966) 27—53

2400 DELHAYE, PHILIPPE *Brèves remarques historiques sur la législation du célibat* — StMor 3 (1965) 362—395

2401 DELPINI, FRANCESCO *Nella tradizione cristiana la condanna del divorzio* — Ambr 42 (1966) suppl. (17)—(20)

[2538] DOENS, IRÉNÉE

2402 DOIMI, SAMURL *De episcopo visitatore.* Roma: Pontificia Università Lateranense 1965. 223 pp.

2403 DOSKOCIL, W. *Exkommunikation.* In: *Reallexikon für Antike und Christentum*, Bd. 7 (cf. 1966, 187) 1—22

[255] DVORNIK, FRANCIS

2404 FEDALTO, GIORGIO *Sulla partecipazione di popolo e clero alla designazione episcopale nei primi secoli della Chiesa* — StPad 12 (1965) 479—483

[2757] GRELOT, PIERRE

[1395] GRUNDMANN, HERBERT: Benedictus Nursinus

[1396] GRUNDMANN, HERBERT: Benedictus Nursinus

[896] GRYSON, R.: Ambrosius

[2514] HAENDLER, GERT

2405 HAJJAR, JOSEPH *Die bischöfliche Kollegialität in der östlichen Tradition.* In: *De ecclesia. Beiträge zur Konstitution „Über die Kirche" des Zweiten Vatikanischen Konzils.* Deutsche Ausgabe, Bd. II (Freiburg/ Br.—Basel—Wien: Herder; Frankfurt/M.: Knecht 1966) 125—147

[2386] HANSSENS, J. M.

2406 HARREL, P. E. *The history of divorce and remarriage in the Ante-Nicene Church* [Dissertation]. Boston: Boston University School of Theology 1965. 266 pp. — DissAbstr 26 (1965/1966) 5988 [microfilm]

2407 HERNÁNDEZ, GARCÍA, VICENTE *Doctrina eclesiástica y penas que impone la primitiva Iglesia a los clérigos que asisten a los espectáculos* — Salmant 13 (1966) 351—372

[1719] Iohannes Chrysostomus

[1399] JACOB, J. H.: Benedictus Nursinus

[2540] KONIDARIS, G.

[322] KREILKAMP, HERMES DONALD

[2541] KRIMM, HERBERT

[1181] LARGO TRECEÑO, HONORATUS: Augustinus

[845] LECLERC, GILBERT

[2542] LÉCUYER, J.

[2543] LÓPEZ MARTÍNEZ, N.

2408 MAÑARICÚA, E. DE *El nombramiento de obispos en la España visigótica y musulmana* — SVict 13 (1966) 87—114

2409 MAROT, HILAIRE *Strukturelle Dezentralisierung und Primat in der Alten Kirche* (cf. 1965, 1077) — Concilium 1 (1965) 548—555

2410 MASSON, JACQUES *Histoire des causes du divorce dans la tradition canonique copte* [Dissertatio ad lauream in Facultate iuris canonici Pontificiae Universitatis Gregorianae]. Romae 1963. XXVI, 263, 89 pp. [dactyl.]

2411 MAZZARINO, SANTO *Prima cathedra*. In: *Mélanges d'archéologie et d'histoire offerts à André Piganiol III* (cf. 1966, 132) 1653—1665

2412 MERZBACHER, FRIEDRICH „*Scientia*" *und* „*ignorantia*" *im alten kanonischen Recht* — Mittellateinisches Jahrbuch 2 (1965) 215—223

[1220] MONTÉLESCAUT, MARIE: Augustinus

2413 MURRAY, ROBERT *A special sense of slôțâ as absolution or re-admission to ecclesiastical communion* — OrChrP 32 (1966) 523—527

[2544] PANZRAM, BERNHARD

2414 *Penitenziali anteriori al sec. VII*. A cura di P. CIPROTTI [Università degli studi di Camerino, Istituto giuridico, Testi per esercitazioni, Sez. VII, 3]. Milano: Ed. Giuffré 1966. 53 pp.

[2517] PIACENTINI, ALBERTUS

2415 PRAD, DANIEL VON *Die* „*vita communis*" *der Ordensleute nach dem vorkodikarischen allgemeinen Recht* — Lau 6 (1965) 3—30

[2546] RATCLIFF, E. C.

2416 RÉVEILLAUD, MICHEL *Pastorat et salariat au cours des premiers siècles de l'Église* — EtThR 41 (1966) 27—41

[905] RIPABOTTINI, ALESSANDRO: Ambrosiaster

[2547] SARAIVA MARTINS, JOSEPHUS

[2548] SCHNEEMELCHER, WILHELM

2417 SCHWARTZ, J. *In Oasin relegare*. In: *Mélanges d'archéologie et d'histoire offerts à André Piganiol III* (cf. 1966, 132) 1481—1488

[1391] STAN, LIVIU: Basilius Magnus

[1314] STEGMÜLLER, FRIEDRICH: Augustinus

[2550] STRAND, KENNETH A.

[2269] THRAEDE, K.

[1340] VERMEULEN, J.: Augustinus

[2523] VOGEL, CYRILLE

[2381] VRIES, WILHELM DE

VI. Doctrina auctorum et historia dogmatum

I. GENERALIA

[990] ABAD, MARÍA: Augustinus
[1917] ANGLADA, A.: Pacianus Barcinonensis
[419] BAINTON, ROLAND H.

2419 BARR, ROBERT *Main Currents in Early Christian Thought* [Guide to the Fathers of the Church, 1]. Glen Rock (N. J.): Paulist Press 1966. VI, 122 pp.

[209] BECK, HANS-GEORG

2420 BROX, NORBERT *Der Glaube als Zeugnis* [Kleine Schriften zur Theologie]. München: Kösel 1966. 130 pp.

2421 BROX, NORBERT *Zum Vorwurf des Atheismus gegen die alte Kirche* — TTZ 75 (1966) 274—282

[1687] BROX, NORBERT: Hippolytus Romanus

[58] *Bulletin de théologie ancienne et médiévale. Tome IX*

[59] *Bulletin de théologie ancienne et médiévale. Tome X*

2422 CAMELOT, P.-TH. *Bulletin d'histoire des doctrines chrétiennes: Antiquité* — RSPhTh 50 (1966) 725—749 (à suivre)

[426] COURCELLE, PIERRE

[236] *Creeds, Councils and Controversies*

2423 CULLMANN, OSCAR *Neutestamentliche Eschatologie und Entstehung des Dogmas.* In: *Vorträge und Aufsätze* (cf. 1966, 111) 361—377

[252] DÖLGER, FRANZ

[433] EISLER, ROBERT

[587] EIZENHÖFER, LEO

2424 ENSLIN, MORTON S. *From Jesus to Christianity.* Boston: Beacon Pr. 1964. VII, 75 pp.

[2354] FASSÒ, GUIDO: Iuridica

[810] FELDHOHN, SOPHRONIA

[264] FÉVRIER, PAUL-ALBERT

[265] FOLLIET, GEORGES

[815] FROOM, LE ROY EDWIN

[2710] GERBER, W. E.

[2158] GIAMBERARDINI, GABRIELE

[271] GIGON, OLOF

[2664] GRANT, ROBERT M.

[285] GUITTON, JEAN

[286] GUITTON, JEAN

2425 GUNSALUS, C. L. *The Place of the Concept „felix culpa" in Christian doctrine* [Dissertation, dactyl.] — DissAbstr 26 (1965/1966) 2892 [microfilm]

2426 HARNACK, ADOLF VON *Lehrbuch der Dogmengeschichte.* 3 Bände [Reprographischer Nachdruck der 4. Auflage 1909/10]. Darmstadt: Wissenschaftliche Buchgesellschaft 1964. LV, 2323 pp.

[288] HAENDLER, GERT

2427 HEICK, OTTO W. *A History of Christian Thought.* Vol. I. Philadelphia: Fortress Pr. 1965. 509 pp.

[294] HILGENFELD, ADOLF

2428 HORNSCHUH, MANFRED *Urchristentum und griechischer Geist. Zu einer neuen Dogmengeschichte* (cf. 1965, 1082) — MPTh 55 (1966) 525—532

2429 HOŠEK, RADISLAV *Z posledních setkání antiky a křesťanství* (Aus den letzten Begegnungen der Antike und des Christentums) — SPFFBU, Řada historická 9 (1962) 79—84

[1752] Iohannes Damascenus

[299] IRMSCHER, JOHANNES

[2370] IVANON, N.: Iuridica

[300] JARRY, J.

[301] JARRY, J.

[302] JARRY, J.

[303] JARRY, J.

2430 JOSSA, GIORGIO *La teologia della storia nel pensiero cristiano del II secolo.* Napoli: Morano Editore 1965. 304 pp.

[439] JUNGKUNTZ, RICHARD

[2387] KATTENBUSCH, FERDINAND

[246] KHELLA, KARAM NAZIR

2431 KIRCHMEYER, JEAN *Grecque (Eglise).* In: *Dictionnaire de spiritualité,* t. 6 (cf. 1966, 178) 808—816 (à suivre)

2432 KOŠELENKO, G. A. *Iz istorii stanovlenija estetičeskich vozzrenij rannego christianstva* (Aus der Entstehungsgeschichte der ästhetischen Ansichten des frühen Christentums) — DVI 3 (89) (1964) 38—53

[320] KOZIK, P. Z.

2433 KRYVELEV, I. A. *Kak kritikovali Bibliju v starinu* (Wie man die Bibel im Altertum kritisierte). Moskva 1966. 168 pp.

[330] LEGLAY, MARCEL

2434 LEIPOLDT, JOHANNES *Zur Ideologie der frühen koptischen Kirche* — BulArchCopte 17 (1964) 101—110

[331] LEIPOLDT, JOHANNES

2435 LODS, MARC *Précis d'histoire de la théologie chrétienne du IIe au début du IVe siècle* [Bibliothèque théologique]. Neuchâtel: Delachaux et Niestlé 1966. 180 pp.

2436 LOHSE, BERNHARD *A short history of Christian doctrine.* Translated by F. ERNEST STOEFFLER. Philadelphia: Fortress Pr. 1966. XIV, 304 pp.

[341] MÉNARD, J.-É.

2437 MEYENDORFF, J. *Orthodoxie et catholicité.* Paris: Editions du Seuil 1965. 162 pp.

2438 MONDOLFO, R. *Momenti del pensiero greco e cristiano.* Napoli: Morano 1964. 160 pp.

2439 O'LOAGHAIRE, DIARMUID *Old Ireland and Her Spirituality.* In: *Old Ireland* (cf. 1966, 140) 29—59

2440 OPELT, ILONA *Doctrina und doctrina christiana* — Der altsprachliche Unterricht. Arbeitshefte zu seiner wissenschaftlichen Begründung und praktischen Gestalt (Stuttgart) 9 (1966) fasc. 4, 5—22

[360] PÄTSCH, G.

2441 PELIKAN, JAROSLAV *An Essay on the Development of Christian Doctrine* — CH 35 (1966) 3—12

2442 POSOV, A. *Osnovy drevne-cerkovnoj antropologii* (Grundlagen der altkirchlichen Anthropologie). Madrid 1965. 421 pp.

2443 RAHNER, KARL — LEHMANN, KARL *Die Bedeutung der Dogmengeschichte*. In: *Mysterium salutis*. I: *Die Grundlagen heilsgeschichtlicher Dogmatik* (Einsiedeln—Zürich—Köln 1965) 776—787

2444 RATZINGER, JOSEPH *Das Problem der Dogmengeschichte in der Sicht der katholischen Theologie* [AGF-G, 139]. Köln—Opladen: Westdeutscher Verlag 1966. 46 pp.

2445 RICHARDSEN, ALAN *Hur uppstod de kristna dogmerna? En kort orientering*. Övers. av ALF AHLBERG. Stockholm: Verbum, SKDB 1965. 102 pp.

2446 RONCAGLIA, MARTINIANO *Essai sur les origines historico-théologiques de l'Église copte* — al-Mašriq (Beyrouth) 59 (1965) 213—228

[503] SANDERS, G.

2447 SAUSER, EKKART *Frühchristliche Kunst. Sinnbild und Glaubensaussage*. Innsbruck—Wien—München: Tyrolia 1966. 563 pp.

2448 SEEBERG, ALFRED *Der Katechismus der Urchristenheit*. Mit einer Einleitung von FERDINAND HAHN [Theologische Bücherei, 26]. München: Christian Kaiser 1966. XXXII, 281 pp.

[398] STOCKMEIER, P.

[867] STUDER, R.

[467] THEILER, WILLY

[468] THEILER, WILLY

2449 TROFIMOVA, M. K. *Iz istorii ideologii II veka n. e.* (Aus der Geschichte der Ideologie des 2. Jahrhunderts u. Z.) — VDI 82 (1962) 67—90

406] *Umwelt des Urchristentums*

[1333] VANDERLINDEN, PIERRE: Augustinus

[872] VECCHI, ALBERTO

[1334] VECCHI, ALBERTO: Augustinus

[1335] VEER, ALBERT C. DE: Augustinus

2450 VÖÖBUS, ARTHUR *History of the School of Nisibis* [CSCO, 266; Subs., 26]. Louvain: Secrétariat du CSCO 1965. XVII, 352 pp.

2451 VÖÖBUS, ARTHUR *The Statutes of the School of Nisibis*. Edited, translated and furnished with a Commentary [Papers of the Estonian Theological Society in Exile, Scholary Series, 12]. Stockholm: Estonian Theological Society in Exile 1962. 132 pp.

2452 VOKES, F. E. *Montanism and the Ministry*. In: *Studia Patristica IX*
(cf. 1966, 150) 306—315
2453 WERNER, MARTIN *The Formation of Christian Dogma*. Boston:
Beacon Pr. 1965. 352 pp.

2. QUAESTIONES GENERALES AD DOCTRINAM SINGULORUM AUCTORUM SPECTANTES

[992] ACHILLES, HELMUT: Augustinus
[1887] BECK, GOTTFRIED: Origenes
[785] BERTRAND, GUY-M.
[786] BERTRAND, GUY-M.
[1852b] BIFFI, INOS: Maximus Taurinensis
[1676] BORCHARDT, C. F. A.: Hilarius Pictaviensis
[1036] BOUBLIK, VLADIMIR: Augustinus
[1043] BROWN, P. R. L.: Augustinus
[1954] BUCHHEIT, V.: Prudentius
[1052] CAPÁNAGA, VICTORINO: Augustinus
[1057] CASARES, TOMÁS D.: Augustinus
[1062] CAYRÉ, F.: Augustinus
[1070] CILLERUELO, LOPE: Augustinus
[1726] CORNIŢESCU, CONSTANTIN I.: Iohannes Chrysostomus
[242] CULLMANN, OSCAR
2454 DELIA, AMBROSIUS *La Scrittura nella controversia donatista*. [Disser-
tatio]. Romae: Fac. Theol. Pontificiae Universitatis Gregorianae 1963
—1964 [Summarrium in Liber annualis Universitatis Gregorianae
1965, 234]
2455 ELICES, MIGUEL *Una constante histórica en el cristianismo: La coor-
denada tiempo* — CD 177 (1964) 558—570
[1100] ELICES, MIGUEL: Augustinus
[1559] FARINA, RAFFAELE: Eusebius Caesariensis
[1116] GARCÍA MONTANO, GONZALO: Augustinus
[1117] GARCÍA MONTANO, GONZALO: Augustinus
[1118] GARCÍA MONTANO, GONZALO: Augustinus
[1892] GARIJO, MICHAEL MARIA: Origenes
[1893] GARIJO, MICHAEL MARIA: Origenes
[1121] GAUTHIER, G.: Augustinus
[1127] GIOVANNI, ALBERTO DI: Augustinus
[1128] GIOVANNI, ALBERTO DI: Augustinus
[1132] GÓMEZ, HUMBERTO: Augustinus
[1133] GÓMEZ DE CEA, CÉSAR: Augustinus
[824] GREGORIO DE JESÚS CRUCIFICADO
[1143] HANOUILLE, ROGER M.: Augustinus

2456 HICK, JOHN *Evil and the God of Love*. London: Macmillan; New York: Harper & Row 1966. XVI, 404 pp.

[1800] JONES, EDMUND SAMUEL PHILIPP: Iulianus Aeclanensis

[1164] KATÔ, TAKESHI: Augustinus

[1165] KATÔ, TAKESHI: Augustinus

[1900] KETTLER, FRANZ HEINRICH: Origenes

[1166] KEVANE, EUGENE: Augustinus

[1167] KEYES, G. L.: Augustinus

[328] LAEUCHLI, SAMUEL

[1176] LAMIRANDE, ÉMILIEN: Augustinus

[1179] LAMIRANDE, ÉMILIEN: Augustinus

[1468] LESAMBO, L.: Clemens Romanus

[1819] LOI, VINCENZO: Lactantius

[849] ΜΑΣΤΡΟΓΙΑΝΝΟΠΟΥΛΟΥ, Ε.

[1211] MAXSEIN, ANTON: Augustinus

[1212] MAZZA, G.: Augustinus

[1401] MOSCONI, NATALE: Benedictus Nursinus

[1232] MOSHER, DAVID LEWIS: Augustinus

[1241] NAKAGAWA, H.: Augustinus

2457 NORRIS, RICHARD A. *God and World in Early Christian Theology. A Study in Justin Martyr, Irenaeus, Tertullian and Origen* [Studies in patristic thought]. New York: Seaburg Pr. 1965; London: Black 1966. X, 147 pp.

2458 PELLEGRINO, MICHELE *L'uomo e il cosmo nella patristica greca —* Responsabilità del sapere 18 (1966) fasc. 3, 3—18

[1278] PIROVANO, DESIDERIO: Augustinus

[1457] POHLENZ, MAX: Clemens Alexandrinus

[1387] PRUCHE, B.: Basilius Magnus

[1280] RAOBADIA, C.: Augustinus

[1288] RUDA, OSVALDO JORGE: Augustinus

[1297] SCHMAUS, MICHAEL: Augustinus

[864] SEUMOIS, A.

[1306] SHIBA, Y.: Augustinus

2459 SIMPSON, ROBERT L. *The Interpretation of Prayer in the Early Church* [Library of History and Doctrine]. Philadelphia: Westminster Pr. 1965. 186 pp.

[1315] STEMPEL, HERMANN-ADOLF: Augustinus

2460 STONE, J. H. *The Introduction of the Concept of Free Will as* τὸ αὐτεξούσιον *into Early Christian Thought* [Dissertation]. 207 pp. [dactyl.] — DissAbstr 25 (1964/1965) 7402 [microfilm]

2461 WEIDHORN, MANFRED *Dreams and Guilt* — HThR 58 (1965) 69—90

[1461] WYTZES, J.

3. SINGULA CAPITA HISTORIAE DOGMATUM

a) Religio, Revelatio (Fontes: Scriptura sacra, Traditio)

2462 ANDERSON, CHARLES P. *The Epistle to the Hebrews and Pauline Letter Collection* — HThR 59 (1966) 429—438

2463 BAKHUIZEN VAN DEN BRINK, J. N. *Apostolische traditie en autoriteit in de Vroege Kerk.* In: *Ecclesia II* (cf. 1966, 108) 66—142

2464 BAKHUIZEN VAN DEN BRINK, J. N. *La tradition dans l'Église primitive et au XVIe siècle.* In: *Ecclesia II* (cf. 1966, 108) 33—45

2465 BAKHUIZEN VAN DEN BRINK, J. N. *Traditio im theologischen Sinne.* In: *Ecclesia II* (cf. 1966, 108) 46—65

2466 BAKHUIZEN VAN DEN BRINK, J. N. *Tradition und Heilige Schrift am Anfang des dritten Jahrhunderts.* In: *Ecclesia II* (cf. 1966, 108) 1—13

2467 BAKHUIZEN VAN DEN BRINK, J. N. *Tradition and Authority in the Early Church.* In: *Studia Patristica VII* (cf. 1966, 148) 3—22

[550] BAKHUIZEN VAN DEN BRINK, J. N.: Linguistica

[551] BAKHUIZEN VAN DEN BRINK, J. N.: Linguistica

[1368] BARNARD, L. W.: Barnabae Epistula

2468 BOTTE, B. *Tradition apostolique et canon romain* — MaisonDieu 87 (1966) 52—61

[2421] BROX, NORBERT

2469 CAMPENHAUSEN, HANS VON *Marcion et les origines du canon néotestamentaire* — RHPhR 46 (1966) 213—226

[2142] CONDON, KEVIN: Liturgica

[2365] CREHAN, J. H.

2470 CULLMANN, OSCAR *Die Pluralität der Evangelien als theologisches Problem im Altertum. Eine dogmengeschichtliche Studie.* In: *Vorträge und Aufsätze* (cf. 1966, 111) 548—565

2471 ESCRIBANO ALBERCA, I. *Die Typen des Offenbarungsempfanges in der alexandrinischen Theologie.* In: *Studia Patristica IX* (cf. 1966, 150) 216—223

[1107] FEDERICO, COSIMO: Augustinus

[1798] FOUSKAS, C.: Isidorus Pelusiota

[2158] GIAMBERARDINI, GABRIELE

[2736] GRANT, R. M.

[2711] GRELOT, PIERRE

2472 *Handbuch der Dogmengeschichte.* Hersgg. von MICHAEL SCHMAUS und ALOIS GRILLMEIER. Band I: *Das Dasein im Glauben*, Faszikel 4: *Die mündliche Überlieferung als Glaubensquelle.* Von JOHANNES BEUMER. Freiburg—Basel—Wien: Herder 1962. VI, 140 pp.

[2749] HILLMER, MELVYN RAYMOND: Patrum exegesis

2473 HOFMEISTER, PHILIPP *Bibellesen und Bibelverbot* — ÖAKR 17 (1966) 298—355

[1152] HOLTKEMPER, FRANZ-JOSEPH: Augustinus

[1159] ISHIHARA, K.: Augustinus
[710] KARPP, HEINRICH
[1738] ΚΡΙΤΟΥΣ, ΒΑΡΝΑΒΑ: Iohannes Chrysostomus
[1996] LeSAINT, W. P.: Tertullianus
[2715] LUBAC, HENRI DE
[1679] MARTÍNEZ SIERRA, ALEJANDRO: Hilarius Pictaviensis
[1222] MOONEY, LAURENCE J.: Augustinus
[1507b] NACKE, EWALD: Cyrillus Alexandrinus
[1254] ORTEGA MUÑOZ, JUAN FERNANDO: Augustinus
  2474 OVERBECK, FRANZ Zur Geschichte des Kanons. Zwei Abhandlungen
       [Reprographischer Nachdruck der Ausgabe 1880. Libelli, 154]. Darm-
       stadt: Wissenschaftliche Buchgesellschaft 1965. X, 142 pp.
[1270] PERAGO, FERNANDO: Augustinus
[453] PODSKALSKY, G.
[518] RUHBACH, G.
  2475 SHELLY, BRUCE By what Authority ? The Standards of Truth in the
       Early Church. Grand Rapids, Mich.: Erdmans 1965. 166 pp.
[877] WENINGER, FRANZ

b) Trinitas (Deus trinus et unus)

  2476 ΑΓΟΥΡΙΔΟΥ, ΣΑΒΒΑ Θεὸς καὶ ἱστορία κατὰ τοὺς Καππαδόκας —
       EkklAthen 43 (1966) 152—157
[1016] BARRÉ, HENRI: Augustinus
[1529] BOULARAND, E.
[1037] BOURBESSA, FRANÇOIS: Augustinus
[1044] BRUNN, ÉMILIE ZUM: Augustinus
[1378] COMAN, J.: Basilius Magnus
  2477 CRÉPIN, A. The Names of God in the Church Fathers and in Old
       English Poetry. In: Studia Patristica IX (cf. 1966, 150) 525—531
[1086] DELBRÊL, MADELEINE: Augustinus
  2478 GRANT, ROBERT M. The Early Christian Doctrine of God. Charlotts-
       ville (Va.): Univers. Press of Virginia 1966. VI, 141 pp.
[1146] HILDEBRAND, R. A.: Augustinus
[1633] JAEGER, WERNER: Gregorius Nyssenus
[1175] KOWALCZYK, STANISLAS: Augustinus
[1193] MAHÉ, J. P.: Augustinus
[1204] MARTLAND, T. R.: Augustinus
[927] McDONALD, H. D.: Arnobius Major
[1215] MESSNER, REINHOLD OSWALD: Augustinus
[2001] MOINGT, JOSEPH: Tertullianus
[2002] MOINGT, JOSEPH: Tertullianus
[1638] MÜHLENBERG, EKKEHARD: Gregorius Nyssenus
[1778] ORBE, ANTONIO: Irenaeus

[2682] ORBE, ANTONIO
[1523a] REYNOLDS, STEPHEN CRAIG: Didymus Alexandrinus
  2479 RODZIANKO, V. „Honest to God" under the Fathers' Judgement. In:
    Studia Patristica IX (cf. 1966, 150) 578—587
[1286] ROY, OLIVIER DU: Augustinus
[1294] SALAS MARTÍNEZ, JESÚS MARIA: Augustinus
  [466] THEILER, WILLY
[2725] THUNBERG, L.
[1328] TSCHOLL, JOSEPH: Augustinus
[1329] TURRADO, ARGIMIRO: Augustinus

c) Oeconomia divina

aa) Creatio, providentia

[2738] ALDAMA, JOSÉ A. DE
[2346] AMBROSETTI, GIOVANNI: Iuridica
[1000] ARIAS, ALOISIUS: Augustinus
[1041] BRADY, JULES M.: Augustinus
[1045] BUFORD, THOMAS OLIVER: Augustinus
  [424] CASSIDY, J. R.
[1416] GEGENSCHATZ, ERNST: Boethius
[1993] GEYPENS, R.: Tertullianus
[1136] GROSSO, PIERO: Augustinus
  2480 Handbuch der Dogmengeschichte. Hersgg. von MICHAEL SCHMAUS und
    ALOIS GRILLMEIER. Band II: Der trinitarische Gott, die Schöpfung,
    die Sünde. Faszikel 2a: Schöpfung und Vorsehung. Von LEO SCHEFF-
    CZYK. Freiburg—Basel—Wien: Herder 1963. VIII, 152 pp.
  [829] HARAKAS, S. S.
  2481 HAUSHERR, IRÉNÉE Théologie de la volonté de Dieu et obéissance
    chrétienne — RAM 42 (1966) 121—155 (à suivre)
[1971] IGNACE, JEAN-CLAUDE: Salvianus
  [35] LACROIX, BENOÎT
[1469a] MINKE, HANS-ULRICH: Clemens Romanus
  2482 MÖLLER, E. WILH. Geschichte der Kosmologie in der griechischen
    Kirche bis auf Origenes. Mit Spezialuntersuchungen über die gnosti-
    schen Systeme [Nachdruck der Ausgabe Halle 1860]. Frankfurt/M.:
    Minerva 1966. 585 pp.
[1230] MOREAU, JOSEPH: Augustinus
[2683] ORBE, ANTONIO
[1858] PATTERSON, L. G.: Methodius
[1523a] REYNOLDS, STEPHEN CRAIG: Didymus Alexandrinus
[1285] RONDET, HENRI: Augustinus
  [869] TESTA, E.

2483 WEISS, HANS-FRIEDRICH *Untersuchungen zur Kosmologie des helle-
nistischen und palästinensischen Judentums* [TU, 97]. Berlin: Akademie-Verlag 1966. XXVII, 363 pp.
2484 WOLFSON, H. A. *Patristic arguments against the eternity of the world*
— HThR 59 (1966) 351—367
[1354] ZUIDEMA, S. U.: Augustinus

bb) Christologia

[1721] AALST, P. VAN DER: Iohannes Chrysostomus
[1005] ARSENAULT, FERNAND: Augustinus
[1025] BERNARD, RENÉ: Augustinus
[1852a] BIFFI, INOS: Maximus Taurinensis
[1806] BROTHERS, J. T.: Iustinus Martyr
[1699a] BUNGE, WILFRED F.: Ignatius Antiochenus
[1990] CANTALAMESSA, R.: Tertullianus
2485 CHAVASSE, ANTOINE *Un curieux centon christologique du VIe siècle* —
RDC (En Hommage à Gabriel Le Bras) 16 (1966) 87—97
[1069] CILLERUELO, LOPE: Augustinus
[1430] CODINA, VICTOR: Iohannes Cassianus
2486 COMAN, IOAN G. *Prezenţa Mîntuitorului Hristos în noua creaţie,
după învăţătura Sfinţilor Părinţi* (La présence de notre Seigneur Jésus Christ dans la nouvelle création, selon la doctrine des Saints
Pères) — OrtBuc 18 (1966) 495—512
[1505] Cyrillus Alexandrinus
[1506] Cyrillus Alexandrinus
[1507] Cyrillus Alexandrinus
[1084] CYRILLUS A. S. JOSEPH: Augustinus
[1087a] DEMMER, KLAUS: Augustinus
[1829a] EVANS, DAVID B.: Leontius Byzantinus
[1894] GÖRGEMANNS, H.: Origenes
2488 HOPE, C. L. A. R. *The Devotional Interpretation of the Christology of
the Fathers in Lancelot Andrewes' Sermons.* In: *Studia Patristica IX*
(cf. 1966, 150) 552—559
[1814] HOWTON, J.: Iustinus Martyr
[845] LECLERC, GILBERT
2489 LIÉBAERT, JACQUES *L'incarnation I: Des origines au concile de
Chalcédoine.* Introduction par PAUL LAMARCHE [Histoire des dogmes,
III: Christologie, Sotériologie, Mariologie, 1a]. Paris: Du Cerf 1966.
228 pp.
[1903] MACAULAY, WILLIAMINA M.: Origenes
[1213] McCALLIN, JOSEPH A.: Augustinus
[1273] PFLEGER, KARL: Augustinus
[1275] PIELA, AUGUSTINUS: Augustinus

[1856] RACLE, G.: Melito Sardensis
[1870] ROEY, A. VAN: Nestorius
 [376] RONCAGLIA, MARTINIANO
[2564] SCHWANZ, PETER
[1745] STOCKMEIER, PETER: Iohannes Chrysostomus
 [902] SZABO, FRANÇOIS: Ambrosius
[1392] TAMBURRINO, PIO: Basilius Magnus
[1528] THIERRY, J. J.: Ad Diognetum
 2490 TURNER, RALPH V. *Descendit ad inferos. Medieval Views of Christ's Descent into Hell and the Salvation of the Ancient Just* — JHI 27 (1966) 173—194
 2491 *Word and Redeemer. Christology in the Fathers.* Prepared and edited with introduction and commentary by JAMES M. CARMODY and THOMAS E. CLARKE [Guide to the Fathers of the Church, 2]. Glen Rock (N. J.): Paulist Press 1966. VIII, 136 pp.

cc) Soteriologia

[1826] ALBERICH, EMILIO: Leo I Magnus
[1002] ARIAS, ALOISIUS: Augustinus
[1003] ARNAU GARCÍA, RAMÓN: Augustinus
 2492 BACIOCCHI, J. DE *Justification.* In: *Catholicisme*, t. 6 (cf. 1966, 176) 1313—1325
[1009] BAILLEUX, E.: Augustinus
[1887] BECK, GOTTFRIED: Origenes
[1684] BERTSCH, LUDWIG: Hippolytus Romanus
 2493 BSTEH, ANDREAS *Zur Frage nach der Universalität der Erlösung. Unter besonderer Berücksichtigung ihres Verständnisses bei den Vätern des zweiten Jahrhunderts* [Wiener Beiträge zur Theologie, 14]. Wien: Herder 1966. 188 pp.
[2137] CANAL, JOSÉ M.
[1061] CAVALLARI, EUGENIO: Augustinus
[1724] COMAN, IOAN G.: Iohannes Chrysostomus
[1099] EBOROWICZ, W.: Augustinus
[1827] PELLEGRINO, MICHELE: Leo Magnus
 [858] PINELLI, FAUSTINO
[1523a] REYNOLDS, STEPHEN CRAIG: Didymus Alexandrinus
 [860] RIVERA, ALFONSO
[1285] RONDET, HENRI: Augustinus
[1287] RU, G. DE: Augustinus
[1294] SALAS MARTÍNEZ, JESÚS MARIA: Augustinus
 [862] SARTORIUS, B.
[1745] STOCKMEIER, PETER: Iohannes Chrysostomus
 [871] TURNER, R. V.

[2490] TURNER, RALPH V.

[1857] UNNIK, W. C. VAN: Melito Sardensis

[916] VOGEL, ALOIS: Aphraates

2494 WILES, M. F. *Soteriological Arguments in the Fathers.* In: *Studia Patristica IX* (cf. 1966, 150) 321—325

dd) Ecclesiologia

a) Ecclesia, Corpus Christi

2495 BAKHUIZEN VAN DEN BRINK, J. N. *Credo Sanctam Ecclesiam Catholicam.* In: *Ecclesia II* (cf. 1966, 108) 262—295

[2467] BAKHUIZEN VAN DEN BRINK, J. N.

[932] BALDANZA, J.: Athanasius

[1019] BAVAUD, G.: Augustinus

[533] BENKO, STEPHEN

[1667] BODIN, YVON: Hieronymus

[1039] BOYER, CHARLES: Augustinus

[1054] CAPÁNAGA, VICTORINO: Augustinus

[1889] CHÊNEVERT, JACQUES: Origenes

[797] COMAN, J.

[802] DANIÉLOU, J.

[580] DARROUZÈS, J.

[1688] DASSMANN, ERNST: Hippolytus Romanus

[1728] Iohannes Chrysostomus

[1089] DESJARDINS, R.: Augustinus

[2512] ELERT, WERNER

[1101] EMERY, PIERRE-YVES: Augustinus

[1104] FAUL, D.: Augustinus

[2712] GRUNDMANN, HERBERT: Patrum exegesis

[935] ΚΑΡΑΚΟΛΗ, Κ.: Athanasius Alexandrinus

[1382] ΚΟΝΙΔΑΡΟΥ, Γ.: Basilius Magnus

2496 LECLER, JOSEPH *Bulletin d'histoire des doctrines ecclésiologiques* — RechSR 54 (1966) 618—640

2497 LODS, MARC „*Je crois la Sainte Église Catholique".* La notion de la *Sainteté de l'Église chez les Pères des trois premiers siècles* — EtThR 41 (1966) 197—207

[1190] LOF, L. J. VAN DER: Augustinus

[1469] MAGGIONI, BRUNO: Clemens Romanus

[1214] McGOLDRICK, PATRICK: Augustinus

[1494] MITROPOLIT NIKODIM: Cyprianus Carthaginensis

2498 MÜHLEN, HERIBERT *Una mystica persona. Die Kirche als das Mysterium der Identität des Heiligen Geistes in Christus und den Christen:*

Eine Person in vielen Personen. München—Paderborn—Wien: Schöningh 1964. XVI, 378 pp.

[1275] PIELA, AUGUSTINUS: Augustinus

2499 PISTRUI, C. *Despre unitatea şi diversitatea Bisericii în epoca primară*
(Sur l'unité et la diversité de l'Eglise dans les premiers siècles) —
MitrOlt 18 (1966) 139—144

[2684] POKORNÝ, PETR

[2733] ROBITAILLE, LUCIENNE: Patrum exegesis

[2389] SCHULZ, FRIEDER

2500 STĂNILOAE, D. *Biserica universală şi sobornicească* (L'Eglise universelle et communautaire) — OrtBuc 18 (1966) 167—198

[902] SZABO, FRANÇOIS: Ambrosius

[1324] THONNARD, F.-J.: Augustinus

[1758] ΤΣΙΡΠΑΝΛΗ, ΑΙΜΙΛΙΑΝΟΥ: Iohannes Damascenus

[2699] UNNIK, W. C. VAN

[1882] VOGT, HERMANN JOSEF: Novatianus

2501 ΖΗΖΙΟΥΛΑ, ΙΩΑΝΝΟΥ ʽΗ ἑνότης τῆς ᾽Εκκλησίας ἐν τῇ θείᾳ Εὐχα-
ριστίᾳ καὶ τῷ ᾽Επισκοπάτῳ κατὰ τοὺς τρεῖς πρώτους αἰῶνας [Δι-
ατριβὴ ἐπὶ διδακτορίᾳ]. ᾽Αθῆναι 1966. σ. 212

β) Sacramenta (sacramentalia, charismata)

2502 BACIOCCHI, J. DE *L'Eucharistie* [Coll. Le Mystère chrétien, Théologie sacramentaire]. Tournai: Desclée 1964. XIV, 126 pp.

[533] BENKO, STEPHEN

[2394] BERNHARD, JEAN

2503 BETZ, JOHANNES *Sacrifice et action de grâce* — MaisonDieu 87 (1966)
78—96

[2395] BIELER, L.

2504 BLUM, GEORG GÜNTER *Eucharistie, Amt und Opfer in der Alten
Kirche. Eine problemgeschichtliche Skizze* — Oecumenica (1966)
9—58

2505 BOUYER, LOUIS *Eucharistie. Théologie et spiritualité de la prière
eucharistique.* Tournai—Paris: Desclée 1966. 453 pp.

2506 BRINKTINE, JOHANNES *Über die Beziehung des eucharistischen Kelches
zum Glauben und zum Heiligen Geist* — EL 80 (1966) 21—23

[1864] BROUWERS, P.: Narses Nisibenus

2507 BRUSSELMANS, CHR. *Les fonctions de parrainage des enfants aux premiers siècles de l'Église (100—550)* [Dissertation]. 229 pp. [dactyl.] —
DissAbstr 26 (1965/1966) 2345—2346 [microfilm]

2508 CALLAGHER, J. F. *Significando causant. A Study of Sacramental Ef-
ficency* [Studia Friburgensia, 40]. Fribourg (Switz.): University Pr.
1965. XXI, 264 pp.

2509 CAMELOT, PIERRE-THOMAS *Le baptême des petits enfants dans l'Église des premiers siècles* — MaisonDieu 88 (1966) 23—42

[889] CAPRIOLI, A.: Ambrosius

[1490] Cyprianus Carthaginensis

[1632] DANIÉLOU, JEAN: Gregorius Nyssenus

[2401] DELPINI, FRANCESCO: Iuridica

2510 DIDIER, J.-C. *Le baptême des enfants. Considérations théologiques. III: La Tradition de l'Eglise. Du IIe siècle à la mort de S. Augustin (430)* — L'Ami du Clergé, section Doctrine 76 (1966) 326—333

2511 DULIÈRE, W. L. *Un problème à résoudre. L'acceptation du sang eucharistique par les premiers chrétiens juifs* — StTh 20 (1966) 62—93

2512 ELERT, WERNER *Eucharist and Church Fellowship in the First Four Centuries.* Translated from the German by N. E. NAGEL. St. Louis (Miss.): Concordia Publishing House 1966. XIV, 231 pp.

[2599] FELDHOHN, SOPHRONIA

2513 FISHER, J. D. C. *Christian Initiation: Baptism in the Medieval West. A Study in the Disintegration of the Primitive Rite of Initiation* [Alcuin Club Collections, 47]. London: S. P. C. K. 1965. XIII, 203 pp.

[1122] GESSEL, WILHELM: Augustinus

2514 HAENDLER, GERT *Der Ketzertaufstreit als oekumenisches Problem* — EMZ 23 (1966) 184—193

[1466] HALL, S. G.: Clemens Romanus

[2253] *Handbuch der Liturgiewissenschaft*, Bd. II

[1153] HUFTIER, M.: Augustinus

[2254] HUFTIER, M.: Liturgica

[1172] KOIKE, S.: Augustinus

[1181] LARGO TRECEÑO, HONORATUS: Augustinus

[2748] LEBEAU, PAUL

[2413] MURRAY, ROBERT: Iuridica, symbola

2515 NEUNHEUSER, BURKHARD *Baptême et confirmation.* Traduit de l'allemand [Histoire des dogmes, 4: Sacrements, 2]. Paris: Du Cerf 1966. 252 pp.

2516 NEUNHEUSER, BURKHARD *L'Eucharistie II: Du Moyen Age à l'époque moderne.* Traduit de l'allemand par A. LIEFOOGHE [Histoire des dogmes, 4: Sacrements, 4b]. Paris: Du Cerf 1966. 150 pp.

[857] PATARRO, GERMANO

[1261] PÉDÉZERT, MARCEL: Augustinus

2517 PIACENTINI, ALBERTUS *Antiquae Ecclesiae Latinae doctrina de valore baptismatis in haeresi vel schismate collati* [Diss. ad Lauream]. Romae: Pontificium Athenaeum Antonianum 1964

2518 POSCHMANN, B. *La pénitence et l'onction des malades* [Histoire des dogmes, IV/3]. Paris: Du Cerf 1966. 229 pp.

[2691] PUECH, HENRI-CHARLES: Gnostica

2519 Quarello, Eraldo *Per una chiarificazione della realtà del sacrificio* — Salesianum 27 (1965) 355—381

[2266] Quasten, John

2520 Schamoni, Wilhelm *Die Charismen in der Geschichte der katholischen Kirche* — ThGl 56 (1966) 206—225

2521 Schillebeeckx, Edward *Le mariage, réalité terrestre et mystère de salut, I.* Paris: Du Cerf 1966. 360 pp.

[1708] Serrazanetti, Paolo: Ignatius Antiochenus

2522 Stăniloae, D. *Din aspectul sacramental al Bisericii* (De l'aspect sacramentaire de l'Eglise) — StBuc 18 (1966) 531—562

[1758] ΤΣΙΡΠΑΝΛΗ, ΑΙΜΙΛΙΑΝΟΥ: Iohannes Damascenus

2523 Vogel, Cyrille *Le pécheur et la pénitence dans l'Église ancienne.* Textes choisis traduits et présentés [Chrétiens de tous les temps, 15]. Paris: Du Cerf 1966. 216 pp.

2524 Vorgrimmler, Herbert *Matthieu 16, 19 s. et le sacrement de pénitence.* In: *L'homme devant Dieu,* I (cf. 1964, 63) 51—61

2525 Tillard, J.-M. R. *L'Eucharistie. Pâque de l'Église* [Unam Sanctam, 44]. Paris: Du Cerf 1964. 272 pp.

[2271] Vagaggini, Cipriano

[1825] Valeriani, A.: Leo Magnus

[2239] Watteville, Jean de

[1498] Wickert, Ulrich: Cyprianus Carthaginensis

2526 Wilburn, Ralph G. *The One Baptism and the Many Baptisms* — ThT 22 (1965/1966) 59—83

[2501] ΖΗΖΙΟΥΛΑ, ΙΩΑΝΝΟΥ

γ) Sacerdotium (primatus)

2527 Bainton, Roland H. *The Ministry in the Middle Ages.* In: *The Collected Papers in Church History of Roland Bainton I* (cf. 1966, 107) 45—80

2528 Barnikol, Ernst *Bischof und Bibel. Die Episkopos-Stellen und die episkopale Textrezension des Neuen Testaments nach 140/150.* In: *Ruf und Antwort.* Festgabe für Emil Fuchs zum 90. Geburtstag (Leipzig: Koehler und Amelang 1964) 447—460

[1020] Bavaud, G.: Augustinus

[1492] Bévenot, Maurice: Cyprianus Carthaginensis

[1493] Bévenot, Maurice: Cyprianus Carthaginensis

[1029a] Biffi, Inos: Augustinus

[2504] Blum, Georg Günter

[1723] Bopp, Linus: Iohannes Chrysostomus

2529 Bredy, Michel *Le concept de sacerdoce. Essai de Théologie syro-maronite.* Beyrouth 1964. 180 pp.

2530 Buit, F. M. de *Les fonctions dans l'Église ancienne* — Evangile 64 (1966) 5—73

[2350] Capitani, Ovidio: Iuridica

2531 Colson, Jean *Le diaconat aux premiers siècles de l'Église* — Vocation 234 (1966) 294—314

2532 Colson, Jean *Ministre de Jésus-Christ ou le sacerdoce de l'Évangile. Étude sur la condition sacerdotale des ministres chrétiens dans l'Eglise primitive* [Théologie historique, 4]. Paris: Beauchesne 1966. 392 pp.

2533 Congar, Yves M. J. *Für eine dienende und arme Kirche*. Aus dem Französischen übersetzt von Norbert Rocholl. Mainz: Matthias-Grünewald 1965. 127 pp.

[1451] Coulon, George L.

2534 Croce, Walter *Histoire du diaconat*. In: *Le diacre dans l'Église et le monde d'aujourd'hui* (cf. 1966, 124) 27—61

[239] Cullmann, Oscar

2535 Dejaifve, George *Die bischöfliche Kollegialität in der lateinischen Tradition*. In: *De ecclesia. Beiträge zur Konstitution „Über die Kirche" des Zweiten Vatikanischen Konzils*. Deutsche Ausgabe, Bd. II (Freiburg/Br.—Basel—Wien: Herder; Frankfurt/M.: Knecht 1966) 148—165

2536 D'Ercole, Giuseppe *Die Priesterkollegien in der Urkirche* — Concilium 2 (1966) 487—492

2537 Dix, Gregory *Le ministère dans l'Église ancienne* [Bibliothèque théologique]. Neuchâtel: Delachaux & Niestlé 1966. 144 pp.

2538 Doens, Irénée *Les diacres dans l'ancienne tradition canonique et spirituelle syro-byzantine. Le rite d'ordination*. In: *Le diacre dans l'Église et le monde d'aujourd'hui* (cf. 1966, 124) 91—108

[2402] Doimi, Samuel

[1092] Domínguez del Val, Ursicino: Augustinus

[255] Dvornik, Francis

[256] Dvornik, Franz

[257] Dvornik, F.

[1115] García Centeno, Julián: Augustinus

[2405] Hajjar, Joseph

[2624] Harnack, Adolf von

[309] *Kaisertum und Papsttum*

2539 Krahl, W. *Altkirchliche Katholizität und päpstlicher Primat. Eine altkatholische Dokumentation zu den vatikanischen Konzilserklärungen* — Kirchliches Jahrbuch für die Altkatholiken in Deutschland (Bonn) 65 (1966) 47—94

2540 Konidaris, G. *De la prétendue divergence des formes dans le régime du christianisme primitif. Ministres et ministères du temps des Apôtres à la mort de saint Polycarp*. Traduit du grec par A. Tabouratzkis. Paris 1966. 46 pp.

2541 KRIMM, HERBERT *Der Diakonat in der frühkatholischen Kirche.* In: *Das Diakonische Amt der Kirche.* (cf. 1966, 112) 106—132

[1178] LAMIRANDE, ÉMILIEN: Augustinus

[2228] LANNE, EMMANUELE

2542 LÉCUYER, J. *Colegalidad episcopal.* Traducción por M. E. DOLAN [Concilio ecuménico Vaticano II, 16]. Buenos Aires: Editorial Guadalupe 1966. 124 pp.

[124] *Le diacre dans l'Église et le monde d'aujourd'hui*

[1481] LÉCUYER, JOSEPH: Coelestinus I Papa

2543 LÓPEZ MARTÍNEZ, N. *Episcopus cum presbyteris. Fundamenta collegialitatis in Ecclesia particulari* — Burgense 6 (1965) 11—135

[2409] MAROT, HILAIRE

[1218] MOIOLI, GIOVANNI: Augustinus

[1220] MONTÉLESCAUT, MARIE: Augustinus

[2393] MUNIER, CHARLES

[2233] NEUNHÄUSER, BURKHARD

2544 PANZRAM, BERNHARD „*Ordo episcoporum*" — OrhPBl 67 (1966) 333—336

[1266] PELLEGRINO, MICHELE: Augustinus

[1267] PELLEGRINO, MIGUEL: Augustinus

2545 PETRUCCI, ENZO *Principio di adattamento e principio di apostolicità in un libro recente di F. Dvornik* (cf. 1964, 113) — RSCI 20 (1966) 353—314

[368] PIETRI, CHARLES

[374] RADDATZ, ALFRED

2546 RATCLIFF, E. C. *,Apostolic Tradition': Questions Concerning the Appointment of the Bishop.* In: *Studia Patristica VIII* (cf. 1966, 149) 266—270

[2416] RÉVEILLAUD, MICHEL: Iuridica

2547 SARAIVA MARTINS, JOSEPHUS *De collegialitate episcopali inde a saec. IV usque ad Concilium Tridentinum* — Claretianum 6 (1966) 27—71

2548 SCHNEEMELCHER, WILHELM *Der diakonische Dienst in der Alten Kirche.* In: *Das Diakonische Amt der Kirche* (cf. 1966, 112) 61—105

2549 SESAN, MILAN *Naşterea ideii papale* (Die Entstehung der Papstidee) —MitrArd 7 (1962) 469—482

2550 STRAND, KENNETH A. *The Rise of the Monarchial Episcopate* — — AUSS 4 (1966) 65—88

[1828] TUILIER, ANDRÉ: Leo Magnus

[2452] VOKES, F. E.

[124] WINNIGER, P. et CONGAR, Y.

[412] VRIES, WILHELM DE

[2381] VRIES, WILHELM DE

[2501] ZHZIOYΛA, IWANNOY

δ) Ecclesia et Status

[198] ANASTOS, M. V.
[1013] BARBERO, GIORGIO: Augustinus
2551 BECK, HANS-GEORG *Kirche und Klerus im staatlichen Leben von By-*
      zanz — REB 24 (1966) 1—24
[2350] CAPITANI, OVIDIO: Iuridica
[231] COLEMAN-NORTON, P. R.
[245] DELEHAYE, HIPPOLYTE
[2106] DELEHAYE, HIPPOLYTE: Maximilianus Thebestae
[1141] HAGENDAHL, HARALD: Augustinus
2552 HOLL, KARL *Staat, Kirche und Kultur.* In: *Kleine Schriften* (cf. 1966,
      119) 3—11
[309] *Kaisertum und Papsttum*
[342] MESLIN, MICHEL
[368] PIETRI, CHARLES
[371] POLVERINI, LEANDRO
[374] RADDATZ, ALFRED
[1304] SEYBOLD, MICHAEL: Augustinus
2632 STÜTTLER, JOSEF ANTON
[409] VITTINGHOFF, F.
[410] VOIGT, KARL

ee) Mariologia

[2329] BARTOLOMEI, T. M.: Liturgica
2553 BERVE, MAURUS *Makelloser Spiegel Gottes. Ein Ehrentitel der Gottes-*
      mutter im Lichte altchristlicher Symbolik — EA 42 (1966) 32—49
[2348] BRLEK, MICHAËL
[2331] BUENNER, D.
[792] CAPELLE, B.
[796] CIGNELLI, LINO
[807] EMMEN, A.
[808] EMMEN, AQUILINUS
2554 GALOT, J. *Mère de l'Église* — NRTh 86 (1964) 1163—1185
[1972a] GILA, A. M.: Severianus Gabalensis
2555 GRAEF, HILDA C. *The Theme of the Second Eve in some Byzantine*
      Sermons on the Assumption. In: *Studia Patristica IX* (cf. 1966, 150)
      224—230
[842] JOURJON, MAURICE
[898] MELCHIORRE DI S. MARIA: Ambrosius Mediolanensis
[1258] PANIAGUA, E.: Augustinus
[2286] ROCA PUIG, RAMÓN
[777] RUSH, ALFRED C.

2556 SPEDALIERI, FRANCESCO *Maria nella scrittura e nella tradizione della Chiesa primitiva, vol. II: Studi e problemi. Fasc. 1.* Messina: La Sicilia 1964. 131 pp.

2557 ΤΣΙΡΠΑΝΛΗ, ΑΙ. Ἡ Ἀειπάρθενος Θεοτόκος εἰς τὴν πίστιν καὶ τὴν παράδοσιν τῆς Ὀρθοδόξου Ἐκκλησίας — NSJer 61 (1966) 51—77

2558 WENGER, ANTOINE *L'intercession de Marie en Orient du VIe aux Xe siècles.* In: *Recherches sur l'intercession de Marie.* Tome I: *Fondement et premier développement* (Paris: Lethielleux 1966 = Bulletin de la Société française d'Études Mariales 23) 51—75

[1351] YANES, M. M.: Augustinus

ff) Anthropologia

α) „Imago et similitudo", peccatum et gratia (praedestinatio)

[1001] ARIAS, ALOISIUS: Augustinus
[1003] ARNAU GARCÍA, RAMÓN: Augustinus
 [972] Augustinus
 [970] Augustinus
 [975] Augustinus
[2492] BACIOCCHI, J. DE
[1626] BALÁS, DAVID L.: Gregorius Nyssenus
 2559 BAUMGARTNER, CHARLES *Grâce.* In: *Dictionnaire de spiritualité,* t. 6 (cf. 1966, 178) 701—726
[1933] BONNER, G. I.: Pelagius
[1888] BOYD, W. J. P.: Origenes
[1051] CAPÁNAGA, VICTORINO: Augustinus
[1059] CASTELLI, ENRICO: Augustinus
[1063] CERRATO, ROCCO: Augustinus
[1072] CLODIUS, F.: Augustinus
[1799] CLODIUS, F.: Iulianus Aeclanensis
 2560 COURCELLE, PIERRE *Le serpent à face humaine dans la numismatique impériale du Ve siècle.* In: *Mélanges d'archéologie et d'histoire offerts à André Piganiol I* (cf. 1966, 132) 343—353
[1081] COUTURIER, CHARLES: Augustinus
[1632] DANIÉLOU, JEAN: Gregorius Nyssenus
 2561 FARRELLY, M. JOHN *Predestination, Grace and Free Will.* Westminster (Maryland): The Newman Pr. 1964. XIV, 322 pp.
[1104] FAUL, D.: Augustinus
[1106] FEDELI, ANGELA: Augustinus
[1110] FLOËRI, F.: Augustinus
[1119] GARCÍA OCHOA, HÉCTOR: Augustinus
[1126] GIOVANNI, ALBERTO DI: Augustinus
[1142] HAIDER, FRANZ: Augustinus

[1896] HARL, MARGUÉRITE: Origenes
[1155] HUFTIER, M.: Augustinus
[1156] HUFTIER, M.: Augustinus
[1719] Iohannes Chrysostomus
[1383] KULJOV, VASILIJ NIKIFOROVIČ: Basilius Magnus Caesariensis
[1180] LANDSBERG, P. L.: Augustinus
[1199] MARKUS, R. A.: Augustinus
[1200] MARROU, HENRI IRÉNÉE cum BONNARDIÈRE, ANNE-MARIE LA: Augustinus
[1201 MARROU, HENRI IRÉNÉE: Augustinus
[1205] MATHON, GÉRARD: Augustinus
[1209] MAXSEIN, ANTON: Augustinus
[1214] McGOLDRICK, PATRICK: Augustinus
[1216] MIYATANI, Y.: Augustinus
[1223] MORÁN, J.: Augustinus
[1227] MORÁN, JOSÉ: Augustinus
 [539] MOUSSY, CLAUDE
[2377] NULAND, J. VAN
[2378] NULAND, J. VAN
 2562 NYGREN, ANDRES *Eros och agape* [Editio abbreviata: Den kristna
   kärleksanken genom tiderna]. Stockholm: SKDB-Aldus 1966. 636 pp.
 [936] OLEJNIK, IERODIAKON VIKTOR: Athanasius
 2563 ORBE, ANTONIO *El pecado original y el matrimonio en la teología del
   s. II* — Greg 45 (1964) 449—500
[2683] ORBE, ANTONIO
[1356] PLINVAL, GEORGES DE: Ps.-Augustinus
[2691] PUECH, HENRI-CHARLES: Gnostica
[2004] RONDET, HENRI: Tertullianus
[1287] RU, G. DE: Augustinus
[1292] SAGE, ATHANASE: Augustinus
[1293] SAGE, ATHANASE: Augustinus
[2758] SCHELKLE, KARL HERMANN: Patrum Exegesis
[2759] SCHELKLE, KARL HERMANN: Patrum Exegesis
[2760] SCHELKLE, KARL HERMANN: Patrum Exegesis
 2564 SCHWANZ, PETER *Imago Dei als christologisch-anthropologisches
   Problem in der Geschichte der Alten Kirche von Paulus bis Clemens von
   Alexandrien* [Theologische Dissertation]. Leipzig: Karl-Marx-Universität 1966. XIV, 342 pp.
[1310] SLATER, C. PETER R. L.: Augustinus
[1316] STOKES, WALTER E.: Augustinus
[1620] SZYMUSIAK, J. M.: Gregorius Nazianzenus
 [466] THEILER, WILLY
[1322] THONNARD, FRANÇOIS-JOSEPH: Augustinus
[1323] THONNARD, F.-J.: Augustinus

[1325] THONNARD, F.-J.: Augustinus

[1329] TURRADO, ARGIMIRO: Augustinus

2565 VANNESTE, A. *La préhistoire du décret du Concile de Trente sur le péché originel* — NRTh 86 (1964) 355—386; 490—510

2566 VECCHI, ALBERTO *Il concetto di conversione nei primi secoli della Chiesa* — SacD 42 (1966) 211—226

[1338] VERGÉS RAMÍREZ, SALVADOR: Augustinus

[1340] VERMEULEN, J.: Augustinus

β) Virtutes et vitia, vita activa, vita contemplativa

[966] Augustinus

[973] Augustinus

[1449] BAERT, EDWARD: Clemens Alexandrinus

[1013] BAKHUIZEN VAN DEN BRINK, J. N.: Augustinus

[1032] BOGLIONI, GIACINTO: Augustinus

[1699] BOSIO, GUIDO: Ignatius Antiochenus

2567 BROX, NORBERT *Die zwei Wehe. Biblisch-patristische Studie* — Am Tisch des Wortes 12 (1966) 43—57

[1048] BUTLER, CUTHBERT: Augustinus

[2032] CANART, P.

[1053] CAPÁNAGA, V.: Augustinus

[1067] CILLERUELO, LOPE: Augustinus

[2592] COLOSIO, INNOCENZO

[2400] DELHAYE, PHILIPPE: Iuridica

[1090] DÍEZ, LEÓN: Augustinus

2568 EMERY, PIERRE-YVES *Le voeu, sacrifice d'action de grâces* — VCaro 17 (1963) 443—472

2569 EMMET, DOROTHY *Theoria and the way of life* — JThS 17 (1966) 38—52

2570 ÉPAGNEUL, MICHEL-DOMINIQUE *Va ... vends ... donne* — VSSuppl 17 (1964) 391—429

[1108] FERLISI, GABRIELE: Augustinus

[1113] FRISKE, ADELE H.: Augustinus

[1994] GEYER, GERBERT: Tertullianus

[1126] GIOVANNI, ALBERTO DI: Augustinus

[1134] GOUX, JEAN-JOSEPH: Augustinus

[2600] GRÉGOIRE, RÉGINALD

[2757] GRELOT, PIERRE

[2601] GUY, JEAN-CLAUDE

2571 HAUFE, GÜNTER *Motive und Motivwandel in der frühchristlichen Paränese* [Theol. Habil.-Schrift]. Leipzig 1964. IX, 435, 109 pp. [dactyl.]

2572 HERBUT, JOACHIM *De Ieiunio et abstinentia in Ecclesia Byzantina* — Apollinaris 39 (1966) 158—200; 303—332; 382—432

2573 HUFTIER, M. *Pardon des injures, amour des ennemis* — L'Ami du clergé, section doctrine 72 (1962) 410—416

2574 HUFTIER, M. *Sur l'abstinence* — L'Ami du clergé, section doctrine 73 (1963) 711—716

[1153] HUFTIER, M.: Augustinus

[1156] HUFTIER, M.: Augustinus

2575 HUNGER, HERBERT *Fasten als „Zehntpflicht" des Christen in früh-byzantinischer Zeit.* In: *Studien zur älteren Geschichte Osteuropas,* III. Teil: *Gedenkband für Heinrich Felix Schmid* ([Wiener Archiv für Geschichte des Slawentums und Osteuropas, 5] Graz—Köln: Böhlau 1966) 41—47

[1836] KUZ'MIN, IEROMONACH NIKOLAJ: Macarius Aegyptius

2576 JANNACCONE, SILVIA *Struttura sociale e spirituale del gruppo geroni-miano* — GiorFil 19 (1966) 32—48

[1634] JOLY, R.: Gregorius Nyssenus

2577 KERNS, J.-E. *Les chrétiens, le mariage et la sexualité. Évolution histori-que des attitudes chrétiennes envers la vie sexuelle et la sainteté dans le mariage.* Traduit de l'anglais par J. MIGNON, préface de J. POHIER [Lumière de la foi, 27]. Paris: Cerf 1966. 384 pp.

[1635] KONSTANTINOU, EVANGELOS G.: Gregorius Nyssenus

[1705] LILIENFELD, FAIRY VON: Ignatius Antiochenus

[1187] LOCHER, G. F. D.: Augustinus

[1817] LOI, VINCENZO: Lactantius

[1191] LÓPEZ OLEA, RAFAEL: Augustinus

[1196] MANRIQUE, ANDRÉS: Augustinus

[1203] MARTÍNEZ, EVELIO: Augustinus

2578 MEINARDUS, OTTO F. A. *Mystical Phenomena Among the Copts* — OstkiSt 15 (1966) 143—153; 289—307

[1839] MIQUEL, P.: Ps.-Macarius

[1850] MIQUEL, P.: Maximus Confessor

2579 MITCHELL, LEONEL L. *Baptismal Anointing* [Alcuin Club Collection, 48]. London: S. P. C. K. 1966. XVIII, 200 pp.

[1219] MOLIN, GUY: Augustinus

[1680] MURPHY, F. X.: Hilarius Pictaviensis

2580 NAGEL, PETER *Die Motivierung der Askese in der alten Kirche und der Ursprung des Mönchtums* [TU, 95]. Berlin: Akademie-Verlag 1966. XVIII, 120 pp.

[1742] NICOLAE, GHEORGHE A.: Iohannes Chrysostomus

2581 NORTH, HELEN F. *Canons and Hierarchies of the Cardinal Virtues in Greek and Latin Literature.* In: *The Classical Tradition* (cf. 1966, 154) 165—183

[899] OTTEN, R. T.: Ambrosius Mediolanensis

[1656] PERNVEDEN, LAGE: Hermas Pastor

[1271] PERRET, JACQUES: Augustinus

[1639] PHILIPPOU, A. J.: Gregorius Nyssenus

[1936] PIRENNE, ROGER: Pelagius

[1458] PRUNET, OLIVIER: Clemens Alexandrinus

2582 QUÉRÉ-JAULMES, F. *L'aumône dans l'Église ancienne* — Assemblées du Seigneur 29 (1966) 69—81

[1459] RICHARDSON, W.: Clemens Alexandrinus

2583 RONCONI, A. *Exitus illustrium virorum.* In: *Reallexikon für Antike und Christentum,* Bd. 6 (cf. 1966, 186) 1258—1268

[1289] RUSSEL, ROBERT P.: Augustinus

[1295] SANLORENZO, C.: Augustinus

[1390] SAVRAMIS, DEMOSTHENES: Basilius Magnus Caesariensis

[2520] SCHAMONI, WILHELM

[2549] SCHNEEMELCHER, WILHELM

[1852] SQUIRE, A. K.: Maximus Confessor

[1472] STOCKMEIER, P.: Clemens Romanus

[1318] TAKEDA, S.: Augustinus

[2323] TAMBURRINO, PIO: Liturgica

[938] TELEGIN, ALEXANDER MICHAILOVIČ: Athanasius

[903] TESSER, J. M.: Ambrosius

[1320] THOMAS RAMOS, FRANCISCO MANFREDO: Augustinus

[1331] VACA, CÉSAR: Augustinus

[1535] VANNESTE, J.: Ps.-Dionysius Areopagita

[873] VÖLKER, WALTHER

[2720] VOGEL, CYRILLE

[1407] VOGÜÉ, ADALBERT DE: Benedictus Nursinus

γ) Virginitas, martyrium, monachismus

2584 AMÎN, HAKÎM *Studies in the history of monasticism and monasteries in Egypt* (in arabian). Kairo: Ramsis 1964. 296 pp.

[918] *Apophthegmata Patrum*

[920] *Apophthegmata Patrum*

[1429] APPEL, REGIS: Cassianus

[144] ARIAS, MAXIMINO

2585 ARMAS, GREGORIO *La vida monástica en tiempo de San Agustín* — Augustinus 9 (1964) 2399—402

2586 AUGUSTIJN, C. *De martelaar en zijn getuigenis.* Kampen: J. H. Kok 1966. 27 pp.

2587 BACHT, HEINRICH *Der Abt als Stellvertreter Christi. Stellung des Abtes im Lichte neuerer Forschung* — Scholastik 39 (1964) 402 —407

2588 BACHT, HEINRICH *Vom Umgang mit der Bibel im ältesten Mönchtum* — ThPh 41 (1966) 557—566

[1021] BAVEL, T. VAN: Augustinus

[2310] BORELLA, PIETRO: Liturgica

[789] BOUYER, LOUIS

[2420] BROX, NORBERT

2589 BULTOT, ROBERT *Un numéro de Revue sur la notion de „Mépris du monde"* — RHE 61 (1966) 512—528

[2136] CALATI, BENEDETTO: Liturgica

2590 CHARIN, G. *Bulletin d'histoire monastique* — RM 55 (1965) 245*— 260*; 56 (1966) 261*—300*

2591 CHITTY, DERWAS J. *The Desert a City. An introduction to the study of Egyptian and Palestinian monasticism under the Christian Empire.* Oxford: Basil Blackwell 1966. XVI, 222 pp.

[1068] CILLERUELO, LOPE: Augustinus

[1430] CODINA, VICTOR: Iohannes Cassianus

2592 COLOSIO, INNOCENZO *Temi e documenti di spiritualità nella grande opera del Prof. Brezzi sulla Storia antica della Chiesa* — RiAsc 34 (1965) 90—95 (cf. 1964, 99)

2593 COLOMBÁS, GARCÍA M. *The Ancient Concept of the Monastic Life* — Monastic Studies (Berryville, Virg.) 2 (1964) 65—117

2594 CRANENBURG, H. VAN *De plaats van de „abbas" als geestelijk vader in het oudste monachisme* — TGL 20 (1964) 460—480

[1912] CRANENBURGH, H. VAN: Pachomius

2595 CRESCENTI, GIOVANNI *Obiettori di coscienza e martiri militari nei primi cinque secoli del cristianesimo* [Coll. di saggi e monografie, n. s. 18]. Palermo: Flaccovio 1966. 312 pp.

[237] CRESCENTI, GIOVANNI

[2398] CROCE, I.

[2039] DELEHAYE, HIPPOLYTE

2596 DIESNER, HANS-JOACHIM *Der Einfluß des koptischen Mönchtums auf das Mönchtum des Westens* (Resümee). In: *Koptologische Studien in der DDR* (cf. 1966, 122) 250—252

[1394] DIEKERS, CHRYSOSTOMUS: Benedictus Nursinus

2597 DÖRRIES, HERMANN *Forschungen zur Geschichte des älteren Mönchtums* — JbGö (1964) 164—185

[804] DUMEIGE, GERVASIUS

[921] DVALI, MANANA

2598 FAZZO, V. *Cristianesimo e contemptus mundi* — RCCM 8 (1966) 258—263

2599 FELDHOHN, SOPHRONIA *Gestorben der Sünde — lebend für Gott. Gedanken zum Taufbewußtsein der ältesten Mönchsviten und Regeln.* In: *Leben aus der Taufe.* Ges. Aufsätze Abt Basilius Ebel zum 25. Jahrestag seiner äbtlichen Weihe dargebracht ([Liturgie und Mönchtum, 33/34] Maria Laach 1963/1964) 52—62

[1513] FESTUGIÈRE, A. -J.
[2093] FIORE, LUIGI: Honoratus Fundanus
[2012] FLOROVSKY, G.: Theophilus Alexandrinus
[2052] GARCÍA, RUBEN DARIUS: Hagiographica
[1927] GERIG, W. L.: Patres Apostolici
[2068] GIEBERS, C.: Antonius Ab. in Thebaide
[1913] GINDELE, CORBINIAN: Pachomius
 2600 GRÉGOIRE, RÉGINALD „Saeculi actibus se facere alienum". „Le mépris du monde" dans la littérature monastique latine médiévale — RAM 41 (1965) 251—287; et in: Le mépris du monde (Paris: Du Cerf 1965.) 19—55
[1625] Gregorius Nyssenus
 [598] GRIBOMONT, J.
[1734] GRILLET, BERNARD: Iohannes Chrysostomus
[1395] GRUNDMANN, HERBERT: Benedictus Nursinus
[1396] GRUNDMANN, HERBERT: Benedictus Nursinus
 2601 GUY, JEAN-CLAUDE La place du „mépris du monde" dans le monachisme ancien. In: Le mépris du monde. La notion du mépris du monde dans la tradition spirituelle occidentale ([Problèmes de vie religieuses, 22] Paris: Du Cerf 1965) 5—17
[1431] Guy, J. C.: Iohannes Cassianus
 [909] HAMMAN, ADALBERTUS: Anonyma
 2602 HANSLIK, RUDOLF Die älteste Kloster-Mischregel (Auszug aus einem Vortrag) — AOAW 102 (1965) 303—304
[2481] HAUSHERR, IRÉNÉE
[1398] HEUFELDER, EMMANUEL M.: Benedictus Nursinus
[1399] JACOB, J. H.: Benedictus Nursinus
 2603 JOURJON, MAURICE Qui allait-il voir au désert ? Simple question posée au moine sur son démon — LumVi 78 (1966) 3—15
 [922] KHS-BURMESTER, O. H. E.
 2604 KNOWLES, DAVID From Pachomius to Ignatius. A Study in the Constitutional History of the Religious Orders [The Sarum Lectures 1964/5]. London: Clarendon Pr.; Oxford University Pr. 1966. 98 pp.
 2605 KNOWLES, D. Great Historical Enterprises. Problemes of Monastic History. Edinburgh: Nelson 1963. VIII, 231 pp.
[2373] LANARO, PIER GIORGIO
[1384] LÈBE, L.: Basilius Magnus
 2606 LECLERCQ, JEAN Chances de la spiritualité occidentale. Paris: Du Cerf 1966. 384 pp.
 2607 LECLERCQ, JEAN Témoins de la spiritualité occidentale. Paris: Du Cerf 1965. 409 pp.
[1483] LECLERCQ, JEAN: Columbanus
[1973] LEIPOLDT, JOHANNES: Shenute
[1432] LEROY, JULIEN: Johannes Cassianus

[1705] LILIENFELD, FAIRY VON: Ignatius Antiochenus
2608 LORENZ, RUDOLF *Die Anfänge des abendländischen Mönchtums im 4. Jahrhundert* — ZKG 77 (1966) 1—61
[2174] LUDEWIG, E.
[1195] MANNING, EUGÈNE: Augustinus
[1385] MANNING, EUGÈNE: Basilius Magnus
[1400] MANNING, EUGÈNE: Benedictus Nusinus
[1963] MANNING, EUGÈNE: Regula Magistri
2609 MARTIN, M. *Laures et ermitages du désert d'Égypte* — MUSJ 42 (1966) 181—198
[1402] MISONNE, D.: Benedictus Nursinus
[1403] MUNDÓ, A.: Benedictus Nursinus
[2580] NAGEL, PETER
[924] NOBAK, GREG.: Apophthegmata Patrum
[2563] ORBE, ANTONIO
2610 O'SULLIVAN, JEREMIAH *Old Ireland and Her Monasticism*. In: *Old Ireland* (cf. 1966, 140) 90—119
[1256] OZAETA, JOSÉ MARIA: Augustinus
2611 PARPERT, FRIEDRICH *Der monastische Gedanke*. München—Basel: Reinhardt 1966. 142 pp.
[1262] PELLEGRINO, MICHELE: Augustinus
2612 PENCO, GREGORIO *Monasterium—Carcer* — StMon 8 (1966) 133—143
[2184] PENCO, GREGORIO: Liturgica
[2185] PENCO, GREGORIO: Liturgica
[2263] PENCO, GREGORIO
2613 PERICOLI RIDOLFINI, FRANCESCO SAVERIO *Gli inizi del monachismo in Italia*. In: *I corsi di lingua e cultura italiana per stranieri (Nel X anniversario della istituzione)* (Rimini: Garattoni 1965) 21—37
[1618] PETRESCU, NIC.: Gregorius Nazianzenus
[2319] PINELL, JORGE M.
[2415] PRAD, DANIEL VON
2614 PRINZ, FRIEDRICH *Frühes Mönchtum im Frankenreich*. Kultur und Gesellschaft in Gallien, den Rheinlanden und Bayern am Beispiel der monastischen Entwicklung (4.—8. Jahrhundert). München—Wien: R. Oldenbourg 1965. 634 pp.
[1458] PRUNET, OLIVIER: Clemens Alexandrinus
2615 RAASCH, JUANA *The monastic concept of heart and its sources* — StMon 8 (1966) 7—33; 183—213
[374] RADDATZ, ALFRED
[1674] RECCHIA, VINCENZO: Hieronymus
[375] ROME, ETIENNE
2616 RUYTER, JOHANNÈS *Le port du voile chez la chrétienne durant la période ancienne de l'Église*. Strasbourg: Faculté de théologie catholique, thèse en sciences religieuses, 3ème cycle 1966

[1389] ΣΑΒΡΑΜΗ, ΔΗΜΟΣΘΕΝΟΥ: Basilius Magnus
[1404] STEIDLE, BASILIUS: Benedictus Nursinus
[2633] SULLIVAN, R. E.
[1964] TAMBURINO, PIO: Regula Magistri
[2323] TAMBURRINO, PIO: Liturgica
  2617 ΤΖΟΓΑΣ, ΧΑΡΙΛ. Σ. Μοναχισμός. In: Θρησκευτικὴ καὶ 'Ηθικὴ
      'Εγκυκλοπαιδεία, τ. 9 (cf. 1966, 193) 18—35
[1331] VACA, CÉSAR: Augustinus
[1405] VOGÜÉ, ADALBERT DE: Benedictus Nursinus
[1406] VOGÜÉ, ADALBERT DE: Benedictus Nursinus
[1407] VOGÜÉ, ADALBERT DE: Benedictus Nursinus
[2327] VOGÜÉ, ALBERT DE: Liturgica
  2618 WEISSENGRUBER, FRANZ Weltliche Bildung der Mönche im 6. Jhdt. —
      RöHM 8/9 (1964/1965—1965/1966) 13—28

δ) Vita christiana et societas humana

[1423] ABEL, ANNE-MARIE: Caesarius Arelatensis
[2128] ANTONINI, BERNARDO
  2619 Arm und Reich in der Urkirche. Hersgg. von ADALBERT HAMMAN und
      STEPHAN RICHTER. Paderborn: Schöningh 1964. 292 pp.
  2620 AUGUSTIN, PIUS Religious Freedom in Church and State: A Study in
      Doctrinal Development. Baltimore: Helicon 1966. 328 pp.
  2621 BAINTON, ROLAND HERBERT Christian attitudes toward war and peace.
      A historical survey and critical re-evaluation. London: Hodder &
      Stoughton 1961. 299 pp.
[1013] BARBERO, GIORGIO: Augustinus
[1015] BARGALLÓ CIRIO, JUAN MIGUEL: Augustinus
[1017] BATTISTA, ANNA MARIA: Augustinus
[1022] BELLOFIORE, LUIGI: Augustinus
[1030] BIGONGIARI, DINO: Augustinus
[1038] BOYER, CHARLES: Augustinus
[1042] BROWN, P. R. L.: Augustinus
  [224] ČEŠKA, JOSEF
[1073] COCCIA, ANTONIO: Augustinus
[1074] COCCIA, ANTONIO: Augustinus
[1075] COCCIA, ANTONIO: Augustinus
[1077] CORBÍ QUIÑONERO, LUIS: Augustinus
[2595] CRESCENTI, GIOVANNI
[1669] DITTBURNER, JEROME M.: Hieronymus
  2622 DVORNIK, FRANCIS Early Christian and Byzantine Political Philo-
      sophy. Origins and Backgrounds. 2 vols. [Dumbarton Oaks Studies,
      9]. Washington (D. C.): Dumbarton Oaks Center for Byzantine
      Studies 1966. XVI, X, 975 pp.

[1560] FARINA, RAFFAELE: Eusebius Caesariensis

[1605] GASTALDELLI, FERRUCIO: Gregorius I Magnus

[1379] GIACCHERO, MARTA: Basilius Magnus

[1134] GOUX, JEAN-JOSEPH: Augustinus

[822] GRAAF, J. DE

2623 GÜLZOW, HENNEKE *Kirche und Sklaverei in den ersten zwei Jahrhunderten* [Dissertation]. Kiel 1966. [dactyl.]

2624 HARNACK, ADOLF VON *Militia Christi. Die christliche Religion und der Soldatenstand in den ersten drei Jahrhunderten* [Reprographischer Nachdruck der Ausgabe Tübingen 1905]. Im Anhang: EMONDS, HILARIUS *Christlicher Kriegsdienst. Der Topos der militia spiritualis in der antiken Philosophie* [Heilige Überlieferung. Reprographischer Nachdruck der Ausgabe Münster/Westf. 1938]. Darmstadt: Wissenschaftliche Buchgesellschaft 1963. X, 162 pp.

[1144] HARTIGAN, RICHARD SHELLY: Augustinus

[2571] HAUFE, GÜNTER

2625 HUMBERT, ALPHONSE *L'attitude des premiers chrétiens devant les biens temporels* — StMor 4 (1966) 193—239

[2575] HUNGER, HERBERT

[835] ISICHEI, ELIZABETH ALLO

[837] JAEGER, WERNER

[838] JAEGER, WERNER

2626 JANSSENS, L. *Morale conjugale et progestogènes* — EThL 39 (1963) 787—826

2627 JOURNET, CHARLES *Le mariage indissoluble* — NovaVet 41 (1966) 44—62

[2577] KERNS, J.-E.

2628 KOCH, A. *Die Leibesübungen im Urteil der antiken und frühchristlichen Anthropologie. Ein Beitrag zur Geschichte des Sports* [Beiträge zur Lehre und Forschung der Leibeserzeihung, 20]. Schorndorf/b. Stuttgart: K. Hofmann 1965. 135 pp.

[1170] KODRĘBSKI, J.: Augustinus

[1168] König, Hans: Augustinus

[1174] KORNATOWSKI, W.: Augustinus

2629 LEBEAU, PAUL *L'engagement des chrétiens dans la cité antique. Contestation et réponse à l'époque des Pères de l'Église* — Lumen vitae 81 (1966) 591—599

2630 LECLERC, GUSTAVE *Mariage des vieillards et „probati auctores"* — Salesianum 28 (1966) 672—718

2631 LEIPOLDT, JOHANNES *Die Frau in der antiken Welt und im Urchristentum.* 3. Aufl. Leipzig: Koehler & Amelang 1965. 204 pp.

[1794] MARROU, H. I.: Isidorus Hispalensis

[1614] MEVEDEV, NIKOLAJ DIMITRIEVIČ: Gregorius Nazianzenus

[1237] MVENG, ENGELBERT: Augustinus

[1255] ORTEGA, JUAN FERNANDO: Augustinus

[1936] PIRENNE, ROGER: Pelagius

[2643] PRETE, SERAFINO

[1640] QUÉRÉ-JAULMES, FRANCE: Gregorius Nyssenus

[2582] QUÉRÉ-JAULMES, F.

[371] RADDATZ, ALFRED

[2764] SCHELKLE, KARL HERMANN: Patrum Exegesis

[2521] SCHILLEBEECKX, Edward

[1300] SCHULTZ, WERNER: Augustinus

[2268] SCHWARZENBERG, C.

[1304] SEYBOLD, MICHAEL: Augustinus

2632 STÜTTLER, JOSEF ANTON *Das Widerstandsrecht und seine Rechtferti-gungsversuche im Altertum und im frühen Christentum* — ARSP 51 (1965) 495—541

2633 SULLIVAN, R. E. *Some Influences of Monasticism on IVth and Vth Century Society.* In: *Studies in Medieval Culture II* (Western Michigan University 1966) 19—34

2634 TAN DUC,NGUYEN-HUU *Le travail manuel des clercs dans l'antiquité.* Paris: Faculté des Lettres et sciences humaines, diplôme d'études supérieures 1964

[938] TELEGIN, ALEXANDER MICHAILOVIC: Athanasius

[1320] THOMAS RAMOS, FRANCISCO MANFREDO: Augustinus

[1961] TOUCHART, YVES: Prudentius

2635 VEREECKE, LOUIS *„Aggiornamento": tâche historique de l'Église* — StMor 4 (1966) 43—72

[2361] VOGEL, CYRILLE

[1346] WILKS, M. J.: Augustinus

2636 ZIEMER, JÜRGEN *Christlicher Glaube und politisches Handeln während der Perserkriege des Kaisers Herakleios. Eine Untersuchung zu Gestalt und Grundlagen der „politischen Theologie" im oströmischen Reich* [Dissertation]. Halle 1966. XX, 200 pp. [dactyl.]

gg) Angeli et daemones

[2662] GANDILLAC, MAURICE DE: Gnostica

[1183] LECHNER, O.: Augustinus

[1456] OYEN, CHRISTIAN: Clemens Alexandrinus

[1268] PÉPIN, JEAN: Augustinus

[1639] PHILIPPOU, A. J.: Gregorius Nyssenus

2637 RUHBACH, GERHARD *Engel und Dämonen in der frühen griechischen Kirche und ihr geistesgeschichtlicher Hintergrund* [Theol. Habil.-Schrift]. Heidelberg 1966. [dactyl.].

[2269] THRAEDE, K.

hh) Novissima

[997] ALLEN, DAVID WILLIAM: Augustinus

[1675] BLASICH, GOTTARDO: Hilarius Pictaviensis

2638 CULLMANN, OSCAR *Wann kommt das Reich Gottes ? Zur Enderwartung der christlichen Schriftsteller des zweiten Jahrhunderts.* In: *Vorträge und Aufsätze* (cf. 1966, 111) 535—547

[2158] GIAMBERARDINI, GABRIELE

2639 GIERENS, MICHAEL *Controversia de aeternitate mundi.* Textus antiquorum et scholasticorum. Ed. 3a (anastatica). Roma: Librer. Editr. Univers. Gregor. 1966. 104 pp.

[1865] GIGNOUX, PHILIPPE: Narses Nisibenus

2640 HRUBY, KURT *L'influence des apocalypses sur l'eschatologie judéochrétienne* — OrSyr 11 (1966) 291—320

2641 KONRAD, ROBERT *Das himmlische und das irdische Jerusalem im mittelalterlichen Denken.* In: *Speculum historiale* (cf. 1966, 146) 523—540

[2743] LEBEAU, P.

[2748] LEBEAU, PAUL

2642 MAHUET, J. DE *Jugement général,* III: *Iconographie.* In: *Catholicisme,* t. 6 (cf. 1966, 176) 1180—1182

[1197] MARKUS, R. A.: Augustinus

[1200] MARROU, HENRI IRÉNÉE cum BONNARDIÈRE, ANNE-MARIE LA: Augustinus

[1201] MARROU, HENRI IRÉNÉE: Augustinus

[1230] MOREAU, JOSEPH: Augustinus

[1244] NTEDIKA, JOSEPH: Augustinus

2643 PRETE, SERAFINO *Escatologia e parenesi negli scrittori cristiani latini (saggio)* [Pubblicazioni dell' Università di Bologna, Fac. di Lettere e Filosofia, Studi e Ricerche, n. s. 15]. Bologna: Zanichelli 1966. XVI, 115 pp.

2644 RONDET, HENRI *Fin de l'homme et fin du monde. Essai sur le sens et la formation de l'eschatologie chrétienne* (suivi d'un choix des textes) [Col. „Le signe"]. Paris: Fayard 1966. 296 pp.

[2765] SCHELKLE, KARL HERMANN: Patrum Exegesis

[1301] SCHWARTE, KARL-HEINZ: Augustinus

[1303] SESSA, PIERO: Augustinus

[1311] SMITH, ELWYN A.: Augustinus

2645 TÖPFER, B. *Die Entwicklung chiliastischer Zukunftserwartungen im Mittelalter* — WZBerlin 12 (1963) 253—262

[1333] VANDERLINDEN, PIERRE: Augustinus

2646 VIDAL, M. *Jugement particulier.* In: *Catholicisme,* t. 6 (cf. 1966, 176) 1182—1186

[1489] VISSER, A. J.

VII. Gnostica

2647 ABEL, ARMAND *Aspects sociologiques des religions „manichéennes".* In: *Mélanges offerts à René Crozet I* (cf. 1966, 130) 33—46

2648 ANTWEILER, ANTON *Gnosis. Bericht über eine Tagung* — ThGl 56 (1966) 435—436

2649 ARAI, S. *On „De resurrectione" of the Nag-Hammadi-Writings* (in Japanese) — The Journal of History of Christianity (Tokyo) 14 (1964)

2650 ARAI, S. *On the Conception of the Gnostic „Redeemer"* (in Japanese) — Bible Studies (Tokyo) 2 (1964)

2651 ARAI, S. *On the Log. 61 of the Gospel of Thomas* (in Japanese) — The Journal of History of Christianity (Tokyo) 16 (1965)

2652 ARAI, S. *Thomas Tradition in the Early Church* (in Japanese). In: *Evangelism and Theology.* Essays in Honor of Junichi Asano (Tokyo 1964)

2653 ASMUSSEN, J. P. *Der Manichäismus als Vermittler literarischen Gutes* — Temenos 2 (1966) 5—21

[976] Augustinus

[753] BAKER, AELRED

2654 BETZ, HANS DIETER *Schöpfung und Erlösung im hermetischen Fragment „Kore Kosmu"* — ZThK 63 (1966) 160—187

2655 BIANCHI, UGO *Il Colloquio Internazionale sulle origini dello gnosticismo* — SMSR 37 (1966) 291—296

2656 BIANCHI, UGO *Le Colloque international sur les origines du gnosticisme (Messina, avril 1966)* — Numen 13 (1966) 151—160

2657 BÖHLIG, A. *Zur Ursprache des Evangeliums Veritatis* — Mu 79 (1966) 317—333

2658 BÖHLIG, A. *Neue Kephalaia des Mani* — BulArchCopte 18 (1965—1966) 5—22

[632] BÖHLIG, A.

2659 BONNARDIÈRE, A.-M. LA *Fauste de Milève.* In: *Dictionnaire d'histoire et de géographie ecclésiastique,* t. 16 (cf. 1966, 179) coll 729—731

[1771] BROX, NORBERT: Irenaeus

[759] CHRISTENSEN, CLIFFORD R.

2660 CLOSS, ALOIS *Internationales Colloquium über den Ursprung des Gnostizismus. Messina, 13.—18. April 1966.* — Kairos 8 (1966) 130—133

[1451] COULON, GEORGE L.

[760] CULLMANN, OSCAR

[801] CULLMANN, OSCAR

[1361] DRIJVERS, H. J. W.: Bardesanes

[1549] DUMMER, JÜRGEN

[254] DUNEAU, J.-F.

2661 FORD, J. MASSINGBERD *Was Montanism a jewish-christian heresy?* — JEcclH 17 (1966) 145—158

[1992] FRÉDOUILLE, JEAN-CLAUDE: Tertullianus

2662 GANDILLAC, MAURICE DE *Manichéens et cathares.* In: *Entretiens sur l'homme et le diable.* Centre culturel de Cerisy-la-Salle, 24 juillet — 3 août 1964 (Paris—La Haye: Mouton & Co. 1965) 95—109 (avec dicussion 110—114)

2663 GRAEVE, F. DE *Het iraanse verlossingmysterie. Enkele kritische beschouwingen* — BijThPh 27 (1966) 511—520

2664 GRANT, ROBERT M. *Gnosticism and Early Christianity.* 2nd edition. New York—London: Columbia University Pr. 1966. IX, 241 pp.

[2736] GRANT, R. M.

2665 HAENCHEN, ERNST *Aufbau und Theologie des ,,Poimandres''.* In: *Gott und Mensch* (cf. 1966, 117) 335—377

2666 HAENCHEN, ERNST *Das Buch Baruch. Ein Beitrag zum Problem der christlichen Gnosis.* In: *Gott und Mensch* (cf. 1966, 117) 299—334

2667 HAENCHEN, ERNST *Gab es eine vorchristliche Gnosis?* In: *Gott und Mensch* (cf. 1966, 117) 265—298

[606] IBSCHER, ROLF

[607] IBSCHER, ROLF

2668 JANSEN, H. LUDIN *Spuren sakramentaler Handlungen im Evangelium Veritatis?* — AcOK 28 (1964/1965) 215—219

2669 JANSEN, H. LUDIN *Tankesystemet i det nyfunne gnostiske skrift: Evangelium Veritatis* — NTT 66 (1965) 152—176

2670 JONAS, HANS *Gnosis und spätantiker Geist. II 1: Von der Mythologie zur mystischen Philosophie.* 2. durchges. Auflage. Göttingen: Vandenhoeck 1966. XV, 223 pp.

2671 KASSER, RODOLPHE *Bibliothèque gnostique II: Le Livre secret de Jean (versets 1—124)* — RThPh 98 (1965) 129—155

2672 KASSER, RODOLPHE *Bibliothèque gnostique III: Le livre secret de Jean. Versets 125—394* — RThPh 99 (1966) 163—181

2673 KLÍMA, OTAKAR *Ein Beitrag zur Chronologie von Manis Leben* — ArOr 34 (1966) 212—214

2674 KLÍMA, OTAKAR *Manis Zeit und Leben.* Prag: Verlag der Tschechoslowakischen Akademie der Wissenschaften 1962. 559 pp.

[767a] KOSNETTER, JOHANNES: Apocrypha

[320] KOZIK, P. Z.

[748] KRAGERUD, ALV

[768] KRAGERUD, ALV

[769] KROGMANN, WILLY

[620] KUBLANOV, M.

[2722] LEVIN, ARNOLD GUNNAR: Patrum exegesis

[2175] LIDZBARSKI, MARK: Liturgica

2675 LOF, L. J. VAN DER *Der numidische Manichäismus im vierten Jahrhundert*. In: *Studia Patristica VIII* (cf. 1966, 149) 118—129

2676 MacRAE, GEORGE *Gnosis in Messina* — CBQ 28 (1966) 322—333

2677 MARROU, HENRI-IRÉNÉE *Colloque international sur les origines du gnosticisme* — RHR 170 (1966) 233—234

2678 MÉHAT, A. Θεὸς ʼΑγάπη. *Une hypothèse sur l'object de la gnose orthodoxe*. In: *Studia Patristica IX* (cf. 1966, 150) 82—86

2679 MÉNARD, JACQUES-É. *Khénoboskion*. In: *Catholicisme*, t. 6 (cf. 1966, 176) 1423—1427

[771a] MÉNARD, JACQUES-É.: Evangelium Veritatis

[771b] MÉNARD, JACQUES-É.

[2482] MÖLLER, E. WILH.

[772] NAGEL, PETER

2680 NIBLEY, HUGH *Evangelium Quadraginta Dierum* — VigChr 20 (1966) 1—24

2681 ORBE, ANTONIO *El sueño de Adán entre los gnósticos del siglo II* — EE 41 (1966) 351—394

2682 ORBE, ANTONIO *La teología del Espíritu Santo. Estudios Valentinianos, Vol. IV* [Analecta Gregoriana, 158]. Roma: Università Gregoriana 1966. XIV, 784 pp.

2683 ORBE, ANTONIO *Los primeros 40 dias de Adán* — Greg 46 (1965) 96—102

[1527] PÉTREMENT, SIMONE: Ad Diognetum

2684 POKORNÝ, PETR *Der Epheserbrief und die Gnosis. Die Bedeutung des Haupt-Glieder-Gedankens in der entstehenden Kirche*. Berlin: Evangelische Verlagsanstalt 1965. 153 pp.

2685 POKORNÝ, PETR *Gnostické texty z Egypta* (Gnostische Texte aus Ägypten) — Nový orient 21 (1966) 261—262

2686 POKORNÝ, PETR *Mythus o Pračlověku a vznikající křesťanská theologie* (Der Mythos vom Urmenschen und die im Entstehen begriffene christliche Theologie) — Křesťanska revue, theologická příloha 31 (1964) 1—10

2687 PRÜMM, KARL *Zur neutestamentlichen Gnosis-Problematik. Gnostischer Hintergrund und Lehreinschlag in den beiden Eingangskapiteln von 1. Kor?* — ZKTh 87 (1965) 399—422; 88 (1966) 1—50

2688 [*Ptolemaeus Gnosticus*] *Ptolémée: Lettre à Flora*. Analyse, texte critique, traduction, commentaire de GILLES QUISPEL. 2e éd. rev., corr. et augm. d'un index complet des mots grecs [SC, 24 bis, Série annexe de textes non chrétiens]. Paris: Du Cerf 1966. 116 pp.

2689 PUECH, HENRI-CHARLES *Liturgie et pratiques rituelles dans le manichéisme* (suite, cf. 1964, 1460) — AnColFr 65 (1965) 257—266; 66 (1966) 262—268

2690 PUECH, HENRI-CHARLES *Doctrines ésotériques et thèmes gnostiques dans l' "Evangile selon Thomas"* — AnColFr 65 (1965). 247—256; 66 (1966) 259—262

2691 PUECH, HENRI-CHARLES *Péché et confession dans le manichéisme.* In: *Communication lue à l'Institut de France.* Séance publique des cinq Académies, le 25 octobre 1965 (Paris: Firmin Didot) 19—27

[373] PUECH, HENRI-CHARLES

[1488] PUGLIESE CARRATELLI, G.: Commodianus

2692 QUISPEL, GILLES *Das Lied der Perle* — ErJb 34 (1965, erschienen 1966) 9—32

2693 QUISPEL, G. *Gnosticism and the New Testament.* In: *The Bible in Modern Scholarship* (cf. 1966, 153) 252—271 (With Reponses to G. Quispel by ROBERT MCLACHLAN WILSON and HANS JONAS, 272—293)

[774] QUISPEL, G.

[1288] RUDA, OSVALDO JORGE: Augustinus

2694 RUDOLPH, KURT *Gnosis und Manichäismus nach den koptischen Quellen.* In: *Koptologische Studien in der DDR* (cf. 1966, 122) 156—190

2695 SCHENKE, HANS-MARTIN *Zum gegenwärtigen Stand der Erforschung der Nag-Hammadi-Handschriften.* In: *Koptologische Studien in der DDR* (cf. 1966, 122) 124—135

2696 SIMONETTI, MANLIO Ψυχή e ψυχικὸς *nella gnosi valentiniana* — RSLR 2 (1966) 1—47

[1906] SIMONETTI, MANLIO: Origenes

[751] SPIVEY, ROBERT ATWOOD

2697 STONE, MICHAEL *The Death of Adam — An Armenian Adam Book* — HThR 59 (1966) 283—291

2698 TALBERT, CHARLES H. *Luke and the Gnostics.* Nashville: Abinddon 1966. 127 pp.

[2449] TROFIMOVA, M. K.

2699 UNNIK, W. C. VAN *Die Gedanken der Gnostiker über die Kirche.* In: *Vom Christus zur Kirche. Charisma und Amt im Urchristentum.* Hersgg. von JEAN GIBLET, übertragen von MATHILDE LEHNE (Wien— Freiburg—Basel: Herder 1966) 223—238

2700 VARCL, L. *Zur Problematik der Forschungen über den Gnostizismus.* In: *Kongreß für Klassische Philologie* (1966, 121) 129—130

[1334] VECCHI, ALBERTO: Augustinus

2701 VOGT, KARI *Kildematerialet til manikeismen* — NTT 67 (1966) 79—92

2702 WERINGHA, JUW FON *Heliand and Diatessaron* [Studia germanica, 5]. Assen: van Gorcum 1965. IX, 139 pp.

2703 WIDENGREN, GEO *Mani and Manicheism.* Translated by C. KESSLER. New York: Rinehart & Winston 1966. 368 pp. (cf. 1965, 1221)

[673] WOLF, WALTHER

2704 YAMAUCHI, EDWIN M. *The Present Status of Mandean Studies* —
JNES 25 (1966) 88—96

2705 ZANDEE, JAN *Het Evanglie der Waarheid. Een gnostisch geschrift*
[Carillon-reeks, 40]. Amsterdam: W. ten Have N. V. 1965. 128 pp.

VIII. Patrum exegesis Veteris et Novi Testamenti

I. GENERALIA

[2588] BACHT, HEINRICH

[1805] BAMMEL, E.: Iustinus Martyr

[2528] BARNIKOL, ERNST

[783] BENOÎT, ANDRÉ — PRIGENT, PIERRE

[1546] BIRDSALL, J. NEVILLE

2706 BLAIR, H. A. *The Age of Jesus Christ and the Ephesian Tradition.*
In: *Studia Patristica VII* (cf. 1966, 148) 427—433

[1675] BLASICH, GOTTARDO: Hilarius Pictaviensis

2707 CROUZEL, HENRI *La distinction de la ,,typologie" et de l' ,,allégorie"* —
BLE 65 (1964) 161—174

2708 DANIÉLOU, JEAN *Études d'exégèse judéochrétienne (Les Testimonia).*
[Théologie historique, 5]. Paris: Beauchesne 1966. 192 pp.

[2454] DELIA, AMBROSIUS

2709 FASCHER, ERICH *Vom Ursprung des Götzendienstes.* In: *Tagung für
Allgemeine Religionsgeschichte 1963* (Sonderheft der Wissenschaftlichen Zeitschrift der Friedrich-Schiller-Universität Jena 1964)
17—22

[1107] FEDERICO, COSIMO: Augustinus

[1112] FREI, THOMAS: Augustinus

[2050] GAIFFIER, BAUDOUIN DE: Hagiographica

2710 GERBER, W. E. *Exegese III (NT und Alte Kirche).* In: *Reallexikon
für Antike und Christentum*, Bd. 16 (cf. 1966, 186) 1211—1229

2711 GRELOT, PIERRE *La Bible, parole de Dieu. Introduction théologique à
l'étude de l'écriture sainte* [Bibliothèque de Théologie. Théologie dog-
matique, I/5]. Paris: Desclée 1965. XII, 418 pp.

2712 GRUNDMANN, HERBERT *Oportet et haereses esse. Das Problem der
Ketzerei im Spiegel der mittelalterlichen Bibelexegese* — AKG 45
(1963) 129—164

2713 HARRIS, VICTOR *Allegory to Analogy in the Interpretation of Scriptures* — PQ 45 (1966) 1—23

2714 HUNT, B. P. W. S. *The Dialogue between Timothy and Aquila. A late
survival of an early Form of Christian Apologetic.* In: *Studia Patristica
VIII* (cf. 1966, 150) 70—75

15*

[840] JAUBERT, ANNIE
[2641] KONRAD, ROBERT
[2433] KRYVELEV, I. A.
[923] LILIENFELD, FAIRY VON
[534] LOI, VINCENZO
[1484] LOMIENTO, GENNARIO: Columbanus
2715 LUBAC, HENRI DE *L'Écriture et la tradition*. Paris: Aubier—Montaigne 1966. 302 pp.
[847] LUNEAU, AUGUSTE
2716 MAGRASSI, MARIANO *Tipologia biblica e patristica e liturgia della parola* — RiLit 53 (1966) 165—193
[899] OTTEN, R. T.: Ambrosius Mediolanensis
[857] PATTARO, GERMANO
[1356] PLINVAL, GEORGES DE: Ps.-Augustinus
[1485] QUACQUARELLI, ANTONIO: Columbanus Bobbiensis
2717 SCHELKLE, KARL HERMANN *Von alter und neuer Auslegung*. In: *Wort und Schrift* (cf. 1966, 145) 201—215
2718 SHEEHAN, JOHN F. X. *Melchisedech in Christian Consciousness* — ScEc 18 (1966) 127—138
[1568] SPANNEUT, M.
[1338] VERGÉS RAMÍREZ, SALVADOR: Augustinus
2719 VÖÖBUS, ARTHUR *Abraham de Bēt Rabban and His Rôle in the Hermeneutic Traditions in the School of Nisibis* — HThR 58 (1965) 203—214
2720 VOGEL, CYRILLE *Le repas sacré au poisson chez les chrétiens* — ReSR 40 (1966) 1—26
[1610] WASSELYNCK, RENÉ: Gregorius I Magnus
2721 WILLIS, G. G. *Patristic Biblical Citations. The importance of a good critical text, illustrated from St. Augustine*. In: *Studia Patristica VII* (cf. 1966, 148) 576—579

2. SPECIALIA IN VETUS TESTAMENTUM

Heptateuchus
[1502] Cyprianus Gallus
Gen. 1

[869] TESTA, E.
Gen. 1, 2b

[1199] MARKUS, R. A.: Augustinus
Gen. 1, 17

[2564] SCHWANZ, PETER
2722 LEVIN, ARNOLD GUNNAR *The Tree of Life: Genesis 2, 9 and 3, 22—24 in Jewish, Gnostic and Early Christian Texts* [Dissertation]. Cam-

bridge: Harvard University 1966. [dactyl.] — Summary in HThR 59
(1966) 449—450 [microfilm]

2723 HARL, MARGUERITE *La prise de conscience de la „nudité" d'Adam.*
Une interprétation de Genèse 3, 7 chez les Pères Grecs. In: *Studia
Patristica VII* (cf. 1966, 148) 486—495
Gen. 3, 22—27

[2722] LEVIN, ARNOLD GUNNAR: Patrum exegesis
Gen. 6, 2—4

2724 DEXINGER, FERDINAND *Sturz der Göttersöhne oder Engel vor der Sint-
flut ? Versuch eines Neuverständnisses von Genesis 6, 2—4 unter Berücksichtigung der religionsvergleichenden und exegesegeschichtlichen
Methode* [Wiener Beiträge zur Theologie, 13]. Wien: Herder 1966.
139 pp.
Gen. 14, 14

[2363] AUBINEAU, MICHEL
Gen. 18

2725 THUNBERG, L. *Early Christian Interpretations of the Three Angels in
Gen. 18.* In: *Studia Patristica VII* (cf. 1966, 148) 560—570
Gen. 49

2726 LEVENE, A. *The Blessings of Jacob in Syriac and Rabbinic Exegesis.*
In: *Studia Patristica VII* (cf. 1966, 148) 524—530
Exodus

2727 DANIÉLOU, J. *Exodus.* In: *Reallexikon für Antike und Christentum,*
Bd. 7 (cf. 1966, 187) 22—43

[1888] BOYD, W. J. P.: Origenes
Exod. 14—17

2728 MOORSEL, P. P. V. VAN *Rotsvonder of Doortocht door de Rode Zee.*
's-Gravenhage: Selbstverlag 1965. 129 pp. [Diss.]
Exod. 17, 6

2729 MOORSEL, PAUL VAN *Il Miracolo della roccia nella letteratura e nell'
arte paleocristiane* — RiAC 40 (1964) 221—251
Numeri

[897] GRYSON, R.: Ambrosius
Num. 20, 11

[2729] MOORSEL, PAUL VAN
Iudicum

[1696] RICHARD, MARCEL: Hippolytus Romanus
Psalmi

[969] Augustinus
[968] Augustinus
[1375] Basilius Magnus
[1101] EMERY, PIERRE-YVES: Augustinus
[1678] GOFFINET, ÉMILE: Hilarius Pictaviensis
[1523] MERKELBACH, REINHOLD: Didymus Alexandrinus

2730 ROSE, ANDRÉ *L'influence des Septante sur la tradition chrétienne. II:*
Quelques passages psalmiques — QLP 46 (1965) 284—301

2731 ROSE, ANDRÉ *Les psaumes de l'initiation chrétienne* — QLP 47 (1966)
279—292

[1392] TAMBURRINO, PIO: Basilius Magnus
Ps. 13, 3

[1034] BONNARDIÈRE, ANNE-MARIE LA: Augustinus
Ps. 14, 2

[1379] GIACCHERO, MARTA: Basilius Magnus Caesariensis
Ps. 24

2732 ROSE, ANDRÉ „*Attolite portas, principes, vestras . . .*" *Aperçus sur la*
lecture chrétienne du Ps. 24 (23) B. In: *Miscellanea liturgica in onore*
Cardinale Lercaro, I (cf. 1966, 136) 453—478
Ps. 44

2733 ROBITAILLE, LUCIENNE *L'Église. Épouse du Christ, dans l'interpré-*
tation patristique du Psaume 44 (45) [Dissertation], Romae: Fac.
Theol. Pontificiae Universitatis Gregorianae 1963—1964 — Summarium in Liber annualis Universitatis Gregorianae (1965) 251
Ps. 67

2734 ROSE, ANDRÉ *L'influence des Septante sur la tradition chrétienne. III:*
Sur le psaume 67 — QLP 47 (1966) 11—35
Ps. 110

2735 HAY, D. McK. *The Use of Psalm CX in Early Church* [Dissertation].
New Haven: Yale University 1965. 374 pp. [dactyl.] — DissAbstr 26
(1965/1966) 4843 [microfilm]
Proverbia

[1695] RICHARD, M.: Hippolytus Romanus
Prov. 8, 35

[1293] SAGE, ATHANASE: Augustinus
Ecclesiastes

[1521] BINDER, GERHARD — LIESENBORGHS, LEO: Didymus Alexandrinus
Canticum Canticorum

[1875] BIRBECK, R.: Nilus Ancyranus

[1874] BROWNING, ROBERT: Nilus Ancyranus

[1688] DASSMANN, ERNST: Hippolytus Romanus

[1683] Hippolytus Romanus

[1682] Hippolytus Romanus

[1712] KRÜGER, P.: Iohannes bar Aphtonaja

[1849] KIRCHMEYER, J.: Maximus Confessor

[1883] Origenes
Iob

[1608] PARONETTO, VERA: Gregorius I Magnus

[1744] SORLIN, H.
Sapientia

2736 GRANT, R. M. *The Book of Wisdom at Alexandria. Reflections on the History of the Canon and Theology.* In: *Studia Patristica VII* (cf. 1966, 148) 462—472

Duodecim Prophetae

[1503] Cyrillus Alexandrinus

Ionas

[1096] DUVAL, Y.-M.: Augustinus

[2025] DUVAL, Y.-M.

Zacharias

[1523a] REYNOLDS, STEPHEN CRAIG: Didymus Alexandrinus

Ez. 37, 1—14

2737 DANIÉLOU, JEAN *La vision des ossements desséchés (Ezech. 37, 1—14) dans les Testimonia* — RechSR 53 (1964) 220—223

Ez. 44, 2

2738 ALDAMA, JOSÉ A. DE *La virginidad „in partu" en la exégesis patrística* — Salmant 9 (1962) 113—153

Daniel

[1661] Hieronymus

Dan. 13

2739 SCHLOSSER, HANSPETER *Die Daniel-Susanna-Erzählung in Bild und Literatur der christlichen Frühzeit.* In: *Tortulae* (cf. 1966, 158) 243—249

Dan. 14

[1997] MEHLMANN, Johannes: Tertullianus

2740 MEINARDUS, OTTO *A Commentary on the XIVth Vision of Daniel. According to the Coptic Version* — OrChrP 32 (1966) 394—449

3. SPECIALIA IN NOVUM TESTAMENTUM

Quattuor evangelia

[1545] Ephraem Syrus

[2014] Ps.-Theophilus Antiochenus

Matthaeus

[1436] ÉTAIX, R. — LEMARIÉ, J.: Chromatius Aquileiensis

[1713] Iohannes Chrysostomus

[1901] KLOSTERMANN, E.: Origenes

[1709] SMIT SIBINGA, J.: Ignatius Antiochenus

2741 WALKER, N. *Patristic Evidence and the Priority of Matthew.* In: *Studia Patristica VII* (cf. 1966, 148) 571—575

Mt. 3, 13—17

[1567] WEBER, A.

Mt. 5—8

[960] Augustinus

Mt. 6, 7—15

2742 HAMMAN, ADALBERT *Le Notre Père dans la catéchèse des Pères de l'Église* — MaisonDieu 85 (1966) 41—68
Mt. 16, 19sq

[2524] VORGRIMMLER, HERBERT
Mt. 26, 29

2743 LEBEAU, P. *La parole eschatologique de Jésus à la Cène (Mt. 26, 29) dans l'exégèse patristique.* In: *Studia Patristica VII* (cf. 1966, 148) 516—523

[2748] LEBEAU, PAUL
Mc 1, 9—11

[1567] WEBER, A.
Lucas

[882] Ambrosius

[883] Ambrosius

[884] Ambrosius

[1902] LOMIENTO, GENNARO: Origenes
Lc. 1, 34

2744 QUECKE, HANS *Zur Auslegungsgeschichte von Lk 1, 34* — Bibl 47 (1966) 113—114
Lc. 1, 35

[2761] CANTALAMESSA, R.

2745 ROOVER, E. DE *L'exégèse patristique de Lc. 1, 35 des origines à Augustin* [Dissertatio]. Romae: Pontificia Universitas Gregoriana 1966. 226 pp. [dactyl.]
Lc. 2, 48—50

2746 LAURENTIN, RENÉ *Jésus au Temple. Mystère de Pâques et foi de Marie en Luc 2, 48—50.* Paris: Gabalda 1966. 278 pp. [pp. 187—234: Dossier patristique]
Lc. 3, 21—22

[1566] WEBER, A.
Lc. 4

2747 KESICH, V. *The Antiocheans and the Temptation Story.* In: *Studia Patristica VII* (cf. 1966, 148) 496—502
Lc. 10, 38—42

[1187] LOCHER, G. F. D.: Augustinus

[1295] SANLORENZO, C.: Augustinus
Lc. 11, 1—4

[2742] HAMMAN, ADALBERT: Patrum exegesis
Lc. 15, 11—32

[1033] BONNARDIÈRE, A.-M. LA: Augustinus
Lc. 17, 20

2748 LEBEAU, PAUL *Le vin nouveau du Royaume. Étude exégétique et patristique sur la Parole eschatologique de Jésus à la Cène* [Museum

Lessianum. Section biblique, 5]. Paris—Bruges: Desclée de Brouwer 1966. 320 pp.

Iohannes

[981] Augustinus

[1504] Cyrillus Alexandrinus

[1810] DAVEY, D. M.: Iustinus Martyr

[1878] GOLEGA, J.: Nonnus

[1736] HARKINS, P. W.: Iohannes Chrysostomus

2749 HILLMER, MELVYN RAYMOND *The Gospel of John in the Second Century* [Dissertation]. Cambridge (Mass.): Harvard University 1966. [dactyl.] — Summary in HThR 59 (1966) 446 [microfilm]

[1903] MACAULAY, WILLIAMINA M.: Origenes

[1884] Origenes

[1906] SIMONETTI, MANLIO: Origenes

[1312] SPADAFORA, FRANCESCO: Augustinus

2750 *Johannes-Kommentare aus der griechischen Kirche.* Aus Katenenhandschriften gesammelt und herausgg. von JOSEPH REUSS [TU, 89]. Berlin: Akademie-Verlag 1966. XXXV, 494 pp.

Ioh 1, 1

[1894] GÖRGEMANNS, H.

[1858] PATTERSON, G. L.: Methodius

Ioh. 1, 1—18

2751 LAMARCHE, PAUL *Le Prologue de Jean* — RechSR 52 (1964) 497—537

Ioh. 1, 29—34

[1566] WEBER, A.

Ioh. 2, 1—11

2752 RAMOS REGIDOR, JOSÉ *Signo y poder. A propósito de la exégesis patrística de Jn 2, 1—11* — Salesianum 27 (1965) 499—562; 28 (1966) 3—64 idem: Torino: Società Editrice Internazionale 1966. 127 pp.

Ioh. 2, 1—11

2753 SMITMANS, ADOLF *Das Weinwunder von Kana. Die Auslegung von Jo 2, 1—11 bei den Vätern und heute* [Beiträge zur Geschichte der biblischen Exegese, 6]. Tübingen: Mohr 1966. VIII, 337 pp.

Ioh. 4, 12

2754 JAUBERT, ANNIE *La symbolique du puits de Jacob, Jean 4, 12.* In: *L'homme devant Dieu,* I (1964, 63) 63—73

Ioh. 4, 38

[238] CULLMANN, OSCAR

Ioh. 5, 1—47

[694] BARTINA, SEBASTIÁN

Ioh. 13, 1sqq

2755 JAUBERT, ANNIE *Une lecture du lavement des pieds au mardi-mercredi saint* — Mu 79 (1966) 257—286

Ioh. 13, 2—17

2756 GRELOT, PIERRE *L'interprétation pénitentielle du lavement des pieds. Examen critique.* In: *L'homme devant Dieu, I* (cf. 1964, 63) 75—91
Ioh. 20, 24—29

2757 PFLUGK, ULRICH *Die Geschichte vom ungläubigen Thomas (Johannes 20, 24—29) in der Auslegung der Kirche von den Anfängen bis zur Mitte des sechzehnten Jahrhunderts* [Dissertation]. Hamburg 1966. [dactyl.]
Acta

[1179] LAMIRANDE, ÉMILIEN: Augustinus
Acta 7, 14

[414] PELLETIER, A.
Pauli Epistolae

[1935] ESSER, H. H.: Pelagius Hibernus
Ad Romanos

[904] Pseudo-Ambrosius
CADIOU, R.: Apollinaris Laodicensis

2758 SCHELKLE, KARL HERMANN *Römische Kirche im Römerbrief. Zur Auslegungsgeschichte.* In: *Wort und Schrift* (cf. 1966, 145) 273—281

2759 SCHELKLE, KARL HERMANN *Kirche und Synagoge in der frühen Auslegung.* In: *Wort und Schrift* (cf. 1966, 145) 282—299

2760 SCHELKLE, KARL HERMANN *Erwählung und Freiheit im Römerbrief nach der Auslegung der Väter.* In: *Wort und Schrift* (cf. 1966, 145) 251—272
Rm. 1, 3—4

2761 CANTALAMESSA, R. *La primitiva esegesi cristologica di Romani 1, 3—4 e Luca 1, 35* — RSLR 2 (1966) 69—80
Rm. 2, 14—16. 26. 27

2762 RIEDL, JOHANN *Das Heil der Heiden nach R 2, 14—16. 26. 27* [St. Gabrieler Studien, 20]. Mödling bei Wien: St.-Gabriel-Verlag 1965.
VIII, 229 pp.
Rm. 3, 13—18

[1034] BONNARDIÈRE, ANNE-MARIE LA: Augustinu
Rm. 5, 12—13

[1277] PINCHERLE, ALBERTO: Augustinus
Rm. 5, 12—19

[1510] WILKEN, ROBERT L.
Rm. 6, 1—11

2763 SCHELKLE, KARL HERMANN *Taufe und Tod. Zur Auslegung von Röm 6, 1—11.* In: *Wort und Schrift* (cf. 1966, 145) 216—226
Rm. 9

[1888] BOYD, W. J. P.: Origenes
Rm. 13, 1—7

2764 SCHELKLE, KARL HERMANN *Staat und Kirche in der patristischen Auslegung von Röm 13, 1—7.* In: *Wort und Schrift* (cf. 1966, 145) 227—238
Rm. 13, 1—13

2765 SCHELKLE, KARL HERMANN *Biblische und patristische Eschatologie nach Röm 13, 11—13.* In: *Wort und Schrift* (cf. 1966, 145) 239—250
I Cor. 15

2766 TRUMMER, PETER *Anastasis. Beitrag zur Auslegung und Auslegungsgeschichte von 1 Kor 15 in der griechischen Kirche bis Theodoret.* Kath.-theol. Dissertation Graz 1966
II Cor. 12, 9—10

2767 HAENDLER, GERT *2. Korinther 12, 9—10 in der Zeit der Völkerwanderung.* In: *Kirche — Theologie — Frömmigkeit.* Festgabe für Gottfried Holtz zum 65. Geburtstag (Berlin: Evangelische Verlagsanstalt 1965) 88—93
Epistulae pastorales

[877] WENINGER, FRANZ
I Tim. 2, 4

[1292] SAGE, ATHANASE: Augustinus
Ad Hebraeos

[1451] COULON, GEORGE L.
Iudae Epistola

2768 SCHELKLE, KARL HERMANN *Der Judasbrief bei den Kirchenvätern.* In: *Wort und Schrift* (cf. 1966, 145) 300—308
Apocalypsis

[997] ALLEN, DAVID WILLIAM; Augustinus

[915] RAPISARDA, GRAZIA: Anonyma
Apoc. 1, 10

2769 STOTT, WILFRID *A note on the word KYPIAKH in Rev. I, 10* — NTS 12 (1965/1966) 70—75

IX. Recensiones

R 1 ADAM, A. (1965, 1082): DtPfrBl 66 (1966) 273—283 = Lohse, B. — JThS 17 (1966) 473—476 = Drewery, B.

R 2 *Ad Diognetum* ed J. J. THIERRY (1964, 712): NAKG 47 (1965/1966) 121 = Visser, A. J. — Studium 61 (1966) 291 = Pellegrino, M.

R 3 AFRICA, T. W. (1966, 195): History 51 (1966) 339—340 = Dorey, T. A

R 4 ALAND, K. — BLACK, M. — METZGER, B. M. — WIKGREN, A. (1966, 677): ExpT 77 (1965/1966) 353—355 = Mitton, C. L. — JBL 85 (1966) 479—481 = Kilpatrick, G. — VD 44 (1966) 285 = Zerwick, M. — SJTh 19 (1966) 486—488 = Black, M. — BiTranl 17 (1966) 106—113 = Markhan, R. F.

R 5 ALAND, K. (1963, 144): ThZ 22 (1966) 149—151 = Kilpatrick, G. D. — ThLZ 91 (1966) 510—514 = Schäfer, K. T.

R 6 ALAND, K. et NESTLE, E. (1963, 189): RechSR 54 (1966) 426—428 = Duplacy, J. — StPap 5 (1966) 89—92 = Leite, J.

R 7 ALDAMA, J. A. DE (1964, 1398): EThL 42 (1966) 660—661 = Philips, G.

R 8 ALDAMA, J. A. DE (1966, 1749): RBen 76 (1966) 362 = Bogaert, M. — REG 79 (1966) 567 = Kirchmeyer, J. — Bulletin des Bibliothèques de France (Paris) 11 (1966) 567—568 = Ernst, J.

R 9 ALVAREZ TURIENZO, S. (1962, 396): BTAM 9 (1965) 736 = Mathon, G.

R 10 AMAND DE MENDIETA, E. (1965, 517): RHE 61 (1966) 1010 = Gribomont, J.

R 11 *Ambrosius* ed. M. GIACCHERO (1965, 417): RiStCl 13 (1965) 355—356 = D'Agostino, V. — Maia 18 (1966) 309—310 = Grosso, F.

R 12 *Ambrosius* ed L. SOLLAZZO (1964, 437). CC 116 (1965) 267 = Ferrua, A.

R 13 ANDERSON, J. F. (1965, 465): Augustiniana 16 (1966) 549 = Ijsseling

R 14 ANDRÉS, G. DE (1966, 555): AB 84 (1966) 507—508 = Halkin, F.

R 15 *A New Eusebius* ed. STEVENSON, J. (1966, 200): DTT 29 (1966) 114—116 = Lehmann, H. J.

R 16 *Anonymi Epistula ad Demetriadem* ed. KRABBE, M. K. C. (1965, 433): ACl 35 (1966) 318 = Verheijen, Luc-M. — EC 34 (1966) 303—304 = Parot, G.

R 17 *Apophoreta, Festschrift für E. Haenchen* ed. ELTESTER, W. (1964, 57): JBL 85 (1966) 118—120 = Elliot, J. H.

R 18 ARAI, S. (1964, 353): Bibl 47 (1966) 468—470 = Quecke, H. — Greg 47 (1966) 123—125 = Orbe, A. — RechSR 54 (1966) 293—294 = Daniélou, J.

R 19 ARIAS, A. (1966, 1001): Augustinus 11 (1966) 405—406 = Alvarez, J.

R 20 ASSFALG, J. (1963, 148): Erasmus 18 (1966) 579—581 = Charachidzé, G.

R 21 ASSFALG, J. (1963, 149): Erasmus 18 (1966) 582—583 = Dauvillier, J.

R 22 *Athanasius* ed. L. LEONE (1966, 931): CC 117 (1966) 482—483 = Ferrua, A. — Bibl 47 (1966) 588 = Places, É. des

R 23 *Athanasius* ed. P. MERENDINO (1965, 443): RAM 42 (1966) 83 = Kirchmeyer, J. — EA 42 (1966) 75 = UE

R 24 *Augustin-Gespräch der Gegenwart* ed. C. ANDRESEN (1962, 403): BTAM 9 (1965) 727 = Mathon, G.

R 25 *Augustinus* ed. R. ANASTASI, M. PETSCHENIG, G. FINAERT, G. BOUIS-
SON et Y. M.-J. CONGAR (1963, 361): RPL 63 (1965) 669 = Steenberghen, F. van

R 26 *Augustinus* ed A. BENJAMIN et L. H. HACKSTAFF (1966, 976): CR 16
(1966) 414 = Greenslade, S. L.

R 27 *Augustinus* ed. G. FINAERT et G. BAVAUD (1964, 508): RPL 63 (1965)
669 = Steenberghen, F. van — REL 44 (1966) 471—472 = Lancel,
S. — NovaVet 41 (1966) 318 = Journet, C.

R 28 *Augustinus* ed. G. FINAERT et É. LAMIRANDE (1966, 971): REL 44
(1966) 472—473 = Lancel, S. — RBen 76 (1966) 364 = Roy, O. du
— AugR 6 (1966) 577 = Gómez, A. —Salesianum 28 (1966) 413—415
= Bosio, G. — APraem 42 (1966) 349—350 = Kinet, D. E.

R 29 *Augustinus* ed. A. FINGERLE, B. ALTANER, et A. ZUMKELLER (1964,
506): ThZ 21 (1965) 540 = Blaser — ThLZ 91 (1966) 359—360 = Lorenz, R. — ThRe 62 (1966) 95—97 = Rief, J. — APraem 42 (1966)
163—165 = Kinet, D. E.

R 30 *Augustinus* ed. FRAISSE, J.-C. (1964, 497): EtPh 20 (1965) 337
= Quoniam — EC 33 (1965) 431—432 = E. L. — REL 43 (1965)
696 = Frédouille, J. — REAnc 67 (1965) 571—572 = Courcelle, P.
— Giornale di Metafisica. Genova 21 (1966) 853—855 = Manganelli

R 31 *Augustinus* ed. W. M. GREEN (1963, 363): CR 16 (1966) 413 = Greenslade, S. L.

R 32 *Augustinus* ed. B. MARTÍN PÉREZ et J. MORÁN (1964, 500): RET 26
(1966) 107 = Oroz Reta, J.

R 33 *Augustinus* ed B. MARTÍN PÉREZ (1966, 968): AugR 6 (1966) 344
= Fernández, J. M.

R 34 *Augustinus* ed. A. MAURA (1965, 458a): AugR 6 (1966) 344 = Gómez, A. — Salesianum 28 (1966) 413—415 — Bosio, G.

R 35 *Augustinus* ed. M. PELLEGRINO (1966, 973): RiAsc 34f(1965) 206
= Borghini, B. — CC 117 (1966) 276 = Mondrone, D.

R 36 *Augustinus* ed. C. J. PERL (1964, 499): RPL 63 (1965) 670 = Steenberghen, F. van — ZKTh 88 (1966) 479 = Mair, P.

R 37 *Augustinus* ed. C. J. PERL (1964, 509): RPL 63 (1965) 670 = Steenberghen, F. van — ZAW 77 (1965) 238 = Fohrer, G. — AugR 6
(1966) 345 = Gómez, A. — ThLZ 91 (1966) 195 = Diesner, H. J. —
FS 48 (1966) 186—187 = Diederich, H.

R 38 *Augustinus* ed. C. J. PERL et A. HOLL (1966, 961): Greg 46 (1965)
876—877 = Orbe, A. — RBen 75 (1965) 355 = Verbraken, P. —
RechSR 53 (1965) 643 = Rondet, H. — FS 48 (1966) 186—187
= Diederich, H. — ThLZ 91 (1966) 919 = Löwenich, W. von —
AugR 6 (1966) 345 = Gómez, A.

R 39 *Augustinus* ed. S. POQUE (1966, 953): REL 44 (1966) 473—476
= Rondeau, M.-J. — RAM 42 (1966) 490 = Guy, J. -C. — Bibl 47

(1966) 590 = Places, É. des — BLE 67 (1966) 311 = Desjardins, B.
— Studium 62 (1966) 593—594 = Bori, P. C.

R 40 *Augustinus* ed. E. M. SANFORD et W. M. GREEN (1965, 475): RHE 61
(1966) 1011 = Dau'hin, H. — CR 16 (1966) 413 = Greenslade, S. L.
— RBPh 44 (1966) 206 = Stégen, G. — ACl 35 (1966) 317 = Marrou, H.-I.

R 41 *Augustinus* ed. P. SIMON (1964, 493): RET 25 (1965) 328 = Capánaga, V. — RPL 63 (1965) 671 = Steenberghen, F. van — Ant 41
(1966) 522 = Lasíc — ZKTh 88 (1966) 480 = Mair, P.

R 42 *Augustinus* ed. M. SKUTELLA, M. PELLEGRINO et C. CARENA (1965,
453a): REL 44 (1966) 492 = Fontaine, J. — Salesianum 28 (1966)
413—415 = Bosio, G. — CC 117 (1966) 587 = Ferrua, A.

R 43 *Augustinus* ed. A. VECCHI et F. BENUSSI (1966, 982): Salesianum 28
(1966) 413—415 = Bosio, G.

R 44 *Augustinus* ed. H. WEBER (1964, 496): ThLZ 91 (1966) 918 = Löwenich, W. von — AugR 6 (1966) 345 = Gómez, A. — FS 48 (1966)
186—187 = Diederich, H.

R 45 *Augustinus* ed. G. WEIGEL et G. M. GREEN (1961, 382): BTAM 9
(1965) 724—725 = Mathon, G.

R 46 BAGATTI, B. (1966, 204): Bibl 47 (1966) 283—289 = Déaut, R. le

R 47 BALLAY, L. (1964, 513): Ant 41 (1966) 376—378 = Lasíc, D —
ThLZ 91 (1966) 761 = Lorenz, R. — JThS 17 (1966) 181—182
= Bonner, G.

R 48 *Barnabae Epistula* ed. P. PRIGENT (1961, 404): JEcclH 17 (1966)
247—248 = Kelly, J. N. D.

R 49 BARSOTTI, D. (1963, 281): ScCat 93 (1965) supp. 2, 241—242 = Bellini, E.

R 50 *Basilius Magnus* ed. PANAG. T. STAMOU (1966, 1372): ThAthen 37
(1966) 163 = Μπρατσιώτης, Π. Τ.

R 51 BARTELINK, G. J. M. (1964, 924): VetChr 3 (1966) 236—237 = Lomiento, G.

R 52 BASTIAENSEN, A. A. R. (1962, 352): VigChr 20 (1966) 126—128
= Botte, B.

R 53 BAUS, K. (1962, 81): ZKG 74 (1963) 341—342 = Campenhausen, H.
von — BijPhTh 24 (1963) 332—334 = Dicrickx, M. — ThSt 24 (1963)
695—697 = McGuire, M. R. — ArGran 26 (1963) 340—343 = Soto-
mayor, M. — TG 77 (1964) 220—221 = Vermaseren, B. A. — CHR
50 (1964/1965) 71—73 = Monachino, V. — BLE 66 (1965) 75—76
= Hamman, A. — NRTh 87 (1965) 103 = Mols — NAKG 47 (1965/
1966) 39—41 = Bakhuizen van der Brink, J. N. — ThLZ 91 (1966)
41—46 = Beyschlag, K. — ZKTh 88 (1966) 411—422 = Grotz, H.
— JThS 17 (1966) 559 = Chadwick, H. — RSCI 20 (1966) 171—174
— Sordi, M. — DThP 69 (1966) 290—301 = Molinari, Fr.

R 54 BAUS, K. (1965, 98): Month 35 (1966) 112—113 = Yarnold, E. J.

R 55 BAYET, J. (1965, 17): Gy 73 (1966) 549—552 = Burck, E. — EC 33 (1965) 445 = Ooteghem, J. v.

R 56 *Benedictus* ed. R. J. DEAN et M. D. LEGGE (1964, 639): Greg 47 (1966) 360 = Dumeige, G. — JEcclH 17 (1966) 111 = Whitehead, F.

R 57 BENKO, S. (1966, 533). ZKG 77 (1966) 131—132 = Armstrong, G. T.

R 58 BERGER, R. (1966, 2207): JThS 17 (1966) 209—211 = Crehan, J. H. — ThRe 62 (1966) 190—191 = Roth, A.

R 59 BERTRAND, G. (1966, 785): CC 117 (1966) 180

R 60 BESKOW, P. (1962, 1007): JThS 17 (1966) 155—156 = Frend, W. H. C. — OrChrP 32 (1966) 326—327 = Capizzi, C.

R 61 BETZ, OTTO (1963, 1065): BiZ N. F. 9 (1965) 138—140 = Schnak-kenburg, R.

R 62 BEYSCHLAG, K. (1966, 1463): TAik 71 (1966) 285—287 = Tiililä, C. — RechSR 54 (1966) 276—280 = Daniélou, J. — Erasmus 18 (1966) 710—711 = Bruce, F. F.

R 63 *Biblical and Patristic Studies* (1963, 20): BiZ 10 (1966) 306—307 = Schmid, J. — OrChr 50 (1966) 144—145 = Engberding, H.

R 64 *Bibliotheca Ecclesiarum Italiae* ed. P. BURCHI (1966, 560): RSCI 20 (1966) 472—474 = Rabotti, G.

R 65 *Bibliotheca Sanctorum V* (1965, 935): AB 84 (1966) 285—292 = Devos, P.

R 66 *Bibliotheca Sanctorum VI* (1965, 936): AB 84 (1966) 285—292 = Devos, P.

R 67 BIELER, L. (1966, 162): CQB 28 (1966) 340 = O'Bourke, J. J.

R 68 BÖHLIG, A. et LABIB, P. (1963, 1072): OLZ 61 (1966) 23—34 = Schenke, H.-M. — RechSR 54 (1966) 285—293 = Daniélou, J.

R 69 BONNARDIÈRE, A.-M. LA (1966, 214): Ant 38 (1963) 114 = Amore — DThP 69 (1966) 138—139 = G. C.

R 70 BONNARDIÈRE, A.-M. LA (1964, 553): BTAM 9 (1965) 730 = Mathon, G. — REA 12 (1966) 300—301 = Brix, L. — RechSR 54 (1966) 434 = Duplacy, J. — BiZ 10 (1966) 127 = Ziegler, J.

R 71 BONNARDIÈRE, A.-M. LA (1965, 514): RBen 76 (1966) 364—365 = Roy, J.-B. du — JThS 17 (1966) 182—186 = Wright, D. F. — AugR 6 (1966) 343 = Fernández

R 72 BORSE, U. (1966, 1934): ZKG 77 (1966) 363—373 = Thile, W. — RBen 76 (1966) 105 = Bogaert, M.

R 73 BOSIO, G. (1964, 1348): ScCat 93 (1965) 238—239 = Del Ton, G.

R 74 BOTTE, B. (1963, 609): ReSR 40 (1966) 307—310 = Chirat, H.

R 75 BOURKE, V. J. (1965, 474): IPhQ 6 (1966) 138—139 = O'Connell, M. J. — RPL 64 (1966) 313—314 = Semesse

R 76 BOUSSET, W. (1965, 1112): CV 9 (1966) 106—107 = Fazekaš, L.

R 77 BOYER, C. (1965, 475): GM 21 (1966) 853—855 = Manganelli — RPL 64 (1966) 311—313 = Give, de — RSF 21 (1966) 457—458 = Corvino, F. — CC 117 (1966) 585—586 = Bortolaso, G. — Libri-

Riv 18 (1966) 614—615 — DThP 69 (1966) 337—335 = Mondin, B.

R 78 BREKELMANS, A. J. (1965, 1035): ZKTh 88 (1966) 357—358 = Sauser, E.

R 79 BREZZI, P. (1964, 99): RiAsc 34 (1965) 90—95 = Colosio, I.

R 80 BREZZI, P. (1966, 227): CC 116 (1965) 63 = Martini, A.

R 81 BRUIN, P.—GIEGEL, PH. (1966, 217): EA 41 (1965) 250—251 = BSchw

R 82 BUCHWALD, W.—HOHLWEG, A.—PRINZ, O. (1963, 31): Gy 73 (1966) 268—269 = Erb, N.

R 83 BUCKLEY, F. J. (1964, 797): ZKG 77 (1966) 133 = Schäferdiek, K.

R 84 BURCHARD, CHR. (1966, 757): EThL 42 (1966) 646—647 = Coppens, J.

R 85 CAMPENHAUSEN, H. VON (1962, 1029): VigChr 20 (1966) 193—195 = Smit Sibinga, J.

R 86 CAMPENHAUSEN, H. VON (1963, 287): COH 18 (1965/1966) 91—92 = Franken, S.

R 87 CAMPENHAUSEN, H. VON (1965, 393): CH 34 (1965) 457—458 = Wilken, R. L.

R 88 CAPIZZI, C. (1964, 207): ZKTh 88 (1966) 104—105 = Sauser, E.

R 89 CARCOPINO, J. (1965, 107): BulBudé IV, 2 (1966) 293—294 = Wartelle, A.

R 90 CASEL, O. (1963, 889): EL 79 (1965) 145—147 = Zaramella, E.

R 91 *Cassianus* ed. GUY, J.-C. (1965, 612): REAnc 67 (1965) 573—576 = Courcelle, P. — RAM 41 (1965) 488—492 = Vogüé, A. de — BLE 66 (1965) 220—222 = Boularand, E. — RBen 76 (1966) 155 = Verbraken, P. — JThS 17 (1966) 187—188 = Chadwick, O. — Bibl 47 (1966) 590 = Places, É. des — ThLZ 91 (1966) 361 = Diesner, H.-J. — RHE 61 (1966) 674 = Vogüé, A. de — OrChrP 32 (1966) 331 = Špidlík, Th. — NRTh 88 (1966) 314 = Fisch — ScCat 94 (1966) 64*—66* = Biffi, I. — Latomus 25 (1966) 952—954 = Masai, F. — StMon 8 (1966) 147—148 = Torras, O. M. — RBPh 44 (1966) 208 = Tuerk — RThPh 99 (1966) 276 = Bovon, F. — RPh 40 (1966) 372—373 = André, J.

R 92 *Catalogi codicum graecorum I*, ed. SAMBERGER, CHR. (1965, 255): AB 84 (1966) 266—267 = Halkin, F.

R 93 CHADWICK, H. (1966, 1808): ACl 35 (1966) 661—662 = Joly, R. — Bibl 47 (1966) 587—588 = Places, É. des

R 94 CHÉNÉ, J. (1962, 422): BTAM 9 (1965) 733 = Mathon, G. — VigChr 20 (1966) 124 = Bavel, T. van

R 95 CHÉRUEL, J. (1964, 6): CC 116, 2 (1965) 585 = Ferrua, A.

R 96 CHIEREGHIN, F. (1965, 481): Paideia 21 (1966) 424—426 = Ruggiu, L. — RBen 76 (1966) 367 = Roy, O. du

R 97 *Chrétiennes des premiers temps* ed. Guy, J.-C. et Refoulé, F. (1965, 938): EThL 41 (1965) 679 — NRTh 88 (1966) 781 — BulBudé 1966, 153 = Wartelle, A.

R 98 Christophe, N. (1964, 1441): Greg 47 (1966) 134 = Orbe, A.

R 99 Cignelli, L. (1966, 796): StBibF 16 (1965/1966) 369—370) = Sisti, A. — Asprenas 13 (1966) 418 = Rosa, V. de

R 100 Claus, A. (1966, 530): LFilol 89 (1966) 338—339 = Cvetler, J.

R 101 *Clemens Alexandrinus* ed. Mondésert, C. et Marrou, H.-I. (1965, 621): Studium 61 (1965) 292—293 = Pellegrino, M. — ThLZ 91 (1966) 673 = Altendorf, H. D. — NRTh 88 (1966) 313 = Lebeau, P. — RHR 170 (1966) 95—97 = Méhat, A. — RBPh 44 (1966) 189—190 = Henry, R.

R 102 *Clemens Alexandrinus* ed. Pieri, A. (1966, 1448): CC 117 (1966) 72 = Ferrua, A.

R 103 *Clemens Romanus* ed. Grant, R. M.—Graham, H. H. (1966, 1925): JBL 85 (1966) 266 = Malherbe, A. J.

R 104 *Codices Graeci Vaticani* ed. Turyn, A. (1964, 237): AB 84 (1966) 508—510 = Halkin, F.

R 105 Codina, V. (1966, 1430): RAM 42 (1966) 374—375 = Guy, J.-C.

R 106 Colson, J. (1966, 2532): EThL 42 (1966) 644—646 = Coppens, J.

R 107 *Commodianus* ed. Salvatore, A. (1966, 1486): Latinitas 14 (1966) 76—77 = Parisella, I.

R 108 Congar, Y. M. J. (1966, 2533): ThRe 62 (1966) 333—334 = Lauter, H. -J.

R 109 *Constantius Presbyter* ed. Borius, R. (1965, 632): BLE 66 (1965) 289—294 = Griffe, É. — Latomus 25 (1966) 151—152 = Braun, R. — RPh 40 (1966) 370—372 = André, J. — AB 84 (1966) 523—524 = Gaiffier, G. de — RHR 170 (1966) 204—207) = Meslin, M. — REL 44 (1966) 476—478 = Frédouille, J.-Cl. — RAM 42 (1966) 84 = Guy, J.-Cl. — RThPh 99 (1966) 278 = Rist, J. M. — RBen 76 (1966) 156 = Verbraken, P. — OrChrP 32 (1966) 322 = Špidlík, Th. — JThS 17 (1966) 559 = Chadwick, O. — RBPh 44 (1966) 208 = Tuerk — ACl 35 (1966) 668—669 = Manning, E. — Bibl 47 (1966) 592 = Places, É. des

R 110 Copleston, Fr. (1964, 172): EThL 42 (1966) 648—649 = Steenberghen, F. van

R 111 Courcelle, P.—Courcelle—Ladmirant, J. (1964, 510): — Augustiniana 16 (1966) 313—315 = Zumkeller, A.

R 112 Courcelle, P. (1963, 380): Latomus 25 (1966) 322—326 = Préaux, J.

R 113 Courcelle-Ladmirant, J. (1965, 483): CRAI (1965) 512 = Courcelle, P. — Bulletin des Bibliothèques de France 11 (1966) 412 = Rancouer, R. — RPh 40 (1966) 368 = Ernout, A.

R 114 CREMER, F. G. (1965, 1230): RHE 61 (1966) 241—242 = Dupont, J.
— ThPh 41 (1966) 299—300 = Brinkmann, B. — ZKTh 88 (1966)
213 = Gaechter, P. — BLE 67 (1966) 152—153 = Légasse, S.

R 115 CRESPIN, R. (1965, 484): AugR 6 (1966) 342 = Gómez, A. — JThS 17
(1966) 477—479 = Frend, W. H. C. — NRTh 88 (1966) 545 = Dide-
berg — RThPh 99 (1966) 276—277 = Bovon, F.

R 116 CROUZEL, H. (1961, 673): RHE 61 (1966) 837—841 = Pirlot, R.

R 117 CROZET, R. (1966, 1646): BMm 74 (1966) 191—193 = Estande-Bran-
denburg, A.

R 118 CULLMANN, O. (1964, 1349): BTAM 9 (1964) 439 = Botte — Aug 43
(1966) 291—293 = Bernal, J. — RHPhR 46 (1966) 92 = Trocmé, E.

R 119 CULLMANN, O. (1965, 1115): EuntDoc 18 (1965) 489—491 = Vodopivec, G. — StPad 13 (1966) 347—348 = Vecchi, A.

R 120 CULLMANN, O. (1966, 239): EuntDoc 18 (1965) 489—491 = Vodopivec, G. — Studium 62 (1966) 239—240 = Simonetti, M.

R 121 *Cyprianus* ed. CAMPOS, J. (1965, 636): CC 117 (1966) 273 = Ferrua, A.

R 122 *Cyprianus* ed. DONNA, R. B. (1965, 634): Greg 47 (1966) 553 = Orbe,
A. — JThS 17 (1966) 186—187 = Greenslade, S. L.

R 123 *Cyrillus Alexandrinus* ed DURAND, G. M. DE (1964, 695): ZKG 77
(1966) 152—155 = Wilken, R. L.

R 124 DANIÉLOU, J. (1961, 907): VigChr 20 (1966) 116—118 = Waszink,
J. H.

R 125 DANIÉLOU, J.—MARROU, H. I. (1963, 61): CC 116 (1965) 366 = Ferrua, A. — EA 41 (1965) 257 = UE

R 126 DASSMANN, E. (1965, 418): CH 35 (1966) 462—464 = Crouter, Richard E. — DR 84 (1966) 210—211 = Halliburton, R. J. — JAC 8/9
(1965/1966) 214—215 = Campenhausen, H. von

R 127 DAVIES, J. G. (1965, 110): History 51 (1966) 66—67 = Frend, W. H.
C. — JThS 17 (1966) 158—160 = Telfer, W. — RHE 61 (1966)
318—319 = Hockey, F. — JEcclH 17 1966) 244—245 = Milburn,
R. L. P.

R 128 DEHNHARD, H. (1964, 630): NAKG 47 (1965/1966) 42 = Visser, A. J.
— Greg 47 (1966) 557—558 = Orbe, A. — RSLR 2 (1966) 335—342
= Corsini, E.

R 129 DEKKERS, E. (1961, 60): Bibl 47 (1966) 151—152 = Proulx, P.

R 130 DELEHAYE, H. (1966, 2037): AB 84 (1966) 500 = Halkin, F.

R 131 DELEHAYE, H. (1966, 113) AB 84 (1966) 261—262 = Halkin, F.

R 132 DEMMER, K. (1966, 1087a): BTAM 9 (1965) 734—735 = Mathon, G.

R 133 DEMPF, A. (1964, 174): JThS 17 (1966) 154—155 = Frend, W. H. C.

R 134 D'ERCOLE, G. (1964, 1328): CC 116 (1965) 465 = Martini, A.

R 135 DESEILLE, P. (1965, 1159): RAM 41 (1965) 208 = Guy, J.-Cl. —
Yermo 3 (1965) 336—338 = Colombás, G. M. — ScCat 94 (1966)
supp. 1, 68—72 = Biffi, I. — StMon 8 (1966) 339—340 = Codina,

V. — NRTh 88 (1966) 328 = Fisch, H. — RSPhTh 50 (1966) 152
= Tillard

R 136 Des Places, É. (1964, 210): Greg 47 (1966) 558—559

R 137 Diesner, H.-J. (1963, 1007; 1965, 58): RBPh 42 (1964) 258 = Chastagnol, A. — JThS 15 (1964) 409—411 = Brown, P. R. L. — LFilol
88 (1965) 101—102 = Varcl, L.

R 138 Diesner, H.-J. (1966, 246): AtPavia 44 (1966) 391 = Levi, M. A.

R 139 Diesner, H.-J. (1966, 247): ZGesch 13 (1965) 885—887 = Burian, J.
— RBPh 43 (1965) 1030—1033 = Plinval, G. de — TG 78 (1965)
454—456 = Aalders, G. J. — Gn 38 (1966) 219—220 = Courcelle,
P. — ThLZ 91 (1966) 284—286 = Seyfarth, W. RHDFE 44 (1966)
263—266 = Gaudemet, J. — DLZ 87 (1966) 812—815 = Vetters, H.
— REAnc 68 (1966) 228 = Thouvenot, R. — EHR 52 (1966) 366
= Frend, W. H. C.

R 140 Dietz, M. (1963, 454): COH 18 (1965/1966) 301 = Royackers, N.

R 141 D'Ippolito, G. D. (1964, 993): EC 33 (1965) 207—208 = Delaunois,
M.

R 142 Dodds, E. R. (1965, 205): EC 33 (1965) 466 = Lamson, E. — RSF 21
(1966) 426—429 = Pra, M. dal — ACl 35 (1966) 348—349 = Joly, R.
— CH 35 (1966) 107 = Schoedel, W. R. — Ha 102 (1966) 110—112
= Hartin, J. — DR 84 (1966) 208—210 = Markus, R. A. — LFilol
89 (1966) 201—202 = Varcl, L. — MuHelv 23 (1966) 252 = Heini-
mann, F. — RechSR 54 (1966) 304—306 = Daniélou, J. — OrChrP
32 (1966) 285—286 = Gill, J. — History 51 (1966) 202 = Frend, W.
H. C. — CJ 62 (1966) 138—140 = Kelly — JRS 56 (1966) 253—254
= Lloyd, G. E. R. — CW 59 (1966) 166 = Downey, G. — The
Heythrop Journal (Oxon-Oxford) 7 (1966) 337—339 = Meridith, A.
— JBR 34 (1966) 270—272 = Podlecki, A. J. — JThS 17 (1966)
160—167 = Steward, Z. — ReSR 40 (1966) 294—296 = Ménard, J.-
E. — JEcclH 17 (1966) 249—250 = Grant, R. M. — RHE 61 (1966)
1009—1010 = Hockey, F. — Gn 38 (1966) 219 = Schneider, C.

R 143 Dold, A.—Eizenhöfer, L. (1964, 242): EL 79 (1965) 144—145
= Ashworth, H. — ThRe 62 (1966) 49—51 = Gamber, Kl.

R 144 Duchrow, U. (1965, 490): ThLZ 91 (1966) 917—918 = Diesner, H.-
J. — RBen 76 (1966) 366 = Roy, O. du — Erasmus 18 (1966)
395—396 = Verheijen, L. M. J. — SchwThU 36 (1966) 69—70
= Ehrensperger, A. — APraem 42 (1966) 165—166 = Kinst, D. E.

R 145 Dvornik, F. (1964, 113): ZKG 77 (1966) 374—375 = Abramowski,
L. — JThS 17 (1966) 202—203 = Mango, C. — JEcclH 17 (1966)
111—112 = Ware, T. — COH 18 (1965/66) 181 = Burg, A.

R 146 Ellebracht, M. P. (1963, 858): VigChr 20 (1966) 128—130 = Botte, B.

R 147 Estudios sobre la liturgia mozárabe (1966, 115): AB 84 (1966) 478—479
= Gaiffier, B. de — RHE 61 (1966) 283 = Colombàs, G. M.

R 148 *Etudes d'histoire de droit canonique* (1965, 60): CH 35 (1966) 465—466
= Luman, R. — EA 41 (1965) 434 = ME — RHE 61 (1966) 144—148
= Georges, R.

R 149 *Eugippius Abbas* ed. Noll, R. (1963, 553): DTT 29 (1966) 60—61
= Balling, J. L.

R 150 *Euphemia Chalcedonensis* ed. Halkin, F. (1965, 954): JThS 17 (1966)
485—488 = Mango, C.

R 151 *Eusebius* ed. Ton, G. del (1965, 676): CC 116 (1965) 160 = Bortolaso, G.

R 152 Evdokimov, P. (1964, 1414): COH 18 (1965/1966) 301—302 = Engelbertink, A.

R 153 *Eutherius Tyanaeus* ed. Tetz, M. (1964, 767): NAKG 47 (1965/1966)
43—44 = Visser, A. J.

R 154 *Eznik Kolbiensis* ed. Mariès, L. et Mercier, Ch. fasc. 3/4 (1959, 652/
653): DTT 29 (1966) 186—187 = Lehmann, H. J.

R 155 Farag, F. R. (1964, 1423): BulArchCopte 18 (1965/1966) 313—317
= Meinardus, O. — ZRGG 18 (1966) 283—284 = Hage, W.

R 156 Festugièrre, A.-J. (1961, 436): RHR 167/168 (1965) 96 = Nautin,
P. — ReSR 39 (1965) 179—184 = Chirat, H. — Orientalia 33 (1965)
160 = Places, É. des — RA 1 (1965) 238 = Picard, Ch.

R 157 Festugièrre, A.-J. (1961, 980): Orientalia 33 (1964) 160 = Places,
É. des — Kairos 7 (1965) 92—93 = Panikkar, R. — RHR 167/168
(1965) 96 = Nautin, P. — RA 1 (965) 237 = Picard, Ch.

R 158 Festugièrre, A.-J. (1962, 575): RSO 37 (1962) 291 = Ridolfini —
OLZ 59 (1964) 571—573 = Delekat, L. — BiblOr 21 (1964) 251 —
Orientalia 32 (1964) 505 = Places, É. des — StMon 6 (1964) 410
= Colombás, G. M. — RAM 40 (1964) 500 = Guy, J.-C. — NRTh 87
(1965) 92 = Martin, J. — RHR 167/168 (1965) 96 = Nautin, P.

R 159 Festugière, A.-J. (1962, 576): OLZ 59 (1964) 571—573 = Delekat,
L. — StMon 6 (1964) 410 = Colombás, G. M. — RAM 40 (1964) 500
= Guy, J.-C. — NRTh 87 (1965) 92 = Martin, J.

R 160 Festugièrre, A.-J. (1963, 1040): RAM 40 (1964) 112 = Kirchmeyer,
J. — AugR 4 (1964) 210 = Gavigan, J. J. — ThRe 51 (1965) 388—389
= Severus, A. von — ThLZ 90 (1965) 839 = Nagel, W. — RSPhTh
14 (1965) 733 = Camelot, P.-Th. — ZKG 77 (1966) 145—147 = Dörries, H.

R 161 Festugièrre, A.-J. (1964, 1424): RAM 41 (1965) 209 = Guy, J.-C.
— RSPhTh 49 (1965) 733 = Camelot, P.-Th. — RThAM 32 (1965)
145 = Botte — Orientalia 34 (1965) 98 = Places, É. des — OrChrP
32 (1966) 333 = Špidlík, Th. — StMon 81 (1966) 146—147 = Colombás, G. M.

R 162 Festugièrre, A.-J (1965, 859): RThPh 99 (1966) 400 = Sauter, J.

R 163 Festugièrre, A.-J. (1966, 1513): AB 82 (1964) 133—135 = Esbroeck, M. van — OrChrP 30 (1964) 271 = Špidlík, Th. — StMon 7

(1965) 229 = Colombás, G. M. — NRTh 87 (1965) 92 = Martin, J.
— RBPh 43 (1965) 382 = Gaiffier, B. de — RHR 167/168 (1965) 96
= Nautin, P. — Orientalia 34 (1965) 98 = Places, É. des

R 164 FIASCONARO, M. (1965, 1087): Asprenas 13 (1966) 418 = Rosa, V. de

R 165 Fierro, A. (1964, 853): DThP 69 (1966) 306—307 = Perego, A.

R 166 FISCHER, B. (1963, 35; 1964, 70; 1965, 304): RThAM 30 (1963) 346
= Botte, B. — RThAM 31 (1964) 147 = Botte, B. — RHE 59 (1964)
878—879 = Gribomont, J. — JThS 15 (1964) 501 = Willis, G. G. —
RBi 71 (1964) 443 = Boismard, M. E. — Latomus 23 (1964) 139
= Leroy, J. — NRTh 94 (1964) 423 = Martin, J. — JBL 83 (1964) 100
= Metzger, B. M. — RThPh 14 (1964) 304 = Labhardt — ThRe 61
(1965) 234—235 = Schäfer, K. Th. — RPh 39 (1965) 367 = Ernout, A.
— Bibl 45 (1964) 100—102 = Martini, C. M. — Bibl 47 (1966) 585
= Martini, C. M. — RechSR 54 (1966) 433—434 = Duplacy, J. —
Gn 38 (1966) 57—59 = Opelt, I. — VigChr 20 (1966) 244—248
= Schmid, W.

R 167 FISHER, J. D. C. (1966, 2513): JThS 17 (1966) 494—496 = Crehan,
J. H.

R 168 FOLLIERI, E. (1966, 2281): Paideia 21 (1966) 168—170 = Parlan-
geli, O.

R 169 FONTAINE, J. (1966, 812): AB 84 (1966) 460 = Gaiffier, B. de

R 170 FRANK, S. (1964, 1439): RSLR 2 (1966) 532—534 = Gribomont, J. —
StMon 8 (1966) 145—146 = Colombás, G. M. — RBen 76 (1966)
373 = Ledoyen, H.

R 171 FREDE, H. J. (1964, 316): JThS 17 (1966) 448—453 = Sparks, H. F.
D. — Bibl 47 (1966) 584—585 = Martini, C. M.

R 172 FREND, W. H. C. (1965, 1166): RHE 61 (1966) 534—536 = Hockey,
F. — MdCh 9 (1966) 231—233 = Brandon, S. G. F. — JEcclH 17
(1966) 246—247 = Graham, A.

R 173 GAIFFIER, B. DE (1966, 2051): RSCI 20 (1966) 510—521 = Lucchesi,
G.

R 174 GALLAY, P. (1964, 810): EA 42 (1966) 75 = UE

R 175 GAMBER, K. (1965, 996): RBen 76 (1966) 371 = Verbraken, P. —
ZKTh 88 (1966) 371—372 = Jungmann, J. A.

R 176 GARCÍA RODRÍGUEZ, C. (1966, 2335): AB 84 (1966) 457—460 = Gaiffier, B. de

R 177 GERHARDSSON, B. (1964, 10): SJTh 19 (1966) 114—115 = Barbour,
R. S.

R 178 GERLITZ, P. (1964, 1356): JThS 17 (1966) 173—174 = Stead, G. C.

R 179 GESCHÉ, A. (1962, 1011): ZKG 77 (1966) 150—151 = Abramowski, L.

R 180 *Geschichte der Textüberlieferung der antiken und mittelalterlichen Literatur* (1964, 252): Gy 73 (1966) 338—340 = Hörmann, W.

R 181 *Geschiedenis van de Kerk*, T. I.: AUBERT, R. et DANIÉLOU, J. (1964,
122): NAKG 47 (1965/1966) 184—186 = Dankbaar, W. F.

R 182 *Geschiedenis van de Kerk*, T. II: MARROU, H. I. (1965, 118): NAKG 47
(1965/1966) 184—186 = Dankbaar, W. F.

R 183 GIACON, C. (1966, 434): CC 116 (1965) 382 = Bortolaso, G.

R 184 GIAMBERARDINI, G. (1966, 2158): OrChr 50 (1966) 151—152 = Assfalg, J.

R 185 GIET, S. (1963, 592): EL 79 (1965) 456 = L. M.

R 186 GIGON, O. (1966, 271): DtPfrBl 66 (1966) 704 = Ruhbach, G. — ThAthen 37 (1966) 513—514 = Μπρατσιώτης, Π. Τ.

R 187 GIOVANNI, A. DI (1965, 488): StPad 12 (1965) 527—528 = Selvaggi, F.

R 188 GIVERSEN, S. (1963, 235): JNES 25 (1966) 259—272 = Helmbold, A. K.

R 189 GNILKA, C. (1963, 740): ACl 33 (1964) 518—519 = Sanders, G. —
REL 42 (1964) 591—594 = Fontaine, J. — CW 58 (1964) 92 = Cunningham, M. P. — CR 15 (1965) 59—60 = Hudson-Williams, A. —
JRS 55 (1965) 308 = Cameron, A. — Gn 38 (1966) 53—57 = Fuhrmann, M. — ZKG 77 (1966) 147—149 = Jauß, H. R.

R 190 GOEGLER, R. (1963, 699): BiZ N. F. 10 (1966) 152—154 = Schnakkenburg, R.

R 191 GOGUEL, M. (1964, 123): SJTh 19 (1966) 112—114 = Perkin, J. R. C.

R 192 GOUBERT, P. (1965, 121): RHE 61 (1966) 846—850 = Mazis, A. des
— ACl 35 (1966) 349—351 = Henry, R. — BEC 124 (1966) 318—321
= Guillou, A.

R 193 *Graecitas et latinitas* ed. MOHRMANN et alii (1964, 184): ThLZ 91
(1966) 16—18 = Hennig, J. — Bibl 46 (1965) 104—107 = Nober, P.
— EL 79 (1965) 236—238 = Raffa, V. — REG 78 (1965) 717—718
= Testard, M.

R 194 GRANT, R. M. (1964, 1452): RHE 61 (1966) 294—295 = Gaillard, L.

R 195 GRÉGOIRE, H. (1965, 123): Paideia 20 (1965) 277—279 = Traversa, A.

R 196 *Gregorius Magnus* ed. DELLA CORTE, F. (1965, 703): Latinitas 14
(1966) 78—79 = Latorre, C.

R 197 *Gregorius Magnus* ed. VERBRAKEN, P. (1963, 565a): Greg 47 (1966)
552—553 = Orbe, A. — Bibl 47 (1966) 152—154 = Proulx, P. —
StMon 8 (1966) 150—152 = Vergés, A.

R 198 *Gregorius Nazianzenus* ed. BARBEL, JOS. (1963, 572): ScCat 93 (1965)
supp. 2, 232—233 = Bellini, E.

R 199 *Gregorius Nazianzenus* ed. GALLAY, P. (1964, 809): ScCat 93 (1965)
supp. 2, 233—234 = Bellini, E.

R 200 *Gregorius Nyssenus* ed. AUBINEAU, M. (1966, 1625): ACl 35 (1966)
664—667 = Amand de Mendieta, E. — Bibl 47 (1966) 589 = Places,
É. des

R 201 *Gregorius Turonensis* ed. LATOUCHE, R. (1963, 589): BEC 124 (1966)
545—548 = Rouche, M.

R 202 *Gregorius Turonensis* ed. LATOUCHE, R. (1965, 739): BEC 124 (1966) 545—548 = Rouche, M.

R 203 GRIFFE, E. (1964, 124): AnCan 10 (1966) 481—482 = Andrieu-Guitrancour, P.

R 204 GRIFFE, E. (1965, 125): BEC 124 (1966) 616—617 = Février, P. A.

R 205 GRILLMEIER, A. (1965, 1116): RLSR 2 (1966) 528—531 = Cantalamessa, R. — CH 35 (1966) 361—363 = Wilken, Robert L. — ModCh 9 (1966) 171—172 = Brandon, S. G. F. — ZKTh 88 (1966) 231 = Felderer, J.

R 206 GROBEL, K. (1960, 1011): SEÅ 30 (1965) 130—131 = Segelberg, E.

R 207 GUITTON, J. (1966, 286): Interpr 20 (1966) 123 = Fuhrmann, P. T.— CH 35 (1966) 236—237 = Wilken, R. L.

R 208 GRÜBER, G. (1962, 732): Ant 41 (1966) 155—156 = Lasič, D.

R 209 GUY, J.-C. (1962, 377): BiblOr 22 (1965) 106 = Ville-Patlagean

R 210 GUY, J. C.—REFOULÉ, F. (1965, 938): BulBudé IV, 1 (1966) 153—154 = Wartelle, A.

R 211 HAENCHEN, E. (1966, 117): JThS 17 (1966) 471—473 = Grant, R. M.

R 212 HALKIN, F. (1963, 159): ZKG 77 (1966) 375—376 = Abramowski, L.

R 213 HALKIN, F. (1965, 954): Sp 41 (1966) 536—538 = Downey, G. — JOBG 15 (1966) 379—381 = Hunger, H.

R 214 HAMMAN, A. (1966, 2161): NAKG 47 (1965/1966) 44 = Honders, A. C.

R 215 HAMMAN, A. (1964, 414): EC 33 (1965) 89 = Wankenne, A.

R 216 HAMMANS, H. (1965, 1088): ZKTh 88 (1966) 223—224 = Gutwenger, E.

R 217 *Handboek der Kerkgeschiedenis I*, ed. BAKHUIZEN VAN DEN BRINK, J. N. (1965, 130): ZKG 77 (1966) 350—352 = Schäferdiek, K.

R 218 HANSON, R. P. C. (1963, 973): JEcclH 17 (1966) 250—251 = Kelly, J. N. D.

R 219 HANSSENS, J. M. (1966, 1690): Greg 47 (1966) 190—191

R 220 HAYEK, M. (1964, 1199): EL 79 (1965) 83—86 = Betta, L. — JThS 17 (1966) 211—214 = Ratcliff, E. C.

R 221 HENNECKE, E.—SCHNEEMELCHER, W. (1964, 350): JBL 83 (1964) 428—431 = Benko, St. — ThZ 20 (1964) 225—226 = Reicke, Bo — AB 84 (1966) 501—504 = Esbroeck, M. van — ThPh 41 (1966) 226—228 = Brinkmann, B.

R 222 HENNECKE, E.—SCHNEEMELCHER, W. (1966, 747): JThS 17 (1966) 558—559 = Chadwick, H. — JBL 85 (1966) 524—525 = Daniels, B. L.

R 223 *Hieronymus* ed. COLA, S. (1964, 830): CC 117 (1966) 583 = Ferrua, A.

R 224 *Hieronymus* ed. COLA, S. (1966, 1661): CC 117 (1966) 583 = Ferrua, A.

R 225 *Hieronymus* ed. GLORIE, F. (1964, 827): Greg 47 (1966) 128—129 = Orbe, A. — Bibl 47 (1966) 151—154 = Proulx, P. —

R 226 *Hieronymus* ed. GLORIE, F. (1964, 828): Bibl 47 (1966) 151—154 = Proulx, P. — Greg 47 (1966) 128—129 = Orbe, A.

R 227 *Hieronymus* ed. HRITZU, J. N. (1965, 751): JThS 17 (1966) 186—187 = Greenslade, S. L.

R 228 *Hippolytus Romanus* ed. B. BOTTE (1963, 609): ReSr 40 (1966) 307—310 = Chirat, H.

R 229 HOFFMANN, W. (1963, 398): ThLZ 91 (1966) 46—47 = Lorenz, R.

R 230 HOLL, K. (1966, 9): Erasmus 18 (1966) 712—715 = Henderson, J. — DtPfrBl 66 (1966) 778 = Ruhbach, G.

R 231 HOLL, K. (1966, 119): DtPfrBl 66 (1966) 778—779 = Ruhbach, G.

R 232 HOLTE, R. (1962, 442): ThZ 21 (1965) 67 = Blaser — RHR 169 (1966) 212—214 = Mühlenberg, E.

R 233 HOPPENBROUWERS, H. A. M. (1964, 682): JThS 17 (1966) 171 = Chadwick, H.

R 234 HORNSCHUH, M. (1965, 372): ThLZ 91 (1966) 516—518 = Betz, O. — RHE 61 (1966) 539—541 = Vanovermeire, P. — RechSR 54 (1966) 283—285 = Daniélou, J. — JEcclH 17 (1966) 105 = Wilson, R. — JThS 17 (1966) 171—173 = Stead, G. C. — Greg 47 (1966) 125—126 = Orbe, A. — AB 83 (1965) 417—418 = Esbroeck, M. van

R 235 HUFTIER, M. (1964, 549): Studium 61 (1965) 293—294 = Pellegrino, M.

R 236 HUSSELMANN, E. (1966, 681): ThZ 22 (1966) 452 = Kilpatrick, G. D.

R 237 IMPELLIZZERI, S. (1965, 19): REG 79 (1966) 806 = Guilland, R. — AteRo 11 (1966) 185—186 = Corsi, P. — ACl 35 (1966) 698—699 = Leroy-Molinghen, A. — OrChrP 32 (1966) 321—322 = Capizzi, C.

R 238 *Iohannes Chrysostomus* ed. DUMORTIER, J. (1966, 1717): ACl 35 (1966) 662—664 = Amand de Mendieta, E. — Bibl 47 (1966) 589—590 = Places, É. des

R 239 *Iohannes Chrysostomus* ed. MALINGREY, A.-M. (1964, 877): Studium 61 (1965) 293 = Pellegrino, M. — JThS 17 (1966) 174—176 = Amand de Mendieta, E.

R 240 *Irenaeus* ed. DEISS, L. (1965, 770): Greg 47 (1966) 134 = Orbe, A.

R 241 *Irenaeus* ed. ROUSSEAU, A.—HEMMERDINGER, B.—DOUTRELEAU, L. —MERCIER, CH. (1965, 771): ACl 35 (1966) 303—305 = Amand de Mendieta, E. — Bibl 47 (1966) 587 = Places, É. des — OrChrP 32 (1966) 545—546 = Ortiz de Urbina, I.

R 242 ISICHEI, E. A. (1966, 835): JEcclH 17 (1966) 107—108 = Bonner, G.

R 243 *Itala*, Bd. IV: *Johannesevangelium* ed. JÜLICHER, A., MATZKOW, W. et ALAND, K. (1963, 192): ThRe 62 (1966) 374—376 = Schäfer, K. Th.

R 244 IVÁNKA, E. VON (1964, 411): Greg 47 (1966) 129—130 = Orbe, A. — RiFil 56 (1965) 509—510 = Cambiano, G. — REG 78 (1965) 715—716 = Courcelle, P. — PhJb 73 (1966) 375—377 = Beierwaltes, W. — OrChrP 32 (1966) 279—284 = Schultze, B. — Aevum 40 (1966) 194—195 = Scazzoso, P. — MuHelv 23 (1966) 253 = Theiler, W. —

WSt 79 (1966) 625—626 = Postl — BiblOr 23 (1966) 210—212
= Waszink, J. H. — JThS 17 (1966) 482 = Chadwick, H.

R 245 JAEGER, W. (1962, 165): JEcclH 17 (1966) 243 = Simon, M.

R 246 JAEGER, W. (1964, 412): ZKTh 88 (1966) 478—479 = Mair, P.

R 247 *Jahrbuch für Antike und Christentum*, 6 ed. T. KLAUSER (1964, 61):
JThS 17 (1966) 150—154 = Toynbee, J. M. C. — JEcclH 17 (1966)
244 = Buchtal, H.

R 248 JENSEN, H. (1966, 488): BSCAS 29 (1966) 395—396 = Dowsett, C.
J. F. — OrChr 50 (1966) 153 = Molitor, J.

R 249 JEREMIAS, J. (1966, 767): SacD 42 (1966) 617 = Prete, B.

R 250 JOHNSON, Bo (1966, 1898): REG 78 (1965) 454—457 = Kirchmeyer, J.

R 251 JONES, A. H. M. (1966, 306): CH 34 (1965) 458—459 = Grant, R. M.

R 252 KANTZENBACH, F. W. (1964, 133): DtPfrBl 66 (1966) 146 = Ruhbach, G.

R 253 KARTANSOV, A. W. (1966, 2372): COH 18 (1965/1966) 310 = Burg, A.

R 254 KASSER, R. (1962, 316): RHPhR 46 (1966) 93—94 = Trocmé, E.

R 255 KASSER, R. (1966, 490): RBi 73 (1966) 158—159 = Couroyer, B.

R 256 KELEHER, J. P. (1962, 447): BLE 67 (1966) 309—310 = Boularand,
E. — DThP 69 (1966) 118—119 = Palmier, St.

R 257 KELLY, J. N. D. (1964, 488): BTAM 9 (1965) 742 = Botte, B. — JR
45 (1965) 357 = Luman, R. — Greg 47 (1966) 551 = Orbe, A. —
CH 35 (1966) 107—109 = Holland, D. L.

R 258 KETTLER, F. H. (1966, 1900): CV 9 (1966) 202 = Molnár, A. —
RThAM 33 (1966) 165 = Botte, B. — JEcclH 17 (1966) 248—249
= Hanson, R. P. C.

R 259 KILMARTIN, E. J. (1965, 1134): Bibl 46 (1965) 505 = Swetnam, J.

R 260 KING, A. A. (1965, 1010): EL 79 (1965) 451 = Ashworth, H. — ZKG
77 (1966) 352—356 = Nussbaum, O.

R 261 KLAUSER, TH. (1965, 978): DtPfrBl 66 (1966) 304 = Ruhbach, G. —
ZKTh 88 (1966) 370 = Jungmann, J. A.

R 262 KLIMA, O. (1966, 2674): AcOK 29 (1965/66) 335—336 = Asmussen,
J. P.

R 263 KNOCH, O. (1964, 677): ThLZ 91 (1966) 589—591 = Wiefel, W. —
ZKTh 88 (1966) 236 = Felderer, J. — RechSR 54 (1966) 272—276
= Daniélou, J. — RBen 76 (1966) 149 = Bogaert, M. — BiZ 10
(1966) 120—122 = Schnackenburg, R. — ThZ 22 (1966) 368 = An-
drén, A.

R 264 KNOWLES, D. (1966, 2605): RHE 59 (1964) 334—335 = Dauphin, H.
— The Haythrop Journal (Oxon et Oxford) 5 (1964) 336—338
= Smalley, B. — BTAM 9 (1964) 477 = Cappuyns, M. — History 51
(1966) 264—266 = Duggan, Ch. — StMon 8 (1966) 148—150 = Massot Muntaner, J. — MAev 35 (1966) 169—172 = Masai, F.

R 265 KNOWLES, D. (1966, 2604): EtF 16 (1966) 207—220 = EDL

R 266 KOCH, G. (1965, 924): JThS 17 (1966) 176 = Turner, H. E. W.

R 267 KÖRNER, F. (1963, 403): ThRe 62 (1966) 316 = Maxsein, A.

R 268 KORBACHER, J. (1963, 628): COH 18 (1965/1966) = Weers, A. van

R 269 KRAFT, H. (1963, 130): Paideia 20 (1965) 347—349 = Soffritti, O. — EA 42 (1966) 265 = BSchw

R 270 KRAFT, H. (1966, 33): DtPfrBl 66 (1966) 777 = Ruhbach, G.

R 271 KRAUSE, M. et LABIB, P. (1963, 257): GGA 218 (1966) 1—13 = Lüddeckens, E. — RThAM 33 (1966) 163 = Botte, B.

R 272 KRETSCHMAR, G. (1966, 2258): EA 41 (1965) 431 = VF

R 273 KUBO, S. (1966, 716): JBL 85 (1966) 512—513 = Epp, E. J.

R 274 LAMIRANDE, E. (1963, 407): ThLZ 91 (1966) 439—441 = Lorenz, R.

R 275 LAMPE, G. W. H. (1961, 160): ScCat 93 (1965) supp. 1, 69—71 = Bellini, E.

R 276 LAMPE, G. W. H. (1962, 201): ScCat 93 (1965) supp. 1, 69—71 = Bellini, E.

R 277 LAMPE, G. W. H. (1964, 190): ScCat 93 (1965) supp. 1, 69—71 = Bellini, E. — Bibl 47 (1966) 586 = Des Places, É.

R 278 LAMPE, G. W. H. (1965, 225): ScCat 93 (1965) supp. 1, 69—71 = Bellini, E. — Bibl 47 (1966) 586 = Des Places, É. — CBQ 28 (1966) 245—246 = McGuire, M. R. — JBL 85 (1966) 129 = Enslin, M. S.

R 279 LANA, I. (1963, 741): Ant 41 (1966) 531—532 = Pacentini, A.

R 280 LANGGÄRTNER, G. (1964, 135): HJ 85 (1965) 179—182 = Schieffer, Th. — RHE 60 (1965) 866—868 = Palanque, J.-R. — Cahiers de Civilisation médiévale (Poitiers) 8 (1965) 221 = Semmler, J. — ThPh 41 (1966) 307—308 = Wolter, H. — RBen 76 (1966) 161 = Lambot, C.

R 281 LANTSCHOOT, A. VAN (1966, 621): AB 84 (1966) 510—512 = Devos, P.

R 282 *Lateinische Märtyrerakten* ed. A. SCHWERD (1966, 2057): EA 41 (1965) 249 = BSchw

R 283 LATHAM, R. E. (1965, 226): History 51 (1966) 68 = Winterbottom, M.

R 284 LATOURELLE, R. (1963, 975): ZKTh 88 (1966) 222—223 = Gutwenger, E.

R 285 LAURENT, V. (1965, 145): OrChrP 32 (1966) 577—581 = Goubert, P.

R 286 *La vie et la règle de s. Bénoît* (1965, 593): EThL 42 (1966) 673—674 = Vandenbroucke, F.

R 287 LECLERCQ, J. (1964, 1416): ScCat 94 (1966) supp. 2, 195—202 = Biffi, I.

R 288 LECLERCQ, J. (1966, 2607): ScCat 94 (1966) suppl. 2, 195—202 = Biffi, I.

R 289 *Le mystère de Pâques* ed. HAMANN, A. — QUÉRÉ-JAULMES, F. (1965, 67): RBen 76 (1966) 157 = Verbraken, P. — Studium 61 (1965) 298—299 = Pellegrino, M.

R 290 *Leo Magnus* ed. DOLLE, R. (1964, 939): Greg 47 (1966) 550 = Orbe, A.

R 291 LEROY, J. (1965, 275): Bibl 47 (1966) 148—151 = Köbert, R.

R 292 *Lexikon der Alten Welt*, ed. ANDRESEN, C. u. a. (1966, 184): Gy 73 (1966) 266—268 = Hoffmann, H.

R 293 *Lexikon für Theologie und Kirche*, IX (1964, 79): AFH 58 (1965) 344—345 = Schmitt, C. — Ant 40 (1965) 488—490 = Weijenborg, R. — EThL 41 (1965) 216—217 = Thils, G. — Ang 43 (1966) 242—247 = Vansteenkiste, C. — FS 48 (1966) 177—178 = Langemeyer, B. — RHE 61 (1966) 237—239 = Aubert, R.

R 294 *Lexikon für Theologie und Kirche*, (1965, 85): AB 84 (1966) 284—285 = Coens, M. — AFH 59 (1966) 182—184 = Schmitt, C. — Ant 41 (1966) 517—518 = Kleinhans, A. — Ang 43 (1966) 242—247 = Vansteenkiste, C. — CBQ 28 (1966) 246 = Murphy, R. E. — DtPfrBl 66 (1966) 816 = Hutten, K. — FS 48 (1966) 178—180 = Diederich, H.

R 295 LIÉBAERT, J. (1965, 1117): ZKTh 88 (1966) 470—471 = Felderer, J.

R 296 LIÉBAERT, J. (1966, 2489): Asprenas 13 (1966) 419 = Rosa, V. de

R 297 *Liturgica 3* (1966, 127): AB 84 (1966) 476—478 = Gaiffier, B. de

R 298 LOEWENICH, W. VON (1966, 1188): APraem 42 (1966) 353—355 = Kinet, E. D.

R 299 LUBAC, H. DE (1965, 519): EtPh 20 (1965) 542 — GM 21 (1966) 874—875 = Chiereghin, F. — EC 34 (1966) 67 = Wankenne, A. APraem 42 (1966) 161—163 = Kinet, D. E.

R 300 LUNEAU, A. (1964, 1374): Paideia 20 (1965) 350—352 = Prete, B. — ScCat 93 (1965) supp. 2, 239—241 = Bellini, E. — Greg 47 (1966) 546—547 = Orbe, A. — JThS 17 (1966) 156—158 = Hanson, R. P. C. — RHE 61 (1966) 148—151 = Camelot, P.-Th.

R 301 *Macarius Aegyptius* ed. DOERRIES—KLOSTERMANN—KROEGER (1964, 948): Greg 47 (1966) 554—555 = Orbe, A.

R 302 MAERTENS, G. (1965, 523): RPL 63 (1965) 654—656 = Dhondt, J.

R 303 MAERTENS, TH. (1966, 2304): SKZ 134 (1966) 257 = Heim, W.

R 304 MAIER, J.-L. (1962, 459): Greg 44 (1963) 371 = Lonergan — RQ 61 (1966) 115—117 = Ladomérszky, N.

R 305 MARA, M. G. (1965, 942): AB 84 (1966) 270—272 = Gaiffier, B. de

R 306 MARCUS, W. (1963, 962): COH 18 (1965/1966) 170—171 = Kaizer, A.

R 307 MARTÍNEZ PASTOR, M. (1963, 702): EThL 42 (1966) 658—659 = Philips, G.

R 308 MARTINI, C. M. (1966, 718): NRTh 98 (88) (1966) 763—764 = Rademakers, J.

R 309 *Maximus Confessor* ed. CERESA GASTALDO, A. (1964, 960): ScCat 94 (1966) 493 = Bellini, E.

R 310 MÉCÉRIAN, J. (1966, 336): OrChrP 32 (1966) 311—314 = Goubert, P.

R 311 MEHAT, A. (1966, 1455): EtPh 21 (1966) 557 = Margolin, J. C.

R 312 *Mélanges offerts à Christine Mohrmann* (1964, 64): JThS 17 (1966) 179—181 = Bonner, G. — VigChr 20 (1966) 132—134 = Nat, P. G. van der

R 313 *Melito Sardensis* ed. LOHSE, B. (1958, 737): NAKG 47 (1965/1966) 120 = Visser, A. J.

R 314 MÉNARD, J. (1964, 351): Greg 47 (1966) 130—131 = Orbe, A. — RBi 73 (1966) 151—153 = Couroyer, B. — RHPhR 46 (1966) 94 = Trocmé, E.

R 315 MERENDINO, P. (1965, 447): ThLZ 91 (1966) 916—917 = Altendorf, H. D. — RechSR 54 (1966) 321 = Daniélou, J. — Greg 47 (1966) 795—796 = Rambaldi, G.

R 316 METZGER, B. M. (1964, 326): ThRe 62 (1966) 91—92 = Schäfer, K. Th. — SJth 19 (1966) 491—493 = Wilson, R. McL. — LFild 89 (1966) 201 = Varcl, L.

R 317 METZGER, B. M. (1966, 726): ThRe 62 (1966) 340 = Mies, H. — Dt-PfrBl 66 (1966) 701 = Sesemann, O.

R 318 MEYIER, K. A. DE—HULSHOFF POL, E. (1966, 574): AB 84 (1966) 262—263 = Halkin, F.

R 319 MIGNE (1964, 414): Greg 47 (1966) 548 = Orbe, A. — JThS 17 (1966) 273 = Greenslade, S. L.

R 320 MIGNE (1963, 309): Greg 47 (1966) 548 = Orbe, A.

R 321 *Minucius Felix* ed. KYTZLER, B. (1965, 838): RiStCl 14 (1966) 132 = D'Agostino, V. — EC 34 (1966) 303 = Delande, J. — Ha 102 (1966) 112—113 = Vokes, F. E. — ZKTh 88 (1966) 474—475 = Grotz, H.

R 322 MIONI, E. (1966, 638): AB 84 (1966) 263—266 = Halkin, F.

R 323 *Miscelánea Mario Férotin* (1966, 135): AB 84 (1966) 479—482 = Gaiffier, B. de

R 324 *Miscellanea* C. FIGNI (1966, 133): ScCat 93 Suppl. 1 (1965) 3*—14* = Visentin, P. — MF 65 (1965) 156—158 = Eldarvo, G. — EThL 42 (1966) 296 = Philips, G.

R 325 MÖLLER, B. (1966, 346): ZKG 77 (1966) 349—350 = Kupisch, K.

R 326 MOHRMANN, CHR. (1965, 227): Bibl 47 (1966) 588 = Places, É. des

R 327 MOLITOR, J. (1966, 728): OrChr 50 (1966) 150—151 = Aßfalg, J.

R 328 MOLITOR, J. (1965, 303): OrChr 50 (1966) 149—150 = Aßfalg, J.

R 329 MOMIGLIANO, A. (1964, 93): REA 12 (1966) 184 = Madec, G.

R 330 MONDOLFO, R. (1966, 2438): RiFil 56 (1965) 377—378

R 331 MOORSEL, P. P. V. VAN (1966, 2729): ZKTh 88 (1966) 208—210 = Sauser, E.

R 332 MORAUX, P. (1966, 641): Byzan 35 (1965) 379—380 = Torfs, J. — AB 84 (1966) 267—269 = Canart, P. — ByZ 59 (1966) 122—124 = Hunger, H. — ACl 35 (1966) 331—332 = Mertens, J. — Byslav 27 (1966) 366—368 = Dostál, A.

R 333 MORGHEN, R. (1965, 164): ASI 124 (1966) 262—265 = Rodalico, N.

R 334 MORINO, C. (1964, 444): DE 76 (1965) 446—451 = Schwarzenberg, C.

R 335 MOSSAY, J. R (1965, 1028): RiLit 53 (1966) 628—630 = Dell' Oro, F.

R 336 MOUNAYER, J. (1966, 2376): COH 18 (1965/1966) 307—308 = Burg, A.

R 337 ΜΟΥΤΣΟΥΛΑ, ΗΛΙΑ Δ. (1965, 734): AktAthen 29 (1966) 285—286 = 'Αλεξίου, I. Γ.

R 338 *Mullus. Festschrift Th. Klauser* (1964, 66): ThRe 62 (1966) 217—226 = Fink, J.

R 339 NELLESSEN, E. (1965, 343): BiZ 10 (1966) 150—151 = Schmid, J. — ZKG 77 (1966) 363—373 = Thiele, W. — CBQ 28 (1966) 84—85 = Zalotay, J. — ThPh 41 (1966) 300—301 = Brinkmann, B. — JBL 84 (1966) 444—445 = Kilpatrick, G. D. — RHE 61 (1966) 242 = Weber, R. — BLE 67 (1966) 216 = Légasse, S. — Bibl 47 (1966) 582—583 = Martini, C. M. — ThLZ 91 (1966) 436 = Eckart, K.-G. — ZKTh 88 (1966) 216—217 = Gaechter, P. — VetChr 3 (1966) 225—228 = Mees, M.

R 340 NERSESSIAN, S. DER (1964, 243): JThS 17 (1966) 201—202 = Brock, S. P.

R 341 NEUNHEUSER, B. (1966, 2515): OrChrP 32 (1966) 555—556 = Schultze, B.

R 342 NEUNHEUSER, B. (1966, 2516): OrChrP 32 (1966) 555—556 = Schultze, B.

R 343 *Nicetas Remesianensis* ed. GAMBER, K. (1965, 841): AST 38 (1965) 406 = Vives, J. — RBen 76 (1966) 154 = Verbraken, P.

R 344 *Nicetas Remensianensis* ed. GAMBER, K. (1966, 1873): RBen 76 (1966) 364 = Verbraken, P.

R 345 NORRIS, R. A. (1963, 781): DTT 28 (1965) 53—55 = Christensen, T.

R 346 *Novum Testamentum graece et latine* ed. MERK-MARTINI (1964, 300): BibbOr 8 (1966) 274 = Rinaldi, G. — StPap 5 (1966) 87—88 = Leite, J.

R 347 NUSSBAUM, O. (1966, 2182): ZKTh 88 (1966) 445—450 = Jungmann, J. A. — ThRe 62 (1966) 337—340 = Emminghaus, J. H.

R 348 O'BRIEN, R. J. (1966, 502): EC 34 (1966) 305 = Delaunois, M.

R 349 OCCHIALINI, U. (1965, 535a): ScCat 93 (1965) suppl. 2, 243—244 = Bellini, E.

R 350 *Oikoumene* (1964, 67): REA 12 (1966) 184—185 = Madec, G.

R 351 *Old Ireland* ed. McNALLY, R. (1966, 140): ZKG 77 (1966) 431 = Schäferdiek, K.

R 352 OLIVAR, A. (1962, 757): RSCI 19 (1965) 214—215 = Visentin, P.

R 353 *Orosius* ed. DEFERRARI, R. J. (1964, 1008): JThS 17 (1966) 186—187 = Greenslade, S. L.

R 354 OROZ, RETA, J. (1966, 1252): Helmántica 17 (1966) 357—358 = Rodríguez, J.

R 355 ORTIZ DE URBINA, I. (1963, 940): StMon 8 (1966) 174 = Bellet — CHR 51 (1966) 563 = Weltin, E. G.

R 356 ORTIZ DE URBINA, I. (1964, 1317): AugR 6 (1966) 362 = Gavigan,
J. J. — ZKG 77 (1966) 140—143 = Ritter, A. M.

R 357 *Oxyrhynchus Papyri, XXIX* (1964, 292): Paideia 20 (1965) 354—355
= Traversa, A.

R 358 *Oxyrhynchus Papyri, XXX* (1964, 293): Paideia 20 (1965) 354—355
= Traversa, A.

R 359 PACK, R. A. (1966, 649): REG 78 (1965) 671—673 = Blanchard, A.

R 360 *Palladius* ed. MEYER, R. T. (1965, 861): RHE 61 (1966) 664—665
= Dauphin, H.

R 361 *Papyrus Bodmer XIX* ed. R. KASSER (1962, 272): AcOk 29 (1965—
1966) 321—322 = Giversen, S.

R 362 *Papyrus Bodmer XX* ed. V. MARTIN (1964, 1027): AcOK 29 (1965—
1966) 317—318 = Giversen, S.

R 363 PAREDI, A. (1965, 423): CCM 9 (1966) 249 = Crozet, R.

R 364 *Patres Apostolici. Vol. 2* ed. R. M. GRANT (1966, 1925): CH 35 (1966)
360—361 = Hardy, E. R. — JBL 85 (1966) 266 = Cadbury, H. J.

R 365 *Patres Apostolici, Vol. 3* ed. R. A. KRAFT (1966, 1926): CH 35 (1966)
360—361 = Hardy, E. R. — JBL 85 (1966) 519—520 = Cadbury,
H. J.

R 366 *Patres Apostolici* ed. F. LOUREL, L. BOUYER et C. MONDÉSERT (1963,
712): COH 18 (1965/1966) 93—94 = Royachers, N.

R 367 *Paulinus Mediolanensis* ed. PELLEGRINO, M. (1961, 703): Ant 41
(1966) 530—531 = Piacentini, A.

R 368 PAWLOSKY, S. (1965, 597): AugR 6 (1966) 125 = Gavaigan, J. J. —
RSCI 20 (1966) 478—481 = Baroffio, B. — SKZ 134 (1966) 370
= Hasler, R.

R 369 PELLEGRINO, M. (1963, 902): ScCat 93 (1965) suppl. 2, 237 = Bellini, E.

R 370 PELLEGRINO, M. (1964, 14): ScCat 93 (1965) suppl. 2, 237—238
= Bellini, E.

R 371 PELLEGRINO, M. (1966, 1266): Studium 62 (1966) 773—776 — CC 117
(1966) 475 = Caprile, G.

R 372 PERA, C. (1965, 404): ScCat 93 (1965) supp. 2, 241—242 = Bellini,
E. — Greg 47 (1966) 130 = Orbe, A.

R 373 PERL, C. (1961, 306; 1964, 509): — APraem 42 (1966) 352—353
= Kinet, D. E.

R 374 PEZZELLA, S. (1966, 2061): RSLR 2 (1966) 527—528 = Lazzati, G.
— RSI 78 (1966) 716—717 = Momigliano, A. — Par III (1966)
494—496 = Parente, F. — ASNSP XXXV (1966) 139—141 =
Moreschini, C.

R 375 *Philo Alexandrinus* ed. P. MIQUEL (1963, 119): JThS 17 (1966)
127—128 = Whittaker, M.

R 376 *Philo Alexandrinus* ed. CAZEAUX, J. (1965, 207): JThS 17 (1966)
431—432 = Whittaker, M.

R 377 ΦΟΥΝΤΟΥΛΗ, I. M. (1963, 905): OrChrP 32 (1966) 287 = Mateos, J.

R 378 PIEMONTESE, F. (1964, 587): AugR 5 (1965) 539—543 = Farinaro, A.

R 379 PIESZCZOCH, S. (1964, 15): CC 116 (1965) 350—351 — Ang 43 (1966) 95 = Vansteenkiste, C. — Greg 47 (1966) 122 = Orbe, A. — ZKTh 88 (1966) 115—116 = Wamser, J. — ThRe 62 (1966) 20—21 = Niesters, B.

R 380 PINES, S. (1966, 369): RSI 78 (1966) 980—981 = Momigliano, A.

R 381 PIRENNE, R. (1966, 1936): Ant 40 (1965) 155—156 = Alvarez, S.

R 382 PIZZOLATO, L. F. (1965, 426): ScCat 93 (1965) supp. 2, 243 = Bellini, E. — WSt 78 (1965) 182 = Hanslik, R. — ThLZ 91 (1966) 518—520 = Altendorf, H.-D. — CQB 28 (1966) 255—256 = Chirico, P. — RBen 76 f(1966) 154 = Verbraken, P. — RechSR 54 (1966) 323 = Daniélou, J. — BLE 67 (1966) 308 = Boularand, E. — AugR 6 (1966) 343 = Gómez, A. — ZKTh 88 (1966) 243 = Sauser, E. — — RSPhTh 50 (1966) 468 = Dubarle, A. M. — CR 17 (1966) 413 = Greenslade, S. L. — AtPavia 44 (1966) 194—195 = Nicola, A. de — GiorFil 19 (1966) 182—183 = Jannacone, S. — Studium 62 (1966) 118—119 = Simonetti, M. — ACl 35 (1966) 316—317 = Verheijen, L.-M.

R 383 POLMAN, A. D. R. (1965, 547): ThLZ 91 (1966) 598 = Diesner, H. J.

R 384 POTIRON, H. (1966, 1418a): RiEst 9 (1964) 301 = Fubini, E.

R 385 PRIGENT, P. (1964, 930): BiZ N. F. 10 (1966) 126—127 = Ziegler, J. — JThS 17 (1966) 167—170 = Grant, R. M.

R 385 Procopius Gazaeus ed. A. GARZYA—R.-J. LOENERTZ, (1964/1036): ByZ 59 (1966) 115—122 = Speck, P.

R 387 Prudentius ed. E. RAPISARDA (1962, 768): VigChr 20 (1966) 125—126 = Hovingh, P. F.

R 388 Prudentius ed. EAGAN, M. C. (1965, 876): JThS 17 (1966) = Chadwick, H.

R 389 Pseudo-Prosper Aquitanus ed. McHUGH, M. P. (1965, 874): ACl 35 (1966) 318 = Verheijen, L.-M. — EC 34 (1966) 303—304 = Parot, G. — JThS 17 (1966) 479—480 = Evans, E.

R 390 Quodvultdeus ed. BRAUN, R. (1964, 1046): Greg 47 (1966) 548—549 = Orbe, A. — RSLR 2 (1966) 241—245 = Pellegrino, M.

R 391 RAHNER, H. (1964, 1377): Ang 42 (1965) 379—381 = Gieraths, G. — Greg 47 (1966) 131—133 = Orbe, A. — EA 42 (1966) 76—77 = UE

R 392 Regula Magistri ed. CLÉMENT, J. M. et alii (1965, 886): ScCat 94 (1966) suppl. 1, 66—68 = Biffi, I. — JThS 17 (1966) 188—191 = Knowles, M. D. — CitNed 16 (1965) 167—168 = Manning, E.

R 393 Regula Magistri ed. VOGÜÉ, A. DE (1964, 1049): CitNed 16 (1965) 167—168 = Manning, E. — Studium 61 (1965) 296—298 = Pellegrino. M. — ScCat 94 (1966) suppl. 1, 66—68 = Biffi, I. — JThS 17

(1966) 188—191 = Knowles, M. D. — Bibl 47 (1966) 591—592 = Places, É. des

R 394 REICKE, B. (1965, 176): RHE 61 (1966) 529—532 = Rigaux, B.

R 395 REIJNERS, G. Q. (1965, 405): ACl 35 (1966) 312—314 = Amand de Mendieta, E.

R 396 *Die Religion in Geschichte und Gegenwart.* Registerband. (1966, 180): CBQ 28 (1966) 370—371 = Murphy, R. E.

R 397 RHODES, E. F. (1959, 219): DTT 29 (1966) 59—60 = Lehmann, H. J.

R 398 RITTER, A. M. (1965, 1053): ZKG 77 (1966) 144—145 = May, G. — ThPh 41 (1966) 628—630 = Grillmeier, A.

R 399 ROCA PUIG, R. (1966, 2286): Aeg 46 (1966) 120—124 = Lazzati, G.

R 400 *Romanus Melodus* ed. J. GROSDIDIER DE MATONS, Vol. I (1964, 1053): Greg 47 (1966) 550—551 = Orbe, A. — Sob 5 (1966) 136—139 = Ware, K. T. — EC 33 (1965) 208 — COH 18 (1965/1966) 92—93 = Engelbertink, A.

R 401 *Romanus Melodus* ed. J. GROSDIDIER DE MATONS, Vol. II (1965, 890): Greg 47 (1966) 550—551 = Orbe, A. — COH 18 (1965/1966) 92—93 = Engelbertink, A.

R 402 *Romanus Melodus* ed. J. GROSDIDIER DE MATONS, Vol. III (1965, 891): ACl 35 (1966) 306—307 = Amand de Mendieta, E. — Bibl 47 (1966) 592—593 = Places, É. des — EC 34 (1966) 303 — COH 18 (1965/1966) 300 = Engelbertink, A.

R 403 *Romanus Melodus* ed. P. MAAS et C. A. TRYPANIS (1963, 751): Sob 5 (1966) 136—139

R 404 ROSTAGNI, A. (1966, 40): Studium 61 (1965) 288—291 = Pellegrino, M.

R 406 *Rufinus Syrus* ed. MILLER, M. W. (1964, 1058): Latomus 23 (1964) 840 = Antin, P. — CHF 19 (1965) 60—61 = McIntyre — RHE 60 (1965) 647—648 = Antin, P. — RBPh 43 (1965) 1508 = Manning, E. — BulBudé 25 (1966) 154 = Wartelle, A. — RPh 40 (1966) 374 = André, J. — CR 16 (1966) 414 = Greenslade, S. L. — JThS 17 (1966) 177—178 = Evans, E.

R 407 RYDÉN, L. (1963, 673): VigChr 20 (1966) 195—198 = Hendrix, P. J. G. A.

R 408 ŠAGI-BUNIĆ, TH. (1964, 1370): ZKTh 88 (1966) 231—232 = Felderer, J.

R 409 ΣΑΚΚΟΥ, Σ. Ν. (1966, 908): RHE 61 (1966) 543—547 = Gribomont, J.

R 410 SALMON, P. (1962, 1057): AnCan 10 (1966) 488—489 = Guibal, M.

R 411 *Salonius Genavensis* ed. CURTI, C. (1964, 1059): BulBudé (1966) 152—153 = Antin, P. — AB 84 (1966) 274—275 = Straeten, J. van der — ACl 35 (1966) 316 = Verheijen, L.-M.

R 412 SAMARAN, CH.—MARICHAL, R. (1965, 293): EC 34 (1966) 192—193 = Ooteghem, J. van

R 413 SANDERS, G. (1966, 503): Gy 73 (1966) 559—561 = Bömer, Fr.

R 414 SANS, I. M. (1963, 1062): Ant 41 (1966) 156 = Lasić, D. — EThL 42 (1966) 301 = Philips, G.

R 415 SARKISSIAN, K. (1965, 178): OrChrP 32 (1966) 546—548 = Ortiz de Urbina, I. — COH 18 (1965/1966) 307 = Burg, A.

R 416 SAUSER, E. (1964, 1137): AugR 4 (1964) 564 = Gavigan, J. J. — AB 83 (1965) 221 = Straeten, J. van der — RQ 61 (1966) 120 = Voelkl, L.

R 417 SCHÄFER, K. T. (1963, 225): ZKG 77 (1966) 363—373 = Thiele, W.

R 418 SCHENKE, H.-M. (1962, 1081): RBi 72 (1965) 140—142 = Benoît, P. — Sch 40 (1965) 293—295 = Grillmeier, A.

R 419 SCHINDLER, A. (1965, 55): RBen 76 (1966) 366 = Roy, O. du — Erasmus 18 (1966) 395—398 = Verheijen, L.-M. — ThLZ 91 (1966) 760 = Diesner, H.-J. — SchwThU 36 (1966) 69—70 = Ehrensperger, A.

R 420 SCHÖNHERR, A. (1964, 287): Augustiniana 16 (1966) 315—316 = Zumkeller, A.

R 421 SCHÖPF, A. (1966, 1299): DLZ 87 (1966) 293—295 = Holl, A.

R 422 SCHRAGE, W. (1964, 387): BiZ 10 (1966) 312—314 = Bauer, J. B. — BiblOr 23 (1966) 338—339 = Helderman, J. — Greg 47 (1966) 122—123 = Orbe, A. — NTT 67 (1966) 172—173 = Jervell, J. — RBi 73 (1966) 293—294 = Boismard, M.-É. — RechSR 54 (1966) 294—296 = Daniélou, J. — VigChr 20 (1966) 118—124 = Wilson, R. McL.

R 423 SCHULZ, H. J. (1964, 1224): RHE 61 (1966) 843—844 = Dalmais, I. H. — OrChrP 32 (1966) 288—289 = Mateos, J. — ThAthen 37 (1966) 163—166 = Μωραΐτης, Δ. Ν.

R 424 SCIUTO, F. (1966, 2005): RSLR 2 (1966) 525—526 = Fontaine, J. — Paideia 21 (1966) 405 = Frassinetti, P. — VetChr 3 (1966) 232—235 = Lomiento, G.

R 425 SEPPELT, F. X. et SCHWAIGER, G. (1966, 391): RHE 61 (1966) 615—616 = Aubert, R.

R 426 SEYBOLDT, M. (1964, 1410): ThLZ 91 (1966) 671—673 = Lorenz, R. — RET 25 (1965) 484 = Capánaga, V. — FS 48 (1966) 197—199 = Diederich, H.

R 427 SHOTWELL, W. A. (1965, 817): SJTh 19 (1966) 229—231 = Torrance, T. F. — JThS 17 (1966) 170—171 = Chadwick, H. — JBL 85 (1966) 124—125 = Bellinzoni, A. J. — RHE 61 (1966) 319—320 = Hockey, F.

R 428 SIRINELLI, J. (1961, 507): COH 18 (1965/1966) 178—179 = Aalst, P. van der

R 429 SMIT SIBINGA, J. (1963, 663): BiZ 10 (1966) 125—126 = Ziegler, J.

R 430 SIDNEY BARR, O. (1966, 2390): ScCat 95 (1967) suppl. bibl. 248—249 = Ghidelli, C.

R 431 SIMONETTI, M. (1965, 1100): Pal 45 (1966) 64 — RSLR 2 (1900) 332—335 = Marrou, H. I. — RBen 76 (1966) 372 = Verbraken, P. — RechSR 54 (1966) 310—312 = Daniélou, J. — BLE 67 (1966) 217 = Crouzel, H. — ACl 35 (1966) 314—315 = Sanders, G. — Aevum 40 (1966) 579 = Sanders, G. — Aevum 40 (1966) 579 = Cantalamessa, R. — RAM 42 (1966) 489 = Boularand, E. — GiorFil 19 (1966) 380—381 = Di Iorio

R 432 SIMPSON, R. L. (1966, 2459): CH 35 (1966) 364—365 = Ferguson, E. — JThS 17 (1966) 465—466 = Hanson, R. P. C.

R 433 SINCLAIR, K. V. (1964, 671): StFrancesi 25 (1966) 129—130 = Stefano, C. A. di

R 434 SKARD, E. (1963, 339): RHR 170 (1966) 203 = Guilloumont, A. — REG 78 (1965) 467—468 = Rondeau, M. J.

R 435 SKROBUCHA, H. (1966, 2072): EA 41 (1965) 429 = PsGn

R 436 SOLMS, E. DE (1965, 593): RAM 42 (1966) 88 = Guy, J.-Cl. — NRTh 88 (1966) 1002 — RThAM 32 (1965) 353 = Vandenbroucke, F.

R 437 SORDI, M. (1965, 182): RSLR 2 (1966) 522—525 = Frend, W. H. C. — RCCM 8 (1966) 252—257 = Palumbo, P. F. et 283—284 = Simonetti, M. — ASI 124 (1966) 260—262 = Rodolico, N. — Studium 62 (1966) 846—848 = Pavan, M. — ACl 35 (1966) 412—415 = Marrou, H.-I. — RHE 61 (1966) 351—352 = Ruysschaert, J.

R 438 SPEDALIERI, FR. (1966, 2556): CC 116 (1965) 378 = Lo Judice

R 439 STEFFENS, F. (1965, 296): ZBW 80 (1966) 47—48 = Lülfing, H.

R 440 STELZENBERGER, J. (1963, 707): ThRe 62 (1966) 251—252 = Frank, S.

R 441 STOECKLE, B. (1962, 1039): ThRe 62 (1966) 35—38 = Kolping, A.

R 442 STOJANOV, M.—KODOV, C. (1966, 663): Byslv 27 (1966) 368—369 = Dostál, A.

R 443 ΣΤΡΑΤΟΥ, A. N. (1966, 399): OrChrP 32 (1966) 315—317 = Goubert, P.

R 444 SUNBERG, A. C. (1964, 1465): JBL 85 (1966) 258—259 = Kraft, R. A.

R 445 SZÖVÉRFFY, J. (1966, 2290): ZKTh 88 (1966) 374—375 = Jungmann, J. A.

R 446 SZYMUSIAK, J.-M. (1963, 575): REA 12 (1966) 383—384 = Thonnard, F.-J.

R 447 TALBERT, C. H. (1966, 2698): JBL 85 (1966) 264—266 = Ellis, E. E.

R 448 TENGSTRÖM, E. (1964, 167): RHE 61 (1966) 151—153 = Palanque, J. R. — RSLR 2 (1966) 228—240 = Février, P. A. — ZKG 77 (1966) 133—143 = Ritter, A. M. — JEcclH 17 (1966) 108—110 = Bonner, G.

R 449 *Tertullianus* ed. CASTORINA, E. (1961, 744): ASNSP 35 (1966) 139—141 = Moreschini, C.

R 450 *Tertullianus* ed. EVANS, E. (1964, 1087): Studium 61 (1965) 291—292 = Pellegrino, M.

R 451 *Testamenta XII Patriarcharum* ed. M. DE JONGE (1964, 346): AB 84 (1966) 269—270 = Esbroeck, M. van

R 452 TETZ, M. (1964, 767): Greg 47 (1966) 555—556 = Orbe, A.

R 453 *The Bible in Modern Scholarship* ed. J. P. HYATT (1966, 153): JTS 17 (1966) 554 = Sparks, H. F. D. — JBL 85 (1966) 237—238 = Cadbury, H.

R 454 *The Greek New Testament* ed. TASKER, R. V. G. (1964, 302): Bibl 46 (1965) 368—371 = Martini, C. M.

R 455 *Theodoretus Cyrensis* ed. AZÉMA, Y. (1964, 1100): Greg. 47 (1966) 553—554 = Orbe, A.

R 456 *Theodoretus Cyrensis* ed. AZÉMA, Y. (1965, 918): Greg 47 (1966) 553—554 = Orbe, A. — ACl 35 (1966) 308 = Marrou, H.-I. — JThS 17 (1966) 480—482 = Chadwick, H.

R 457 THIELE, W. (1965, 352): RBi 73 (1966) 286—287 = Boismard, M.-É. — JThS 17 (1966) 448—453 = Sparks, H. F. D. — RBen 76 (1966) 107—109 = Bogaert, M. — RHE 61 (1966) 536—539 = Gribomont, J. — ZKTh 88 (1966) 218—219 = Gaechter, P. — VetChr 3 (1966) 221—225 = Mees, M.

R 458 THRAEDE, K. (1965, 882): ACl 35 (1966) 667—668 = Verheijen, L.-M. — EC 34 (1966) 415—416 = Delaunois, M.

R 459 THUNBERG, L. (1965, 828): KÅ 65 (1965) 287—291 = Holte, R. — RHE 61 (1966) 850—851 = Dalmais, I. H. — DR 84 (1966) 318—321 = Bornert, R. — Sob 5 (1966) 212—214 = Ware, K. T. — JThS 17 (1966) 482—485 = Chadwick, H. — ThRe 62 (1966) 383—385 = Ivánka, E. v.

R 460 TINNEFELD, F. H. (1963, 229): ZKG 77 (1966) 363—373 — Thiele, W.

R 461 TOVAR, A. (1963, 186): JHS 86 (1966) 309 = Barbour, R. — AnzAlt 18 (1965) 64—65 = Hunger, H.

R 462 TURBESSI, G. (1965, 600): OrChrP 31 (1965) 499 = Špidlík, Th. — RAM 42 (1966) 85—88 = Grégoire, R. — Pal 45 (1966) 586—587 = Benassuti, S. — RiAsc 34 (1966) 107—108 = Borghini, B. — ScCat 94 (1966) supp. 2, 177—178 = Biffi, I. — CC 117 (1966) 473 = Ferrua, A. — StMon 8 (1966) 148 — Massot Muntaner, J.

R 463 TURNER, H. E. W. (1965, 1121): NovaVet 41 (1966) 79—80 = Journet, C.

R 464 VEN, P. VAN DEN (1963, 833): OrChrP 32 (1966) 286 = Špidlík, Th.

R 465 VERICEL, M. (1965, 1226): CC 117 (1966) 291 = Caprile, G.

R 466 VERMEER, G. F. M. (1965, 415): ACl 35 (1966) 315—316 = Verheijen, L.-M.

R 467 *Vetus Latina* 24/1 ed. FREDE, H. J. (1963, 193; 1964, 305): RThAM 30 (1963) 165—166 = Botte, B. — JThS 15 (1964) 132—136; 501 = Willis, G. G. — RHE 59 (1964) 879—883 = Gribomont, J. — RBi 54 (1964) 131; 443 = Boismard, M. E. — ZKTh 86 (1964) 228 = Gaechter, P. — ThLZ 89 (1964) 184 = Vogels — RThPh 14

(1964) 304 = Labhardt, V. — JBL 83 (1964) = Metzger, B. M. —
NRTh 86 (1964) 422 = Martin, J. — NRTh 87 (1965) 583 = Martin,
J. — ThZ 21 (1965) 451—453 = Kilpatrick, G. D. — RechSR 54 (1966)
436—440 = Duplacy, J. — Bibl 47 (1966) 583 = Martini, C. M. —
VigChr 20 (1966) 248—250 = Verheijen, L. M. J. — Gn 38 (1966)
59—61 = Opelt, I.

R 468 *Vetus Latina* 26/1 ed. THIELE, W. (1965, 306): JThS 17 (1966)
453—456 = Willis, G. G. — RBen 76 (1966) 109 = Bogaert, M. —
VigChr 20 (1966) 250 = Verheijen, L. M. J.

R 469 *Vetus Latina* 26/1 ed. THIELE, W. (1966, 686): JBL 85 (1966) 513—514
= Metzger, B. M.

R 470 VIDIER, A. (1965, 601): AB 134 (1966) 526—528 = Coens, M. —
CCM 9 (1966) 585—586 = Boussard, J. — StMon 8 (1966) 154—155
= Massot Muntaner, J. — RThPh 99 (1966) 401 = Fatio

R 471 VIVES, J.—MARTÍN, T.—MARTÍNEZ, G. (1964, 1319): RAM 42 (1966)
85 = Kirchmeyer, J.

R 472 VÖLKER, W. (1965, 829): RHE 61 (1966) 851—852 = Dalmais, I. H.
— ThRe 62 (1966) 383—385 = Ivánka, E. von — ThPh 41 (1966)
613—614 = Ivánka, E. von — JThS 17 (1966) 482 = Chadwick, H.
— GregPalThes 49 (1966) 330—333 = Καλλίνικος, K. B.

R 473 VÖLKL, L. (1966, 2360): ZKG 77 (1966) 132—133 = Armstrong, G. T.

R 474 VOGEL, C. (1965, 611): ThRe 62 (1966) 382 = Langgärtner, G. —
RHE 61 (1966) 991 = Hourlier, J. — AST 38 (1965) 406 = Vives, J.

R 475 VOGEL, C. (1966, 2205): ZKTh 88 (1966) 370—371 = Jungmann, J. A.

R 476 VOLLMANN, B. (1965, 1104): RHE 61 (1966) 541—543 = Plinval, G.
de— RSLR 2 (1966) 118—122 = Pincherle, A.

R 477 WAHL, O. (1965, 804): ThRe 62 (1966) 370—372 = Hanhart —
ThPh 41 (1966) 623—624 = Haspecker, J.

R 478 WARD, M. (1966, 876): EA 41 (1965) 430 = Engelmann, U.

R 479 WEBER, A. (1965, 685): EThL 42 (1966) 289—291 = Gryon, R. —
ZKTh 88 (1966) 470 = Felderer, J.

R 480 WEISS, G. (1965, 427): OrChrP 32 (1966) 548 = Ortiz de Urbina, I.

R 481 WEITZMANN, K. (1963, 188): AB 84 (1966) 272—274 = Halkin, F.

R 482 WELTIN, E. G. (1965, 195): JEcclH 17 (1966) 106—107 = Milburn,
R. L. P.

R 483 WESTENDORF, W. (1965, 233): ChronEg 41 (1966) 407—408 = Meu-
lenaere, H. de — Mundus 2 (1966) 333—334 = Böhlig, A. — Orientalia 35 (1966) 459—463 = Quecke, H.

R 484 WIDENGREN, G. (1965, 1220): RiFil 56 (1965) 361—365 = Bonanate, U.

R 485 WIDENGREN, G. (1965, 1221): CH 35 (1966) 363—364 = Grant, R.
M. — Month 35 (1966) 55—56 = Crehan, G. H.

R 486 WIESEN, D. S. (1965, 847): DR 84 (1966) 322—234 = Murphy, G. M.
H. — JThS 17 (1966) 476—477 = Momigliano, A.

R 487 WILLIAMS, R. J. (1966, 672): Aeg 46 (1966) 126 = Daris, S.

R 488 WILLIS, G. G. (1965, 992): EL 79 (1965) 375—376 = Ashworth, H.
— JThS 17 (1966) 490—494 = Cross, F. L. — JEcclH 17 (1966)
252—253 = Botte, B.

R 489 WILSON, R. McL. (1965, 1222): RiFil 56 (1965) 493—495 = Bonanate, U.

R 490 WOLFSON, H. A. (1964, 434): COH 18 (1965/1966) 298 = Aalst, P.
van der

R 491 ZANDEE, J. (1966, 2705): BiblOr 23 (1966) 163 = Quecke, H. —
NedThT 20 (1965) 139—140 = Sevenster, J. N. — RHR 170 (1966)
95 = Ménard, J.-E. — VoxTh 35 (1965) 186 = Helderman, J.

REGISTER

Benoît, André 783
Benoît, F. 210
Benoît, P. R 418
Benussi, Francesca 982. R 43
Béraudy, B. 2253
Beretta, Rinaldo 1023
Berger, Rupert 2132. 2207. R 58
Bergner, Karlhermann 256
Berkowitz, L. B. 925
Bernal, José R. 2295. 2296 R 118
Bernard, André 211
Bernard, René 1025
Bernhard, Jean 2394
Bernhart, Joseph 421. 1024
Berthold, H. 784
Bertin, Gerald A. 743
Bertrand, G. R 59
Bertrand, Guy-M. 784. 785. 786
Bertsch, Ludwig 1684
Berve, Maurus 2553
Beskow, P. R 60
Bétant, E. A. 1408
Betta, L. R 220
Betz, Hans Dieter 695. 2654
Betz, Johannes 2503
Betz, Otto R 61. R 234
Beumann, H. 1644
Beumer, Johannes 2472
Bévenot, Maurice 1492. 1768
Beyschlag, Karlmann 1463. R 53. R 62
Bezançon, J.-N. 1026
Bianchi, G. 1595. 1595a
Bianchi, Ugo 2655. 2656
Biasutti, Guglielmo 212
Bickersteth, E. 1750
Bidez, Joseph 422
Bieler, Ludwig 27. 162. 2113. 2114. 2395. R 67
Bierzychudek, Eduardo 1027. 1028
Biffi, Inos 1029. 1852a. 1852b. R 91. R 135. R 287. R 288. R 392. R 393. R 462
Bigongiari, Dino 1030
Binder, Gerhard 1521
Biondi, Biondo 2347
Birdsall, J. Neville 1546
Bischoff, Bernhard 110. 561. 562. 563. 696. 753. 1784
Black, Matthew 677. R 4

Blagova, E. 564
Blair, H. A. 2706
Blaise, Albert 475
Blanc, Cécile 1884
Blanchard, A. R 359
Blaser R 29. R 232
Blasich, Gottardo 1675
Bleeker, C. J. 76
Bloch, Herbert 53. 120. 837. 1627
Block, S. L. 1031
Blomgren, S. 1537
Blum, Georg Günter 2504
Blumenberg, Hans 787
Boak, Arthur E. R. 275
Bober, Andrzej 788
Bodin, Yvon 1667
Böhlig, A. 632. 2657. 2658. R 68. R 483
Boehm, Laetitia 146. 423
Böhne, Winfried 2297
Boehrer, S. L. 1589
Bömer, Fr. R 413
Böttger, Burkhard 52
Boetticher, Paulus 682
Bogaert, M. 54. R 8. R 72. R 263. R 457. R 468
Boglioni, Giacinto 1032
Bogyay, Thomas von 520
Boismard, M.-É. 696a. 754. R 166. R 422. R 457. R 467
Bolgiani, Franco 1. 213
Bonanate, U. R 484. R 489
Bonnardière, Anne-Marie la 214. 1033. 1034. 2659. R 69. R 70. R 71
Bonner, G. R 242. R 312. R 448
Bonner, G. I. 1933
Bόvου, K. Γ. 1035
Bopp, Linus 1723
Borchardt, C. F. A. 1676
Borella, Pietro 2133. 2134. 2208. 2209. 2210. 2211. 2241. 2310
Borghini, Bonifacio 1601. 1719. R 35. R 462
Borgogno, C. 984
Bori, Pier Cesare 1769. R 39
Borius, R. R 109
Born, A. van den 194
Bornert, René 1597. R 459
Boronkai, I. 1846
Borse, Udo 1934. R 72
Borst, Arno 1785

Gilson, Étienne 1124. 1125
Gindele, Corbinian 1913. 2314
Ginestet, Denise 1363
Giordano, Oronzo 272. 273
Giovanni, Alberto di 1126. 1127. 1128.
 R 187
Girgis, W. A. 485
Gironés Guillem, Gonzalo 2160
Give, de R 77
Giversen, Søren 745. R 188. R 361. R 362
Glasson, Thomas Francis 706. 1703
Glockmann, Günter 820
Glorie, Fr. 1129. R 225. R 226
Glucker, J. 1130
Gnayalloor, Jacob 1131
Gnilka, Christian 1538. 1956. R 189
Godart, J. 2250
Godman, Stanley 241
Goegler, R. R 190
Görgemanns, H. 1894
Goffinet, Émile 1678
Goguel, M. R 191
Golega, J. 1877
Gómez, A.   R 28. R 34. R 37. R 38.
 R 44. R 115. R 382
Gómez, Humberto 1132
Gómez de Cea, César 1133
Gonzato, Ada 597
Goodspeed, Edgar 29
Goppelt, Leonhard 274
Gorce, Denys 821. 2087
Gordon, C. D. 275
Gorez, Jean 451
Gotenberg, Erwin 72
Goubert, P. R 192. R 285. R 310. R 443
Goux, Jean-Joseph 1134
Graaf, J. de 822
Grabar, André 276
Graef, Hilda C. 2555
Graeve, F. de 2663
Graham, A. R 172
Graham, Holt H. 1925. R 103
Gramaglia, Pierangelo 939. 2013
Grandgeorge, L. 1135
Grannel, F. 2085. 2086
Grant, Robert M. 29. 707. 1925. 2478.
 2664. 2736. R 103. R 142. R 194.
 R 211. R 251. R 364. R 385. R 485
Graziano di S. Teresa 823

Green, G. M. R 45
Green, W. M. R 31. R 40
Greenslade, S. L. 1733. R 26. R 31.
 R 40. R 122. R 227. R 319. R 353.
 R 382. R 406
Greer, Rowan A. 1524
Grégoire, H. R 195
Grégoire, Réginald 2600. R 462
Gregorio de Jesús Crucificado 824
Grelot, Pierre 2711. 2756
Gribomont, J. 598. R 10. R 166. R 170.
 R 409. R 457. R 467
Griffe, Élie 278. R 109. R 203. R 204
Grillet, Bernard 1718. 1734
Grillmeier, Alois 1869. 2472. 2480.
 R 205. R 398. R 418
Grimal, Pierre 825
Grisbrooke, W. Jardine 2251
Γριτσόπουλος, T. A. 280. 281
Grobel, K. R 206
Gros, M. 2252
Grosso, F. R 11
Grosseo, Piero 1136
Grotz, H. 282. R 53. R 321
Grüber, G. R 208
Grumel, Venance 5. 283
Grundmann, Herbert 1395. 1396. 2712
Grundmann, Walter 406
Gryon, R. R 479
Gryson, R. 897. 896
Gstrein, H. 906
Guardini, Romano 1137
Guarducci, M. 599
Guarini, Elena 1138
Gülzow, Henneke 2623
Guibal, M. R 410
Guilland, R. 284. R 237
Guillaumin, Marie Louise 1773
Guillou, A. R 192
Guilloumont, A. R 434
Guitton, Jean 285. 286. R 207
Gunsalus, C. L. 2425
Gutiérrez, David 600. 1139
Gutwenger, E. R 216. R 284
Guy, Fritz 1704
Guy, Jean-Claude   918. 1431. 2601.
 R 39. R 91. R 97. R 105. R 109. R 135.
 R 158. R 159. R 161. R 209. R 210.
 R 436

Udalčova, Z. V. 1761
Uebel, Fritz 666
Unnik, W. C. van 1857. 2699
Urmenta, Fermín de 1330
Usener, Hermann 159. 407. 542. 780. 1747.
 1802. 1980. 2200
Uspenskij, N. 1968

Vaca, César 1331
Vagaggini, Cipriano 160. 1332. 2271
Valeriani, A. 1825
Vallberg, V. 1928
Vallin, Pierre 2344
Valsecchi, A. 133
Vandenbroucke, F. R 286. R 436
Vanderlinden, Pierre 1333
Vandoni, Mariangela 667. 742
Vanhoye, Albert 679
Vanneste, A. 2565
Vanneste, J. 1535
Vanovermeire, P. R 234
Vansteenkiste, C. R 293. R 294. R 379
Varcl, L. 2700. R 137. R 142. R 316
Vašenko, Michail Ivanovič 1622
Vasile, Costin 2201
Vecchi, Alberto 872. 982. 1334. 2566. R 43.
 R 119
Veer, Albert C. 407a. 1335
Veh, Otto 1944
Veilleux, Armand 1916
Vélat, Bernard 2325. 2326
Velde, I. van der 993
Velimirović, Miloš 2202
Ven, P. van den R 464
Verbeke, G. 1762
Verbraken, Patrick 408. 1336. R 38. R 91.
 R 109. R 175. R 197. R 289. R 343.
 R 344. R 382. R 431
Vereecke, Louis 2635
Vergara, Luis 1337
Vergés, A. R 197
Vergés Ramírez, Salvador 1338
Vergote, J. 194
Verheijen, L. 989
Verheijen, L.-M. R 16. R 382. R 389.
 R 411. R 419. R 458. R 466
Verheijen, L. M. J. R 144. R 467. R 468
Verheul, A. 2172
Vericel, M. R 465

Vermaseren, B. A. R 53
Vermeer, G. F. M. R 466
Vermeulen, J. 1340
Vermuyten, Frans 1355
Versfeld, Martin 1339
Vetters, H. R 139
Vezin, Jean 668. 2203. 2272
Viard, P. 1573
Viaud, Gérard 2204
Vidal, M. 2646
Vidier, A. R 470
Vidman, Ladislav 46
Ville-Patlagean R 209
Viola, Giovanni 181
Visentin, P. R 324. R 352
Vismans, Th. A. 2172
Visser, A. J. 1489. R 2. R 128. R 153.
 R 313
Vittinghoff, F. 409
Vives, José 2065. R 343. R 471. R 474
Vodopivec, G. R 119. R 120
Völker, Walther 873. R 472
Völkl, Ludwig 2360. R 416
Vööbus, Arthur 2450. 2451. 2719
Vogel, Alois 916
Vogel, Cyrille 2205. 2273. 2274. 2361.
 2523. 2720. R 474. R 475
Vogel, Marie 669
Vogels, Henricvs Josephvs 904. R 467
Vogt, Hermann Josef 1882
Vogt, Karl 2701
Vogüé, Adalbert de 1405. 1406. 1407.
 1609. 1965. 2327. R 91. R 393
Voigt, Karl 410
Vokes, F. E. 2026. 2452. R 321
Volbach, Wolfgang Fritz 2124
Vollmann, B. R 476
Vollmar, E. R. 102
Vorgrimmler, Herbert 2524
Vossel, W. van 2275
Vries, Wilhelm de 411. 412. 2381

Wahl, O. R 477
Walker, G. S. M. 1911
Walker, Joan Hazelden 1520
Walker, N. 2741
Wallach, Luitpold 154. 875. 2382
Walpole, A. S. 805
Walter, N. 1460

PATRISTISCHE TEXTE UND STUDIEN

Im Auftrag der Patristischen Kommission der Akademien der Wissenschaften
zu Göttingen, Heidelberg, München und der Akademie der Wissenschaften und
der Literatur zu Mainz
herausgegeben von K. Aland und W. Schneemelcher
Groß-Oktav. Ganzleinen

Walter de Gruyter · Berlin · New York